甘肃省一流学科建设项目资助成果

教育部人文社会科学重点研究基地西北师范大学西北少数民族教育发展研究中心资助成果

西师教育论丛

主编 万明钢

语文教科书内容设计导论

李金云　著

Yuwen Jiaokeshu Neirong Sheji Daolun

中国社会科学出版社

图书在版编目(CIP)数据

语文教科书内容设计导论/李金云著. —北京：中国社会
科学出版社，2017.12
ISBN 978 - 7 - 5203 - 1596 - 8

Ⅰ.①语… Ⅱ.①李… Ⅲ.①中学语文课—
教材—设计 Ⅳ.①G633.302

中国版本图书馆 CIP 数据核字（2017）第 288500 号

出 版 人　赵剑英
责任编辑　周晓慧
责任校对　无　介
责任印制　戴　宽

出　　　版　中国社会科学出版社
社　　　址　北京鼓楼西大街甲 158 号
邮　　　编　100720
网　　　址　http://www.csspw.cn
发 行 部　010 - 84083685
门 市 部　010 - 84029450
经　　　销　新华书店及其他书店

印刷装订　北京君升印刷有限公司
版　　　次　2017 年 12 月第 1 版
印　　　次　2017 年 12 月第 1 次印刷

开　　　本　710×1000　1/16
印　　　张　24
插　　　页　2
字　　　数　373 千字
定　　　价　99.00 元

总　序

正如学校的发展一样，办学历史越久，文化底蕴越厚重。同样，一门学科的发展水平，离不开对优良学术传统的坚守、继承与发展。西北师范大学教育学的发展，也正经历着这样的一条发展之路。回溯历史，西北师范大学前身为国立北平师范大学，发端于 1902 年建立的京师大学堂师范馆，1912 年改为"国立北京高等师范学校"，1923 年改为"国立北平师范大学"。1937 年"七七"事变后，国立北平师范大学与同时西迁的国立北平大学、北洋工学院共同组成西北联合大学，国立北平师范大学整体改组为西北联合大学下设的教育学院，后改为师范学院。1939 年西北联合大学师范学院独立设置，改称国立西北师范学院，1941 年迁往兰州。从此，西北师范大学的教育学人扎根于陇原大地，躬耕默拓，薪火相传，为国家培育英才。

教育学科是西北师范大学教育学院的传统优势学科，具有悠久的历史和较强的实力。1960 年就开始招收研究生，这为 20 年后的 1981 年获批国家第一批博士点打下了坚实的基础。当时，西北师范学院教育系的师资来自五湖四海，综合实力很强，有在全国师范教育界影响很大的著名八大教授：胡国钰、刘问岫、李秉德、南国农、萧树滋、王文新、王明昭、杨少松，他们中很多人曾留学海外，很多人迁居兰州，宁把他乡做故乡，扎根于西北这片贫瘠的黄土高原，甘于清贫、淡泊名利、默默奉献，把事业至上、自强不息、爱岗敬业的精神，熔铸在西北师范大学教育学科发展的文化传统之中，对西部教育事业的发展作出了重要贡献。"随风潜入夜，润物细无声。"先生之风，山高水长。为西北师范大学早期教育学科的卓越发展作出重大贡献的先生们，他们身体力行、典型示范，对后辈学者们潜心学术，继承学问产生了重要的、潜移默化的影响，体现了西北师范大学的教育学人扎根本土、潜心学术、面向全国、放眼世界，站在学科发展前沿，培养培训优秀师资，服务地方经济社会发展的教育胸怀与本色。

西北师范大学教育学科历经历史沧桑的洗礼发展走到今天，已形成了相对稳定而有特色的研究领域。尤其是在国家统筹推进世界一流大学和一流学科建设的大背景下，西北师范大学的教育学作为甘肃省《统筹推进高水平大学和一流学科建设实施方案》规划的一流学科建设项目，迎来了学科再繁荣与大发展的历史良机。为此，作为甘肃省一流学科建设项目成果、西北师范大学课程与教学论国家重点（培育）学科建设成果、教育部人文社会科学重点研究基地西北师范大学西北少数民族教育发展研究中心科研成果，我们编撰了"西师教育论丛"，汇聚近年来教育学院教师在课程与教学论、民族教育、农村教育、高等教育以及学前教育等方面的学术成果。这些成果大多数是在中青年学者的博士学位论文，科研项目以及扎根教学实践的基础上进一步凝练的结晶。他们深入民族地区和农村地区的村落、学校，深入大学与中小学的课堂实践，通过详查细看，对语文、数学、英语、物理、化学、研究性学习等学科课程教育教学的问题研究，对教育基本理论问题的思考，对教育发展前沿问题的探索……这些成果是不断构建和完善高水平的现代教育科学理论体系，大力提高教育科学理论研究水平和教育科学实践创新能力，进一步发挥教育理论研究高地、教育人才培养重镇、教育政策咨询智库作用的一定体现，更是教育学学科继承与发展的重要过程。

筚路蓝缕，以启山林。目前付梓出版的这些著作不仅是教师自我专业成长的一个集中体现，也是西北师范大学教育学院教育学科发展与建设的新起点。当然，需要澄明的是，"西师教育论丛"仅仅是西北师范大学教育学研究者们在某一领域的阶段性成果，是研究者个人对教育问题的见解与思考，其必然存在一定的不足，还期待同行多提宝贵意见，以促进我们的学科建设和发展。

万明钢

2017 年 9 月

目　　录

导　　论

一　语文教科书内容设计的基础研究亟待加强

语文教科书是语文课程的具体化，即从总体目标到具体目标，从课程内容到教材编订，从教学实施到课程评价，都系统地体现了语文课程设计的理念。语文教科书是教师进行教学活动和学生语文学习的基本依据与主要凭借。正如有研究者指出的："语文教材（即语文教科书）是学生获得各种知识信息特别是语言知识信息的基本源泉；是培养学生语文能力的基本依据；是启迪学生思考、发展智慧的早期渠道；是学生接受价值观和情感态度的重要媒体；还是学生培养自学能力和进行自我教育的工具；又是学生未来发展的铺路石。"[①] 语文教科书还是一种文化传承、精神迁播的重要媒介和管道。这是由教科书的文化属性所决定的。教科书隐含着社会文化取向，体现着社会主流文化意志，传播着主流文化内容。特别是语文教科书，集中了人类长期积累下来的经典著述，它本身就是人类浩瀚文化的一个缩影。因此，语文教科书就成为社会文化传播中一种特殊的文化工具。

语文教科书具有如此重大之意义，同时，随着教育改革的深入和新课程的推广实施，对教科书包括语文教科书的研究必然成为当今基础教育领域中课程教材研究的重点和热门话题，具有重大的社会历史与现实意义。

目前，关于语文教科书研究的一个普遍的问题是，大家都希望"让课堂教学焕发出生命的活力"，而没有充分认识到"课程和教材"也必

---

①　朱绍禹：《中学语文课程与教学论》，高等教育出版社 2005 年版，第 94 页。

须"焕发出生命的活力"。至少，我们在这方面的研究是远远不够的。

（一）语文教科书内容建设的迫切性

除了基于语文教科书的特殊地位外，我们为什么迫切需要关注语文教科书的内容问题呢？这主要源于以下几方面的语文课程与教学现状。

1. 课程层面：语文课程内容标准研制的缺失与课程知识的陈旧滞后

从所颁布的《全日制义务教育语文课程标准》和《普通高中语文课程标准（实验稿）》（以下简称"语文课程标准"）来看，它们有一个共同的框架结构，即由前言、课程目标、实施建议和附录组成。与其他课程相比，语文课程标准缺少"内容标准"部分。所谓"内容标准"是指对具体课程内容指向与选择的规定。它具体回答我们：学校语文应该教什么，学生应该学什么的问题。在国外母语课程中，"内容标准"或者说对于课程内容的规定是课程标准应有的项目。

美国母语课程标准，不论是全国性的、州一级的还是学区一级的，其课程内容项目的构成都是相当完备的，一般都由内容标准、表现标准和学习机会标准三部分组成。其内容标准是"界定对学生知识与技能的期望，确认在母语学科中期望学生学习什么"。[①] 内容标准通过说明学生应该掌握哪些思想和操作能力，以及应该拥有什么知识对更加一般的、抽象的教育目标进行具体说明。表现标准则表达了为实现各项内容标准期望学生展示的熟练程度或质量。学习机会标准，是"指用来衡量教育体系的各级机构（学校、地方和州教育机构）为所有学生的学习达到全国自愿性的内容标准或州内容标准中的要求所提供的资源、实践和条件是否充分及其质量是否合格的基本标准"。[②] 例如，如果内容标准是"学生理解并对一系列媒体、图像和各种目的的文本做出反应"，表现标准就可能是"幼儿园到 4 年级的学生应该每年至少阅读 25 本书，从古典和现代儿童文学中以及公开演讲，或同类的儿童杂志、报纸、教

---

① 转引自赵中建《美国课程标准之标准研究》，《全球教育展望》2005 年第 5 期。
② 同上。

科书和媒体中选择的材料"①，等等。

韩国的《韩国语文课程标准》对"国语"从"性质、目标、内容、方法、评价"五个部分做出规定和阐述。其"内容"也就是课程内容项目，由"内容体系"和"每个年级内容"两部分组成。按"听、说、读、写、国语知识、文学"六个方面，从"本质、原理、态度"等角度对每一方面都有较为详细的规定和说明。②

可见，内容标准应当是课程标准文件中非常核心、至为重要的一个部分，我国其他各科也是将它作为一项不可或缺的内容，但唯独语文课程标准的组成部分里缺少它的存在。在缺失了课程内容标准前提的规定下，教师往往把"语文教科书"视为"语文课程"，导致的结果是任由教师和学生出于朴素状态做自发的尝试，生产着各自"我以为"的语文教学内容。

2. 语文教材层面：合编型文选制带来的混乱与教材内容对课程标准实现的偏离

以文选制为正宗的我国语文教科书，大都是单篇选文的集锦，即使在以单元组篇的名义下，很大程度上也只是单篇的拼凑。对于一篇篇选文的倚重，可以说是我国语文教材编制历来的传统，这本无可厚非。但问题是，我们的语文教科书编制不是更多地考虑语文课程内容的实现，而是仅仅关注于选文所反映的内容，在很大程度上将课程内容等同于选文的内容。而且我们的语文教科书一直将课程内容、教科书内容和教学内容混淆为选文内容。

比如《项链》，某教科书的《教师教学用书》要求师生在课堂上做如下"问题讨论"：

在小说中，玛蒂尔德是个什么样的人物？是一个爱慕虚荣、追求奢华生活、可厌可悲的人物，还是一个在命运的作弄中坚守自己人格尊严、可悲亦可敬的人物？对于这个人物，你是悲悯同情，还是赞美敬重，抑或只是鄙夷她？

---

① 转引自赵中建《美国课程标准之标准研究》，《全球教育展望》2005年第5期。
② 巢宗祺等：《全日制义务教育语文课程标准（实验稿解读）》，湖北教育出版社2002年版，第8页。

应该说，这类问题体现了现代的阅读观念，也吸收了最新研究成果，具有较高的水准。即便如此，这类问题究竟想让教师"教什么"，还是让人颇费思量的。事实上，这类问题可能会牵出许许多多的"课程内容"（"课程内容"，从吸收掌握的角度来表述，即"教学目标"）。诸如：

● 得出该问题的答案——过去只允许一个"标准答案"，现在鼓励多种可能的答案。

● 学习人物形象概括方法中的某一点，比如如何表述。

● 领会小说人物和主题的关系。

● 理解《项链》的主题。

● 感受小说主题的复杂性和丰富性。

● 了解《项链》的接受史。

● 体会阅读视野与小说阐释的关系。

● 感受（反思）阅读者所获得的情感体验与文本注视点的关联。

● 扩展对"人"、对"人生"的理解，即理解（反思）小说对读者的影响。

● 学习文学作品的一种解读方法：系统、理性地分析阅读感受，自圆其说地阐发观点（评论）。

● 体验小说阅读的一种方式：众人共同阅读，或者叫碰撞式阅读。

从以上分析可以看出，该教科书至少在这一课上，离"课程内容教材化"还存在一定的差距。这也导致了"用来教的内容"达不成"要教的内容"，"怎样教"的设计也自然失去了着落。一直被作为"例文"来处置的"选文"，在我们的语文教材中往往不太明确它要"例"什么，一篇课文的字词句篇、语修逻文，几乎面面俱到，即使有一些本来明确想要"例"的东西，往往也被淹没掉了，事实上是将课程内容又弄成了"暗"。①

正如一些研究者所总结的，语文教科书的主要问题是：语文课程内容与目标不一致，甚至截然相对；② 内容不正确，且数量不少，尤其是

———————

① 王荣生：《评我国近百年来对语文教材问题的思考路向》，《教育研究》2002 年第 3 期。

② 王荣生：《从知识状况的角度看语文课程》，《教学月刊》2001 年第 6 期。

教材编撰者在练习部分自行生产"知识";① 内容以一种极不确定的面目呈现，有时笼统得几乎没有内容;② 无内容，凡是直接作用于与目标合拍的听说读写能力培养的课程内容，在多数情况下不知道教什么，几乎都缺乏相应的"课程内容"。③

3. 语文教学层面：教师内容选择的随意性与学生学情的动态变化

在上述课程内容缺失和教材编制不足的情况下，实际的教学情况更不容乐观。从语文教学层面看，许多教师对编制人员的意图捉摸不透，对教材的处理无从下手，对教学流程一片茫然，出现了"教师不知道教什么，更不知道怎么教"的现象。④ 许多语文教师对选文前后的内容"从来不看"，他们自主开发教学内容，"备课"所做的工作相当于重编教材。据调查，高中语文教师日平均备课量在4—6小时，其中绝大部分时间用在"揣摩编者意图"，想出"教什么"上，⑤ 这种教学内容的生产方式，实际上等于重编教科书。一方面是语文教师超重的工作负担；另一方面是开发和生产的教学内容缺乏审议机制。一方面自称不同特色的教科书，在教师看来除了提供选文外，差不多像没有编过一样；另一方面是语文教师几乎人人都在编教材，人人都不得不从事教材重编的工作。伴随着这种"无从下手"局面，教师表现出很大的任意性，出现了诸如"想教什么就教什么""想怎样教就怎样教"之类的现象。"任何听过数位或数十位语文教师讲同一篇语文课文的人，都会震惊：这些课实际上是个体的教师任凭个人的语文知识在从事教学，学生所学的，完全是由不同语文教师随意择取或任意制造的不同东西，这些东西有些甚至叫不出名目。在教学中往往是不自觉的、

---

① 王荣生：《香港作文教学与研究述评》，倪文锦、何文胜：《祖国大陆与香港、台湾语文教育初探》，高等教育出版社2001年版，第344—345页。

② 孙绍振：《改革力度很大，编写水平太惨——初评新版初中、高中（语文课本）第一册》，《北京文学》2001年第3期。

③ 韩雪屏：《审视语文课程的基础知识》，《语文建设》2002年第5期；李宇明：《语文现代化与语文教育》，《语言文字应用》2002年第1期。

④ 陈斌、何世英：《试论当代语文教育的现状及其对策》，《河北师范大学学报》（教育科学版）2001年第5期。

⑤ 王荣生、许志先：《语文教师教学内容选择的现状调查及分析》，《语文学习》2005年第1期。

即兴的、无理据或者仅以'我以为'的个性反应为理据的教学内容，从来没有被要求作学理的审查，从来没有被要求验证它们与目标达成的关联。由教师和学生现时地从教材中生成出来的教学内容，出现了许多的变形与走样，甚至出现'非语文、反语文'的现象"。① 这就是我们面临的现状。

例如，教师们普遍把《拿来主义》当作典型的议论文来教，主要教学内容都围绕着以下三个问题展开：什么是"拿来主义"？为什么要采用"拿来主义"？怎么"拿来"？② 强用议论文的套路来解读《拿来主义》，实际上是按先验的线性逻辑来对付杂文，因而对课文的分析，还是大量采用段落大意分析法，而段落大意分析法，既不适合诗歌、小说等纯文学作品，也不适合散文、杂文等杂文学作品。③ 换言之，教师们对《拿来主义》的解读普遍出现了偏差。显然，这个能单用语文教师素质不高来解释，也不能单靠提高教师的素质来解决。语文教师在课堂教学中出现的集团性问题乃至错误，一定不是教师个体的素质问题，一定是语文课程研制、语文教材编制上的问题乃至错误。④ 也就是说，对文本的合理解读是语文教材编制者的责任，语文教科书设计必须建立在合理解读文本的基础上，并且鲜明地体现在教科书设计中。⑤

在语文课程内容、语文教科书内容和语文教学内容三者中，教科书具有承上启下的功用。语文课程理念的传递、课程内容的选择、语文教学目标的确定都需要教科书设计者对其进行深入透彻的理解、展开和演绎。因此，如何通过语文教科书，完善语文课程内容，规范语文教学实践，教科书内容问题就成为语文教科书建设应着力关注的一个视点。

（二）语文教科书内容呈现方式优化的迫切性

近年来，国内基础教育课程改革突出强调了学生的学习活动方式以

---

① 李海林：《谈谈语文教材的语文性》，《语文教学通讯·初中刊》2005 年第 11 期。
② 李娜：《〈拿来主义〉教学内容述评》，《语文学习》2006 年第 6 期。
③ 孙绍振：《直谏中学语文教学》，南方日报出版社 2003 年版，第 181—187 页。
④ 王荣生：《建设确定性程度较高的语文教材》，《语文建设》2007 年第 4 期。
⑤ 同上。

及整个教学方式的改变，对教科书内容的呈现方式问题没有给予足够的关注。例如，知识作为教科书内容主体，它在课程与教学中到底应以何种方式存在，这是课程与教学都必须回答的一个基本问题，它直接决定着课程、教材、教学的性质与存在状态。在近年来"新基础教育"的研究及实践中，有研究者从教学的角度提出了知识的存在方式问题，认为教学成功的重要前提之一就是要重新"激活"书本知识，使知识恢复到"鲜活的状态"，在"多向互动"和"动态生成"的教学过程中凸显知识的活性。但是，知识在教科书中该以什么方式存在呢？本书的一个出发点即是，"激活"知识不能只依赖于教学，教科书设计必须考虑知识的存在方式。

提出语文教科书内容的呈现方式问题，实际上意味着语文教科书设计着力点的转变。传统的教科书设计重视了知识的重要性，但把设计的重点仅仅放在知识的选择与组织上，听任课程知识以静止的、封闭的、库藏式的方式存在，结果使知识在教材中的呈现方式与一般文化产品特别是学术著作中知识的存在方式趋同，导致知识对学习者的强制。杜威注意到了传统教材的这种局限性，但他把教材设计的重点放在知识向经验的"还原"以及经验的组织特别是经验的"连续性"和"相互作用"上，实际上也忽视了知识本身的存在方式问题。

教科书内容呈现方式问题的提出，首先意味着教科书不能不重视内容，其次意味着教科书的设计要在重视内容的选择与组织的同时，突出重视内容的存在方式，尽可能通过设计恰当的知识呈现方式去破解知识对于学习者的强制。这是一条既不同于传统，也不同于杜威的教材设计之路。因此，如何通过语文教科书研究，探讨语文教科书内容呈现方式的基本规律和意义，为语文教学实践服务，教科书内容的呈现方式问题就成为语文教科书建设应着力关注的又一个视点。

从语文教科书"课程研制"的责任角度看，王荣生认为，"语文"作为我国一门国家课程，在语文教师备课工作量过重且普遍难以把握"教什么"的情况下，语文课程研制者和教材编撰者应该承担起课程内容开发的责任；在语文教师专业化水平相对较低、语文课程和教学内容僵化与随意性过大并存的现实条件下，语文教科书应该具体地呈现出课程内容并较系统地提供给教师和学生。①

从语文教科书呈现方式的角度，语文教材编撰的核心是运用合适的编撰策略来实现课程内容教材化，教材内容教学化。② 课程内容教材化，实际上是要求语文教科书做好两件事：一是要设计课程内容，对"一般应该教什么"给出切实的回答；二是要对"通常可以用什么去教"做出有建设性的回答，使语文课程内容通过种种资源的运用得以具体显现。教材内容教学化，实际上是要求语文教科书做好两件事：一是局部的，要勾勒出教学一个点的主要步骤；二是完成一个大单位的设计，也就是将一堂课几个点的教学连贯起来。课程内容教材化、教材内容教学化应落实在语文教材的呈现方式上。

二 当前语文教科书内容设计研究评析

我国的语文教科书研究取得了很大的成绩，主要体现在语文教科书设计的学科理论已经渗透到语文教科书设计实践当中；积累了丰富的语文教科书编写实践经验；对语文教科书设计的体系结构的研究较为深入，并探索出了一些具有语文教科书特点的编写规律。这些都是语文教科书设计研究的宝贵财富。当然，我们也看到，语文教科书内容设计中还有诸多问题没有解决，这说明理论研究的深度、广度，还不能满足语文教科书设计的实践需求。

（一）研究视角缺乏对语文教科书多层面的统筹观照

总的来看，语文教科书研究的视角大致有三种：一种是微观的，着眼于文本，即研究语文教科书中的单篇课文，研究它在内容和形式方面的特点、疑点、重点或难点；一种是中观的，着眼于一册或一套语文教科书，研究它的体例、选文特点以及与此有关的诸种问题；一种是宏观的，着眼于语文教科书建设的背景及设计理论，研究一般语文教科书的

---

① 王荣生：《对语文教科书评价的几点建议——兼谈语文教科书的功用》，《中国教育学刊》2007 年第 11 期。

② 同上。

基本类型、构成要素及其结构特点等。

语文教科书改革的有力推进，有赖于对语文教科书编制宏观的思考和微观的研究。没有宏观的思考，就事论事，我们可能会迷失方向；没有微观的研究，一味空谈，许多改革的措施也就无法落实。宏观的思考和微观的研究需要相辅相成。从已有的文献看，我国专家学者对语文教科书进行了比较广泛的研究，但是，这些研究大都局限于语文教科书微观层面，是局部细节的研究，而对教科书其他层面的深入研究还不多见，缺乏将语文教科书宏观、中观、微观层面统筹观照的综合整体研究。即使是少量微观层面的研究也主要是描述性、评介性的，对于教科书内容选择与呈现规律仍有待相关理论的合理揭示与深度阐释。

（二）概念混淆导致研究层面的零散混乱

我们在"语文课程内容""语文教材内容""语文教学内容"和"语文课本中的选文内容""语文教科书的呈现方式"这几个不同层面上的混淆，导致在研究语文教科书时，囿于既定的"语文教材内容"的预设，使研究、译介或评介的重心往往并非有意识地放在"语文教材内容"上。我们对语文教科书的研究尚处于一个分割的、零散的状态之中。

（三）对"内容选择"的研究力度不够

既有的语文教科书研究存在着两个欠缺：一是在语文教科书研究中，语文教材的编制问题一直是个核心问题，但人们研究的重点取向多为"如何组织、呈现"，对"选择什么内容"的研究则力度不够。王荣生基于课程与教学功能的角度对"选文"进行研究，划分出四种类型，即"定篇""例文""样本"及"用件"。[①] 这是一件十分有意义的事，可惜，目前我们从事这项工作的人并不多。事实上，"如何呈现"是个"形式"问题，属于方法论范畴；"选择什么"是个"内容"问题，属于本体论范畴。对这二者的关系，我们还没有充分认识到。

---

① 王荣生：《语文科课程论基础》，上海教育出版社 2005 年版，第 261—311 页。

（四）对分领域教材设计关注不够

在合编型语文教科书一统天下的情况下，我们缺乏对语文教科书进行分类深入研究的意识。从教学领域来看，语文教科书的基本形态有阅读教材和写作教材。目前，我们对语文教材的分领域研究相对薄弱。

（五）对语文教科书的内容要素缺乏整体研究

语文教科书内容作为有效地反映、传递课程内容诸要素而组织的各种材料及所传递的信息。除选文之外，还有其他语文教科书的内容要素，诸如"语文知识""语文活动"等，长期以来，文选型的语文教科书体制，使得我们把教科书研究的主要内容聚焦于"选文"，对"语文知识""语文活动"等缺少关注与研究，造成"选文＝语文教科书＝语文教学"的模糊认识。

（六）对教科书所呈现的教科书话语缺少研究

综观已有研究，不论是对教科书的综合性研究方面还是对语文教科书的专题性研究方面都很少甚至可以说没有对教科书话语进行研究的文章。时至今日，教科书话语作为语文教科书呈现的重要表达系统，其研究仍然是语文教科书研究中一个忽视的"死角"，处于空缺状态。

（七）选文研究的偏离

当前，我国学者对语文教科书中选文的系统研究主要集中于这些方面：第一，探讨选文的系统性；第二，探讨选文的功能，强调选文是"例子"；第三，对选文的标准或原则问题进行探讨；第四，从教学层面探讨选文所具备的文学特点。然而，在这繁荣景象的背后我们发现，对语文教材选文的探讨也存在着三个问题：其一，对选文系统性问题的研究主要是就教材的选文来探讨教材。叶圣陶先生曾就这一问题指出："咱们一向在选编选文的方面讨论得多，在训练的项目和步骤方面研究得少，这种情形需要改变。"[①]"切实研究，得到训练学生读作能力之纲

---

① 叶至善：《叶圣陶文集》第 13 卷，江苏教育出版社 1992 年版，第 244 页。

目与次第，据以编撰教材，此恐是切要之事。"① 可惜，由于语文教育理论研究的忽略，叶圣陶先生在课程层面发出的"选文系统性"的呼吁被我们演化成对语文教科书"体系"的研究。其二，尽管我们给予"选文"这一问题最大的关注，但是从研究者的选题看，"真只从语文教材编撰的角度来探讨'选文'类型的，似乎一直受到忽略，较少有人问津"②。其三，研究层次不明。语文教科书中的选文存在着两种不同的性质："一种是作为语文课程的学习对象，教与学的目的就在于领会这一篇'选文'；一种是充当学习语文课程内容的媒介、途径、手段，目的是借此'选文'让学生掌握外在于这一特定选文的事实、概念、原理、技能、策略、态度。"③ 在研究选文系统时忽略了这两个性质，导致我们的研究在课程、教材、教法这三个层面的混乱。

（八）缺乏对教科书百年发展全进程的综合探索

百余年来，教科书编撰事业迅猛发展，但对教科书的研究则明显滞后，主要表现在多为分散和局部性的研究，缺乏对百年教科书发展全进程的综合深入研究。现有成果或以单篇文章出现，或夹杂在一般研究成果之中，或局限于某个时段的教科书发展史的介绍和总结中，对语文教科书百年发展进行整体性研究的较少，尤其缺乏对百年教科书发展过程中内容选择与呈现方式规律的探寻。

（九）缺乏对语文教科书"用什么教"这一核心问题，以及对"教什么"与"如何教"统筹兼顾的立体化多维度的研究思路

我们不可能脱离语文学科内容去从事教科书研究。教科书内容的选择与呈现，不设想具体的教学过程也是不可能的，所以它们是彼此相关的，只是重点有所不同罢了。现有的研究方法在这三者统筹兼顾上，还显得比较薄弱。如何围绕语文教科书研究的中心——"用什么教"（教

① 中央教育科学研究所：《叶圣陶语文教育论集》（下册），教育科学出版社 1982 年版，第 744 页。

② 倪文锦、欧阳汝颖：《语文教育展望》，华东师范大学出版社 2002 年版，第 217 页。

③ 王荣生：《评我国近百年来对语文教材问题的思考路向》，《教育研究》2002 年第 3 期。

科书编制研究），综合梳理其与"教什么"（语文学科内容）、"如何教"（指导过程研究）的关系，给我们提出了一个重要的现实理论问题。

（十）缺少从教与学的角度规划语文教科书内容设计的研究方式

应该注意的是，研究者不应永远停留在把教科书置于教室之外而进行研究的阶段，并以此自足，在特别为教科书而建构的教室里、教学中进行教科书研究也是很有必要的。[①] 可以说，教科书文本研究的风险，就是容易忽略构成教科书最基础的要素，也就是教学。在对教科书进行文本研究的同时也就是实际教学的停止，文本研究往往是否定教与学的行进性的见证。因此，如何从语文教科书内容与呈现的角度考虑教与学的实践过程，同时，又从教与学的角度规划语文教科书内容与呈现，在现实中研究教科书，将教科书的静态研究和动态研究内容相结合，是有待进一步实践的研究方式。

已有的研究成果尽管零散杂乱，但仍然为本书提供了必要的基础和大量的相关信息，本书将紧紧围绕两个核心问题，即在设计语文课程时对内容加以选择，在研制语文教科书时对所选内容进行组织和呈现，充分观照以往研究的不足，展开深入探讨。

三　语文教科书内容及其呈现方式的再概念化

本书所论述的语文教科书是指"语文教材系统"中的"专指语文教材"，特指应用于母语或民族（国家）通用语教育的中小学语文教科书。语文教科书是指为培养具备一定的语文能力和人文素养的公民，根据与之相适应的教学大纲或课程标准设计的系统反映语文学科教育内容的教学文本。因为人们习惯上喜欢把教科书称为教材，所以，为顺应这一习惯，我们在对教科书的探讨中，有时也会称教科书为教材，一般情况下则统称语文教科书。

---

① 石鸥：《最不该忽视的研究——关于教科书研究的几点思考》，《湖南师范大学教育科学学报》2007 年第 9 期。

在语文教科书设计的研究过程中，最主要、最核心的无非两个根本问题：一是关于语文教科书的内容；二是关于语文教科书的呈现方式。因此，本书将紧紧围绕这两个问题展开探讨。

（一）语文教科书内容

当前，对"语文教科书内容"的界定，主要有以下几种观点。

1. 语文教科书内容指"用什么教"[①]

王荣生认为，语文教材（教科书）内容"是语文教材具体形态层面的概念，指为了有效地反映、传递课程内容诸要素而组织的文字与非文字材料及所传递的信息"。通俗地说，就是"用什么去教"，区别于"应该教什么"的课程内容。教材内容不是学生直接掌握的对象，而是师生教学活动的中介，教材因此也成为教师帮助学生实现课程学习目标的工具和跳板。

2. 语文教科书内容即"教什么"[②]

教材内容是由编者选定、组织起来的课程内容，比如，"语文教材的主要内容，不外乎五个方面：阅读、写作、口语交际、语文基础知识和综合性学习"[③]。朱丹的这种观点从现代哲学的角度对"用什么去教"的语文教材内容观进行审视，认为"用什么去教"的语文教材内容观混淆了语文教材概念的内涵与外延，阉割了教材，陷入了肢解选文、各取其用的孤立、片面的形而上学的泥淖。其根源在于视语文为"工具""虚器"的传统哲学。从"语文是介质"的本体论出发，语文教材内容确乎是指"教什么"，而非"用什么去教"。

3. 语文教科书内容指所有可供进行语文训练的内容

崔峦从教材的狭义、广义角度认为，狭义的教材内容是指包括选文在内的教科书中所有可供进行语文训练的内容；广义的教材内容则指包括教科书在内的所有教材配套品种，如教师教学用书、教学软件、朗读录音带、教学挂图、学生使用的《同步阅读》、练习册、生字生词

---

① 王荣生：《语文科课程论基础》，上海教育出版社 2005 年版，第 239 页。

② 朱丹：《"教什么"与"用什么去教"辨》，《太原大学教育学院学报》2009 年第 3 期。

③ 周庆元：《语文教育研究概论》，湖南人民出版社 2005 年版，第 171 页。

卡片。①

4. 语文教科书内容是语文教学的载体

韩艳梅从课堂教学实践的视角提出，语文教科书内容是语文课堂教学的重要载体，它以听说读写等一系列实践活动为依托，以语文学习过程中所需掌握的语文知识和策略为工具，通过引导学生学习语言文字、文学和文化，最终为学生终身学习所需的基本的语文能力和素养奠定基础。语文教科书内容由如下部分构成：② 语言文字、文学与文化（与语文课程的"通过语言学习"相对应）；听说读写等实践活动（与语文课程的"学习语言"相对应）；语文知识与策略（与语文课程的"关于语言的学习"相对应）。

5. 语文教科书的内容指教科书所选择的内容要素及其编排体系③

韩雪屏认为，理解语文教科书的内容及其体系，可以从教科书的表层和教科书的深层两个层面入手。语文教科书内容的表层形式，呈现为识字与写字教材、阅读教材、写作教材、口语交际教材、综合性学习教材五个项目。语文教科书内容的深层基础是构成以上各个项目的要素，即知识、技能、方法、策略、思想观点、情感态度和价值观等。

6. 语文教科书内容即语文教科书的构成名目

持这一观点的顾黄初、顾振彪等认为，语文教科书内容就是指教科书中的课文系统、知识系统、作业系统、导学系统、图标系统、附录系统等。④ 王森然也提出语文教材的内容有知识、课文、练习、助学四个部分。⑤

这种认识实际上将语文教科书内容与语文教科书内容的具体组成要素等同起来。语文教科书内容并非语文教科书的具体组成要素，而是与语文教科书的具体要素相粘连的一个概念，它依附于语文教科书的具体要素而存在。

---

① 崔峦：《我国小学语文教材编制的研究》，江苏教育出版社 2007 年版，第 195 页。

② 韩艳梅：《语文教科书编制研究》，博士学位论文，华东师范大学，2001 年。

③ 韩雪屏：《语文课程教学资源》，高等教育出版社 2007 年版，第 42 页。

④ 顾黄初、顾振彪：《一项开拓性工作——对国外母语教材内容做比较研究，语文课程与语文教材》，社会科学文献出版社 2001 年版，第 335 页。

⑤ 王森然：《中学国文教学概要》，商务印书馆 1992 年版，第 26 页。

　　仔细辨析上述界定，有的将"语文教科书内容"与"语文课程内容"相混淆，有的用"语文教科书"替代对"语文教科书内容"的理解，有的把"语文教科书内容"与"语文教科书呈现方式"混为一谈，有的把"语文教科书"等同于语文教科书的构成名目，有的将"语文教科书内容"与"课文内容"相等同，有的就内容解释内容，同义反复……这种语义的混用，给语文教科书问题的研究平添了诸多烦恼。因此澄清是非，廓清语文教科书内容的一般定义是语文教科书建设科学化的必要前提。

　　结合以上论述与分析，我们认为，语文教科书内容指为了有效地反映、传递语文课程内容诸要素而组织的各种材料及其所传递的信息。理解语文教科书内容可以从教科书的深层基础和教科书的表层要素两个层面入手。语文教科书内容的深层基础要回答"语文一般应该教什么"，即相关的知识、技能、方法、策略、思想观点、情感态度和价值观念等；语文教科书的表层要素需回答"通常可以用什么来教"，按照学界的研究，主要包括选文系统、知识系统和活动系统等。

（二）语文教科书内容的呈现方式

　　目前，学术界对语文教科书的呈现方式还没有做出具体的界定，但与之相关的概念不少，诸如语文教材结构、语文教材模式、语文教材体例结构等。

　　顾明远先生主编的《教育大辞典》对"教材结构"有这样的解释:①"教材结构是各科教材之间的合理组合和各科教材内容各要素、各成分之间的合乎规律的组织形式。"叶立群（1997）指出，教材"需要采用多种形式，通常用的是文字的阐述、图画、图表、表解、实验、作业等"。② 廖哲勋（1999）认为："教科书的基本结构是教科书内容要素、各成分之间合乎规律的组织形式。""教科书的各要素主要包括知识要素、技能要素以及必要的思想教育要素和一些审美、心理要素等，教科书的成分是指教科书的目标、内容和各学科学习活动的

---

① 　顾明远：《教育大辞典》第一卷，上海教育出版社 1998 年版，第 286 页。
② 　叶立群：《课程教材改革探索》，人民教育出版社 1997 年版，第 56 页。

方式。"① 丁朝蓬（2001）认为，教科书是学科结构与教学结构的统一，是深层结构与表层结构的统一。② 苏鸿（2003）认为，教材结构是由教材系统中各基本要素之间的联系方式、组织秩序及时空表现形式组成的有机整体，教材结构的系统设计应注重完善教材的内容结构，构建教材的程序结构，优化教材的形态结构。③ 任丹凤（2003）对教材的体系结构进行了研究。她认为，一个完整的教材体系结构应该由两部分组成：一部分是知识系统结构，体现的是学科知识自身内在的发展顺序和层次关系；另一部分是知识应用结构，说明的是知识与事物的联系以及知识与人的关系。④

就语文教科书来说，顾黄初将语文教科书的内在结构分为四大系统：范文系统、知识系统、作业系统、导学系统。⑤ 洪宗礼将教材结构分为范文系统、知识、导学、训练、图表、附录六大系统；⑥ 韩雪屏将教材结构分为课文、提示、作业、知识、图像五大系统。⑦ 张鹏举认为，教科书的体例结构是指教材各组成部分的搭配、排列及其组织形式，是为适应教材功能的需要所涉及的一切结构形式方面的问题，它应包括目标系统、训练系统、辅导系统、检测系统。一般来说，中学语文教材相对完备的体例结构应包括如下项目：总体说明、分册编写说明（或编辑意图）、单元组合说明、课文教学要求（或教学目标）、教学方法（学法与教法）提示、教学（教与学两个方面）程序提示、纵横联系（或称复习旧知识）、题解、注释、旁批、思考练习题、检测手册（作为教材的附录）等。⑧

韩艳梅提出，语文教科书在内容的呈现上大致应从以下四个要素来

① 廖哲勋：《课程学》，华中师范大学出版社 1992 年版，第 213 页。
② 丁朝蓬：《教科书结构分析与内容质量评价》，《教育理论与实践》2001 年第 8 期。
③ 苏鸿：《论中小学教材结构的建构》，《课程·教材·教法》2003 年第 2 期。
④ 任丹凤：《论教材的知识结构》，《课程·教材·教法》2003 年第 2 期。
⑤ 顾黄初、顾振彪：《语文课程与语文教材》，社会科学文献出版社 2001 年版，第 76—78 页。
⑥ 洪宗礼：《中国语文教材评介》，《中外母语教材比较研究课题组·汉语文教材评介》，江苏教育出版社 2001 年版，第 48—118 页。
⑦ 韩雪屏、邓洪：《英国语文教材评介》，中外母语教材比较研究课题组：《外语文教材评介》，江苏教育出版社 2001 年版，第 31—51 页。
⑧ 张鹏举：《试论中学语文教材的功能与结构》，《课程·教材·教法》1997 年第 4 期。

考虑，即文字叙述、图表编排、结构性线索、版式设计。[①]

根据上述阐述，可以将教科书呈现方式界定为教科书内容存在的方法与形式。语文教科书内容的呈现方式是指把语文教科书内容诸要素统一起来的结构方式和表现手法。在这一界定下，本书对语文教科书内容呈现方式的理解有以下几点：

1. 教科书内容的呈现方式包括整体内容的组织形式和具体内容的显现形式两个方面。前者是指整体内容以怎样的框架呈现；后者是指某一特定内容是以怎样的具体形式呈现的。

2. 语文教科书内容的结构系统，可以从形式结构和实质结构两个层面分析。语文教科书内容的表达系统包括文字系统与非文字系统。

3. 语文教科书内容的呈现方式具体而言，包括编撰结构、形态特征、语言表述等可承载内容及其意义的因素，这种因素是物化的，是有具体形态的。教科书内容的呈现方式涵盖"内容的结构系统"与"内容的表达系统"两个方面。简单地理解，内容的呈现方式就是内容在教材中应如何表达，应该以什么样的形式呈现给学习者，应该以怎样的姿态面对学习者，它是教材设计的一个重要问题。内容一旦被选择后，一定要以便于学习者理解的方式呈现出来，并与学习者的个体精神世界达成一种相互开放的对话关系。

在引入教科书内容的呈现方式这一完整概念后，本书用语文教科书内容的呈现方式代替"语文教材模式、语文教材结构、语文教材体例"等全部含义。

语文教科书是内容和形式的统一，任何内容都不可能脱离一定的教科书形式，任何有效的形式也不可能不表现出一定的内容，两者互为依存，不可分割。但两者又不互相等同，教科书呈现方式是语文教科书外部的方面，表现为有形的线性结构，直接诉诸人们的感觉、知觉，属于物质的范畴；而语文教科书内容则是一个语文教科书内部的方面，是人们的认识和情感，只能存在于一定的语文教科书形式之中。

[①] 韩艳梅：《语文教科书编制研究》，博士学位论文，华东师范大学，2001 年。

第一章 语文教科书内容的历时性 选择与特点

我国语文教科书内容的百年历史研究近年来呈现出相对繁荣的景象，这是语文教育改革深化的一种体现。一方面，人们迫切需要从以往的语文教育发展中了解、寻找、总结可资语文教科书改革借鉴的经验与教训；另一方面，人们越来越充分地认识到，任何改革都不能割断历史。实际上，今天的语文教科书和过去的语文教科书是一个相互衔接的有机整体。

对我国语文教科书内容的历史梳理，需要依托不同时期的教学大纲（课程标准）和教科书文本来分析。百年来，我国颁布的语文教学大纲总计61份（其中小学26份；中学35份），出版的语文教科书数以千计，据不完全统计，1902—1935年出版的中小学语文教科书就达380种之多。① 面对如此庞杂的研究对象，本书聚焦百年来不同时期有代表性的教学大纲（课程标准）和语文教科书，提取其内容要点，紧扣语文学科本身来探讨中国语文教科书发展的演进轨迹与规律。

一 20世纪前期的主旋律——"文白之争"下的语文教科书

我国古代的语文教育源远流长，有文字记载的汉民族语文教育，至少已有三千多年的历史。但古代语文教育，从形态上看，是伦理、道德教育，语文教育及历史、哲学教育一体化的，因而其功能是混杂的，基

---

① 郑国民：《从文言文教学到白话文教学》，北京师范大学出版社2000年版，第135页。

本上是经学和科举的工具、附庸，并不是一门独立的学科。直到 20 世纪初，语文教育才成为在全国推行的学科意义上的独立学科。

（一）挣脱传统经学教育的衣钵

19 世纪后期，西学东渐，影响到我国传统教育的变革。20 世纪初，清政府实行"新政"，提出"废科举，兴学校"。我国接受西方文化，取张之洞《劝学篇》所说的"中学为体，西学为用"的策略，以养成忠君爱国的国民为目的。1904 年颁布《奏定学堂章程》，也称"癸卯学制"。这是我国第一个正式颁布的学制，它对蒙学堂、小学堂、中学堂等各科的教学内容、教学时间、教学方法等做了原则规定，语文教科书也在这一章程的颁布下，开启了探索之路。

1. 语文内容的规定

《奏定初等小学堂章程》规定，初等小学堂设"读经讲经"和"中国文字"。读经讲经科以《孝经》《四书》《礼记》节本为儿童必读内容。各年级程度和字数如表 1 - 1 所示。

表 1 - 1　　《奏定初等小学堂章程》"读经讲经"课程设置表

年级	程度及字数	每星期钟点
第一年	读《孝经》《论语》，每日约 40 字，共读 9600 字；兼讲其浅近之义	12
第二年	《论语》《学》《庸》，每日约 60 字，共读 14400 字；兼讲其浅近之义	12
第三年	《孟子》，每日约 100 字，共读 24400 字；兼讲其浅近之义	12
第四年	《孟子》及《礼记》节本，每日约 100 字，共读 24400 字；兼讲其浅近之义	12
第五年	《礼记》节本，每日约 120 字，共读 28800 字；兼讲其浅近之义	12

初等小学堂中国文字课主要教学识字、读文、作文，以识字为教学重点。

《奏定高等小学堂章程》规定，高等小学堂设"读经讲经"和"中国文学"。读经讲经科以《诗经》《书经》《易经》和《仪礼》之一篇为必读之经。各年级程度和字数如表 1 - 2 所示。

表1-2　　　《奏定高等小学堂章程》"读经讲经"课程设置表

年级	程度及字数	每星期钟点
第一年	《诗经》，每日约读120字，共读28800字；兼讲解	12
第二年	《诗经》《书经》，每日约读120字，共读28800字；兼讲解	12
第三年	《书经》《易经》，每日约读120字，共读28800字；兼讲解	12
第四年	《书经》《仪礼》节本，每日约读120字，共读28800字；兼讲解	12

《奏定高等小学堂章程》规定，高等小学堂中国文学课主要内容有读文、作文、写字、习官话。各年级程度如表1-3所示。

表1-3　　　《奏定高等小学堂章程》"中国文学"课程设置表

年级	程度及字数	每星期钟点
第一年	读浅显古文，即授以命意遣词之法；兼使以俗话翻文话，写于纸上约十句以内；习楷书；习官话	8
第二年	读古文，使以俗话翻文话写于纸上，约20句内外；习楷书；习官话	8
第三年	读古文，作极短篇记事文，约在百字以内；习行书；习官话	8
第四年	读古文，作短篇记事文、说理文，约在200字以内；习行书；习官话	8

《奏定中学堂章程》规定，中学堂同样设"读经讲经"和"中国文学"。"读经讲经"科讲读《春秋左传》《周礼》两经；"中国文学"科学五年，内容有读文、作文、习字以及"中国古今文章流别、文风盛衰之要略，及文章于政事身世关系"等。

2. 代表性教科书

1904年《奏定学堂章程》将蒙学堂与小学堂合，分为初等小学五年，高等小学四年。包含多个品类的《最新国文教科书》是清末商务印书馆创办初期销行甚广的小学国文教科书。

在《最新初等小学国文教科书》"编辑初等高等小学堂国文教科书缘起"中指出：

自初等小学堂至高等小学堂，计九年，为书十八册（以供七八岁之十五六岁之用）。凡关于立身（如私德、公德及饮食、衣服、言语、动作、卫生、体操等）、居家（如孝敬、敬长、慈幼及洒扫、应对等）、处世（交友、待人接物及爱国等），以至事物浅近之理由（如天文、地理、地文、动物、植物、矿物、生理、化学及历史、政法、武备等），与治生之所不可缺者（如农业、工业、商业及书信、账簿、契约、钱币等），皆萃与此书。其有为吾国之特色（如开化最早，人口最多及古圣贤之嘉言懿行等），则极力表彰之；吾国之弊俗（如拘忌迷信及缠足、鸦片等），则极力矫正之，以期社会之进步改良。……务使人人皆有普通之道德知识，然后进古圣贤之要道，世界万国之学术艺能。

《最新高等小学国文教科书》与《最新初等小学国文教科书》相衔接，在"编辑大意"中，列出高等小学国文教科书编撰的要旨，以"忠君、尊孔、尚公、尚武、尚实"五端为主。教科书内容中"详列本国要政及世界大势，以养成国民国家之思想，并多列图表，期予明了"；"采集古今中外名人事迹足为模范者，以引起国民崇拜英雄之观念"；"注重爱国、合群、进化，以养成国民立刻之思想"；"兼采农、工、商、矿等事，以养成国民实业之思想"；"兼采中外游记，以养成国民冒险之精神"。

《中学国文教科书》是我国语文教育独立设科以来作为中学堂使用的第一套正式"国文教科书"，在全书总"例言"中写道："学生至入中学堂，多读经书。"全套书共五集，只选文言文，一年读一集。初集选清代文 143 篇；第二集选用明代文 97 篇、元代 20 篇、金文 10 篇；第三集选用五代宋文 140 篇（首）；第四集选用晋唐文 176 篇（首）；第五集选用周秦汉文 130 篇（首），选文约 700 余篇，涉及的文体达 30 多种，不少文体本身就是封建关系及旧伦理道德的一种反映，如墓志铭、祭文、表、疏、诔、箴铭、颂、赞、刻石、檄、诏，等等。

这一时期，当读经科从传统语文教育内分化、独立，并在中小学课程内处于至尊地位时，恰恰是它还给了国文的学科特性，使国文教育摆脱了封建社会长期以来浓厚的儒家道德伦理教育的束缚，从异化回归了本体。国文（这时小学堂称中国文字，中学堂称中国文学）独立伊始，虽偏安一隅，但它开始了自身体系的草创和探索，无疑又给自己留下了一个自由广阔的发展空间。

总体来说，读经在20世纪初前10年是相对稳定的，但若联系语文教学来考察，又明显地表现出削弱和减退的趋向。从小学堂读经和国文科课时演变中，我们也可窥其一斑（见表1－4）。

表1－4　　　　　　　　　小学堂读经与国文科课时演变比较

科目＼年代	1904	1909	1911
讲经读经	12	12（自第三年加入）	5（自第三年加入）
国文	4	18（第一年） 24（第二年） 12（第三、四、五年）	14（第一、二年） 15（第三、四年）

《奏定学堂章程》的颁布，标志着语文正式脱离了经学、史学、哲学以及伦理学而走向独立，特别是设立"中国文学"科，是清末语文教育的重大改革，使语文教育逐步形成具有现代意义的独立学科。但是这时语文的学科构架还很模糊，仅有对"中国文字""中国文学"的相关规定，教学语言及其内容仍是文言和读经。此时，人们也较少从学科本体的角度思考语文"教什么"。很明显，真正的学科体系构建尚未开始，"中国文字"和"中国文学"中缺少现代语文的构成要素。更为重要的是，清末学科的分化与独立实际上并没有使语文教育摆脱封建主义的束缚，这是因为整个改革在"中体西用"的框架内进行，因而封建伦理道德教育仍然是语文课程的根本目标。所谓"至于立学宗旨，无论何等学堂，均以忠孝为本，以中国经史之学为基"。又所谓"中国之经书，即是中国之宗教"①。因此，就教科书内容而言，清末的语文教科书并无实质性变化。"忠君""尊孔""以经史之学为基"是这一时期语文教科书奉行的宗旨。

---

① 张百熙、荣庆、张之洞：《重订学堂章程析》，朱有瓛：《中国近代学制史料》，华东师范大学出版社1992年版，第78—83页。

（二）勾勒现代语文课程的轮廓

民国初期至五四新文化运动期间，科学主义思想、民主自由观念、儿童本位思想、实用主义思想等不断渗透到语文教科书的指导思想之中，深刻地影响着语文课程教材内容的选择。

1. 语文内容的规定

1912 年，南京国民政府教育部颁布了《中学校令实行规则》，并在课程设置中提出设"国文"一科，指出："国文要旨在通解普通语言文字，能自由发表思想，并使略解高深文字，涵养文学之兴趣，兼以启发智德。"① 这是我国现代语文教育的真正开始。

1920 年，教育部先后通过修正《国民学校令》和《国民学校令事事细则》等，确定初等小学四年间纯用"语体文"，并正其科目为"国语"。至此，国语、国文合力构成了统一的学科框架，形成了现代语文的雏形。

1923 年，推出了新学制（壬戌学制）小学国语课程标准和新学制中学国语、国文课程标准。这套课程标准明确了学科课程标准的构成要素，并用纲要的形式明确了现代语文的基本内涵。

该课程标准对各个学段的课程目的表述如下。

小学：练习运用通常的语言文字，并涵养感情、德性，启发想象、思考，引发读书趣味，建立进修高深文字的良好基础，养成能表达己意的发表能力。

初中：有自由发表思想的能力，能看平易的古书，能作文法通顺的文字（学写文言文，兼学白话文写作），发表研究中国文学的兴趣。

高中：培养欣赏中国文学名著的能力，增加使用古书的能力，继续发展语体文的技能，继续练习用文言作文。

具体来看，这三个学段主要的教学内容及过程，分别见表 1-5 至表 1-7 所示。

---

① 课程教材研究所：《20 世纪中国中小学课程标准·教学大纲汇编（语文卷）》，人民教育出版社 2001 年版，第 272 页。

表 1 - 5 　　　　　　　**1923 年小学语文课程标准各学段内容**

学段	语言	文字		
		读文	作文	写字
小学	练习用国语会话、讲故事、演讲；兼有辩论会的设计	1. 识字：初小识 2200 字，高小累计识 3500 字 2. 诵习：童话、儿歌、谜语、传记、剧本、故事诗、杂歌、小说、民歌、新诗等；末一年酌加浅易的文言诗文 3. 学习注音字母、标点符号、查字典；指导阅读儿童报、普通日报及图书	练习通信、条告、记录的设计；学习实用文、说明文、记叙文、议论文（均为语体）	一次练习正楷、行楷、行书，识别通行草书

注：前三年读文与作文、写字合并教学，后三年注重自学辅导。

资料来源：根据《新学制课程标准纲要小学国语课程纲要》内容编制，课程教材研究所：《20 世纪中国中小学课程标准·教学大纲汇编（语文卷)》，人民教育出版社 2001 年版，第 13—15 页。

表 1 - 6 　　　　　　　**1923 年初中语文课程标准各学段内容**

学段	读书	作文	写字
初中	1. 精读选文，注重传记、小说、诗歌的诵读研磨，大半在课内讨论 2. 略读丛书传集等，大半自修，一部分课内讨论	1. 定期的作文 2. 不定期的作文和笔记译文等 3. 定期的文法（文章通则）讨论；兼及修辞 4. 定期的演说、辩论（整理思想为作文之助）	名人书法鉴赏；楷书、行书的练习

注：精读选文的文白比例，三年依次为 1：3，2：2，3：1；读书、作文、写字三个学目每周课时分配，三年依次为 3：2：1，3：2：1，3：2：0（无写字）。

资料来源：根据《新学制课程标准纲要小学国语课程纲要》内容编制，课程教材研究所：《20 世纪中国中小学课程标准·教学大纲汇编（语文卷)》，人民教育出版社 2001 年版，第 274—276 页。

表 1 - 7 　　　　　　　**1923 年高中语文课程标准各学段内容**

学段和年级	读书（文学欣赏）	文法及作文	文字学	文学概论
普通必修高一和高二	1. 当代中外文学作品，分散文、小说、剧本、新诗四类 2. 古典诗歌	1. 文法：注重语体与古文的比较研究 2. 作文：一律写文言文；配合作文，第一年学论辩文，第二年学记载文；精读名著的报告或研究可代作文		

学段和年级	读书（文学欣赏）	文法及作文	文字学	文学概论
文科必修 高三			着重讲授音韵训诂知识	文学概论、中国历代文学变迁、近代文学趋势等

注：读书与作文、文法、文字学与文学概论，其每周的课时比例均为 2：2。

资料来源：根据《新学制课程标准纲要高级中学必修的国语课程纲要》等内容编制，课程教材研究所：《20 世纪中国中小学课程标准教学大纲汇编（语文卷）》，人民教育出版社 2001 年版，第 277—281 页。

2. 代表性教科书

为落实新学制提出的新标准，诸如适应社会进化之需要，发扬平民教育精神，注意生活教育等，在追求言文一致的进程中，一些先行探索的中小学编行了若干教科书。

1921 年出版的高等小学校学生用《新时代国语教科书》，分文艺材料与实科材料两大类：文艺材料，以具有情感为主；实科材料，以收得实用智识为主。在"编辑大要"中指出：本书行文要点凡四：（1）用字不取生冷；（2）措辞造句与口语相近；（3）结构务求精警；（4）各篇体裁多方变化。1927 年出版的《新时代国语教科书》，小学校初级用，所列"编辑大要"中表明：本书于适合儿童教育之范围内尽量提倡党义。本书极力灌输革命的与进步的思想，造就实用的与科学的技能，养成平民化与团体化的性格。本书取材注重新时代之国民性，以独立平等坚忍勇敢同情为背景，写成富于兴趣的文字。本书形式括有故事、诗歌、寓言、对话、说明语、演讲语，各种相互并用，力避呆板单调。

在中学语文教科书由文言文向白话文演进的进程中，《国语文读本》（1—6 编）具有领先地位。该书由吴淞中学教员很工、仲九编辑，是当时第一部专选中外文学名作的白话文教科书。读本中选文的作家以现代人为限。编者在编辑说明中将"国语文与文言文"相对应。全书第一、二册略注重记叙文，第三、四册略注重论说文，而各以文艺辅助；第五、六册为外国小说名作的翻译。

《新中学教科书高级国语读本》是 1925 年出版的，供新学制高级中学公共必修和选修课国文教学之用。该教科书的教学目的是：弘扬民族独立的精神；培养国民文学的艺术。选文材料均从现代语体文学中选录。全书三册，共选白话文 86 篇。第一年注重现代中国，第二年注重现代学术思想，第三年注重现代文艺。

作为新学制的重要构成及具体体现，1923 年中小学《新学制课程标准纲要》的颁布与实施是我国现代语文教育改革，尤其是课程教学内容改革的一个重要里程碑。它从根本上脱离了古代语文教育，大致勾勒出当时语文课程的总体轮廓。概言之，体现在以下几个方面：

第一，从读书致仕转向谋求个性发展。其中小学语文教学目的以培养语言能力为主，要求教科书内容以儿童文学为中心，体现国语课程追求学生个性发展的精神。而对中学国语、国文教学目的的表述也无不体现了这一点。首先，从初中、高中两段制定目的，使教学的循序渐进有了依据。其次，纲要肯定了语体文读写训练在中学语文教学中的突出地位，为实现自由思想的发表提供了依据，体现了"谋个性之发展"的新学制思想。再次，从初中到高中，它强调了文学教育因素，既重视现代新文学，还对文法给予一定地位，充分表明新学制对学生个性发展的诸多考虑。最后，高中语文课程纲要还为不同学习方向的学生设计了不同的必修课程。虽然为必修，但对于学生而言，毕竟拥有了自主选择权利。如在文科必修课程里，有文字学、文学概论等课程。总之，语文课程内容设置充分考虑了学生的个性发展需要。

第二，从经典教育转向生活关怀。新学制改革前，语文课程内容设置主要以经典作品教学为主，中学阶段几乎全部为文言文教学，讲解、朗读、背诵是国文教学的重点。新学制改革以后，课程内容开始趋于学生生活。它反映在新学制语文课程标准内，主要为以下几个方面：（1）多是童话、儿歌、谜语、故事等儿童文学体裁。（2）注重实用性，既有实用文文法的学习，又有实用文内容的学习。（3）注重儿童的生活需要，增加了读报要求等。初中语文科的内容设置发生的变化是：（1）白话文正式进入语文课程。文言、白话混合教学，在选文比例上遵守"语体文渐减，文言文渐增"原则。虽然还以文言文为主体，但明确把白话文确立为语文课程内容，是一次历史性突破，以后语文课程改革不断增加白话文比例，削弱文言文比例即基于这一历史性突破。（2）把"作文"一项分列为定期的作文、不定期的作文和笔记、定期的文法讨论、定期的演说辩论四个组成部分，在内容设置上突破了以往以写文章为要务的局限，把书面语的训练和口语训练结合起来；文法修辞讨论的写作把说话实践、课内写作和课外笔记等结合起来，与学生生活相关联，大大拓展了内容领域。在高中语文课程内容方面的主要变化，体现在突出"文学欣赏"的价值和地位上。在"文学欣赏"规定的内容中，又以"最近文字"为主，分散文、小说、戏剧、新诗四大系统，所选文章包括中外具有进步意义的作品，重视中外新文学优秀作品的选读。而"古代文字"则只收入古典诗歌，从《诗经》《离骚》起，直到盛唐以后的优秀诗作。相应地，教科书改变以往多选取中国先圣先贤、学者诗人和忠君烈士等内容，注意从学生的实际生活需要出发，从适切于现实的人生需要的角度去选材，如《新学制国语教科书》"编辑例言"说道：本书既为初中读本，故务求适合于学生诵读，不恪守原书形式；凡有不适宜于读本性质者及过于冗长者删节之。

第三，从重视书本学习转向重视经验学习。《新学制课程标准纲要》规定的语文课程基本目标是读、写、听、说能力的全面发展，重视学生的实践活动。精读要求直接讨论，略读强调学生自修；作文是定期作文、不定期作文和笔记、文法讨论、演说辩论的结合；习字是鉴赏和练习的结合；教科书选文要求把文章法式也包括在内，内容设置要求有定期的文法讨论，还特别强调要学生把握"规律法则"的方法和要求；注意选文的文学性和趣味性，要求选文注重传记、小说、诗歌，参阅的书籍应以兴趣为主；注意培养学生的自学能力和研究兴趣，该纲要规定必须使学生产生研究中国文学的兴趣，课外阅读要求由教师制定丛书专集等，大部分由学生自修；同时语言表达既重视书面表达训练，又重视诵习、演说、辩论等口头表达训练，让学生在开口说话的练习中学会表达。

相对于古代的泛语文教育，1923 年的"课程标准纲要"完成了从传统泛语文教育到现代学科式语文教育的历史性转变，建构了现代语文课程的雏形，大体确立了口头语和书面语、语体文和文言文两分的格局，开始了从"文字型"教育到"文字—语言型"教育的历史转变。

（三）完善语文学科的整体架构

民国后期对语文课程的认识在现代语文教育发展史上是一个继承和

创新的阶段。它既继承了新学制语文课程标准的一些观念，又根据其后语文教育实践提出了一些新思路。我们可以从这一阶段中小学语文课程标准对课程目标的描述中探析语文内容的总体规定。

1. 语文内容的规定

从 20 世纪 30 年代至中华人民共和国成立，语文学科使用的课程标准基本上是以 1929 年《小学课程暂行标准·小学国语》《初级中学国文暂行课程标准》和《高级中学国文暂行课程标准》为蓝本的。具体比较如下，见表 1－8 至表 1－10 所示。

表 1－8　　　（1929、1932、1936、1941）小学语文课程标准比较

1929 年课程标准	1. 练习运用本国的标准语，以为表情达意的工具，以期全国语言相通	2. 学习平易的语体文，以增长经验，养成透彻迅速扼要地阅读儿童图书的能力	3. 指导儿童练习作文，并养成其发表情意的能力	4. 运用平易的口语和语体文，以传达思想，表现情感而使别人了解	5. 练习书写。以达于正确、清楚、匀称和迅速的程度
1932 年课程标准	1. 指导儿童练习运用国语，养成其正确的听力和表现力	2. 指导儿童学习平易的语体文，并欣赏儿童文学，以培养其阅读的能力和兴趣	3. 指导儿童练习作文，并养成其发表情意的能力	4. 指导儿童练习写字，养成其正确、敏捷的书写能力	
1936 年课程标准	1. 指导儿童练习国语，熟谙国语的语气语调和拟势作用，养成其正确的听力和发表力	2. 指导儿童由环境事务和当前的活动，认识基本文字，获得自动读书的基本能力，进而欣赏儿童文学，以开拓其阅读的能力和兴趣	3. 指导儿童从阅读有关国家民族等的文艺中，激发起救国求生存的意识和精神	4. 指导儿童体会字句的用法，篇章的结构，实用文的格式，习作普通文和实用文，养成其发表情意的能力	5. 指导儿童写范字和应用文字，养成其正确、敏捷的书写能力
1941 年课程标准	1. 教导儿童熟练使用国语，使其发音正确，说话流畅	2. 教导儿童认识通常应用的文字，使能应用于日常生活，并养成其阅读的能力和兴趣	3. 教导儿童运用文字，养成其理解的能力和发表情意的能力	4. 教导儿童习写文字，养成其整齐清洁迅速确实的习性和审美观点	5. 培养儿童修己善群爱护国家民族的意识和情绪

资料来源：课程教材研究所《20 世纪中国中小学课程标准·教学大纲汇编（语文卷）》，人民教育出版社 2001 年版，第 16—40 页。

表 1 – 9　　（1929、1932、1936、1940）初中语文课程标准比较

1929 年课程标准	1. 养成运用语体文及语言流畅叙说事理及表情达意的技能	2. 养成了解平易的文言文书报的能力	3. 养成了解平易的文言文之能力	
1932 年课程标准	1. 使学生从本国语言文字上，了解固有的文化，以培养其民族精神	2. 养成用语体文及语言叙事说理表情达意之技能	3. 养成了解平易的文言文之能力	4. 养成阅读书籍之习惯与欣赏文艺之兴趣
1936 年课程标准	1. 使学生在本国语言文字上，了解固有文化	2. 使学生从代表民族人物之传记及其作品中，唤起民族意识并发扬民族精神	3. 养成用语体文及语言叙事说理、表情达意之技能	4. 养成了解一般文言文之能力	5. 养成阅读书籍之习惯与欣赏文艺之兴趣
1940 年课程标准	1. 养成用语体文及语言叙事说理表情达意之技能	2. 养成了解一般文言文之能力	3. 养成阅读书籍之习惯与欣赏文艺之兴趣	4. 使学生在本国语言文字上，了解固有文化，并从代表民族人物之传记及其作品中，唤起民族意识并发扬民族精神	

资料来源：课程教材研究所：《20 世纪中国中小学课程标准·教学大纲汇编（语文卷）》，人民教育出版社 2001 年版，第 282—304 页。

表 1 – 10　　（1929、1932、1936、1940）高中语文课程标准比较

1929 年课程标准	1. 继续养成学生运用语体文正确叙说事理及表情达意的能力，并根据学生的资性及兴趣，酌量兼具运用文言作文的能力	2. 继续培养学生读解古书的能力	3. 继续培养学生欣赏中国文学名著的能力	
1932 年课程标准	1. 使学生应用本国语言文字，深切了解固有文化，以其达到民族振兴之目的	2. 除继续使学生能自由运用语体文外，还要养成其用文言文叙事说理、表情达意之技能	3. 培养学生了解古书、欣赏中国文学名著之能力	4. 使学生能够应用本国语言文字，深切了解固有文化，并培养其民族意识

1936年课程标准	1. 使学生能应用本国语言文字，深切了解固有文化并增进民族意识	2. 除继续使学生能自由运用语体文外，还要养成其用文言文叙事说理、表情达意之技能	3. 培养学生读解古书、欣赏中国文学名著之能力	4. 培养学生创造国语新文学之能力	
1940年课程标准	1. 除继续使学生能自由运用语体文外，还要养成其用文言文叙事说理、表情达意之技能	2. 培养学生读解古书、欣赏中国文学名著之能力	3. 陶冶学生文学上创作之能力	4. 使学生能应用本国语言文字，深切了解固有文化，并增进民族意识	

资料来源：课程教材研究所：《20世纪中国中小学课程标准·教学大纲汇编（语文卷）》，人民教育出版社2001年版，第286—309页。

这一时期，课程标准从五大领域、不同学段整体设计语文内容。

1929年小学《暂行课程标准》的目标表述有两点值得注意：一是确立了五项课程目标，从推进国语教育，实现"言文一致""国语统一"角度着眼，既明确了国语教学的性质，又把培养学生具有听、说、读、写的能力一并提出；二是确立了听、说教学在语文课程中的重要地位，从新学制时期的"语言"改为现在的"说话"，既突出了口语教学的重要性及特点，又明确了口头语言概念的内涵。1932年的课标将之合并为四项，分别为听话说话、读书、作文、写字，与暂行标准相比，更加清晰、可行。在随后的1936年和1941年课标中，分别增加了"救国求生存的意识和精神""修己善群爱护国家民族的意识和情绪"这样的目标要求。

对中学国文课程目标的阐述，有四点值得注意：一是确认了中学语文课程，无论初中还是高中，都需要提高用语体文来叙事说理、表情达意的能力，对于文言作文的能力，不做普遍要求，只要求根据学生的资质及兴趣酌情予以培养，这是符合时代发展需要的。二是与小学课标相呼应，强调了"语言"能力（即口语表达能力）的训练，并首次明确将其列入中学语文科的课程目标。三是提高了阅读方面的要求，把阅读范围从过去局限于"古书"扩大到一般书报，把目标从过去局限于"能力"发展到"养成习惯"，重心转向了实用教育，注意了学生实际能力的培养。四是与小学课标一致，增加"了解固有文化""增进民族意识""发扬民族精神"等思想教育内容，界定了语文教育在传承民族文化方面的价值。

20世纪三四十年代的语文课程观已经把学科架构建立在语文基础知识及其运用、学习者的身心发展和民族文化的滋养等几个方面。这在语文教育发展史上具有里程碑意义。但本期的语文课程与教学内容主要致力于语文基础知识及其运用，特别是语文基础知识的研究，而对学习者的身心发展、民族文化的滋养等内容缺少关注。

2. 代表性教科书

《小学国语教科书》1931年由上海儿童书局出版，该教科书由陈鹤琴、盛振声合编，共八册。陈鹤琴在"编辑大意"中提到，这套课本是"参照教育部最近颁布小学课程标准，并根据儿童心理，儿童生活编辑"而成，其主旨有三："一、引起儿童阅读的兴趣；二、培养儿童自动能力；三、启发儿童正当思想。"编纂者对学习者、学习者生活及其身心发展的关注，应该是学科建设过程中不能忽视的重要维度，在当时也是与五四以后的时代思潮相吻合的。

1935年，夏丏尊和叶圣陶合编的《国文百八课》由开明书店出版。《关于〈国文百八课〉》一文说："本书是彻头彻尾采取'文章学'的系统的。"[①]《国文百八课·编辑大意》指出："文话以一般文章理法为题材。"《关于〈国文百八课〉》一文说："我们预定的文话项目有一百零八个，就代表文章知识的一百零八个方面。"[②] 这两段话说明文话的内容是文章知识。具体到是哪些文章知识，《国文百八课》第一册第一课的文话《文章面面观》给出了答案。

> 你读一篇文章的时候，除内容的领受以外，有许多形式上的项目应当留意；对于各个项目能够逐一留意到，结果就会得到文章学的各部门的知识。

---

① 叶圣陶、夏丏尊：《关于〈国文百八课〉》，刘国正：《叶圣陶教育文集》（5），人民教育出版社1994年版，第406页。

② 同上书，第404页。

　　一　这篇文章属于哪一类？和哪一篇性质相似或互异？这类文章有什么特性和共通式样？（文章的体制）

　　二　文章里用着的词类，有否你所未见的或和你所知道的某词大同小异的？（语汇的搜集）

　　三　文章里词和词或句和句的结合方式有否特别的地方？你能否一一辨认，并且说出所以然的缘故？（文法）

　　四　文章里对于某一个意思用着怎样的说法？那种说法有什么效力，和别种说法又有什么不同？（修辞）

　　五　文章里有什么好的部分？好在哪一点？有什么坏的部分？坏在哪一点？（鉴赏与批评）

　　六　这篇文章和别人所写的同类的东西有什么不同？你读了起什么感觉？（风格）

　　七　从开端到结尾有什么脉络可循？有否前后相关联的部分？哪一部分是主干？哪些部分是旁枝？（章法布局）

　　别的项目当然还有，以上所举的是最重要的几个，每个项目代表文章的探究的一个方面。能从多方面切实留意，才会得到文章上的真实知识，有益于阅读和写作。

　　"文话"作为现代语文教育史上著名教材《国文百八课》的核心内容，明确规定了《国文百八课》的主要教学内容，即立足于读写能力形成的文章知识。

　　可以看出，民国后期的课程教材内容，与1923年"课程标准纲要"的主要精神一以贯之，并将这种语文课程思路不断完善。

　　总体而言，20世纪前期，"文言"与"白话"的抗衡，成为这一时期语文课程教材内容演进的主线，主要体现在以下几个方面：

　　一是书面语的分化。语文学科是以语言文字的特点及其运用规则为教学内容的，所以语言文字的发展演变必然要影响到它的教学内容。书面语有两种：一种是完全脱离口语的，即文言；一种是接近口语的，即白话。辛亥革命以后，特别是五四以后，口语化的书面语，在交际领域逐步取代了文言，占据了统治地位。文言文除了在少数场合还运用以外，多半成了一部分知识分子接受历史文化遗产、提高自身文化素养的媒介。于是在中小学里,语文学科的教学内容形成了这样的新格局:低年级(主要指小学和初中)以学习口语化的书面语为主;高年级(主要指高中)以学习文言为主。从总体上看,是言文并存,并且这种状况延续到了今天。言文并存,必然会带来这样一系列问题:言文比例问题、言文编法问题、言文取舍标准问题等。

二是口头语的分化。传统的语文教育是不重视口头语训练的,新式的语文学科教育开始在学习书面语的同时逐步重视口头语的训练。五四以后,以北京话为标准语音的普通话(五四时期称"国语"),在正式的口语交际场合取代了各地方言,各地方言则在特定地域内继续存在。于是,在中小学的语文学科教育中,通过汉语拼音字母的学习和运用,大力推广普通话。五四时期,黎锦熙等人研究"话法"教学,引起普遍重视。这个问题在旧中国尽管有人呼吁,有人倡导,但很少实践。中华人民共和国成立以后,直到今天,推广普通话仍然是个艰巨的任务。面对新世纪的到来,在社会交际日益频繁、人机对话将成为现实的形势下,对中小学生进行普通话的训练,争取在大范围里取得成效,将是我们这一代语文教育工作者的历史责任。

三是语文功能的分化。语文工具的社会功能,在语文学科诞生之前是比较单纯的,学习文言诗文是为了求取功名,所以只要学习一些科场需要的八股文和诗词歌赋的作法便足够。五四以后,语文功能有了明显的分化:文艺文以抒写个人情怀和描述社会百态为特点,语言讲究形象、生动、传神;实用文以记录社会实况、说明事物性状、论述思想观点等为特点,语言讲究准确、简明、得体;由于平民教育、职业教育等教育思想的影响,语文作为社会交际工具的功能日益受到重视,所以应用文的读写训练被列入语文学科教育的教学内容。又因为文艺文有认识生活和陶冶性情的作用,在语文学科教育的教学内容中仍占有重要的地位。这三类不同的语文运用形式的并存,必然带来比例问题、编法问题、取舍标准问题等。

四是语文知能的分化。语文学科诞生之前,学语文只是读文和作文,并不重视语文知识学习。二三十年代,读范文和学知识分化成两条线,在诵读中感悟和在学习语文知识中逐步掌握规律成为语文教学内容的两个重要方面。教科书已改变专选范文的旧格局,形成在范文中穿插编排语文知识专题短文的新格局。语文能力需要在实际运用中逐步培养，语文知识需要在实际运用中消化吸收，因此在教科书中增加作业练习成为必要。新式教科书形成范文系统、知识系统和活动系统是历史发展的结果。

二 20 世纪后期的交响曲——
"文道之争"下的语文教科书

中华人民共和国成立以来，中小学教科书建设继续在探索中前进。50 余年的教科书建设，大致经历了六个阶段：第一阶段，中华人民共和国成立初期的过渡阶段，确立了中小学教科书实行全国统一供应的方针。第二阶段，20 世纪 50 年代中后期，全面学习苏联，强调知识的系统性；后为与"大跃进"相适应，进行"教育大革命"。第三阶段，20 世纪 60 年代前半期，恢复传统，加强"双基"。第四阶段，20 世纪 70 年代后期至 80 年代，经历"文化大革命"10 年动乱曲折后，恢复调整，注重训练，发展智力，培养能力。第五阶段，实施义务教育，开始教科书多样化。第六阶段，21 世纪伊始，开始新世纪新探索，拓展新局面。概言中华人民共和国六十余年的语文教科书发展轨迹，就其主要影响方面，大致是由 50 年代的系统知识型，60 年代的知识技能型，八九十年代的知识智力能力型，到目前追求的整体发展型。

（一）尝试建立"汉语""文学"分科的系统知识

受苏联语言和文学分科教学实践的影响，1953 年 12 月，中央语文教学问题委员会在《关于改进中小学语文教材的报告》中，提出将语言和文学分科。1956 年先后出版汉语、文学教学大纲和汉语、文学课本。

1. 语文内容的规定

《小学语文教学大纲（草案）》提出小学语文科的基本任务是发展儿童语言，提高儿童理解语言的能力和运用语言的能力。主要的课程内容涉及阅读教学、汉语教学、作文教学、识字教学、写字教学。将汉语教学单独列出是此次大纲的特点，具体内容是教儿童初步掌握汉民族语言的语音、文字、词汇、语法的基本规律。

《初级中学汉语教学大纲（草案）》将初级中学汉语教学的任务表述为："教给学生有关汉语的基本的科学知识，提高学生理解汉语和运用汉语的能力。""结合教学进行爱国主义思想教育，培养学生的民族自豪感和爱国主义热情。"初级中学汉语教学包括语音、词汇、语法、修辞、文字、标点符号等项内容。另外，大纲还规定了初级中学汉语教材的编排系统（见表1-11）。

表1-11　　　　　**初级中学汉语教科书编排系统**（1956）

学期	主要内容
第一学期	扼要复习小学所学汉语知识，介绍初中学习汉语的轮廓，学习语音
第二学期	学习文字和词汇
第三学期	认识词法、句法的概略后，学习词类
第四学期	学习单句
第五学期	学习复句，系统总结标点符号知识，对从第三学期开始的语法学习作一总复习
第六学期	学习修辞的基本知识

资料来源：课程教材研究所《20世纪中国中小学课程标准·教学大纲汇编（语文卷）》，人民教育出版社2001年版，第325—326页。

除此之外，语音、文字、词汇的教学贯穿在全部教学中，提高学生写作能力是文学教学和汉语教学共同的、综合的任务。

《初级中学文学教学大纲（草案）》规定了文学作品以及结合文学作品讲授的文学理论常识和文学史常识。各年级教科书编排体系见表1-12所示。

表1-12　　　　　**初级中学文学教科书编排系统**（1956）

年级	主要内容	课文选编
一年级	着重培养学生观察和叙述客观事物的能力，逐步扩大学生对生活的认识，使学生对文学的意义和作用，对文学与社会生活的关系有初步的认识	着重选编描述各种事物、人物、风景的作品，原则上根据思想内容组织单元
二年级	着重培养学生分析和理解比较复杂的事物的能力，借以开拓学生的思想领悟	选编历代著名的文学作品，按作家和作品年代的先后排列

续表

年级	主要内容	课文选编
三年级	继续提高学生认识生活和分析事物的能力，比较系统地介绍文学作品的各种体裁，使学生对各种体裁的特点获得基本的认识	依体裁分类组织单元，每类大致按作品年代的先后排列

资料来源：课程教材研究所《20 世纪中国中小学课程标准·教学大纲汇编（语文卷）》，人民教育出版社 2001 年版，第 337 页。

高中阶段未设汉语课，但要求通过古典文学的教学，有计划地教一部分文言文，让学生获得文言文的初步知识。

《高级中学文学教学大纲（草案）》规定的教学内容包括：中国文学、外国文学的个别作品、文学理论基本知识等。中国文学包括中国文学作品和结合作品讲授的系统的中国文学史基本知识。每一时代的中国文学的教学内容都是由两个部分组成的：一是按文学史系列排列的一系列"专题"；二是这个时代的"文学史概述"。

2. 代表性教科书

《初级中学汉语课本》（1—6 册）由张志公主编。此套教科书落实《初级中学汉语教学大纲（草案）》的各项要求。在教科书内容上围绕语音、词汇、语法、修辞、文字、标点符号等内容编写各册。汉语教科书完全按照语言学的知识系统编写，即语言学知识的"序"规定了汉语教科书的"序"。教科书内容见表 1 - 13 所示。

表 1 - 13   1956 年《初级中学汉语课本》各册教科书内容要目

册	内容
一	绪论、语音
二	文字、词汇
三	语法（上）
四一五	语法（下）
六	修辞 总复习

《初级中学文学课本》（1—6 册）由张毕来等主编。这套教科书按照《初级中学文学教学大纲》所规定的教学内容和教科书编排体系进

行编写。教科书内容包括文学作品和文学常识（结合文学作品讲授的文学理论常识和文学史常识）两类。教科书内容见表 1 – 14 所示。

表 1 – 14 　　1956 年《初级中学文学课本》各册教科书内容要目

册	内容
一	民歌和民间故事、寓言、叙述和描写、对话，文学作品是写人的
二	民间口头文学、童话、人物、作品的思想内容，怎样看作品的好坏
三	杜甫、鲁迅、文学作品结构分析、文学作品的语言
四	屈原、我国的古典文学、瞿秋白、我国的现代文学
五	诗歌、散文、小说、剧本的一般特点
六	从文学中获得的知识、从文学中受到的陶冶

《高级中学文学课本》（1—4 册）由张毕来等主编。依据大纲，教科书编写的主要内容包括中国文学、外国文学和文学理论基本知识，文学作品依文学史发展由古至今分阶段选编。由若干篇文学作品与相应的文学史概述构成一个专题，每一课是该专题的教学内容的一部分。第一、二册由一系列"专题"和文学概述组成。例如第一册，第一至第六课分别为：《诗经》（6 篇）、《论语》（9 篇）、《左传》（1 篇）、《孟子》（2 篇）、《屈原》（2 篇）、《战国策》（2 篇）。第七课为"文学史概述（一）"——秦代以前的文学，这七课为一个专题。共编成 30 个专题。第三、四册则只选著名作家的单篇代表作。教科书内容见表 1 – 15 所示。

表 1 – 15 　　1956 年版《高级中学文学课本》各册教科书内容要目

学期	内容
高一（上）	秦代以前的文学、两汉魏晋南北朝作品
高一（下）	唐代和宋代的文学
高二（上）	元代—五四文学
高二（下）	五四以来的文学
高三（上）	批判现实主义文学
高三（下）	以苏联为代表的社会主义现实主义文学

1956 年颁布的语文教学大纲和据此编写的语文教科书，为解决语

文独立设科以来所面临的一系列问题，进行了开创性尝试，为探索语文教科书科学化提供了许多宝贵经验。其突出特点是：第一，初步建立起比较完整的汉语学科体系和文学学科体系，使语文教学开始走上有序的轨道。第二，加强了系统的语文知识教学，有助于克服重"道"轻"文"的倾向。不仅汉语知识完整，文学理论常识和文学史常识也比较丰富。第三，注重文学和文言教学，课本总字数从原来的14.5万字增至26万字，编入大量文学性强的课文，强调文学教学，而应用文教学有所削弱；"文学"课从初中延续到高中，文学课本中纯文学作品占多数，文言比重较之前一个阶段大幅提高——古典名篇占到初中和高中总课数的1/4和1/2左右。

（二）加强"双基"训练

正如中华人民共和国成立初期语文教学质量不令人满意，才形成1956年的演变一样，"政治风潮"的冲击使语文教学误入歧途，效果骤减，遂有60年代初期的课程新思路问世，试图拨乱反正。这个新思路的发轫之作，当属1961年供十年制学校试用的中小学语文新教科书，以及1963年颁发的中小学语文教学大纲。

1. 语文内容的规定

教育部于1963年5月公布了《全日制小学语文教学大纲（草案）》和《全日制中学语文教学大纲（草案）》，第一次在中小学大纲中明确指出语文学科的工具性。由工具性所决定，大纲强调语文基础知识的教学和基本技能的训练，主张多读多写，读写结合。各学段的课程目标及要求见表1-16所示。

表1-16 1963年语文教学大纲各学段目标与要求

学段	课程目标	教学要求
小学	教育学生正确地理解和运用祖国的语言文字	使学生认识3500个常用汉字；学会汉语拼音，作为识字的辅助工具；掌握常用的词汇；流利地诵读课文，并能背诵教师指定的部分课文；字写得端正；会写一般的记叙文、应用文，语句通顺，不写错别字，会用标点符号

学段	课程目标	教学要求
初中	教学生能够正确地理解和运用祖国的语言文字，使他们具有现代语文的阅读能力和写作能力，具有初步阅读文言文的能力	在小学的基础上使学生继续认识生字，掌握较丰富的词汇，进一步提高阅读能力和写作能力，基本上掌握现代语文，作文能够段落分明，语句清晰，用词恰当，正确使用标点符号，字写得端正，不写错别字；为获得初步阅读文言文的能力打下必要的基础
高中		继续提高阅读能力和写作能力，正确地理解和运用现代语文，作文能够思路畅达，文理通顺，用词确切；具有初步阅读文言文的能力

　　课程教材研究所：《20世纪中国中小学课程标准·教学大纲汇编（语文卷）》，人民教育出版社2001年版，第153、415页。

　　与以往的大纲相比，1963年大纲的发展是明显的，它对该时期乃至以后时期的语文教科书编写产生了积极的影响。以《全日制初中语文教学大纲（草案）》为例，其主要发展在于：第一，大纲开宗明义，强调"语文是学好各门知识和从事各种工作的基本工具"。突出语文的工具性，这对当时的语文教育来说，意义重大。第二，大纲规定了中学语文教学的目的："教学生能够正确地理解和运用祖国的语言文字，使他们具有现代语文的阅读能力和写作能力，具有初步阅读文言文的能力。"为了达到这个目的，大纲提出要选文质兼美的范文让学生精读，要以讲读为中心，加强语文的基本训练，反对把语文课讲成政治课或文学课，主张语文教育中"文"与"道"不可分割。第三，大纲强调以培养学生阅读能力和写作能力的顺序为主要线索，组成由浅入深、循序渐进的课程内容体系。具体表现为：从阅读内容比较单纯、篇幅比较短的文章到阅读内容比较复杂、篇幅比较长的文章；逐步理解和掌握写作的基本方法，从词句到篇章，从比较单纯的方法到比较复杂的方法；逐步理解和掌握记叙、说明、议论等主要的表达方式和常用的几种体裁的文章的写法。

　　2. 代表性教科书

　　1961—1963年出版的"十年制学校语文课本"，有小学语文10册，初中语文6册，高中4册。小学一二年级使用集中识字教材，识字2200个，至五年级累计识字3500个（与20年代持平）。贯彻"多读、多练"

的原则，10 册共 344 课，要求背诵的有 215 课，习题共 1610 道（读与写分别为 344 道和 592 道）。中学 10 册共 300 课，多选名家名篇，强调"讲透""熟读"和"背诵"，把"多读多练"当作培养读写能力的主要方法。课本采用"准单元"编排，主要将内容相关的两三篇课文编在一起。另还有几篇"知识短文"，排在一些单元的课文后面。如第一册，分别在三个单元后安排了"言之有物，爱憎分明""记叙要有中心""记叙的顺序"等知识短文。重视文言教学，比重逐年增加，初一占 20%—25%，高二约占 40%。共选文言文 101 篇，占中学总课时数的 34%。

《全日制十二年制学校小学语文课本》是根据 1963 年的教学大纲编写，整个编辑计划，在全面考虑重视语文"双基"训练和思想教育的前提下，循序渐进地安排了拼音、识字、写字、阅读、作文五个方面的教学内容。这套教科书的主要特点是：一是重视识字。根据大纲规定编排 3500 个生字，是各套小学语文教科书中识字量最大的。二是加强写字练习。一、二年级写铅笔字，三年级起学写钢笔字和毛笔字，要求具体。三是强调多读和背诵。全套教科书有课文 460 篇，其中要求背诵的约有 240 篇，占总数的一半以上。四是提倡多练。练习内容包括字（有同音字、形近字、音近字等）、词（有同音词、同义词、反义词、虚词等）、句（常用句型及这些句型的作用和构成）、标点、阅读和作文篇（如关于文章结构的，如分段、概括段意、加标题等）。另外还安排了应用文的练习。这套教科书重视语文基础知识的教学和基本技能的训练，纠正了 1958 年"教育大革命"在教学领域出现的偏差。

《初级中学语文课本》由人民教育出版社语文编辑室编，1963 年出第一版。这套教科书把学生掌握语文工具作为编辑的指导思想，而且着重探讨了提高学生读写能力的几个原则问题。课本还是采用"准单元"编排，主要将内容相关联的两三篇课文编在一起。在多数单元的课文后边有"知识短文"，除了有关文体的读写知识短文外，还有若干语言知识短文，例如，第一册的第一单元后附有短文"字典和词典"。

至 1963 年，配合中小学语文教学大纲的十二年制教科书，以语文为"基本工具"的课程思路得到扩展和巩固。以语文为"基本工具"，注重多识（字）、多读（含文言）、多练、多写，是这一时期语文教科书内容设计的总体思路。还需指出的是，在这个课程思路中，安排实用文体的读写训练序列受到相当的重视。从小学三年级至高中，各学年的教学重点均为实用文体中的一种或一种以上；小学、初中、高中三个阶段，基本上都是依照从培养记叙能力到培养议论能力的走向安排，初步形成了记叙到议论两度循环的读写训练格局。相比之下，教科书对文学教学未做出系统安排。

（三）关注语文知识、智力与能力

1966—1976 年，整个教育陷入浩劫，语文学科被严重破坏。从1978 年开始，国家几次颁发和修订中小学语文教学大纲，语文课程又一次拨乱反正，至 1992 年新大纲问世，九年义务教育阶段的语文课程总体思路逐渐明晰，语文教学又回到自己的轨道上运行。

1. 语文内容的规定

结束了"十年浩劫"，我国中学语文教学经过拨乱反正，进入了新的时期。与新的教学计划相适应，1978 年，教育部颁布了《全日制十年制学校语文教学大纲》。1980 年，对这一大纲进行修订。这一大纲的精神与 1963 年的大纲一脉相承，不过更趋于成熟。随着语文教学实践的发展和语文教育理论研究的深入，1986 年大纲对教学目的的规定有了突破性进展。1992 年《九年义务教育全日制语文教学大纲》颁布，把能力训练放到了前所未有的重要地位。下面以中学阶段为例，对这一时期语文教学大纲的课程目标作一简要描述（见表 1 – 17）。

表 1 – 17　　（1980、1986、1992）初中语文教学大纲比较

时段	课程总目标
1980 年教学大纲	中学语文教学必须用马克思主义的观点指导学生学习课文和必要的语文知识，进行严格的读写训练，使学生能够正确地理解和运用祖国的语言文字，具有现代语文的阅读能力和写作能力，具有阅读浅易文言文的能力；在读写训练的过程中，要注意提高学生的社会主义觉悟，培养无产阶级的情操和共产主义的道德品质
1986 年教学大纲	中学语文教学必须以马克思主义为指导，学生学好课文和必要的语文知识，进行严格的语文基本训练，使学生热爱祖国语言，能够正确地理解和运用祖国的语言文字，具有现代语文的阅读能力、写作能力和听说能力，具有阅读浅易文言文的能力；在语文教学过程中，要开拓学生视野，发展学生智力，培养学生社会主义道德情操、健康高尚的审美观和爱国主义精神

时段	课程总目标
1992 年 教学大纲	在小学语文教学的基础上，指导学生正确理解和运用祖国的语言文字，使他们具有基本的阅读、写作、听话、说话的能力，养成学习语文的良好习惯。在教学过程中，开拓学生的视野，发展学生的智力，激发学生热爱祖国语文的情感，培养健康高尚的审美情趣，培养社会主义思想品质和爱国主义精神

课程教材研究所：《20 世纪中国中小学课程标准·教学大纲汇编（语文卷）》，人民教育出版社 2001 年版，第 458、477、524 页。

1963 年大纲突出能力培养，并没有将知识教学、思想教育等直接写进课程目标。1980 年大纲把语文知识学习、语文能力培养和思想道德教育等目标表述得比较清楚，体现出教学大纲对课程目标认识的进步。1986 年大纲的表述比 1980 年大纲又有了很大变化：一是不再满足于指导学生"学习"，而是要使学生"学好"，表明对教学质量提高的要求。二是由"读写训练"到"语文基本训练"，内涵更为丰富，强调了语文训练的"基础性"。三是"使学生热爱祖国语言"，强调了对学生进行祖国语言文字情感态度方面的培养。四是提出了"开阔视野""发展智力""培养审美观"等内容。1992 年大纲与过去大纲相比，突出的是把能力训练放到了非常重要的地位，而且制定了能力训练的具体内容，从而使语文的工具性得到了更为充分的体现。1992 年大纲明确规定，语文教学最根本的目的，应是"指导学生正确理解和运用祖国的语言文字"，落实到具体能力上，就是使学生"具有基本的阅读、写作、听话、说话的能力"；其他一些目的都是在培养能力的过程中实现的。在 1992 年大纲教学要求部分，从阅读能力、写作能力、听话能力、说话能力、基础知识五个方面分述，突出了听、说、读、写的重要地位。在 1992 年大纲的教学内容部分，前所未有地把读、写、听、说能力的训练内容放在关键地位。训练项目共 48 项，体现了语文教学内容的更新，使训练内容更接近读、写、听、说能力形成和发展的实际。此外，对汉语知识做了调整，一是根据"适当降低难度"的要求，删去了一些知识内容，如"词的构成""句子与句子之间的联系"等。二是在修辞知识中增补了"简明、连贯、得体"一项，而这是语言运用最基本也最重要的三个要求。

2. 代表性教科书

从 1981 年起人民教育出版社组织编写的《阅读》《写作》（试教本），它既不同于合编教科书，又不同于 1956 年的汉语、文学分科教科书，而是取二者所长，是改革力度较大的教科书。全套书以能力训练为主线，以阅读训练和写作训练为重点（兼顾听、说训练）。

初中教科书内容的主要特点体现在两个方面：一是教科书分为《阅读》《写作》两本，初步建立了阅读教材、写作教材和汉语知识教材的体系。与 1956 年文学课本和汉语课本相比，它不但把汉语知识单独变成教材，还重视了写作教学，单独编了写作教材。与合编型教材相比，由一种课本分为两种课本（实际上是三种课本），这样便于分别进行系统的教学。如写作教材，第一、二、三册重点在记叙能力，第四册重点在说明能力，第五册重点在议论能力，第六册侧重于三种能力的综合运用；另外有修改训练贯穿整套书。这样系统地进行写作训练，是其他课本所不及的。二是初步建立了阅读训练的顺序。初一着重进行字、词、句（主要是中心句）的训练，同时进行篇章结构和写作方法等方面的训练；初二继续进行字、词、句的训练，着重进行句子和句子之间几种主要关系的训练，进行划分主要段落的层次关系训练；初三着重进行篇章结构和写作方法等方面的训练，以及段与段之间关系的训练。能建立这个顺序，是这套课本的一个贡献。①

与初中分编型教科书相比，高中分编型教科书更有新意。全书摆脱以"文选系统""文体循环""讲读中心"为基本特征的传统模式，建立以"训练系统""能级递进"和"自学指导"为基本特征的新模式，在高中语文教科书体系的改革上进行了探索。全书以"阅读能力""表达能力"和"思维能力"三方面分年级设计训练系统。

该教科书主要有以下特点。

第一，根据语文能力的难易变化呈现序列。例如阅读训练，根据阅读能力由初级到高级发展变化的规律，编排出序列（见表 1－18）。

---

① 顾黄初、顾振彪：《语文课程与语文教材》，社会科学文献出版社 2001 年版，第 65—66 页。

表 1 – 18　　　　　　1982 年中学《阅读》教科书内容体系

年级		高一	高二	高三
课内	教材名称	《文言读本》上下册	《文学读本》上下册	《文化读本》上下册
	训练内容	文言阅读训练	文学阅读训练	文化科学著作阅读训练
	训练要求	在继续提高文言认读能力的基础上，着重培养文言理解能力	在继续提高文学理解能力的基础上，着重培养文学鉴赏能力	在继续提高理解能力的基础上，着重培养文化著作研读能力
课外	教材名称	《现代文选读》上下册	《文学作品选读》上下册	《文化著作选读》上下册
	训练内容	现代文阅读训练	文学阅读训练	文化科学著作阅读训练
	训练要求	以自学为主，着重提高现代文的理解能力	以自学为主，着重提高文学作品的鉴赏能力	以自学为主，着重提高文化科学著作的研读能力

　　写作训练和听说训练则着重于实际应用，由易到难、由简到繁进行编排（见表 1 – 19）。

表 1 – 19　　　　　1982 年中学《写作与说话》教科书内容体系

年级	高一	高二	高三
教材名称	《写作》第一册	《写作》第二册	《写作》第三册
作文训练	书信·思想评论 【课外练笔】	通讯·文艺评论 【课外练笔】	科学小论文·综合训练 【课外练笔】
说话训练	演讲 模拟法庭辩论	演讲 文艺评论	科学小论文答辩 专题辩论

　　第二，根据阅读对象区分三大类阅读训练。即文章阅读训练（现代文阅读训练、文言文阅读训练）、文学阅读训练、文化科学著作阅读训练。每类训练又自成系统，以文言文阅读训练为例，包括六方面内容：诵读课文、复背课文、文言常识、点读练习、翻译练习、浏览课文。共十个单元，每个单元都包括上述六个部分，各单元的训练重点要求是：正音读、识文字、通义训、察语气、明文法、断句读、辨辞采、理层次、探主旨、评得失。这些内容借鉴了传统语文教育的经验，古人读书和写作的经验，应该说是符合文言知识和文言文教学特点的。

第三，关注学生研读能力的培养。以阅读训练为例，提出在《文化读本》中教会学生研读，即"研究性阅读"。课本把研读的过程分为五个环节：通读与查考（初步理解），析义与批注（整体把握），质疑与参读（发现问题），比照与思辨（深入思考），逻辑与辩证（推理评判）。以"通读与查考"为例，有知识短文：语言文学论著常识；研读课文：朱自清《说文解字》；参读课文：叶圣陶《读〈经典常谈〉》、郭沫若《古代文字之辩证的发展》、吕叔湘《语言的演变》。从研读的环节和内容可以看出，教科书对学生阅读训练的要求之高。

1987 年人教版中学语文教科书，是根据 1986 年颁布的《全日制中学语文教学大纲》的精神，对 1978 年编写、1982 年修订的语文教科书的再次修订。其主要的特点是以能力训练为序安排，形成较为严密的体系。从纵向来看，初中教科书由阅读训练、作文训练、听说训练和基础知识四条线索贯穿六册书；高中教科书由读写知识和能力训练、听说知识和能力训练、文学鉴赏知识和能力训练、文言文阅读知识和能力训练、现代汉语知识和能力训练五条线索贯穿六册书。从横向来看，每个年级的语文基本能力和基础知识的教学要求与教学内容就是一个层次，六个年级就是六个层次。这横向层次与纵向线索相交叉，就构成一个"网状"结构。交叉点，就是单元。初中课本有 48 个单元，就是 48 个交叉点；高中课本有 45 个单元，就是 45 个交叉点。每个交叉点都是读、写、听、说训练和语文知识教学的小综合。以初一第一册第一单元为例。这个单元安排了五篇记叙文要素和理清文章的结构。单元的阅读训练是运用记叙要素的知识阅读五篇记叙文，作文训练是运用记叙文记叙要素的知识并借鉴五篇记叙文来写一篇记叙文，而这五篇记叙文又是进行听说训练的材料、进行语文知识教学的例子。应该说，全套中学语文教科书的"网状"能力训练体系是较为严整的。另外，注重培养学生的自学能力。这套教科书力图体现教科书的"学材"功能。每个单元都安排了单元教学要求、课文学习重点，作文训练、听说练习和一些课文后的练习都有提示、示例，就是为便于学生自学。此外，全套教科书的练习始终贯穿着一条线，即培养学生学习语文的良好习惯，如查工具书、做读书笔记、积累语言材料、课外练笔等。

1992 年人教版义务教育初中语文教科书，其编写指导思想是：联系生活，扎实、活泼、有序地进行语文基本训练，培养学生正确理解和运用祖国语言文字的能力；在训练的过程中传授知识，发展智力，进行思想教育。这套教科书在内容编排上，试图改变长期以来形成的以记叙、说明、议论三类文体为主的结构体系，建立以语文与生活的关系为中心的新的结构体系，在语文体系建设上做了新的探索。初中阶段的学习过程分为两个阶段，教学重点和编排方式各不相同（见表 1 - 20）。

表 1 - 20   1992 年人教版义务教育初中语文教科书教学重点安排

阶段	教学重点
第一阶段 （第一学期）	认识学习语文与生活的关系，着重培养一般的语文能力
第二阶段 （第二至四学期）	练习生活，着重培养记叙、说明、议论的能力，三种表达方式依次分作三个学期的训练重点
第二阶段 （第五至六学期）	着重培养在生活中运用语文的能力，同时培养文学欣赏能力

从教科书内容上看，以实用文学习为核心，对文言和文学教学重视不够。一般都是让"实用文体"唱主角，如这套初中教科书共 47 个单元，其中属于文学教学的仅有 11 个单元。从教学序列上看，读写的知识点及训练点大体上是手拉手、齐步走，从"记叙"走向"议论"，听说教学穿插于读写教学之中，应用文读写教学和文言、文学教学穿插于"记叙—说明—议论"的主题教学序列中。

除了人教版语文教科书外，走向"一纲多本"的还有一些地区性的语文教科书，也各具特色，其中主要有北京师范大学四年制初中语文、上海 H 版初中语文、上海 S 版初中语文、浙江省九年制义务教育初中语文、四川省九年制义务教育语文、辽宁省九年制义务教育语文、江苏省九年制义务教育语文、广东省九年制义务教育语文等。这些教科书各有自己的一些特点，综观这些实验教科书，它们在教科书内容上具有的共同点是：注重语文能力训练、自学能力培养与智力开发；追求语文知识与语文训练的结合。

（四）注重语文的文化内涵，以文学为核心，以文言为重点

1996 年新的高中语文教学大纲和教科书问世，其鲜明特点是注重语文的文化内涵，较大幅度地增加了文言和文学的含量，并建立了高中阶段新的语文课程体系。

1. 语文内容的规定

《全日制普通高级中学语文教学大纲》对高中语文教学的目标定位阐述为："语文学科，对于学生提高思想道德素质、科学文化素质、对于学好其他学科、日后工作和继续学习，对于弘扬民族优秀文化和吸收人类的进步文化，促进国家现代化建设，提高民族素质，都具有重要意义。语文教学必须以辩证唯物主义和历史唯物主义为指导，贯彻国家的教育方针，面向现代化、面向世界、面向未来，联系现实生活，加强语文实践，注重培养运用语文的能力，积极进行教学改革，提高教学效率，为培养社会主义现代化建设人才服务。"对"语文"特性的表述是："语文是最重要的交际工具，也是最重要的文化载体。"该大纲的"教学目标"在以往大纲所阐述的基础上，增加了"具有初步的文学鉴赏能力""掌握基本的学习方法，养成自学和运用语文的良好习惯，具有分析问题、解决问题的能力""陶冶情操""发展个性和特长""培养学生热爱祖国语言文字、热爱中华民族优秀传统文化的感情"等内容。强调通过语文教学，弘扬民族优秀文化和吸收人类的进步文化对提高民族素质的意义。

在课程结构方面，该大纲规定了必修课、选修课和活动课。学科类课程分为必修课、限定选修课和任意选修课；活动类课程包括阅读活动、写作活动、听说活动等。这些都直接导致语文教科书编制的类型和模式有所变化，使语文课程体系趋向多样化，以期满足各类学生的实际需求，并保证多元教学体系具有更大的可行性，这是一个突出的变化。

2. 代表性教科书

1996 年，根据新的课程计划和教学大纲，人民教育出版社又着手编写新的教科书。以高中教科书为例，1997 年出版的该套教科书注重整体语文素养的提高，注重语文能力的培养，重视文化熏陶。阅读和写作分编合册（见表 1-21）。

表 1 - 21　　　　1997 年版高中语文实验教科书整体设计一览表

年级	学期	阅读		写作与说话	
		课内教材名称	课内教材名称	教材名称	教材内容
高一	上	《文言读本》上册	《现代文选读》上册	《写作与说话》第一册	思考与表述上下编
	下	《文言读本》下册	《现代文选读》下册	《写作与说话》第二册	附：中学生练笔示例
高二	上	《文学读本》上册	《文学作品选读》上册	《写作与说话》第三册	思路与章法上下编
	下	《文学读本》下册	《文学作品选读》下册	《写作与说话》第四册	附：中学生习作示例
高三	上	《文化读本》上册	《文化著作选读》上册	《写作与说话》第五册	思辨与立意上下编
	下	《文化读本》下册	《文化著作选读》下册	《写作与说话》第六册	附：常见应用文示例

　　这套教科书在"教材编写的指导思想"中指出："高中阶段的语文能力，重点是阅读能力和表达能力。阅读能力，包括初步阅读文言文的能力，初步鉴赏文学作品的能力和初步研读文化科学著作的能力。表达能力，包括口头表达能力和书面表达能力。口头表达能力，主要是会话、演讲、论辩和专题发言的能力。书面表达能力，主要是适应日常生活、学习和工作的需要，进行各种应用性写作的能力。"① 结合高中语文教学特点，以全面提高阅读、表达能力为目标，建立了包括文章、文学、文言及文化的多元教学体系，把以实用文为核心，改变为以文学为核心，以文言为重点。阅读方面提出较高的要求，大量安排了对现代文学作品和中国古典文学作品的理解、欣赏和评价。统计教科书的单元配置，其中现代文理解评价（汉文化论著）的单元在高一为 6 个，现当代中外文学欣赏、评价的单元在高二为 6 个，中国古代文学理解、评价的单元在高一、高二，总计为 14 个。这种安排使课程目标中具有"阅读浅易文言文的能力"与"初步的文学鉴赏能力"二者合在一起，客观上提高了文言教学的难度。这一次演变源于对"语文"内涵有了进一步的理解（1996 年大纲定义为"最重要的交际工具"和"最重要的文化载体"），以及对"语文能力"之外延的扩展，体现了让语文教学符合现代化、素质化教育的要求，发扬语文教育的优良传统，回归民族本

---

① 周正逵：《人教版高中语文实验课本编辑说明》，张鸿苓：《新中国中学语文教育大典》，语文出版社 2001 年版，第 679 页。

色的宗旨。

（五）探索三维整体发展的语文观

根据 1996 年《中共中央国务院关于深化教育改革全面推进素质教育的决定》的要求，教育部颁布《基础教育课程改革纲要（试行）》，开始了新世纪新一轮课程改革。

1. 语文内容的规定

2001 年 7 月和 2003 年 4 月，《全日制义务教育语文课程标准（实验稿）》和《普通高中语文课程标准（实验）》分别正式出台。

2001 年的《全日制义务教育语文课程标准（实验稿）》规定："语文是最重要的交际工具，是人类文化的重要组成部分。工具性与人文性的统一，是语文课程的基本特点。语文课程应致力于学生语文素养的形成与发展。语文素养是学生学好其他课程的基础，也是学生全面发展和终身发展的基础。"2003 年的《普通高中语文课程标准（实验）》规定："语文是最重要的交际工具，是人类文化的重要组成部分。工具性与人文性的统一，是语文课程的基本特点。高中语文课程应该进一步提高学生的语文素养，使学生具有较强的语文应用能力和一定的审美能力、探究能力，形成良好的思想道德素质和科学文化素质，为终身学习和有个性的发展奠定基础。"课程标准对语文课程的性质与地位的表述是："语文是最重要的交际工具，是人类文化的重要组成部分。工具性与人文性的统一，是语文课程的基本特点。"

课程标准提出课程的基本理念，也是语文课程改革追求的目标：全面提高学生的语文素养，正确把握语文教育的特点，积极倡导自主、合作、研究的学习方式，努力建设开放而有活力的语文课程。高中语文课程强调了注重语文应用、审美与探究能力的培养，重建新的课程结构，加强综合性、选择性和多样化，以满足学生个性发展的需要。

课程标准关于语文素养的表述是："语文课程应培育学生热爱祖国语文的思想感情，指导学生正确地理解和运用祖国语文，丰富语言的积累，培养语感，发展思维，使他们具有适应实际需要的识字写字能力、阅读能力、写作能力、口语交际能力，语文课程还应重视学生的品德修养和审美情趣，使他们逐步形成良好的个性和健全的人格，促进德、智、体、美的和谐发展。"义务教育语文课程标准根据全面提高语文素养的要求，制定出各个学段的语文学习目标，努力体现情感态度和价值观、过程和方法、知识和能力这三个维度的交融。高中语文课程标准提出"积累·整合""感受·鉴赏""思考·领悟""应用·拓展""发现·创新"五个方面的课程目标。

新颁布的课程标准既有继承，也有创新，在以下几个方面有重要的进展：

第一，关于语文课程性质、功能和特点的表述，发生了变化。

课程标准强调"语文是最重要的交际工具，是人类文化的重要组成部分"。从 80 年代强调语文的工具性、思想性，到突出语文学科作为人文社会学科的文化属性，这是语文界在认识上的不断飞跃。课程标准还提出"工具性与人文性的统一，是语文课程的基本特点"。"工具性"着眼于语文课程培养学生语文运用能力的实用功能和课程的实践性特点，"人文性"着眼于语文课程对于学生思想情感熏陶感染的文化功能和课程所具有的人文学科特点。

第二，对语文课程的目标进行了又一次调整和整合，强化了基础教育阶段的语文学科对全面培养人才素质的要求，凸显了现代社会对语文能力的新要求。

在这一百年来的语文教育发展历程中，课程的目标指向经历过一些变化，先是以"语文知识"为基本目标，后来将基本目标转向"能力目标"，或者"知识和能力"。这是语文课程目标的一次调整和整合。21 世纪初的课程标准将学科的内容和"超学科"教育的内容进行和谐的配置和整合，语文新课程建立了"知识和能力、过程和方法、情感态度和价值观"三个维度的目标体系。这是根据我国在特定时代对教育发展的要求，对语文课程目标进行的又一次调整和整合。与原大纲突出思想性不同，课程标准特别强调了语文学科在提高学生现代人文素养和科学素养方面的独特功能，课程目标的表述注重培养创新精神，培养发现、探究、解决问题的能力，提高文化品位和审美情趣，发展健康个性，形成健全人格。这些要求都立足于通过基础教育阶段的语文学习，为学生的继续学习和终身发展打好基础。着眼于现代社会对未来公民素质的新要求，提出了语文能力的新内涵，如"初步具备搜集和处理信息的能力"；"具日常口语交际的基本能力"，强调文明交往和合作精神；"在发展语言能力的同时，发展思维能力，激发想象力和创造潜能"，突破原来只强调听说读写的局限性；鉴于语文不仅是文化的载体，而且本身就是文化的重要组成部分，增加"认识中华文化，吸收人类优秀文化的营养"一条，体现出继承中华优秀文化传统、具有全球性的文化视野以及语文学习与当代文化密不可分的联系。

第三，在语文教学内容方面，不再追求学科知识体系的完整性，突出语文学科的实践性。

培养学生运用语文的实践能力，是语文课程的一个基本目标。课程标准"总目标"表述道："能主动进行探究性学习，在实践中学习、运用语文。"同时，这一精神贯穿于汉语拼音、识字写字、阅读、写作、口语交际诸方面能力的要求中，而大大淡化了对系统的语文知识传授的要求。如关于识字写字和汉语拼音学习，强调能识、能写、能说，不提或少提知识要求；关于阅读，强调丰富积累，发展语感，学会运用多种阅读方法；关于写作，注重实际的表达和交流能力，不提或少提写作知识的要求；关于口语交际，强调在人际沟通和社会交往的背景下，通过各种交际活动来培养口语交际能力。

第四，语文课程标准关于教材编写建议，体现了新时期教科书编写的新理念。

语文课程标准提出了新时期教材编写的指导思想。其中关于教材应体现时代特点和现代意识，应理解和尊重多样文化；教材应符合学生的身心特点和认知水平，有助于激发学生的学习兴趣和创新精神；教材内容应避免繁琐化，简化头绪，突出重点，加强整合，注重情感态度、过程方法、知识能力之间的联系，致力于学生语文素养的整体提高；注意为学生设计体验性活动和研究性专题，重视运用现代信息技术；教材要有开放性和弹性，为教师和学生留出选择和拓展的空间等建议，对编写课标教材具有重要的指导作用。

2. 代表性教科书

依据《全日制义务教育语文课程标准》编写的小学语文教科书，经教育部审定委员会审查通过的共有 12 种，其中使用范围较广的是：崔峦等主编，人民教育出版社出版（以下简称"人教版"）；张庆等主编，江苏教育出版社出版（以下简称"苏教版"）；马新国等主编，北京师范大学出版社出版（以下简称"北师大版"）；王均等主编，语文出版社出版（以下简称"语文社版"），等等。

另外，通过教育部审定委员会审查的初中语文教科书有7种，使用范围较广的主要有三个版本：洪宗礼主编的苏教版；人民教育出版社课程教材研究所中学语文课程教材研究开发中心编著，顾振彪主编的人教版；史习江等主编的语文社版。获得国家审查通过的高中语文教科书计有6种：袁行霈等主编的人教版；丁帆等主编的苏教版；史习江等主编的语文社版；陈家民等主编的广东版；谢冕主编的山东版；童庆炳主编的人民版。

21世纪新课标下的语文教科书体现了以下总体特征：

第一，具有较强的时代气息和现代意识。

语文教科书选文内容陈旧、跟不上时代步伐，历来为人所诟病。然而，此次课改编写的实验教科书在选文方面有了较大改观。编者删掉了许多不合时宜的课文，精选了大量以往教科书中从未谋面、能凸显时代精神和现代意识的精品文章。这些选文反映了当代多姿多彩的社会生活，所涉及的题材相当丰富，可读性强。其中，有反映人类自然、环境、和平等重大问题的，如语文社版八年级上册的《雨林的毁灭——世界性灾难》及附文《为什么每年长江发生全流域大洪水》；有体现社会进步和科技发展的，如苏教版七年级上册"走进科学"单元；有与学生的经验世界和想象世界密切相关的，如人教版七年级上册的《散步》《盲孩子和他的影子》。这些选文或引导学生思考人类与自然的关系，倡导爱护人类家园，或沟通语文学科与其他学科，着眼于人文精神与科学精神的相互融合，或激发学生的学习兴趣，为他们发表个性化见解创造了空间。此外，实验教科书还选取了许多当代优秀的外国作品，如语文社版的《我的第一次文学尝试》《第一千个球》《蟋蟀在时报广场》《山米与白鹤》等。这些作品来自世界十多个国家，对培养学生尊重和吸纳多元文化具有重要意义。不仅如此，对体现出我们民族精神和优秀传统文化的文章，实验教科书侧重于其是否具有现实意义的角度进行选取，如语文社版的《期待》《乘船》《戴震难师》《包拯》等，并以现代的视角重新进行阐释，赋予这些选文以新的内涵。

第二，重视专题活动。

实验教科书重视专题活动的设计，大到一个单元，小到一篇课文，都安排了一定的综合实践活动，注重将具有时代特点的语文知识与语文能力学习和培养、独立阅读和写作、阅读和浏览、口语交际能力、搜集和处理信息的能力、网络和信息技术背景下的学习方式等进行有机渗透。

第三，注重自主探究学习。

具体来说，新课标语文教科书组织了有利于自主、合作、探究的学习内容，把识字、写字、阅读、写作、口语交际有机地整合在一起，把语文与其他领域的学习结合起来，把有利于比较、有利于多元解读、有利于多角度的思考、有利于激发讨论的内容组织起来。多种多样的体验性活动和研究性学习的设计成为新课标教科书的一个着力点。如苏教版教科书开设了"名著推荐与阅读""专题"等栏目。"名著推荐与阅读"主要推荐课标建议的中外经典名著，落实课标关于讨论加强课外阅读和读整本书的理念和要求；所设计的"专题"，围绕认识自然、社会、文化、自我等方面，选择学生感兴趣的或热点问题，如"荷""长城""汉字""广告"等专题进行学习探究。人教版教科书也尝试了这种专题设计，加强语文与生活联系的理念，每册安排六次综合性学习活动。北师大版则以比较阅读贯穿整套教材，突出课文之间的"同类比较"，注意从内容、方法、任务、语言、定稿与未定稿、文言文与现代文、英文原文与中外译文等方面进行比较，引导学生对文本的探究分析。教科书为学生提供了丰富的阅读材料，将经典文本置于同类文本或相关文本之中，文本之间形成了多层次、多角度的勾连，设置多向思维的练习题，引导学生在多方比较中进行探究，有利于文本意义的发现和思维的创新。

第四，大力弘扬"人文精神"。

教科书顺应人文主义与科学主义融合的潮流，探索建设工具性与人文性统一的语文课程，探索建设知识与技能、过程与方法、情感态度与价值观三维目标体系的语文教科书。例如，不少教科书按人文主题设计单元，相对突出了语文课程的人文性和综合性。如苏教版教科书设置人文专题，其单元设计都围绕一个主题词，把读写口语交际（或综合性学习）加以优化整合，使之彼此渗透，互相联系。如七年级上册第一单元"亲近文学"，围绕本主题编入中外四位名家的一组文学作品，作为主体课文；按照选编供诵读的古代诗词四首和现代诗三首，让学生在理解、感悟、品味的基础上熟读成诵。作文则借鉴单元阅读课文的内容，以"有感而发"为写作要旨，自由选题。最后设计以"我爱文学"为题的综合实践性活动。语文版和广东版教科书兼顾人文内涵和文体特征等。北师大版教科书设计了多个主题单元"童年、亲情、品行、祖国、献身、奋斗、科学、文化、文学、艺术"等，注意多选古今中外文化精品。人教版教科书以语文与生活的联系为线索与框架，按人与自我、人与自然、人与社会三大板块组织单元，适当兼顾文体。再如，教科书积极开发新课文，使内容具有更加丰富多样的人文内涵。各种教科书一方面关注中华传统文化和革命传统内容，另一方面重视教科书文化构成的多样性。如语文社版教科书新开发的富于文化内涵和时代气息的课文所占比例较高，入选新文言课文也注意其现实意义，给予现代阐释。中外文学经典普遍得到重视，如中华书局版教科书适当加大古诗文比重（超过50%），且选择传统教科书篇目，每单元分为"古诗文诵读"（古代作品）、"探究式阅读"（中国现当代作品）和"延伸阅读"（外国作品）。

综上所述，在中华人民共和国成立以来的半个多世纪里，语文课程教材的发展变化清晰地显示出一条历史轨迹，那就是"文道之争"。从形式学科看，它经历了由强调语文是斗争工具、社会主义教育的工具到学习、工作的基本工具（基础工具），再到最重要的交际工具的过程，体现了语文工具性的本质回归；从内容学科看，它呈现出由强调思想政治教育到加强思想政治教育，再到弘扬人文精神（人文性）的发展变化，反映了对语文学科思想性的曲折认识过程。需要指出的是，语言是思想的直接体现，语文作为人们交际的工具、思维的工具、传承文化的工具，无论是该表之情、应达之意，还是所载之道，都属于思想的范畴，只要不把思想褊狭地理解成政治思想，那么讲语文具有思想性则反映了它的题中应有之义。语言文字为表，思想内容为里，语文的工具性、思想性（人文性）确是一枚硬币的两面，紧密地融合在一起。

　　自 1904 年语文独立设科的一百余年来，中国语文教科书由稚嫩走向成熟，其发展道路曲折坎坷，但它的建设一刻也没有停止过。我们反思百年来语文教科书建设、语文教育专家对教材建设的研究实践，探寻中国语文教科书的发展规律，对确定语文教科书内容的内在规律及依据有着积极意义。

第二章 语文教科书内容百年
演进的历史启示

语文教科书内容的选择作为一种结果，不是由某种单一进程决定的，而是许多不同进程和历史凝缩的结果。它涉及文化价值观、哲学基础、语文学科发展、语文教育理论与实践、不同教科书观等各个领域的发展变化，它们的交互作用构成了语文教科书内容的现状。

一 体现不同时期的文化选择与价值取向

（一）语文教科书是具有鲜明社会时代价值观的重要文化载体

教科书是由一定内容组成的，但选择什么内容，舍弃什么内容，这是一个价值判断的过程，是根据一定的标准进行的。如果把课程本质限定为一种文化选择的过程，[①] 那么，作为课程主要因素的教科书自然是特定文化的载体，是一种经过严格筛选的文化精华的承载物。"在整个可能获得的知识领域中，只是有限的部分被视为法定知识，'值得'传递给下一代的知识"[②] 进入教科书。无论哪一个国家都会对现有的知识进行选择，其选择的标准是：这些知识与在社会上占主导（支配）地位的价值观是否一致。不管某项知识对社会的发展到底有多大作用，在本学科领域中处于多么重要的地位，是否符合学习者身心发展的需要，都必须经过主流价值观的筛选后才能进入教科书。如此而观，教科书可以看作文化的精选本，所选择的文本都具有特定的意义和价值特征。国

---

① 丹尼斯·莱：《课程的两大类理论》，吴棠译，《外国教育资料》1982 年第 4 期。
② 朱云汉：《中国儿童眼中的政治》，桂冠图书公司 1981 年版，第 13 页。

家或社会的主流价值观通过教科书这个物质载体加以具体化，体现了对社会公民主流价值观的要求与引领，铭刻着社会支配文化的印痕。

语文作为人文社会类学科，其教科书是最能体现时代特征的文本，本质上就是社会文化的产物。我国基础教育语文教科书作为中国文化的载体，作为中华民族对文化选择的具体体现，作为语文课程内容的具体承载物和语文教育教学的信息源，它在中国语文课程现代化的进程中，一方面要求大众化，另一方面要求科学化，这是近代语文教科书发展的主流。

回眸中国语文教科书所经历的现代化历程，其教科书内容上的革新，均以凸显不同时期社会主流文化价值为要务。以商务版国文教科书为例。清朝末年，商务版国文教科书以宣扬中国的悠久文化和表彰古代圣贤的嘉言璐行为主。《最新国文教科书》"在一定程度上摒弃了封建的纲常礼教，从居家、处世、治事等方面取材……注意农业、工业、商业等实用知识及尺牍、账册、契约等日常应用知识"。民国初年，商务版语文教科书为了与"注重道德教育，以实利教育、国民教育辅之，更以美感教育完成其道德"的教育宗旨相吻合，其内容主要反映在三个方面：一是宣传爱国主义；二是宣传近代价值观念（如尊重女性、破除迷信等）；三是宣传近代职业观念。五四运动前后，商务版的语文教科书除了继续宣传爱国主义、尊重女性、崇尚科学等内容外，还一再强调国内各民族平等，主张人类大同。可以说，商务版语文教科书在每一个时期，都紧扣时代脉搏，服从社会需求，反映时代风貌，不断更新内容。

（二）语文教科书中的价值取向例析

为了更明晰地体察教科书所承载的价值取向，依据吴永军《课程社会学》中语文教科书价值取向分析量表，[①] 我们对中国语文教科书中的价值取向进行纵向的比较分析。选取的两套语文教科书分别是人民教育出版社1992—1995年版的九年义务教育三年制初级中学教科书《语文》（第一—六册）和2001—2003年出版的按照教育部新课程标准研究、编

---

① 吴永军：《课程社会学》，南京师范大学出版社1999年版，第180页。

写的义务教育课程标准实验教科书《语文》（7—9 年级），以期探求语文教科书价值取向的传统与变革（统计结果见表 2 - 1 和表 2 - 2 所示）。

表 2 - 1 　　　　1992—1995 年版《语文》与 2001—2003 年版

《语文》道德类目统计表

道德类目	主题和副题					
	旧版			新版		
	合计	百分比（%）	排序	合计	百分比（%）	排序
爱国	27	14.8	1	38	16	1
科学	16	8.7	2	10	4.2	8
立志	12	6.6	3	21	8.8	3
文化	12	6.6	3	17	7.1	4
自然	12	6.6	3	22	9.2	2
勤学	11	6.0	4	12	5.0	7
仁爱	9	5.0	5	9	3.8	9
坚毅	9	5.0	5	12	5.0	7
奉献	9	5.0	5	10	4.2	8
孝亲	8	4.4	6	15	6.3	5
谦虚	8	4.4	6	3	1.3	15
友情	8	4.4	6	8	3.4	10
知足	7	3.9	7	9	3.8	9
进取	6	3.3	8	13	5.5	6
智能	5	2.7	9	7	2.9	11
助人	5	2.7	9	2	0.8	16
认真	4	2.2	10	1	0.4	17
勤俭	3	1.7	11	0	0	18
敬业	3	1.7	11	2	0.8	16
生命	3	1.7	11	10	4.2	8
童趣	3	1.7	11	5	2.1	13
自尊	1	0.5	12	4	1.7	14
信实	1	0.5	12	2	0.8	16
爱情	1	0.5	12	6	2.5	12

表2-2　　　　　1992—1995 年版《语文》与2001—2003 年版
《语文》政治类目统计表

政治类目	主题和副题					
	旧版			新版		
	合计	百分比（%）	排序	合计	百分比（%）	排序
爱国	27	25	1	37	42.5	1
歌颂赞美	21	19.4	2	3	3.4	7
革命精神	20	18.5	3	8	9.2	4
批判揭露	18	16.7	4	12	13.8	·3
信仰理想	9	8.3	5	7	8.6	5
自由	7	6.5	6	14	16.1	2
颂扬领袖	3	2.8	7	0	0	8
社会秩序	3	2.8	8	6	6.9	6

从以上量化统计中我们可以看出：

就价值取向的道德方面看，不同时期的人教版教科书均把"爱国"作为对学生道德方面的基本要求。"爱国"是中华民族的传统美德，是凝聚和感召海内外炎黄子孙的一面伟大旗帜。因而语文教科书中这一取向屡屡被提出和强调，这反映了大家的共识。

语文教科书承载的是国家认可的价值观。2001 年我国颁发的《公民道德建设实施纲要》是当前国家对我国公民提出的基本要求。其要目可概括为"爱国守法、明礼诚信、团结友善、勤俭自强"16 个字。这个纲要强调社会主义道德建设要坚持以为人民服务为核心，以集体主义为原则，以爱祖国、爱人民、爱劳动、爱科学、爱社会主义为基本要求，以社会公德、职业道德、家庭美德为着力点。① 如果将上述分析结果与之做比较，我们不难发现，语文教科书所承载的价值取向与《公民道德建设实施纲要》基本吻合。可以说，语文教科书所承载的是国家倡导的价值观，代表着国家的意志，体现着国家的利益。

————————

① 《公民道德建设实施纲要》，http://www.people.com.cn/GB/shizheng/16/20011024/589496.html。

例如对"社会秩序"与"自由"的追求，对和平、安宁、有秩序生活的向往是教科书一致强调的。因此，有些课文，如旧版教科书中闻一多的《最后一次演讲》所表达的对民主、和平、真理的追求，两套教科书都选的《桃花源记》所表现的厌恶战争，追求宁静、和平生活的理想等等，都具有追求稳定的"社会秩序"的取向。刘禹锡《陋室铭》、周敦颐《爱莲说》表现安贫乐道，保持清廉操守，追求孤傲伟岸的道德情操等，都具有对东方情调的追求。雨果《纪念伏尔泰逝世一百周年的演说》赞扬伏尔泰的思想和精神，呼吁人们捍卫自由、追求真理。勒曼《音乐之声》表现玛利亚对生活的热爱与美好心灵，以及奥地利人民对自由的向往，等等。

（三）语文教科书内容选择的文化准则

语文教科书中的知识不是中立的，"过去进入学校的知识和现在进入学校的知识不是任意的，它围绕着一系列原则和价值观进行选择和组织。这些原则和价值观代表着常态和偏差的特殊观念、好和坏的特殊观念以及'好人们如何行动'等观念"。[①] 一定的文化准则是语文教科书内容选择所必须遵循的。

1. 教科书内容选择以主导文化为主要取向

文化有很多的种类，吴晓鸥在《教科书文化标准的确立》一文中，引用英国著名学者威廉斯·雷蒙德的观点，将同一社会内部的文化分为主导文化、残余文化及突生文化。[②] 主导文化代表着在社会发展中的某一时刻，拥有最大权力的阶级或集团的利益和价值。残余文化是指过去形成的经验、意义和价值，在过去通常是作为主导文化而存在的，虽然现在已经不属于主导文化的一部分，但仍然被体验和实践着。残余文化之所以能够继续存在，主要是因为过去的社会或文化制度依然存在。突生文化是指与主导文化相对立的具有新的意义和价值的文化，它们构成了文化的未来取向。

---

① ［美］阿普尔：《意识形态与课程》，黄忠敬译，华东师范大学出版社2001年版，第73页。

② 吴晓鸥：《教科书文化标准的确立》，《中国教育报》2011年10月20日。

因社会对外开放程度不同，教科书通常选择以主导文化或突生文化为标准。在相对闭塞的社会时期，主导文化通常成为教科书确立的文化标准。如新中国成立初期社会文化全面苏化，选入语文教科书的外国文学作品中，首选苏联作品等。"文化大革命"期间，以"阶级斗争"为主的政治文化成为主导文化，把语文作为阶级斗争的工具，导致语文教科书的选文在很长一个时期内存在"左"的倾向，并误把"左"的倾向当作新文化。

在一个相对开放的时期里，突生文化通常成为教科书确立的文化标准。清末民初，中国被迫对外开放，于是以儒家文化为标准的教学用书不再适应时代的需求，在中西文化大潮的碰撞交融中，教科书内容从"四部"到"七科"，从"皇权"到"共和"，从"仁"到"人"，从"崇本抑末"到"四民之纲"，从"病夫"到"强种"，从"雅"到"俗"，迅速在科学理性、民主政治、现代伦理精神、现代商品经济、现代文明生活方式、现代审美情趣等方面确立全新的文化标准。其中，一大批反映普通民众现实生活，关注儿童成长及发展的新的白话作品，特别是五四新文学代表作家的作品开始进入语文教科书，并逐渐构成了语文教育内容的主体。民主自由、劳动神圣、男女平等、婚姻自主、个性解放等思想不仅解构了封建教育道德教化的主题，而且打破了语文教育封闭的文化结构，取而代之的是一个关注个体的现实生活，不断朝向未来的开放的文化体系。

2. 语文教科书所承载的思想文化道德教育任务必须从语文学科的基本特性出发

语文教育应当承担思想文化道德教育的任务，但一切必须从语文学科的基本特性出发。不顾语文教科书特点，强制塞进一些政治材料是很难奏效的。语文教科书须让学生在语言学习的过程中感受文化的魅力，得到精神的引领，理解生命的意义与价值。语言不单是交流思想、传播信息的工具，还是生命存在的表现形式。海德格尔提出了"语言是存在的住所"的命题；伽达默尔认为，语言是人类拥有世界的唯一方式。这些判断都超越了传统的语言工具说，揭示出语言的存在属性。因此，学生学习语言的过程，不只是掌握一种工具的过程，也是使自己"成人"的过程，是确立自己真实存在的过程；语文教学理应让学生在语言学习的过程中感悟生命的真实存在，获得独特的人生体验，获得思想的启迪和教益。

语文教科书还要引领学生追求生命存在的理想状态，使语言学习的过程成为生命升华的过程。言语人生正是人类最具本质特征的生命形态，是超越现实的理想人生、审美人生、诗意人生，为学生的言语人生扬帆远航，让学生在语言学习的过程中培养纯洁的心灵、高尚的情操、完美的人格，这才是语文教育的不懈追求。

语文教科书也要承担社会责任，满足社会发展的需要。但是，我们所说的社会服务的价值取向并不同于社会本位的课程价值观。教育的服务对象不是昨天的社会，也不是今天的社会，而是明天的社会，未来的社会。因此，语文课程必须彻底转变逻辑范式，由对社会的适应转化为对社会的建构，由对文化的复制与传递转化为对文化的超越与创新。这样语文课程才能促使社会文化自我更新与完善，才能使人类文化更加充满生机和活力。

总之，语文教科书不仅是文化传承的工具，而且应是具有自律、自为品质的文化主体。概言之，语文课程文化是一种自主性文化，它有自身的价值取向和发展规律；语文课程文化是一种培育性文化，它以人的发展为根本目标，以生命的自我实现为价值追求；语文课程文化是一种超越性文化，它是走在时代前列的，对社会起导向作用的先锋性文化，是不盲目地认同和服从现实文化的探索性文化，是不为一切功利所困扰的，崇高神圣的"乌托邦"文化。

3. 教科书确立的文化标准需要不断更新与创造

有研究者通过对我国义务教育语文教科书中的文化构成进行分析发现，我国语文教科书中的文化选择还存在重内轻外、厚古薄今，重伟人英雄轻凡俗小人物；以汉民族的主流文化为主，少数民族文化被忽视和边缘化等问题。[1]

对语文教科书中的文化问题，需要以"大文化"的视野加以理性审视和全面布局。[2] 在当今世界，各国文化日益相互交流与融合，这就要

---

① 王艳霞：《课程中的文化选择研究》，博士学位论文，中央民族大学，2005 年。
② 李宇明：《语文现代化与语文教育》，《语言文字应用》2001 年第 1 期。

求未来的公民应具有多元文化的视野和胸襟，教科书应将现实中的文化世界尽量真实、客观与全面地呈现给学生，注意其他各类文化的均衡协调，以拓展文化层面，坚固文化之根。

美国政治学家亨廷顿说："21世纪的国际冲突可能是以文化的差异为基础，而不会基于国家主义的理由。"随着现代社会多元文化的冲击与交叉影响，教科书确立的文化标准需要不断更新与创造。对于教科书的内容不符合历史与常识、随意改编戕害经典等种种质疑，教科书在编撰与修订时不但要修辞立其诚，关注艺术的真实性，如文学作品的艺术形象的合情与合理等等，而且需要剖析教科书应有的深层追求，如教科书如何有效彰显中华文化的凝重与尊严？教科书如何有目的地传承不同价值取向的知识？又如何通过选择与重组而实现对知识的改造和创新？如何利用教科书这一最大读者群的文本力量与承载，拓展文化层面，坚固文化之根？

中国百年教科书的流变对于我们研究教科书的文化特性提供了"史鉴"，但问题并没有走向终点。

二 展示"人与语言"关系的不同哲学认知

"任何学科和专业都需要有自己的哲学根基；没有哲学根基的学科和专业肯定是不存在的。不论自觉不自觉，目前语文教学和教材中所反映的情况，肯定隐含了某种哲学方法论。今天我们正在进行的语文教学改革也需要哲学方法论的指引。那么，以前的语文教学哲学方法论是什么？今天我们进行语文教学改革又需要什么哲学根基呢？"[1] 这样的审问，为我们审视百年语文教科书内容的选择提出了另一个重要视角——基于不同哲学基础的语文教科书内容选择。

（一）语文教科书内容选择的哲学基础：认识论与存在论

"人与语言的关系"构成了语文课程的哲学基础。没有"人与语言的关系"，就没有语文课；没有"人与语言""这样的"关系，就没有

---

① 童庆炳：《语文教学改革的哲学思考》，《语文建设》2003年第8期。

"这样的"的语文课；没有人对"人与语言的关系""这样的"理解，也就不会"这样的"来设计语文课程，选择语文教科书内容。

综观哲学史，我们可以获得两种不同的语言观。一种是认识论范畴内的"语言"，另一种是存在论范畴内的"语言"。这两种不同的语言观，分别指向两种不同的关于"语言与人的关系"的理解。它们分别导向两种不同的语文教育理论范式与实践取向。

1. 认识论基础的语文教育论

在我们所熟悉的哲学体系中，认识论属于哲学基本问题的一个方面。"思维和存在或精神和物质何者是本原的、第一性的问题，并不是思维和存在或精神和物质的关系问题的全部内容。……这是思维和存在、精神和物质的关系问题的第二个方面。这一方面所涉及的是世界是否可知、人的思维能不能正确反映现实的问题，属于哲学中的认识论问题。"① 从中可以得知，作为哲学基本问题的认识论，是以本体论为前提和出发点的，对"思维与存在的同一性问题"的确定性回答，决定于对哲学基本问题的第一个方面即"思维和存在或精神和物质何者是本原的、第一性的问题"的回答。

认识论的理论基础是主体与客体的分离与对立。"人是认识世界的主体，周围的世界则是认识的客体，其基本的理论假设是事物有现象与本质、个别与普遍、具体与抽象、感性认识与理性认识之区分，并认为通过现象可以认识本质，通过个别可以认识普遍，通过具体可以获得抽象，通过感性认识可以升华为理性认识：二元对立成为认识论的基本特征。"② 认识论把世界划分为两个对峙的世界：一是主观的世界，二是客观的世界，它们之间的关系即主观符合客观、主观靠拢客观的关系，认识的过程就是主观符合客观、主观靠拢客观的过程。认识论要解决的问题，就是主观如何正确地反映客观，客观如何正确地被反映的问题。而主观符合客观、主观靠拢客观的成果就是所谓知识。因此，反映论和知识论是认识论的题中之义。

认识论深刻地影响了语文教育，也影响了语文教科书内容的选择取

---

① 肖前：《马克思主义哲学原理》（上册），中国人民大学出版社 1995 年版，第 14 页。
② 童庆炳：《语文教学改革的哲学思考》，《语文建设》2003 年第 8 期。

向，这种影响表现在：

（1）把语言当作独立于、外在于学生的一种客观存在，要求学生接受它。

（2）这种学习过程主要是一个认识过程，即通过语言现象认识语言本质，由对语言的感性认识达到对语言的理性认识。

（3）这种认识过程的成果主要是语言知识，即音义结合的知识，或以语言知识为主体（基础）的延伸。

由此可以看出认识论的最大特点，就是把语文教学设定为这样一种二元对立的过程：人（主观）—认识—语言（客观）。在这里，"人与语言"的命题转换成"人"与"语言"的命题，"人与语言"的关系命题变成了"关于语言的"和"关于人的"关系。一句话，"语言"外在于人，语文教学通过"认识"外在于人的语言，获得语言知识。

那么，语文教科书是指向知识（技能），还是指向学生的全面发展？

语文教科书是知识的载体，这已是人们的共识。学习语文要学习知识，这是无可厚非的，但是把学知识当作学习语文的全部就值得商榷了。语文教科书的编写是在语文课程标准（或教学大纲）的指导下进行的，也可以说，语文教科书是语文课程标准的具体呈现。当课程标准价值取向指向知识的时候，语文教科书也只能随而从之。1912 年《中学校令施行规则》规定："国文要旨在通解语言文字，能自由发表思想，并使略解高深文字，涵养文学之兴趣，兼以启发智德。"1922 年的第一组国文课程标准就有教材纲要。中华人民共和国成立后，教学大纲虽没有明确的教材纲要，但是语文教材的编写始终是在课程标准的指导下进行的。早在 1936 年，当时的教育部审定的初中国文（甲编），其"编辑说明"讲得很清楚："本书系精读教材，其教学目的在于熟读精读，因此充分达到指导学生获得语体文或文言文叙述、说话、表情达意之技能。"关注知识技能成了教材编写的主旋律。中华人民共和国成立之后，语文教科书强调知识的系统化，关注的仍然是知识技能。教材的价值取向究竟是指向知识还是指向学生的全面发展，学者们对此从来就没有停止过探索。总体来看，20 世纪 50 年代以前，现代语文教育的语言知识基础仍属于静态的语言教学范畴，甚至到 20 世纪 50 年代以后，语文教育界还在探索静态的语言知识体系的建构，如《暂拟汉语教学语法系统》《中学教学语法系统提要》等。事实证明，这套静态的语文知识体系难以有效地促进学生语文能力的发展。早在 1925 年，王森然就指出："将十三四岁的儿童，不发展他固有的天才，给他人生应有的艺术，而迫他人狭义的职业，使他将来变成为一个会吃饭的机器，这是不人道的，这是悲惨的事情。"① 1982 年，吕叔湘指出："词汇呵，语法呵，条分缕析，讲得很多，只是人没有了。"② 王森然、吕叔湘直击语文教科书的要害。语文教科书指向知识还是指向学生的全面发展，是值得深思的重要问题。

2. 存在论基础的语文教育论

超越传统认知论并不意味着我们可以回避知识问题，也不意味着我们无需再从哲学的角度去反思知识。课程不能放弃知识，也不可能离开对知识的哲学反思。但是，我们所需要的是与传统认知论不一样的哲学反思，尤其是要看到比传统认识论更根本的、对人更重要的东西。存在论哲学为我们提供了这种反思。

存在论是贯穿在现代社会思潮中的一种哲学精神。陀思妥耶夫斯基、尼采、里尔克、卡夫卡、雅斯培、海德格尔、萨特等作家、学者开启了哲学存在论的新方向。与认识论哲学相反，存在论哲学以主客统一为其基本理论特征。存在论主张以人为本，世界唯一的存在是人，而不是物。海德格尔说："存在的东西叫做人，只有人才存在。岩石只是'有'而不是存在，树木只是'有'而不是存在，马只是'有'而不是存在，上帝只是'有'而不是存在……"③ 尽管各派存在论有很大的不同，但存在论以人为中心，关切人自身，这是共同之点。存在论抵制现象与本质、个别与一般、具体与抽象等二元对立的思路。在掌握世界的路径上，与认识论只相信事实、逻辑、判断、证明、推理、分析、综合等不同，存在论更相信人的感受、体会、直觉、体验、想象、领悟、意会等。

在揭露近代哲学的主—客二元对立模式的内在矛盾的过程中，始于

---

① 李杏保、顾黄初：《中国现代语文教育史》，四川教育出版社 2000 年版，第 83 页。
② 吕叔湘：《语言作为一种社会现象》，《读书》1980 年第 4 期。
③ W. 考夫曼、陈鼓应：《存在主义》，商务印书馆 1987 年版，第 223 页。

19世纪中叶的现代哲学，出现了新的革命性的"哲学转向"，这就是被称之为"哥白尼革命"的"语言转向"。哲学史学家这样描述了它的意义：①

现代西方哲学的"语言转向"，它所批判的是，离开对人类"语言"的考察而直接断言"思维与存在的关系"。它要求哲学家在建立关于人类意识和世界及其相互关系的理论之前，必须先有关于"语言"的理论。这种要求的实质是，哲学家必须把作为"文化的水库"的"语言"作为研究"思维和存在的关系问题"的出发点。在现代西方哲学的"语言转向"中，显示出对"思维和存在""人和世界"的"中介环节"的寻求，显示出现代西方哲学对"思维""语言"和"存在"三者关系的总体理解。这种总体理解就是：人类必须而且只能用"语言"去理解"世界"和自己的"意识"，并用"语言"去表述对"世界"和自己的"意识"的理解。虽然"世界"在人的"意识"之外（世界不依赖于人的意识而存在），但"世界"却在人的"语言"之中（人只能在语言中表述世界和表达对世界的理解）。"语言"既是人类"存在"的消极界限（语言之外的世界对人来说是存在着的无），"语言"又是人类"存在"的积极界限（世界在人的语言中变成属人的世界）。"语言"中凝聚着"思维与存在""主观和客观""主体与客体"的对立统一，因而也是消解主—客二元对立的文化结晶。

与认识论哲学相比，存在论哲学在以下几个方面为我们提供了新的哲学立场：

首先，语言与世界的关系发生了变化。在认识论哲学视野里，语言是世界的"代表"，是一种符号替代关系。在存在论哲学视野里，伽达默尔说，能理解的存在就是语言，世界只有进入语言之中才成为"世界"。海德格尔说，语言是存在的家，哪里有语言，哪里才有世界。当然这不是说，语言之外没有世界的独立存在，而是说世界必须进入语言才能向我们显现出来。也就是说，世界必须进入语言才能表现为我们的世界，我们可以理解的存在只有语言。

其次，人与世界的关系发生了变化。在认识论哲学视野里，世界是

---

① 孙正聿：《哲学通论》，辽宁人民出版社1998年版，第45页。

人的认识对象。在存在论哲学视野里，世界是相对于人而存在的，没有人的存在，也就无所谓世界的存在。所谓世界，即"在世之界"，它属于"在世者"，没有"在世者"的存在，也就无所谓"在世之界"。叔本华对此也说道："一切的一切，凡已属于和能属于这世界的一切，都无可避免地带有以主体为条件的性质，并且也仅仅只是为主体而存在。主体就是世界的支柱，是一切现象，一切客体的一贯的、经常性的前提条件，凡是存在着的东西，都是对于主体的存在。"① 从这个意义上来说，世界是自我的展开，人在理解世界的过程中理解了自身。

最后，人与语言的关系发生了变化。在认识论哲学视野里，语言是人认识的对象，是人认识世界的工具。在存在论哲学视野里，语言是人的存在方式。萨特说："语言不是附加在为他存在之上的现象，它原本就是为他的存在，就是说，是一个主体性体验到自己是为他的对象这一事实。""我就是语言，正是在这个意义上——并且只有在这个意义上——海德格尔说得有理：我是我所说的东西。"

存在论哲学既为语文教育提供了一个崭新的语言观，同时也为语文教育提供了一个全新的哲学立场。

存在论哲学对语文教育的意义至少可以概括为以下三点：

语文教育就是世界观教育，或者说是"怎么看世界的教育"。"语言之外的世界对人来说是存在着的无""世界在人的语言中变成属人的世界"，因此语文教育就是世界观教育。一方面，语文教育的人文性已经得到确定无疑的证明；另一方面，那种关于语文人文性教育独立于语言教育之外的观点和主张的谬误也得到了确定无疑的证明。语言一开始就引导我们进入世界，我们只能像语言为我们描绘的那样去理解周围以及自己的心中世界。正如博尔诺夫所说："人不再与任何未被接触过的、似乎还是光秃秃的真实产生关系。他一开始就生活在一个符号世界中，必须按照所给定的方式接受任何事物。他生活在一个经过解释（首先是以语言解释）的世界，根本不可能接触到未经解释的、纯粹的客观真实。"② 因此，离开语言本身开展的"人文教育"与离开"人文教育"

---

① 叔本华：《作为意志和表象的世界》，商务印书馆1982年版，第26页。
② 博尔诺夫：《教育人类学》，华东师范大学出版社1999年版，第104—105页。

的语言教育一样荒谬。

语文教育是真正的"对话"教育。在语文教育中，语言学习是学习者（主体）对自己的"回归"或"唤醒"。语文教育的这种"返身性"特征，使语文教育逃脱主—客二元分立的"围城"，确立了一个新的哲学立场：多极主体间的交往实践观。这样，"对话"就成为语文教育核心的、基础性的规定。它给语文教育带来崭新面貌：一方面，它突破了传统语文教育"主体（学生）走向客体（语言）"的单向实践定势；另一方面，它把语文教育统一到"人的交往实践"这样一个大的系统中。在语文教育中，语言与人不再是一种依附性相关，而是人的交往实践内部的推动与发展。

语文教育的成果直接体现在人的基本发展上。在这里，所谓"人的基本发展"包括两层意思：一是"全面的发展"，它给予学生的是一个存在于语言中的"普遍的世界图景"；二是"基础的发展"，它给予学生的是这个世界体系中处于最基础层次的内容，学生获得的不是某种特殊的知识或技能，而是一种"发展可能性"。这种人的发展可能性，可称之为"素养"，为特别强调它的语文性，而称之为"语文素养"。

（二）语文教科书内容的选择需要认识论，但更需要存在论

对百年语文教育，我们经过了一个艰难的探索过程。我们首先由古代的"义理教育"向"语言教育"转变，体现了语文课的语言觉醒；其次，我们又批判了工具论的技术主义和客观主义，揭示了语文的人文性质和精神性质，从而向前迈出了一大步；当走到新的世纪时，我们又发现，我们仍然面临着"如何重新寻找'精神的底子'与语文教育的有效结合点"[1] 这样一个原点性的问题。我们认为，这并不是在历史的长河中原地踏步，也不是在历史的帷幕下转圈，而是对语文性的逼近。也许，现在我们要做的，并不是急于揭开"什么是语文"的命题性的答案，而是对我们一直思考的这个问题的哲学方法做一次深刻的反省。

在语文课程中，完全采用认识论的哲学方法是远远不够的，甚至会产生技术主义的流弊。应该看到语文课程的独特性，语文课中有知识，

---

[1]　薛毅：《反思新语文观念》，《书城》2003 年第 11 期。

但又不止于知识。这里需要明确两点：

1. 人是第一性的，知识是第二性的。知识和认知都必须服从于和服务于人的"生存"的理想。这里所讲的"生存"，不能简单地理解为人的自然生命的保有、延续，而是"做人"，即"如何成为人"的问题，是人所特有的问题。所有"生存的方式"都要有助于有意义的"生存"才有价值。毫无疑问，"认知"和"求知"是人的存在方式之一，"知识"更是人生存的手段，因而它们都必须被拿到"生存"的面前来审视，才能取得存在的依据。一切与人的"生存理想"相冲突的认知和知识都应被取消，一切知识的学习都必须上升到"生存论"层面来理解，这样才意味着知识的真正获得。

2. 存在论并不排斥认知论、价值论。就知识问题而言，狭义认知论（不包括知识论的认知论）只解决"如何求知更为有效"的问题。知识论和价值论进一步解决"什么知识最有价值"的问题（在学校是"何种知识更应被传授"的问题），即从"应然"的角度审视知识，但这种应然往往与实然产生着对立。存在论则在"存在—生命—生活"的解释框架里，进一步将知识纳入对生命的自我理解中来，从生存的高度把握知识与人的精神生命和意义世界的关系，将知识提升到人如何"成人"的高度来反思，关注知识获得的意义标准。

回眸语文教科书内容百年历史进程，当代哲学的存在论转向带给我们诸多启示：语文教育首先是引导学生关注自己的生存状态，在语文的阅读、欣赏、评判、创作过程中体验人生，塑造人生。真正的语文教育应该成为有灵性的、负载人类终极关怀的、有信仰的教育，它的使命是给予并塑造学生的终极价值，使他们成为有灵魂有信仰的人，而不只是一个会学习、能够识文断字的机器。

三 教科书内容演进与语文自身的现代化互生共长

什么知识更有价值的问题，一直是教科书需要回答的。一个多世纪以来，语文学科有了长足发展，语文教科书也必然要随着学科的发展而改进。这种改进的表面原因是教科书要反映语文学科的"现代性"，实质上则是语文学科的发展，使得原来很有"比较价值"的内容可能不再具有"比较价值"，因而需要以新的、更有价值的内容来取代。例如，抛弃文言文改用白话文，用拼音文字代替汉字，语言的共同化，文体的口语化，汉字的简易化，表音的字母化等构成了中国语文现代化运动的主旋律，这些也均影响着语文教科书的面貌。

（一）语言、文字改革促进了语文教科书内容的现代化

"语文现代化"在不同时期有不同的表现。在近代，中国语文现代化是从改革汉字开始的，所以中国语文现代化的传统叫法是"汉字改革"。汉字改革的最终目的也就是使语文现代化。用著名语言文字学家吕叔湘的话来说，语文现代化包括两个方面："一个方面是书面汉语的现代化，就是抛弃文言文，改用白话文；语文现代化的另一个方面是用拼音文字来代替汉字。"[①] 著名语言文字家周有光在谈到这个问题时说，中国语文现代化运动有四个方面的内容："语言的共同化，文体的口语化，汉字的简易化，表音的字母化。"

语言共同化和文体口语化，解决的主要是语言问题。

语言共同化，主要是指确立和推行现代汉民族共同语。历史上的国语运动，50 年代以来的普通话规范和推广运动，在其他的语言文字改革运动的配合下，逐渐确立了现代汉民族共同语，并在语音、词汇、语法等方面形成了共同语的规范。随着现代汉民族共同语的逐渐推广普及，沟通了方言区的交际隔阂，畅通了国内各民族之间的语言联系，并逐渐使教学有了统一的语言。

文体口语化是从白话文运动开始的。白话文运动的狂飙，打破了文言文的一统天下，白话文取得了正统的地位，扭转了历史上形成的言文严重脱节的局面。而且，由于语言共同化和文体口语化，从理论上说，语文教学可以达到两个"一致"：学生口里说的同书本上写得一致，即"言文一致"；教师使用的教学语言与学生所要学习的语言都是现代汉语，即"教与学的语言一致"。

文字简便化和表音字母化，解决的主要是文字的问题。

---

① 吕叔湘：《试谈语文现代化》，《语文建设》1992 年第 7 期。

文字简便化主要是指汉字在使用上要便利。汉字在几千年的发展演变中，出现了许多异体、异读、笔画繁难等不便使用的现象。许多学者对简体字做了搜集、整理、宣传和提倡工作。如清末开始的切音字运动，20 世纪 20 年代末到 30 年代初的文字拉丁化运动，从 20 世纪 30 年代开始的汉字简化实践，新中国进行的汉字规范化、标准化工作，都直接或间接地促成文字简便化。对汉字进行整理、简化，使之便于应用，成为百年文字改革的主流。汉字的简化也在语文教育中得到积极倡导：1909 年，《教育杂志》创刊号发表了陆费逵的论文《普通教育应当采用俗体字》；1917 年胡适在《文学改良刍议》中提倡："今日作文作诗，宜采用俗语俗字。与其用三千年前之死字，不如用 20 世纪之活字，与其用不能行远、不能普及之秦汉六朝文字，不如作家喻户晓之《水浒》《西游》文字也。"

表音字母化主要是指用字母给汉字注音。在历史上给汉字注音的方法有直音、反切等，比起字母来很不方便。注音字母、国语罗马字和汉语拼音方案等，都使汉字的表音实现了字母化。1892 年，福建学者卢戆章创造了"切音新字"，这是中国人自己为汉语设计的第一套拼音方案。随后许多学者又设计了种种拼音方案，并且进行了许多实践活动，取得了一定的效果。这就是 19 世纪末到 20 世纪初的"切音字运动"。这个运动的进一步发展就是 1913 年"注音字母"的议定和随后的推行，而 20—40 年代的"国语罗马字运动""拉丁化新文字运动"都与"切音字运动"一脉相承。切音字运动对于中国现代语言学的开创性意义在于：切音字以少量的、有限的字母符号标示音节的组合单位，并规定字母符号的音值；切音字拼写的是现实的官话或方言，这对汉语书面语的口语化起到了推进作用，同时语言统一思想和官话的传播，又为现代汉民族共同语的建设从实践和理论上做了某些准备；由于分词连写的需要，一些切音字研制者对现代汉语词的构成和它们的语法性质进行了不同程度的探索，同时积极倡导应用新式标点符号。

"切音字运动"还提出了国语统一的问题，随后发生"国语运动"，促成了国语标准的确定和推行。"五四"以后中小学校开始教授国语。新中国成立后，"国语"改称"普通话"，标准更加明确、科学，得到了有力的推广。

1958 年公布的《汉语拼音方案》，是对从 1892 年起的 60 多年来我国人民创制拼音方案经验的总结。现在《汉语拼音方案》在国内已经得到广泛应用。80 年代，《汉语拼音方案》的应用有突破性的发展，特别是在"注音识字，提前读写"的教改实验中发挥了很大的作用。这个实验的特点是，充分利用儿童的语言优势，入学之初学拼音，学了拼音就能写话，使文字直接与语言挂钩，在拼音的带动下学汉字，不但识字量超过普通班，而且提前进入了读写，使我国小学语文教育长期落后于西方国家的局面逐步得到扭转。

除此之外，为了适应现代自然科学、社会科学以及文学艺术等发展的需要，汉语书面形式发生了相应的变化或者增加了新的内容，诸如实行汉字的横排，运用新式标点，采用阿拉伯数字，汉字加用拉丁字母以及各种符号，等等。我们把这种变化和发展概括地称为汉语书面形式的现代化，这些变化和发展都深刻地影响了语文教科书的内容选择。

（二）现代文学的发生促生了白话文教科书

1917 年 1 月 1 日发行出版的《新青年》第 2 卷第 5 号发表了胡适的《文学改良刍议》，提出了文学改良的"八事"，即"须言之有物""不摹仿古人""须讲求文法""不作无病之呻吟""务去滥调套话""不用典""不讲对仗""不避俗字俗语"。该文首次提出以白话文代替文言文作为文学写作的工具，强调白话文学"为中国文学之正宗，又为将来文学必用之利器"。该文另外两个重点，一是强调"言之有物"，即以"情感"与"思想"为文学的"灵魂"，反对"沾沾于声调字句之间，既无高远之思想，又无真挚之情感"的形式主义倾向。二是强调文学写作要摆脱"奴性""不作古人的诗，而惟作我自己的诗""人人以其耳目所亲见亲闻所亲身阅历之事物，一一自己铸词，以形容描写之。但求其不失其真，但求能达其状物写真之目的，即是功夫"。[①]

胡适的这篇文章被公认为五四文学革命的开创之作，它提供了一种具有战略意义的选择，即以"文学革命"作为新文化运动的突破口，又以"文的形式"的变革作为文学革命的突破口。胡适后来有过更明

---

① 胡适：《文学改良刍议》，《胡适文存》，北京大学出版社 1998 年版，第 6—15 页。

确的说明:"这一次中国文学的革命运动,也是先要求语言文字和文体的解放。新文学的语言是白话的,新文学的文体是自由的,是不拘格律的。""形式上的束缚,使精神不能自由发展,使良好的内容不能充分表现。若想有一种新内容和新精神,不能不先打破那些束缚精神的枷锁镣铐。"① 这里说得很清楚:这是一个解放运动,文字与文体的解放背后,是精神的解放与思想的自由。

由胡适的文章引发了《新青年》关于文学革命的持续讨论,后来又有了陈独秀的《文学革命论》(第2卷第6号)、钱玄同的《寄陈独秀》(第3卷第1号)等文,予以响应与发挥。讨论的开始还限于"文学",后来,刘半农在《我之文学改良观》里,与陈独秀讨论"文学之界说"问题,提出了"文学"与"文字"之辨,主张以"诗歌、戏曲、小说、杂文、历史传记"为文学,而将"科学上应用之文字",包括"新闻纸之通信""官署之文牍告令""私人之日记信札"等均列入"文字"范畴;陈独秀在附识中则强调他的"文学之文"与"应用之文"的区分,认为刘半农的"文字"即是他所说的"应用之文"。② 紧接着钱玄同就在《新青年》第3卷第5号上的"通信"中发出了"应用之文亟宜改良"的呼吁,并引发了刘半农的《应用文之教授》一文(载《新青年》第4卷第1号)。这样,就由文学写作的讨论引向了应用文写作的讨论,或者说将文学革命、文学解放的要求扩展到了写作的解放上。如刘半农、钱玄同的文章反复强调:"吾辈做事,当处处不忘有一个我,作文亦然。如不顾自己,只是学着古人,便是古人的子孙;如学今人,便是今人的奴隶。若欲不做他人之子孙与奴隶,非从破除迷信做起不可。"③ "今日作文,无论深浅高下,总要叫别人看得懂,故老老实实讲话,最佳。"④ 这些要求当然并不局限于文学,而是指向整个的思想与写作的。时隔八年以后,鲁迅在香港青年会的演讲中,谈及五四文学革命的目标时,也将其归结为"要说现代的,自己的话;用活着的白话,将自己的思想、感情直白地说出来";并且号召青年"先可以将中国变成一个有

① 胡适:《谈新诗》,《胡适文存》,北京大学出版社1998年版,第134页。
② 《新青年》第3卷第3号。
③ 刘半农:《我之文学改良观》,《新青年》第3卷第3号。
④ 钱玄同:《致陈独秀书》,《新青年》第3卷第5号。

声的中国。大胆地说话，勇敢地进行，忘掉了一切利害，推开了古人，
将自己的真心的话发表出来"。"只有真的声音，才能感动中国的人和
世界的人；必须有了真的声音，才能和世界的人同在世界上生活。"①
这样，五四新文化运动的先驱者们，就将他们所提倡的思想启蒙（解
放）与文字、文学的启蒙（解放），落实为"说现代中国人的话，而不
是古人或外国人的话""说自己的话，而不是他人的话""发出真的声
音，而不是瞒和骗的虚假的声音"这样三个基本要求上，而他们显然是
将实现这样的理想的希望寄托在年轻一代身上的。这样，他们对教育，
特别是中小学教育的关注，就是必然的：要实现前述启蒙要求，教育是
一个关键环节。于是，我们又注意到刘半农的《应用文之教授》一文
的副题，即表明要"商榷于教育界诸君及文学革命诸同志"，而且以其
所特有的明快尖锐提出问题："现在学校中的生徒，往往有读书数年，
能做'今夫''且夫'或'天下者天下之天下也'的滥调文章，而不能
写通畅之家信，看普通之报纸杂志文章者，这是谁害他的？是谁造的
孽？"后来《新青年》第6卷第1号还专门发表了一位读者来信，说自
己"自七岁入国民小学，十一岁入高等小学，十五岁入师范学校，二十
一岁任小学教职"，深感"我国青年教育，大都不能摆脱奴隶性"。而
另一位中学生来信更是力陈当时国文教育的弊端："每读一文，老师必
讲此文之起承转合，于'若夫''然则'诸字，不惮反复解说，往往上
课一句钟，即专讲此类虚字；但我等听了许久，还是莫名其妙。……所
以同学诸人最厌恶的功课，就是国文，不特仆一人存此想也。"这封来
信还抄录了一份"某校国文部修辞学试题"，单是题目就有420余字。
编者陈独秀看了以后大发感慨："这试题，不是现代学校试验国文题目，
仍然是古代科场策问的老套头""我想全班学生总有一大半不知道这题
目问的是什么""今天才晓得中学学生多半作文还不能通顺的缘故。这
班国文教习，真是'误人子弟……'了"。② 这里，实际上已经发出了
中小学国文教育必须改革的呼声。而刘半农的《应用文之教授》在某

---

① 鲁迅：《无声的中国》，《鲁迅全集·三闲集》，人民文学出版社1981年版。
② 王禽雪：《摆脱奴隶性》；黄介石：《修辞学的题目》；陈独秀：《编者附言》，《新青
年》第6卷第1号。

种程度上正是《新青年》同人所提出的一个中小学国文教育改革的方案。在文章里，刘半农特意列表将"昔之所重而今当痛改者"与"昔之所轻而今当注意者"做了对比，其中最重要的就是昔之旧国文教育以"摹仿古人""依附古人（即所谓'文以载道'及'代圣人立言'也）"为宗旨，而今之新国文教育则强调"以自身为主体，而以古人（或他人）之说为参证，且不主一家言"。这可以说是抓住了要害。刘文还用十分平实的语言提出了新国文教育的目标："只求在短时间内，使学生人人能看通人应看之书，及其职业上所必看之书；人人能作通人应作之文，及其职业上所必作之文"，并强调在这一目标背后贯穿了一种"实事求是"的精神。刘文对选文标准、讲授方法、作文要求、出题与批改原则，都提出了具体的意见。其要点是："凡文笔自然，与语言之辞气相近者选，矫揉造作者，不选""极意模仿古人者，不选""故为深刻怪僻之文以欺世骇俗者，亦不选""凡思想过于顽固，不合现代生活，或迷信鬼神，不脱神权时代之气息者，均不选""作文要有独立之精神，阔大的眼光，勿落前人窠臼，勿主一家言，勿作道学语及禅语""以记事明畅，说理透彻，为习文第一趣旨"，等等。不难看出，这一改革方案的基本指导思想就是自觉地将前述文学革命的启蒙精神与理念贯穿、落实于国文教育之中。

相应地，在语体上，语文教科书中的文言文被白话文取代。白话文"不仅成为文学的正宗"，而且成为学生思想自由表达、情感交流的工具。当时教育部颁令，自1920年秋季起，国民学校一、二年级改用语体文，以后中学国语与国文逐步改行语体，语体成为中小学生自由发表思想的工具。这一事件的革命意义确如后来学者所言，它标志着进入一个"人的发现，个性的发现"时期。"这是一次空前的精神的大解放。于是，被压抑的创造力就得到空前的释放。"① 在叙述形式上，过去那种陈腐过时的注重雕琢的尽在少数人中流传的文体被丰富多彩的体现平民情怀的白话小说、童话、神话、谜语、日记、调查报告、新闻报道等多种实用文体所取代。在叙述方式上，确立了新的时间概念，现代派作

---

① 钱理群：《五四新文化运动与中小学国文教育改革》，金生鈜：《教育：思想与对话》，教育科学出版社2005年版，第40页。

品、意识流小说进入学生的视野，并在语文教育内容中占据了一席之地。从五四时期鲁迅、周作人、郭沫若等作家作品选入语文教科书，到20世纪二三十年代闻一多、徐志摩、戴望舒等现代派作家作品进入课堂，可以清晰地看到语文教育现代性变化的轨迹。

晚清至20世纪20年代初期现代文学的发生，表现在与白话教科书的编写之关系上有三个方面：一是清末的白话教科书的编纂，是出于教育的普及和开发民智的需要，但求文字简易这一变革的方向，也正与后来白话文学的主张相同；二是要求文字简易，势必就批评文言的艰涩难懂，反对旧教育制度中以四书五经为教育内容的不合理性，于是包括四书五经在内的旧文学逐渐被构造为白话文学的对立面，从而雕琢、阿谀的贵族文学，陈腐、铺张的古典文学，迂晦、艰涩的山林文学，成了文学革命的对象；三是随着语言变革运动的发展，白话教科书由单纯求文字简易进而要求照顾儿童的个性与心理特点，于是有儿童文学主张的提出。国语运动与新文学运动双潮合流以后，白话教科书的编写，不仅是要替国语在教育制度上争得存在的地盘，而且像胡适、钱玄同等一再主张白话文学作品本身要进入教科书，从而使白话文学得到制度上的确认。所以1920年教育部修正《国民学校令》，改"国文"为"国语"，不仅是教育界努力的结果，而且是新文学运动的结果。它的意义既是文学上的，同时也是教育上甚至文化上的。自清末至此，这场以求文字简易始，以求新文学作品进入中小学课本中的白话教科书的编写活动，既从制度上确认了白话文学的合法性，又从制度上确定了白话这一语言形式在教育领域里的合法性。

从上述简要分析中可以看出，一百多年的文字改革运动，使汉语大众化、文字现代化得到了一定程度的实现，使语文教科书内容的现代化不断向前迈进；五四新文化运动中的文学革命更是促进了白话文教科书的发展。总之，语文教科书内容的演进与语文自身的现代化发展紧密相伴。

四　教科书内容发展与语文教育的科学化紧密关联

语文教科书内容的发展离不开语文学科自身的科学化探索。这其中关于"文"与"道"关系的辩证以及几代教育者对语文教育实践的科学化追求尤为显著。

（一）"文""道"关系的辩证是贯穿中国现代语文教育理论探索的一条基本线索

回顾我国百年现代语文教科书建设的历程，影响其内容和进程的因素很多。但就语文教育自身而言，"理论跋涉"无疑是推动课程教材发展的巨大动力。

语文教学从古代向现代的发展，始终存在着一个基本矛盾，即"文"与"道"的关系问题。纵观百年语文教学，大大小小的争论和变革，其实都是在"文"与"道"这样一个框架内展开的，其结论也基本上落在这个框架内两极结构的某一方面。"文"与"道"是制约现代语文教育发展的基本关系。"文""道"关系的处置是贯穿中国现代语文教育的一条基本线索，也是缠绕在语文教育现代化道路上的一道难题。

文和道、言和志，说的都是语文的形式（文或言）和这种形式所表达的思想内容（道或志）之间的表里关系。五四运动后，随着文白两种语体之争，新派和旧派的注意力最初都放在"语体"（"文"）上，而后新派人物由"文言语体"而深入文言语体所表达的封建伦理道德的旧传统、旧观念，进而为守护"白话语体"而大力宣传用"白话语体"表达的科学与民主的新文化、新观念（"道"）；旧派人物则从卫护"文言语体"出发坚守封建伦理道德的旧传统、旧观念，进而抨击新文化、新观念（"道"）。对立双方，营垒分明，可是他们的注意力都不约而同地集中到"道"上来。因此，从语文教育角度说，便产生了偏颇。

只是到了新中国成立之初，因批判旧有道德观念和封建买办思想，宣传新的道德观念和社会主义政治方向，需要在语文教育的课程教材建设中突出政治性和思想性。50 年代的语文课程教材偏向于"政治"（"道"），这就导致了"文"和"道"一时的失衡，引起了 50 年代末的那场所谓"文道之争"。1961 年 12 月，《文汇报》发表社论，对这场讨论进行阶段性小结，指出："就一篇课文来说，内容和形式、思想和语言原是密切联系，谁也离不开谁。""根据语文教学的要求，教师指导学生学习课文，不仅要使学生知道所学的课文表达了什么思想，更重要的是要使学生懂得作者是如何运用语文这个工具来表达其思想的，并通过基本训练，使学生学会如何运用语文来表达自己的思想。"60 年代初强调语文的工具性正是要将语文教育引向"语言文字"（"文"）。这一时期根据"文道之争"得到的共识，引出了两个积极成果：一是1963 年大纲的制定，提出了语文教学要突出基础知识教学和基本技能训练的所谓"双基"目标；二是明确了中学语文教科书的选材标准和范围。对于正确处理文与道关系的问题，20 世纪 60 年代前期语文教育界在认识上已经趋于一致，并在实践上通过新大纲的拟订和新教材的编制规范了教师的教学行为。然而在"文化大革命"风暴的袭击下语文教育又成了"重灾区"之一，"文化大革命"十年，语文教育中的"道"被政治完全异化，文和道的关系被歪曲、被颠倒，造成语文教学质量的严重下降。所以在结束"十年浩劫"、历史进入改革开放新时期的时候，语文教育界要解决的问题是重新确认语文学科的性质和教学目的，但是，新时期语文教育又一度跌入"文"的技术化训练之中。在20 世纪的最后岁月里，"文"和"道"的关系一时又被"工具性"和"人文性"这两个概念所取代。究其实质，还是当年"形式"的和"实质"的、"独有"的和"共有"的等概念在新时期的翻版。至 21 世纪初，语文新课程改革着力于对人文精神（"道"）的倡导，诸多教科书纷纷以"人文主题（专题）"设置单元，编辑教科书，"泛语文""非语文"泛滥，人们对语文课改中的"泛人文化"的忧思又表达出对于"文"的呼唤。

透析一个多世纪语文教育"文""道"的各种偏转状态，经过近百年的理论跋涉和实践探索，我们认为，对于语文教科书建设中"文"和"道"关系的认识和处理，已基本达成共识，大致可以概括为这样四句话：循文明道，因道悟文，文道统一，不可偏失。

（二）语文教科书发展伴随着教育者对语文教育规律的科学认识与把握

百年来，语文教科书发展和改革的历史，在一定意义上又是语文教育实践追求科学化的历史，几代教育工作者为此进行了艰苦探索。

　　语文教科书内容在编制方面的科学化，就是在对语文教育规律的认识与把握的基础上，科学编排语文课程各教学内容，正确处理阅读和写作、选文与知识、文言与白话等各方面之间的关系，使语文教科书内容符合汉语文教学的特点和学生身心发展的规律。

　　众所周知，我国传统语文教学信奉"书读百遍，其义自见""熟读唐诗三百首，不会作诗也会吟"等感性经验，这里面虽然包含了某些科学成分，但大都停留于学习经验层面的总结上，无法上升到理论思考、科学研究与实验调查的高度，这与真正的科学显然是有差距的。

　　五四新文化运动迎来了西方的"赛先生"，人们逐渐认识到对汉语文教育进行科学研究与实验的重要性。现代语文课程与语文教科书的出现，在很大程度上是受近代西方科学思潮和西方教育思潮影响的结果。一些学者对汉语的常用字、常用词汇、汉字认读、汉字书写、文章读法、文章作法、文言文法、国语语法、阅读心理、阅读测验等做了大量卓有成效的科学研究，研究成果被不断吸收到汉语文教科书的编制中，这样，现代语文教科书逐渐告别古代的混沌状态，走向现代的科学与理性，开始了语文教科书内容科学化的探索历程。几乎在整个 20 世纪，都有学者在探索语文课程与教科书的科学化问题：邰爽秋、陈望道、黎锦熙、阮真、艾伟、陈鹤琴、王森然、叶圣陶、吕叔湘、张志公、刘国正、顾黄初……可以列出一长串名单，尽管范围不大，但始终有人在摸索、实践。其中，教育家邰爽秋在我国现代语文教育史上较早提出"科学化"的改革目标。他对常用汉字、常用句式和成语、常见错别字等做了科学的调查和统计，于 1922 年发表题为"科学化的国文教授法"的论文，提出了基于科学统计的国文教育的精辟见解。著名语言学家陈望道在五四时期和 20 年代，写了许多文章，在文法、修辞以及标点符号的科学研究方面提出了一系列有积极意义的观点。著名语言学家黎锦熙关于国语的科学研究，创拟和推广"国语罗马字"，研制和推行汉语拼音方案，草拟汉语拼音字母，大力提倡"国语统一"（推行普通话），"言文一致"（普及白话文）。1935 年，黎锦熙设计的"注音汉字铜模"由中华书局制成，以供印刷小学课本及民众读物所用，实现了他提出的"先读书，后识字；忘其字，写其音"的主张，对扫盲运动和儿童识字帮助很大。王森然深感中国历来的国文读本选材无客观科学依据，全凭个人主观好恶决定取舍的不科学，于 1927 年出版《中学国文教学概要》一书，从内容和形式两方面提出了课文选材的若干标准等。

这里，我们特别需要介绍艾伟在语文教育科学化探索中的贡献。在 20 世纪语文教育科学化探索的先驱者中，艾伟并不是首倡者，但他是致力于此时间最长、涉及语文教学问题最多的一位。艾伟在 20 世纪语文教育科学化方面所作的一些实验研究，对当时语文教科书内容产生了重要影响。[①] 艾伟的语文教育科学化探讨，一方面借鉴国外的先进理论和方法，另一方面又从 20 世纪二三十年代中国语文教育的实际出发，选择语文教育转型时期出现的一些具体的矛盾与实际困难进行实验与研究。有些问题看起来很具体、细小，但却具有很强的针对性和现实性。其中的一些实验研究，为解决当时语文教育界一些争论不休的问题提供了重要依据。比如，新文化运动后，关于中小学文言和白话教学问题，一直争议较大。艾伟通过实验认为，中学阶段白话与文言应该兼教，初中以语体文为主，高中全部采用文言；初一到初三各年级语体与文言之最恰当的比例分别是 7:3；6:4；5:5。这一结论获得了当时教育界广泛的认同。1929 年，教育部颁布的《中学国文课程标准》就采用了这一结论，从而确立了白话文在中学语文教学中的地位。

纵观中国百年语文课程教材的发展，科学性的追求一方面使语文教育表现出与传统经学教育的本质区别，另一方面，语文课程教材越是走向现代，其心理学化程度越高，科学性越强。我们应该承认科学作为手段、方法论及价值系统给语文教育带来了种种变化。今天，当我们面对新的文化语境时，重新认识语文教育的科学性仍然是富有现实价值的。

五 教科书内容的选择与不同
教科书理念休戚相关

教科书理念即对教科书本质、属性及作用的基本认识。人们形成不

---

① 例如，艾伟在阅读方面的探索和研究主要集中在以下几个问题上：朗读与默读的比较研究；默读测验；读物的难度与阅读兴趣的关系；横直行排列的实验等，相关研究结论为当时的语文教育改革，诸如教科书的编辑、教学方法的改良，提供了可以借鉴的依据。

同的教科书观，可以归因为不同的社会观、哲学观、课程观及教学观。教科书理念的形成与其有着密切的联系。

伴随着时代的发展，人们对语文教科书的认识愈加丰富。诸如作为"对象—目的的教科书"、作为"材料—手段的教科书"，以及作为"对话—过程的教科书"，它们均是不同语文教科书观的反映，也深刻影响着语文教科书内容的选择。

20世纪以前，乃至再往前推延至上千年前，有历史记载的古代教科书都是各种经典著作或法典，西方经典如《圣经》，东方经典如《四书》《五经》及各种典籍。这些经典近乎神圣，绝对不允许被质疑，因其"神圣"与"权威"，这些经典被直接作为教科书而成为学习者顶礼膜拜的"对象"。这种将教科书作为"对象—目的"的观念，把教科书视为至高无上的权威。对于学习者来说，教科书是不可更改的、固定的，书中每句话都具有法规的效力。这种教科书观把学生完全禁锢起来，严重地扼杀了他们的创造性、反思的能力和判断力，从而达到教育制度化的目的，使学生变成绝对的服从者。

作为"对象—目的"的语文教科书观念，在我国语文教育史上由来已久。孔子创立私学，开始把诗、书、礼、乐、易、春秋这"六艺"当作教材主体。学生就是学"六经"的内容，即"六经"之"道"，当然，也包括"文"。"文以载道""文道结合"的基本教学思想就是从这时候形成的。后来的思想内容虽历经演变，如由战国之时的百家争鸣到汉时的儒学独尊，再由儒学独尊到魏晋的儒道合流和佛老交融；又由六朝隋唐尊崇儒道、宣扬佛教到宋元明儒释道三位一体，直至明末清初思想的"天崩地裂"。从教材方面来说，这些被奉为至高无上的"金科玉律"，以绝对权威姿态规定着学生的"学"和教师的"教"。教科书的知识对于师生来说，是经久不衰的"真理"。因此，教师教教材，学生念教材，考试时学生背教材，就成为亘古不变的规律。在这种情势下，教科书的功能是"控制者"，发挥着支配和管制的作用。在"对象—目的的教科书"观下，我们把教科书看作学科知识体系的浓缩和再现，教科书是学科知识的载体，概括地说，教科书即知识。因此教科书内容的选择必须是定论、共识或某一领域公认的法则、原理、定理，排除有争议的问题，不给学生发挥的空间和研究的余地，远离生活情景。以经典文章为学习目的成为必然选择。

自 20 世纪 20 年代以来，人们对教科书的看法发生了转变，这较多地受具有工具理性倾向的、被称为科学化课程典范的"泰勒原理"（Tyler rationale）的影响。泰勒认为，研究课程必须回答四个基本问题：（1）学校要达成的教育目标是什么？（2）应提供何种教育经验以达成这些目标？（3）如何有效地组织这些经验？（4）如何确定这些目标是否达成？这四个基本问题构成了一种"确定教育目标—选择教育经验—组织教育经验—评价教育计划"的线性课程模式。其中的第二环节，选择教育经验，涉及的就是教材问题，这样说是因为教育内容只有通过"教材"才能落实到具体的课程与教学之中。然而，在泰勒看来，"经验"（教材）是用以达成教学目标的工具和评价学习结果的内容依据，显然，利用经验（教材）协助达成教学目标的行为被目的化了，以致"用教材"教学变成了"教教材"，视教科书为全部课程。尽管这种"材料—手段"倾向的现代教科书观仍有很大的缺陷，但毕竟要比"对象—目的"倾向的传统教科书更为进步，它已悄然地把教科书从"结果"转换成为达成"结果"的"手段"。

在语文教科书领域，典型代表为《国文百八课》。《国文百八课》分列"文话"项目 108 个，每一项代表文章知识的一个方面，笼起来便"排列成一个系统"。对于这样处理"选文"，叶老还表明了态度："我们以为杂乱地把文章选给学生读，不论目的何在，是从来国文科教学的大毛病。文章是读不完的，与其漫然地瞎读，究不如定了目标来读。"叶圣陶提出"课文"是"凭借"的"例子"这一主张的时代根源，无非想表明一种观点，把"课文"看作语文能力训练的"凭借"，看作教师诱导学生学习，使之"举一反三"的"例子"。这就是叶圣陶先生著名的"例子"理论。叶老认为，语文教材无非例子，凭这个例子要使学生能够举一反三，练成阅读和作文的熟练技能。叶老的"例子"理论揭示了语文教材的教学性质，将作为教材的课文与一般意义上的文章区别开来。但"例子"理论并不能解决课文的教学功能玄妙笼统的问题。同一篇课文，例如，朱自清的《背影》，可以作随笔的例子，可以作抒情的例子，可以作写人的例子，可以作第一人称立足点的例子；可以学习字法、词法、句法，也可以学习章法、文章读法和作法；可以进行伦理教育，也可以进行爱的熏陶——具体的课文到底如何处理，是一个颇为棘手的难题。

进入 20 世纪 90 年代以后，许多学者提出了一种超越现代工具理性的课程观——后现代课程观，其开放的、非线性的、建构的特点使后现代课程真正超越了"泰勒"时代的课程范式。以多尔（William E. Doll.）为代表的后现代课程流派重新思考课程的疆域内容，重新探究教育的意义和脉络，发出课程再概念化的呼声。派纳（Pinar）认为："课程是一特别复杂的对话，课程不再是一个产品，而更是一个过程。它已成为一个动词、一种行动、一种社会实践、一种私有的意义、一种公众的希望。"① 在这个过程中教科书不再是固定的、客观的、超越性的真理或"圣经"，而是一种能够被质疑和提供分析阐释的文本，展现了"作者—文本—读者"三者之间动态生成关系。作为"对话—过程的教科书"观，将教科书看作一种动态生成、可被质疑、可供分析阐释的文本。通过对文本的阅读、创生性对话、阐释与书写，师生共同建构流动的、生成的文本意涵，发展批判的思考能力，分享真实的生活体验。同时，教科书也不再拥有正统的地位，自然而然地成为学生生活中的一部分，而且是可以亲近的一部分。它甚至是一种理论、价值和意识形态的思维，需要学习者批判地反省其中所蕴含的各种关系。置于后现代课程观之下，教科书的疆界被打破，并被赋予多元、广阔、开放的空间，为教科书的研究和编写注入了新的生机。

相对于前两种教科书观，后现代教科书从实体思维转向关系思维，构建"对话—过程的教科书"观，强调使教科书"有着与学习者展开精神交往与对话的可能与姿态"②。把教科书看作引导学生认知发展、生活学习、人格建构的一种范例，不是学生必须完全接受的对象和内容，而是引起学生进行认知、分析、理解并进行批判、反思和建构意义的中介、案例和范例。正如杨启亮结合新一轮基础教育课程改革而对教

---

① Pinar, W. F., Reynolds, W. M., Slattery, P. & Taubman, P. M. (1995), *Understanding Curriculum: An Introduction to Study of Historical and Contemporary Curriculum Discourses.* New York: Peter Lang, p. 848.

② 郭晓明、蒋红斌：《论知识在教材中的存在方式》，《课程·教材·教法》2004 年第 4 期。

材的功能所进行的阐释，他认为："教材在历经了作为经典、目的和范例的功能演进之后，越来越显示出一种新的规定性：就知识而言，时代需要学习者具有的扎实功底、广博视野、知识结构和文化素养，已远非教材所能负载，狭隘的教材知识观必须改变。这种改变意味着教材是教学使用的材料，是引起某种关系理解、智能活动的辅助性材料。教学使用教材并以超越掌握、超越传授、超越狭隘功利性的观念来理解教材功能，是必然的选择。"① 因此，强调教科书是学生发展的"文化中介"，是师生进行对话的"话题"。师生进行教学的目的，不是记住"话题"本身，而是通过以话题为中介进行交往，获得发展。

后现代主义视角对传统及现代教科书进行批判和解构，让我们更清晰地看到，他们在反对对教科书文本加以顶礼膜拜的同时，提倡教师、学生与文本三者之间平等式的对话，主张对教科书文本的批判、质疑和重新发现，主张在这一过程中经历和体验知识是如何形成的。可以说，这些观点确实具有振聋发聩的意义，但我们不能把后现代理论作为评判教科书的依据，因为这种理论的过度批判、怀疑、解构以及对不确定性、偶然性等方面的推崇，难免在实践中缺乏可操作性。现代主义虽没有后现代主义这样激进，但也是在对传统教科书加以批判继承中发展起来的，尽管它还存在很多不足，但就目前发展的状态而言，还是有许多可取之处的。因此，我们不主张完全以现代或后现代理论作为唯一或最佳的参照视角，而是汲取二者之所长，在现代与后现代之间寻求结合点来明确教科书的意义。基于此，教科书一方面要作为表达课程内容的具体操作媒介（媒体），另一方面，它需要在学生学习、教师教学以及师生互动的过程中不断地被创生、丰富和发展。相应地，教科书中知识的纯客观性和主观建构性，知识的普适性和境域性，知识的中立性和价值性，知识的权威性和可批判性，学科知识的分析性和知识的综合利用性，个人知识的孤立习得和学习过程中的合作对话，等等，是语文教科书内容选择所面临的不可回避的话题。

---

① 杨启亮：《教材的功能：一种超越知识观的解释》，《课程·教材·教法》2002 年第 12 期。

第三章　语文教科书内容
确定的基本原则

学术界关于教科书内容选择的一般性原则或标准的论述较多，略举如下：

泰勒认为，不管课程目标为何，教科书的选择要合乎下列五个原则。[①] 第一，为了达成某一目标，提供给学生的教科书，要使他有练习该目标所蕴含的内容和行为的机会。第二，所提供的教科书要使学生从实践该教科书所蕴含的行为中获得满足感。第三，提供给学生的教科书应该是学生能力范围所及的。第四，许多教科书可达成相同的教育目标。只要学习经验符合有效学习的标准，就有助于达成所希望的目标。因此不必为达成课程目标而限定学习经验。第五，同一种学习经验通常会产生数种结果。

蔡斯（Zais）将课程内容的选择归纳为重要性、实用性、兴趣和人类的发展四个效标。[②]

塔巴（H. Taba）根据学校的社会功能、社会需要、知识和学科的性质制定了教科书内容选择的六个标准，其中位列第一、第二的是内容的有效性和重要性，与社会现实的一致性。

英国课程论专家丹尼斯·劳顿认为，教材的选择受哲学、社会学、文化、心理等的影响，主张在做出教材选择的时候，应该很好地考虑下列原则：其一，社会的效用；其二，社会的责任感；其三，共同文化教

---

① 欧用生：《课程发展的基本原理》，复文图书出版社 1984 年版，第 173 页。

② ［英］丹尼斯·劳顿等：《课程研究的理论与实践》，人民教育出版社 1985 年版，第126—128 页。

养；其四，个人满足感；其五，有关认知的方面；其六，家长与社会的压力；其七，心智能力。①

台湾学者詹栋梁在对教科书与意识形态的研究中提出了教科书选编的"六个主题和三个原则"。六个主题分别是知识、兴趣、政治、经济、社会、文化。三个原则是兴趣的原则、政策的原则与文化的原则。②

台湾的《课程教材教法通论》认为，教科书选择的标准应有下列数项：第一，根据教育目标；第二，切合生活需要；第三，适合儿童能力；第四，具有永恒价值。③

廖哲勋、田慧生提出，在教材内容的选择上，第一，要注意教学性，即要求具有一定的可读性、趣味性和启发性。第二，要注意科学性，即要求传授经过验证的知识，表达要准确。第三，注意思想性，要富有教育意义。第四，注意基础性，要求精选基础知识，突出基本规律。第五，要注意发展性和时代性。第六，要注意表达形式的多样性和多功能性。④

这些教科书选择的依据或原则印证了本书在"百年语文教科书内容演进的历史启示"中已经得出的结论。这些结论也就是从历时性的梳理中得出的语文教科书内容确定的几条基本原则：语文教科书的内容体现了不同价值观的文化选择；语文教科书内容基于不同哲学认识基础；语文教科书内容与语文自身的现代性互生共长；语文教科书内容与语文教育理论和实践的科学化紧密相关；语文教科书内容的选择与不同教科书理念休戚相关。对这几条基本原则，本书已经做了较为详细的论述，不再赘述。除此之外，教科书选择的标准还有很多，但这些内容选择的效标都是根据学科本身、社会的需要、学习者的特性等方面来确定的。因此，我们可以把主要精力放置在上述各种教科书

---

① ［英］丹尼斯·劳顿等：《课程研究的理论与实践》，人民教育出版社1985年版，第127—128页。

② 詹栋梁：《教科书与意识形态》，中国台湾比较教育学会：《各国教科书比较》，台湾书局1989年版，第1—37页。

③ 《课程教材教法通论》，正中书局1991年版，第36—37页。

④ 廖哲勋、田慧生：《课程新论》，教育科学出版社2003年版，第337页。

选择的原则或标准所指向的另一个目标，即语文教科书内容确定的"科学性、目的性与发展性"原则，语文教科书内容的确定性与不确定性相统一原则。

一 科学性、目的性与发展性原则

（一）科学性

语文教科书所选内容科学性的标志主要体现在以下方面。

1. 语文教科书所选择的内容与语文课程的定位相一致

要做到语文教科书的科学化，一定要给语文课程以准确定位。语文从清末独立设科开始，就注定了它是学习语言的课程，注定了"正确理解和运用祖国的语言文字"，培养各项语文能力，是这门课程"独当其任的任务"。语文是言语交际的工具、表情达意的工具。语文学科是工具学科，培养学生正确理解和运用祖国语言文字的能力，提高学生母语的听说读写水平，是语文教育的原点、基准。当然，语言文字总是承载一定的思想内容、表达一定的思想感情的。学习语文，必定要凭借文本的语言文字，训练语言，发展思维，在这个过程中必然受到情感的、道德的、审美的熏陶，受到人文观照。工具与人文是一体之两面，不可分割。处理得当，相得益彰；处理不当，两败俱伤。中华人民共和国成立以来，在这方面是有深刻教训的，曾经把语文课上成政治课、故事课、文学课、常识课……这与语文教科书偏离课程性质，造成语文课程的"错位"不无关系，也就谈不上科学性了。

要做到语文教科书的科学化，就要从根本上防止半个多世纪以来历次改革中在处理语文学科性质和教学任务问题上曾经发生的各种偏向，厘清语文学科性质和教学任务之间的各种关系，明确语文学科的基本性质和语文教学的基本任务，突出语文学科的本质属性，摆正言语教育在语文课程教材中的主体地位。

2. 语文教科书所选择的内容应与民族文化的时代精神相结合

当前，为培养学生的多元文化意识，世界各国母语教科书普遍加强对世界各民族文化的介绍。但是，一套教科书中占主流的文化必定是本民族的文化。语文教科书虽不是文化教材，但它是文化的一部分，是一面文化之镜。重视对文化史和文学史上的名家名篇特别是古代名作的选编，是语文教科书编制的优良传统，自梁《昭明文选》开始就确立了这种绵延至今的传统。在这些作品中，大凡语言、文学、科技、风俗、世态、人情、伦理、名胜、建筑、历史、地理，无所不包，它们是民族精神之根，是哺育下一代的精神养料。继承传统文化，弘扬民族精神，主要是让学生通过阅读负载这些"养料"的一篇篇课文来实现的。"天下兴亡，匹夫有责""天行健，君子以自强不息""富贵不能淫，威武不能屈"的观念，无私无畏、坚守真理的骨气，自强不息、奋发图强的气概，默默奉献，与人为善的品德，敬老爱幼，四海之内皆兄弟的情怀……构成我们民族的文化传统。语文教科书有了这些内容，就拥有了中华民族的风骨。

同时，语文教科书还需及时反映国家或民族当前的文化状况。时代飞速发展，生活日新月异，每一个角落都受到时代文化大潮的冲击，语文教科书建设亦是如此。现代的教科书越来越强调时代性，重视教科书编制与生活的联系；与时代隔绝的语文教科书，也许有着沉甸甸的传统文化分量，这是一种民族特色，但这种民族特色是不完全的、不发展的。语文教科书不仅要反映这个民族已经过去的文化历史，而且要关注这个民族当下的文化精神，例如民主意识、科学意识、宽容意识、人权意识、平等意识、法制意识、合作意识、责任意识、环保意识等时代的主旋律，是现代化语文教科书必须要体现的时代精神。

3. 语文教科书所选择的内容与学术界研究成果相呼应

语文教科书所传递与承载的课程内容必须是正确的，必须是该学科中已经被认可的知识，此种知识是在相对长的一段时间里没有歧义和争论的知识。

（1）语文教科书所选择的内容要以学术界研究成果为依据

语文教科书内容的选择，依赖于语言、文章、文学等众多学科知识的支撑。语文教科书编制者需要主动积极地以相关学术研究成果为依据，保证提供给学习者学习内容的正确性。

为了更清晰地说明这个观点，我们以新课标小学语文教科书的字种字量选择问题为例进行分析。[①]

现代字频统计研究最重要的成果是《现代汉语常用字表》。《现代汉语常用字表》中编号1—500的字与《汉字频率表》1—500的字相同，累计频率为79.76%，编号501—1000的字与《汉字频率表》501—1000的字有496字相同，《汉字频率表》501—1000字的累计频率为91.36%。[②] 根据这一统计结果，小学识字教科书在低段教学材料的选取上，应该考虑上述两个字频段中最高频常用汉字字种。

下面，我们把四套使用范围比较广的语文教科书（人教版、北师大版、苏教版、语文社版）识字量与《现代汉语常用字表》的编号1—500的字与编号501—1000的字进行比较。

表3-1　　四套教科书认字表、写字表与《现代汉语常用字表》对照　　　　（个）

版本	1—4册认字总数	1—4册写字总数	《现代汉语常用字表》排序在1—500范围内高频字		《现代汉语常用字表》排序在1—1000范围内高频字	
			认字表中未出现字数	写字表中未出现字数	认字表中未出现字数	写字表中未出现字数
人教版	1800	1000	20	92	104	312
北师大版	1580（不含多音字）	994	40	95	157	308
苏教版	1561	975	83	119	245	349
语文社版	2018	1180	37	50	142	200

资料来源：王红《小学识字教科书编写体系的研究》，博士学位论文，首都师范大学，2006年。

[①] 现代字频统计研究，为识字教学提供了教哪些字、教多少字的依据，也就是为编写识字教科书的生字、确定识字教科书的用字量提供了依据。现代字频统计研究最重要的成果是《现代汉语常用字表》。编制《现代汉语常用字表》时提出，"根据汉字的使用频率，选取使用频率高的字"是主要原则。除此之外，选取常用字时，还充分考虑了"在使用频率相同的情况下，选取学科分布广、使用度高的字""根据汉字的构词能力和构字能力，选取构词能力和构字能力强的字"，以及"根据汉字的实际使用（语义功能）情况斟酌取舍"等基本原则。由此可以肯定，在对儿童进行初期汉字识字教育时，可以《现代汉语常用字表》所收的常用字为准，按使用频率由高到低的顺序安排学习。这是提高识字效率的科学的最优选择法。

[②] 李兆麟：《三种字频统计资料的比较》，苏培成：《现代汉字学参考资料》，北京大学出版社2001年版，第46页。

1—1000 的高频字是现代汉字中使用频率最高的字，因此是常用字中的常用字，是最基本的字，也是初期开始认字时应该优先掌握的汉字。经过上述统计和比较分析，四种教科书在 1—4 册的认字量中，在 1—500 范围内高频字最多的有 83 个字未出现过，在 1—1000 范围内的常用字，最多的有 245 个字未出现过。这一统计结果说明，上述四种版本教科书在字种选择上存在明显问题，没有从用字角度充分考虑认字对阅读的影响。这种选字的方式将会影响学生的课外阅读，使学生在阅读教材以外的其他读物时遇到较多生字，因此会对学生阅读能力的发展产生消极的影响。四种教科书在 1—4 册的写字量最低为 975 个字，约为高频 500 字的 2 倍，但学完一、二年级语文后，仍然有 50—119 个之多的高频汉字还没有会写。这样选择写字教学的材料，影响了学生对最基本的常用字的学习，教学的效率不会提高，学生在写话中不会写的字增加，也将影响下一步作文教学的进行。

四种教科书 1—4 册选用的次高频字的统计与比较分析。四种教科书一二年级的认字总量最多 2018 个，总量没有超过常用字表的常用字 2500 个，但四种教科书中的生字表却出现了一些在《现代汉语常用字表》中编号为 2501—3500 的次高频字。然而这些字分别列入了四种版本教科书的认字表和写字表，要求学生在一二年级学习期间掌握。由于这些字出现的频率低，在阅读中遇到的概率也就相对较小，有些字的字义远离低年级学生的生活经验，在低年级学生学习这些字时理解字义较难，增加了学生识字的难度（四种教科书生字与次常用字比较见表 3 - 2）。

表 3 - 2 　　四种教科书生字与《现代汉语常用字表》中次常用字的比较

各版本 1—4 册 出现情况	《现代汉语常用字表》排序在 2500—3500 范围内的字（写字表）		《现代汉语常用字表》排序在 2500—3500 范围内的字（认字表）	
	出现字数（个）	占第一学段写字总数的百分比（%）	出现字数（个）	占第一学段认字总数的百分比（%）
人教版	15	1.5	74	4.1
北师大版	9	0.9	50	3.2
苏教版	2	0.2	39	2.5
语文社版	7	0.6	75	4.1

这些数字深刻地说明，在编写教科书时，要避免类似这种对字量字种选择的任意性，必须与学术界的相关研究成果保持一致，并积极吸纳，才能尽可能保证教科书编制的科学性。

（2）语文学科知识的纳新除旧

知识是课程内容的主体，对于课程内容的构建是十分必要的，有的知识有助于课程内容的实现与达成。但问题在于，如果知识本身陈旧甚至错误，或者在对知识的选择上出现了偏差，课程内容的有效实现就会受到很大的阻碍，课程目标也会因课程内容的受阻而无法达成。考察当前语文教科书所涉及的知识，知识体系仍需除旧纳新。

整体来看，文章知识是教科书课程内容构建的一个最主要的项目。许多教科书从读写的角度设立单元，每个单元都安排了一至三个教学要点，大致由记叙文、议论文、说明文、散文、诗歌、小说、文言文等文体或语体知识组成。从所列的各文体的训练重点来看，教科书给我们提供的文体知识主要是："小说，除了被拧干了的'人物、情节、环境'这三个概念，事实上已没有多少知识可教了；诗歌在感知、背诵之外，只有体裁（如绝句四句、律诗八句、几种词牌名称）、押韵等屈指可数而且极为表面的知识；散文，也只有'形散神不散'、'借景抒情'、'托物言志'、'情景交融'等似知识又似套话的几句说法，以不变应万变；戏剧，除了'开端、发展、高潮、结局'的套路简介，再不见有像模像样的知识。"[1] 就常用文体而言，记叙文除了时间、地点、人物、事情几要素以及顺叙、倒叙、插叙而外，也就没有什么知识可言；说明文的知识更是干瘪得可怜，干瘪得只剩下那几个诸如下定义、举例子、列数字、打比喻之类的说明方式；议论文呢，除了论点、论据、论证"三要素"和"提出问题—分析问题—解决问题"的结构这些并不能全面反映议论文普遍规律的教条，以及"摆事实、讲道理"这种极为表象的论证方法之外，也就无所谓什么知识了。就汉语知识而言，修辞知识也就那几个辞格，唯一讲得多一些的是语法，而汉语语法又基本不符合汉语的特征（陈寅恪、王力、张世禄、张志公等都是这样持论的）。[2] 因此从整体而

---

[1] 倪文锦：《语文教育展望》，华东师范大学出版社2002年版，第99页。

[2] 王尚文：《语感论》，上海教育出版社2000年版，第358—359页。

言，语文课本知识是陈旧的、贫乏的，有的是脱离实际的（汉语语法知识）。正是课本知识这种不如人意的状况，使得学生在接受知识过程中，"知识所能引起的惊异、好奇、求知欲、挑战性、征服欲、欣喜、认同等心理反应不足，动机、兴趣、焦虑感、满足感四个基本的学习心理条件，在知识掌握的过程和结果中，所得到的支持度或满足度，客观上一般不高，换言之，这一知识群本身（在未被教学加工时）的认知含量尚不足以提供各种'支持'、'满足'的功能"。①

旧知识"大行其道"，新知识又没有及时补充进来，语文知识体系陷入了故步自封的一种不良状态。就小说发展来看，早在80时代末期，西方新的文学批评思潮开始为中国知识分子所接受，德里达的解构主义消解了人们对传统经典的崇拜，一时先锋派、新历史小说异军突起；社会的进步促使女性越来越独立和解放，女性主义批评成为一支生力军；社会愈加世俗化，催生了以池莉为代表的新写实小说。90年代中期，叙事学从小说这个文学领域剥离出来，于是就有了以张抗抗为代表的借鉴西方叙事学知识的小说。叙事学带来全新的叙事知识，比如叙事的视角：内聚焦型、外聚焦型、非聚焦型；叙述者类型也分得比较细，有异叙述者与同叙述者，外叙述者与内叙述者……话语模式有直接引语、间接引语、自由直接引语等。这些文学批评、文学鉴赏、文章学、修辞学等一系列新知识，只能在大学的殿堂里闪烁光芒，但在中学殿堂里却无人赏识与采撷。

在语法知识领域，句法平面、语义平面和语用平面的语法观在语言学界早已广为人知，但是，在语文教育领域，似乎还是一个陌生的话题，更谈不上合理吸纳了。② 再如季广茂的《隐喻视野中的诗性传统》，在批评"明喻、暗喻、借喻"的分类"除了教学上的便利，显然没有更多的价值和意义"③ 的同时，建构起了隐喻的理论，使我们对隐喻有了新的理解——隐喻既是一种语言行为（辞格），又是一种心理行为和精神行为：它是在一种事物的暗示下谈论另一种事物（特性或情态），是以彼类事物感知、体验、想象、理解此类事物的心理活动和精神活

---

① 区培民：《语文课程与教学论》，浙江教育出版社2003年版，第36页。

② 李玉英：《三个平面的语法观与中学语法教学》，《教育探索》2009年第3期。

③ 季广茂：《隐喻视野中的诗性传统》，高等教育出版社1998年版，第69页。

动。隐喻所呈现出来的意义是抽象性和意念性的，它不仅解说喻旨特征及本质，而且为理解喻旨提供基本的模式，具有很强的认识性。明喻呈现出来的是感觉性和修辞性的，是说明性的比喻，意在感情地呈现（修辞上的鲜明生动）。① 现代批评家都相当重视隐喻，布鲁克斯说："我们可以用这样一句话来总结现代诗歌的技巧：重新发现并且充分运用隐喻。"萨特认为："现在，诗歌理论家们越来越倾向于把隐喻变成他们诗歌定义中不可分解的最小元素。"② 这一研究为文学鉴赏提供了新的知识和视角，但在语文课程教材内容中并未吸纳。应该说，语文课程与教学中的"知识贫乏"，除了相关的学科的研究不尽如人意之外，语文教育界对现有学术研究成果的隔膜，也是极为重要的原因。

就写作方面来看，写作教学往往只顾及写前和写后这两个阶段，"语文课堂里几乎没有写作的教学"。这与教材也有很人的关系，一方面，好懂、管用的写作教材有待开发；另一方面，已有教科书中的写作知识是值得审议的，它所可能达成的目标，就是"用知识引领的方式'训练'写作'文学性的散文'"，③ 这与学生的写作心理、写作规律及写作实践都有着诸多隔阂。

显而易见，教科书内容的选择应当反映学科的新进展和新趋势，增进教科书内容与学科发展的互生共长，关注教科书内容的科学性。

（二）目的性

语文教科书内容的选择必须遵循某种合理的目的，即朝向既定的课程目标，也就是说，教科书内容确定的过程，必须是合目的性的。这种合目的性表现在如下几个方面。

1. 语文教科书内容与课程标准要求一致

毫无疑问，语文教科书内容的选择必须依照语文课程标准，遵循课程标准所倡导的基本理念、课程目标和知识框架。语文教科书与所依据的语文课程标准应保持教育理念上的一致性。语文教科书的核心理念是

---

① 季广茂：《隐喻视野中的诗性传统》，高等教育出版社 1998 年版，第 12、70、39 页。
② 转引自王先、王又平《文学批评术语词典》，上海文艺出版社 1999 年版，第 242—243 页。
③ 郑桂华、王荣生：《写作单元样章》（上），《语文学习》2006 年第 10 期。

以语文课程的性质和语文教育的功能为基础的。语文教科书是国家教育方针和政策的体现，担负着宣传国家政策的使命。同时，语文教科书又是语文课程的重要表现形式，是语文课程计划和课程标准的信息载体，亦即培养语文素养的主要载体。教科书中的选文，哪怕是名家名著，也要明确地服务于课程目标和内容的需要。虽然不同版本的语文教科书所反映的具体的课程形态不同，但是语文教科书作为达成课程目标的一种课程资源，它的编写是以课程标准为依据的。一般来说，课程标准所体现的课程内容与教科书所反映的课程内容应当有本质的关联。否则，教科书就失去了存在的依据。作为课程标准内容载体的语文教科书必须揭示和反映课程标准。

（1）从宏观层面把握课程标准对教科书的编写建议

教材要忠实地执行课程标准，成为师生实施课程标准的重要凭借。[①]新世纪《语文课程标准》从课程性质、基本理念到目标体系都发生了变化，因此对于教科书编制来说，至少应该把握《语文课程标准》对教材编写的基本要求。如我国《语文课程标准》第三部分"实施建议"中，从九个方面高度概括了语文教科书编写应该遵循的标准。[②] 教材编写要以马克思主义为指导，坚持面向现代化，面向世界，面向未来；教材应体现时代特点和现代意识，关注人类，关注自然，理解和尊重多样文化，有助于学生树立正确的世界观、人生观、价值观；教材要注重继承与弘扬中华民族优秀文化，有助于增强学生的民族自尊心和爱国主义感情；教材应符合学生的身心发展特点，适应学生的认知水平，密切联系学生的经验世界和想象世界，有助于激发学生的学习兴趣和创新精神；教材选文要具有典范性，文质兼美，富有文化内涵和时代气息，题材、体裁、风格丰富多样，难易适度，适合学生学习；教材应注意引导学生掌握语文学习的方法，语文知识、课文注释和练习等应少而精，具有启发性，有利于学生在探究中学会学习；教材内容的安排应避免烦琐化，简化头绪，突出重点，加强整合，注重情感态度、知识能力之间的

---

① 语文课程标准研制组：《语文课程标准解读》，湖北教育出版社 2002 年版，第 101 页。

② 中华人民共和国教育部：《全日制义务教育语文课程标准》，北京师范大学出版社 2012 年版，第 14 页。

联系，致力于学生语文素养的整体提高；教材的体例和呈现方式应灵活多样，避免模式化。注意为学生设计体验性活动和研究性内容，重视运用现代信息技术；教材要有开放性和弹性。在合理安排基本课程内容的基础上，给地方、学校和教师留有开发、选择的空间，也为学生留出选择和拓展的空间，以满足不同学生学习和发展的需要。

（2）从微观层面具体落实课程标准的目标要求

美国许多州的英语课程标准里都有"利用图书馆、百科全书、政府资料寻找信息"的要求，许多教科书里就有专门篇幅落实上述要求。研究性学习要求在各州标准里都有陈述，教科书往往会编撰出专门单元，从要求、范例到过程指导，予以具体落实。如四年级《今日语言艺术》的"语法与写作"两本教科书中，第十四单元均为"调查与写作研究报告"，启发学生"像侦探一样"去采集、分析、准备所需要的信息。教科书还提供了范例：美肯县的花生丰收了，面临卖不出去的危机，一位教授研究如何对花生进行深加工的问题，帮助农民解决了这个问题。教科书告诉学生"一个研究报告的目标就是给予读者关于某一课题的消息"，然后以多个实例、多个主题引导学生提出问题、寻找资料、撰写笔记、集体讨论、拟订提纲、设计报告、核查效果。

考察我国语文教科书与课程标准的关系，仍存在一些偏离的问题。

能力训练比重失衡。长期以来，语文教学一直都有重读写能力轻听说能力的弊端，为了改变这一弊端，《语文课程标准》明确指出要"促进学生听说读写等语文能力的整体推进和协调发展"，并对每个阶段的"识字与写字""阅读""写作""口语交际"四个方面提出了要求。此外，为了加强语文课程与其他课程、生活的联系，以及综合能力的培养，课程标准还增设了"综合性学习"这一板块。我们以人教版小学语文教科书为例，考察其对课标这一目标的落实。①

---

① 针对数据统计的五点说明：第一，虽然口语交际不是听和说的简单叠加，但为了便于统计，笔者将听说两部分的练习次数之和作为口语交际的次数；第二，有的练习题所涉及的能力训练可能不止一项，所以统计结果会有叠加的现象；第三，融合在综合性学习中的识字与写字、阅读、写作、口语交际能力的训练不再单独计算；第四，笔者也将课后练习中的小练笔计算进写话或写作中；第五，在统计综合性学习的训练次数时，笔者根据人教版小学语文实验教科书主编的设计理念将其分为小综合和大综合，小综合是指以课文学习为主，同时安排了一些语文实践活动，称之为"小综合"，所谓大综合是指将综合性学习作为单元的主题，这种形式的主题单元突破了以课文为主体的教材结构，改为围绕专题、任务驱动、活动贯穿始终的编排形式。

表 3-3　　　　　**人教版语文教科书三个学段能力训练统计表**　　　（次）

学段	册次	识字与写字	阅读	写作	口语交际	综合性学习
第一学段	一年级上册	93	26	0	18	0
	一年级下册	138	48	0	19	0
	二年级上册	147	58	2	23	0
	二年级下册	92	69	7	20	0
第二学段	三年级上册	16	81	12	32	2 次小综合
	三年级下册	13	73	11	38	2 次小综合
	四年级上册	17	64	12	35	2 次小综合
	四年级下册	20	59	11	29	2 次小综合
第三学段	五年级上册	14	56	11	32	1 次小综合 +1 次大综合
	五年级下册	12	63	10	30	1 次小综合 +1 次大综合
	六年级上册	14	58	10	38	1 次小综合 +1 次大综合
	六年级下册	18	67	11	25	1 次大综合
合计	十二册	594	722	97	339	12 次小综合 + 4 次大综合

由表 3-3 可以得知：全套教材阅读训练共计 722 次，写作训练共计 97 次，口语交际训练共计 339 次，阅读与写作训练次数的比例约为 7.4：1，阅读与口语交际的练习次数约为 2.1：1，而且在 339 次的口语交际练习中，绝大多数的训练还不能算作真正意义上的口语交际，它们只是充当了学习语文的手段，而真正意义上的口语交际训练是指将提高口语交际能力作为主要目的的训练，但为了统计的方便，我们仍将这些作为手段的听说训练划入了口语交际的范畴。如果将这部分练习剔除出去，那么真正意义上的口语交际训练的次数还要大幅度减少，阅读与口语交际训练的比重之差还要大幅度提高。另外，教科书中综合性学习的次数偏少，虽然从五年级开始，每一册教材都设置了一个主题单元来进行综合性学习，但在总量上还是远远低于其他几项语文能力的训练次数的，这与《语文课程标准》中"促进学生听说读写等语文能力的整体推进和协调发展"以及"全面提高学生语文素养"的理念不太相称。

价值观教育的过度拔高。《语文课程标准》作为体现国家教育意志的课程文件，在总目标第一条中写道："在语文学习过程中，培养爱国主义感情、社会主义道德品质，逐步形成积极的人生态度和正确的价值观。"人教版小学语文教科书编写者在编写教科书时也积极地将这些德育因素渗透进去，很多单元都以这些德育内容作为主线展开，但是研究发现，教科书中存在对"关爱与奉献思想的过度宣扬；爱国教育的空洞说教；道德教育的过度拔高"① 等问题。

课文选材的偏离。目前我国的语文教材都属于文选型教材，每一篇选文都承载着传递语文知识、培养语文能力和开展道德教育的重任，教材中课文的质量直接影响教材的质量，也直接影响着语文课程目标的达成程度，因此课文的选材显得尤为重要。课程标准的教材编写建议部分明确指出："教材选文要有典范性，文质兼美，富有文化内涵和时代气息，题材、体裁、风格丰富多样，难易适度，适合学生学习"。除了这项明确规定外，选文作为实现课程目标的主要载体，课程标准中的每一项标准其实都对课文选材提出了相应的隐形要求。我们以《语文课程标准》的内容及其所承载的精神和理念作为评价标准，考察人教版小学语文实验教科书的课文是否充分满足语文课程标准的要求，是否有利于课程目标的达成。我们发现存在以下一些缺失：

反映少数民族文化的课文缺失。我国是一个拥有 56 个民族的多民族国家，为了落实《语文课程标准》中"认识中华文化的丰厚博大"与"尊重多样文化，吸取优秀文化的营养"的要求，教科书应尽可能多地选取反映不同民族文化生活的课文。从数量上看，在人教版 1—6 年级的 12 册书中，共计课文 386 篇，与少数民族文化直接有关的课文有 7 篇，约占课文总数的 1.81%，分别是二年级下册第 10 课《葡萄沟》，描写的是维吾尔族的风土人情；二年级下册第 11 课《难忘的泼水节》，主要展现了两族人民的友好情谊；四年级下册第 4 课《七月的天山》，描写了新疆天山七月的美丽景色；五年级下册第 1 课《草原》，描写了内蒙古草原的美丽景色和蒙汉情深；六年级下册第 7 课《藏戏》，讲述了藏戏由来的传奇故事；第 8 课《各具特色的民居》，介绍

---

① 向黎：《语文教科书对课程标准的偏离研究》，硕士学位论文，湖南师范大学，2008 年。

了傣家竹楼的建筑风格，第9课《和田的维吾尔》，展现了和田维吾尔族独特的生活习俗，这些课文只涉及全国55个少数民族中的4个民族：蒙古族、维吾尔族、藏族和傣族。当然，语文教科书不可能对每个民族的文化都予以涵盖，但对于那些具有独立的文化形态的民族的文化应有更多的体现。① 此外，直接取材于少数民族传统文化的内容很少，只有《藏戏》这一篇直接取材于藏族的传统文化，更多的是以汉人的视角出发来描写民族间的友谊，显示出汉族中心主义的倾向。民族间的友谊应建立在对彼此固有文化的理解与认同基础之上，因此重要的应是对各民族文化的直接展示。我国是一个民族众多的国家，如何真正地达到民族间的理解、尊重与和谐共处是我们始终面临的问题。对于教育来说，培养学生的多元文化的视野与胸襟，使之能够理解与欣赏不同民族的文化，是理当承担的责任。语文教科书在此方面的文化构成无疑具有重要的影响。

体现现实生活的实用文的篇目较少。《语文课程标准》指出，"语文课程应使学生具有实际需要的写作能力"，而且在第二学段和第三学段的写作目标中分别提出："能用简短的书信便条进行书面交际"和"学写读书笔记和应用文"。但在人教版教科书1—12册中总共只有11篇实用文（《日记两则》和《尺有所短 寸有所长》分别算作两篇），也只涉及日记、书信、研究报告、梗概、演讲稿、建议书六种类型。

课程标准是教科书编写指南和评价依据，教科书的编写思路、框架、内容不能违背课程标准的基本精神和要求。教科书又是课程标准最主要的载体。教科书编写者必须领会和掌握语文课程标准的基本理念和各领域的内容要求，并在教科书中予以充分体现。②

2. 语文教科书内容与课程目标高度匹配

教科书提供的语文知识内容是否足以达成课程标准的各项目标要求，这也是考察教科书与课标关联度的一项重要指标。这里，要避免"无内容"。

---

① 王有升：《我国现行九年义务教育阶段语文教科书（人教版）的文化构成分析》，《教育研究与实验》2000年第1期。

② 朱慕菊：《走进新课程——与课程实施者的对话》，北京师范大学出版社2002年版，第65页。

有研究者对人教版高中实验教科书中语文知识对课程目标反映情况进行统计发现，①《普通高中语文课程标准》21 项目标中有七项目标教科书没有提供相应的知识（其中阅读鉴赏部分三项，表达交流部分四项），这些知识主要是：

阅读鉴赏部分：

目标五：普通话朗读。

目标九：义言实词和义言虚词知识。

目标十二：使用工具书的知识。

表达交流部分：

目标一：多角度观察知识。

目标三：谋篇布局知识。

目标五：运用表达方法的技能。

目标七：应对和非言语手段知识。

有七项目标（其中阅读鉴赏部分五项，表达交流部分两项），虽然教科书已经提供一定的语文知识，但这些知识不是直接指向目标要求的，也就是说，掌握这些知识需要对知识进行扩充。对其余七项目标，教科书均安排直接相关的知识内容，但是知识的科学性、确定性以及与前面学段知识的衔接性还有待分析论证。这些应该补充的知识内容主要是：

阅读鉴赏部分：

目标二：批判性阅读知识。

目标三：形象思维、逻辑思维培养的知识。

目标六：语文鉴赏知识。

目标七：文学体裁的基本特征。

目标八：古代文化知识。

表达交流部分：

目标四：创意地表达的知识。

目标六：修改文章的知识。

---

① 王彤：《人教版高中语文课标实验教科书（必修）语文知识研究》，硕士学位论文，东北师范大学，2006 年。

（三）发展性

在上述两项原则的基础上，语文教科书所确定的这些内容归根结底，还是为"学生怎么学语文"服务的。因此，更彻底地说，语文教科书内容开发的根本视域和立场，是学生。从学生出发，站在学生的立场上，从学生如何读文章、写文章，如何涵养言语能力、思维能力、审美能力及情感态度这样的角度来开发语文知识，是获得我们所需要的语文教科书内容的根本途径和方法策略。

1. 语文教科书内容应选择学生终身发展所需的语文基础知识

基础教育是终身教育的基础，它为人的终身教育、终身学习做准备、打基础。

人在基础教育阶段，主要是通过获得知识——并且以获得间接知识为主——将知识贮备起来。贮备到一定程度，通过实验或实践，将其转化为能力。在基础教育阶段，青少年不可能完成把所获知识全部转化为能力的过程。学校教育通过开设课程带领他们做的，就是养成获取知识的习惯，拥有贮存知识的方法，通过一定量的知识转化为能力的过程，体验这种转化的全部程序，以便在今后的生活、工作和新的学习历程中，自如地、高质量地加速和加深由知识到能力的新的转化。

这正如钟启泉教授所指出的，从教学论的视角看，教科书的内涵主要从三方面体现出来①：第一，为使学生形成特定的知识体系所勾画的事实、概念、法则和理论。第二，同知识紧密相关的、有助于各种能力形成并熟练的、系统习得的、心理作业与实践作业的各种步骤、方式与技术。第三，与知识和能力体系紧密相关、奠定世界观基础的、表现为信念、政治观、世界观和道德观的认识、观念和规范。

这就是说，教科书中应纳入的是基础性的知识，是那些最具迁移性、适切性、概括性以及了解和掌握学科所必需的知识，同时，还应呈现获得知识的历程，作为教学的活动参考，其中包括思维方式、操作过程、作业步骤等。

---

① 钟启泉：《基础教育课程改革纲要（试行）解读》，华东师范大学出版社 2001 年版，第 187 页。

具体到语文教科书的内容来说，应当通过内容的选择与确定，养成学生从语料中发现语言现象，概括语言规律的语感、兴趣和习惯；教给他们贮存语言材料的有效方法，促使他们通过自觉的积累，逐渐丰富自己的语言；让他们在获得新知识的实践过程中，训练他们把已加工成熟的思想用最得体、最优美的语言表述出来的能力；还要以语言为桥梁，培养他们的人际交往意识、创造思维意识和文化修养意识等。

因此，教科书内容应当把握基础性。内容的选取应当为学生打好两个基础：一是作为当代社会合格公民的基础，二是个人全面发展和终身发展的基础。这两个"基础"都包含了语文核心素养的诉求。

在知识方面，要认识到学生在基础教育阶段所学习的语文知识，对于其终身发展来说，只是起到奠基的作用。不能指望教科书中的知识内容能够囊括语文学科的所有知识体系。因此，教科书不能面面俱到，而是要选取那些对学生的终身学习和发展最有价值的知识。选取的知识内容与基本概念、基本原理的相关性越高，在学生头脑中实现迁移的可能性就越大，其时效性就越长久，对学生终身学习和发展的价值就越高。在以往的教科书中，陈述性知识偏多，而程序性、策略性等核心知识偏少，这也是导致许多学生学习语文就靠死记硬背的原因之一。在能力方面，注重营造有意义的言语情境，提供更多的言语实践机会，让学生通过承担具体的言语任务，提高语文应用能力。在情感态度与价值观方面，提升品德修养和审美情趣，着力提升学生对母语的文化认同，逐步形成良好的个性和健全的人格。

强调基础不等于只重经典。基础性应当是现代意义上的基础性。随着语文学科的发展，新观点、新能力和新方法不断涌现，教科书中的事实、概念、原理、技能、策略、态度、价值观等，应当与语文学术界发展水平基本吻合。

2. 语文教科书内容应与学生学情相适切

课程要适合学习者的兴趣、能力及需要，要与学习者的生活经验和社会状况密切关联。可以构成教科书内容的知识，并非仅仅依据其逻辑性和系统性，还必须考虑学习者的愿望和要求，看看是否有助于学习者对问题的探讨与解决。

语文课程标准也明确指出：教材应符合学生的身心发展特点，适应学生的认知水平，密切联系学生的经验世界和想象世界，有助于激发学生的学习兴趣和创新精神。教科书内容的选取应当从儿童已有的知识和经验出发，既充分调动已有的知识和经验，又不超越其原有基础。内容的深度应当与相应学段学生的心理特点特别是思维发展水平相适应，注意控制难度，减轻学生负担。

考察现行小学语文教科书，在遵循儿童学习规律，让儿童保持浓厚的学习兴趣方面，仍然存在以下问题。[①]

低估儿童的语言能力和审美能力。从乔姆斯基、史蒂芬·平克这些语言学家的著作中，我们知道，儿童具有语言本能，是天生的学习者，有巨大的语文学习潜能。因此，语文教育就是要致力于使用有学习效率的好文章把儿童的语文潜能激活。从布约克·沃尔德的《本能的缪斯》、加登纳的《艺术与人的发展》、迪萨纳亚克的《审美的人》等著作中，我们知道，儿童是天生的诗人，儿童期正处于文学期，对文学有敏锐的感悟能力。因此，语文教育就是要用优质的文学作品，发展文学的形象思维，涵养儿童的文学审美能力。然而，小学语文教科书在整体上，显示出低估儿童的语言学习能力和文学阅读能力的倾向，其标志就是收入了大量思想贫瘠、艺术粗劣的"短小轻薄"的教材体文章。这些教材不是向上提升，而是向下压抑儿童的语言能力和艺术能力。比如，儿童文学名篇《等信》在教材中被删节成500字，恐怕就是因为教材编写者认为三年级的小学生不能阅读长度为1200字的文章。可是，在儿童文学化程度很高的日本的小学二年级教材中，是全文1200字悉数收入的。这体现了对儿童的语言和艺术能力的不同评价。

偏离与儿童语言发展相契合的语言系统。小学语文教育应该以儿童入学前的语言生活为语文学习的基础和资源。所谓儿童入学前的语言生活有两个方面：第一是生活中的实际交际语言（儿童文学语言混杂其中，起着作用）。第二是文本语言，即口语和书面的儿童文学作品的阅读经验。文本语言是小学语文教材最为直接的资源。如果离开这一资源，小学儿童的语言发展就会出现断裂。对儿童的语言发展而言，儿童文学是最为契合儿童天赋语言能力，是最能激活这种能力的语言系统。

---

① 朱自强：《儿童本位：小学语文教材的基石》，《中国教育报》2011年2月24日。

现有教科书中的很多篇章是似是而非的"教材体"儿童文学。所谓教材体儿童文学是指教材编写者根据自己的某种儿童文学感觉,为教材编写的文章,其中也包括被删削的儿童文学作品。语文教科书应该选入的是自然天成的美文。小学语文教科书的编写者,应该到浩如烟海的儿童文学作品中,精心挑选文体、篇幅都合适的经典、优秀、典型的作品,将其直接收入教材,以改变目前小学语文教科书偏离与儿童语言发展相契合的语言系统的不良现状。

违反儿童的整体性思维方式。刘勰《文心雕龙·章句》云:"夫人之立言,因字而生句,积句而为章,积章而成篇。"当代很多语文教育研究者接受了这种自下而上的文章观,认为"文章是由字组词,由词组句,由句组段,积段成篇的"。自下而上的文章观对教科书编写有着深刻的负面影响。如果认为文章是由字组成的,有了字就能组成文章,就会按照选定的生字、生词来拼凑文章。这不符合好文章的写作规律。事实上,在这种文章观下,所谓的教材体的"文章"就产生了。教科书编写者根据需要写进教材的生字、生词去编写文章,于是肢解的、拼凑的、缺乏灵魂的文章纷纷呈现出来,同时肢解的、机械的、离开语境的阅读教学和字词教学也由此产生。但是,儿童的语言思维具有整体性的特征,在整体情境中,他们对很多字词有不学而知的能力。即使是幼儿,当他说一个词时,往往并不是说一个词,而是表达一句话。当代阅读学理论认为,文章是自上而下的。也就是说,文章的生成是先有要表达的意义(思想、情感、愿望等),这个意义高高在上,统领着文章语言、结构的整体性安排,从而使文章成为一个有机整体,具有意义和完整的形式。这种自上而下的文章才是适合儿童的整体性思维方式的。

忽视儿童生命所拥有的有价值的人文性。儿童是一种独特文化的拥有者,儿童是我们人性的可贵品质的持有者,儿童的生命蕴含着具有珍贵价值的人文性(比如真挚的情感、鲜活的感受力、丰富的想象力和旺盛的行动力)。人们常说,语文教育具有人文性。但是从现行语文教科书里,我们所体会到的基本上是成人文化的人文性(有的时候,教科书还存在着思想性、价值观的问题),而儿童文化的人文性是缺失的。从选文来看,儿童所喜爱的自然、朴素的民间文学是缺失的,张扬儿童的幻想精神的幻想文学也是缺失的,儿童的心灵成长在教科书中没有得到有深度的表现。在语文教科书中，人文性应该是成人的人文与儿童的人文的有机融合，体现成人与儿童在人生旅途上携手前行的和谐关系，这样的语文教育才更能消除成人与儿童之间的隔膜，深入学生的心灵。

总而言之，我们的儿童教育、语文教育需要进一步"发现儿童"，不仅在理念上要确立，而且要在语文教育教学实践中，贯彻"儿童本位"这一教育思想。

为了更加全面地揭示语文教科书的适切性，从学生的维度来看，我们需要考虑的问题至少包括以下几个项目：

第一，对语文教科书，学生是否乐于亲近、接受？我们对任何事物的观照都是由表及里的，学生对语文教科书的初次观照也是受其心理及思想文化观念制约的，是否亲近、接受会直接影响以后怎样利用语文教科书进行学习。我们可以从学生对教科书的总体感受、对教科书所选课文是否喜欢等角度来考察。

第二，语文教科书所选内容及表达方式是否适合本阶段学生的学习情况？语文教科书所选的内容及表达方式是教科书最为重要的部分，教科书只有通过所选的内容及编排来促进学生的学习，所选内容的难度系数是很难把握的。我们可以通过从学生对语文教科书的选文、思考练习题、语文活动的设计等方面来考察教科书的难易程度。难易程度会对学生学习语文的兴趣产生一定的影响。

第三，语文教科书是否能增长学生的知识、技能，培养他们的情感、态度和价值观？语文教科书有如一百科全书，其价值影响巨大，会影响学生的方方面面。我们可以通过从教科书是否扩大了学生的知识面，是否提高了学生的口语交际及表达能力，以及促进学生的审美情感、人生态度等角度来考察。

第四，语文教科书是否关注学生语文学习的过程及引导学习方式的改变，促进学生独立自主、合作、探究等学习习惯和方法的养成？良好的语文学习习惯和方法的养成能使学生终身受益。语文学习的习惯和方法多种多样，新的语文课程改革积极倡导自主、合作、探究的学习方式，语文教科书当然也得引导学生改变过去的一些不恰当的学习方式。我们可以通过教科书是否引导学生自主阅读、参加活动、与同学合作探究学习，是否引导学生利用多种渠道搜集处理信息等来考察。

第五，语文教科书是否考虑地域差别、不同学生学习水平的差异，贴近学生的生活，能够适应不同层次学生的个性化学习？学生学习和地域文化的差异性是客观存在的，语文教科书必须把这些考虑在内。我们可以通过对语文教科书的内容所折射的文化、对语文教科书内容设计的丰富性和层次性等来考察。

这里还需要提及的是，教科书的使用对象是学生，选文作为语文教科书的主题内容，应充分考虑学生的实际，有利于学生的学习。但现行的选文仍存在与学生的实际不相吻合的状况。

以一些选修教材为例，山东人民教育出版社的《〈史记〉选读》、人民教育出版社的《先秦诸子选读》等选修教材"虽然充分考虑到了专业性，却极大地忽略了中学生的知识结构，尤其是心理特点。其典型表现是选文的艰深难懂"①。江苏教育出版社的《新闻阅读与写作》、山东人民教育出版社的《比喻与创新思维》等选修教材"内容过于艰深，学院气息太浓，完全是高校教材的下放，根本没有顾及学生的实际"②。这些既专又深的选修教材也导致了"学术性选修课开设过多，趣味性选修课太少"③，本来应该提升语文学习兴趣的选修课却成了学生学习的负担。

再来看当前在新课标教科书中占很大比例的文言文，以人民教育出版社的《义务教育课程标准实验教科书》为例。本套教科书选入文言文47篇，古代诗歌89篇。新课标教科书的编写对文言文虽然在数量、编排、题材等方面进行了不少大胆而有益的探索，保留了许多传统的篇目，但仍然存在不少瑕疵。从学生接受水平的角度来看，主要表现出以下问题：

一是忽视对文言文知识规律的总结。七年级上、下册文言文课文被编在现代文单元中，注意了单元知识的教学，却忽略了文言文课文自身的特点，造成了文言文教学支离破碎的局面。以读懂一篇课文为目标，没有重视对文言文知识规律的总结，不利于学生文言文阅读水平的

---

① 朱诵玉：《选修课教材编制的基本原则》，《语文教学通讯》2008 年第 9A 期。
② 邓彤：《选修课十病》，《中学语文教学》2004 年第 5 期。
③ 温立三：《高中语文选修课程教材改革的历史及当前存在的问题》，《语文建设》2006 年第 11 期。

提高。

二是课文难度加大。原大纲教科书初二、初三、高一的课文分别被提到七年级、八年级、九年级来学习，如《鱼我所欲也》《邹忌讽齐王纳谏》原来均为高一的课文，现已放到九年级；又如《论语十则》中原来的几则"子贡问曰：'孔文子何以谓之为文也？'子曰：'敏而好学，不耻下问，是以谓之文也。'""子曰：'默而识之，学而不厌，诲人不倦，何有于我哉？'"等等，现在改为"子曰：'吾日三省吾身：为人谋而不忠乎？'与友交而不信乎？'""子曰：'岁寒，然后知松柏之后凋也。'"等等，难度加大，没有遵循循序渐进的原则，这对刚进初中的学生而言，无疑增加了他们学习文言文的困难，不利于学生学习文言文的积极性。

三是内容单一，很多脍炙人口的文章没有进入教科书。寓言故事、成语故事、古代杂文等历来为人们所青睐。如《狼》《黔之驴》《画蛇添足》《滥竽充数》《塞翁失马》《卖炭翁》《陌上桑》《捕蛇者说》等人们耳熟能详的文章没有入选，所选内容很多远离生活，较为枯燥。

学生的视角是衡量教科书质量的重要标尺。作家在写文章时，大多并非以学龄儿童为预期读者，文章不需要关注儿童发展的年龄特征和心理特点，因此，作品中常常会出现过于抽象的或不宜孩子理解的内容，还有一些是孩子暂且无法体会的复杂的成人世界的情感，等等，对此进行必要的加工，也是其进入教科书的先决条件。

语文教科书中的课文是学生学习的凭借，因此课文的编选必须接受学生心理发展特定阶段认知规律的制约，具有促成个性发展的意识。这就要求选文必须从年龄差异、个性差异、认知差异、环境差异来确定语文教材的选文。

综上所述，在语文教科书内容的选择标准上，我们提出了科学性、目的性和发展性原则，这些原则兼顾了语文学科、社会和学生等因素，这些是我们编制教科书必须遵循的。在实践过程中，核心的、本质的问题是处理好各种基本矛盾关系。把握平衡、不走极端才是最高原则。语文教科书内容的改革并不能毕其功于一役，它是一个无限的、"没有最好只有更好"的过程。

二 确定性与不确定性相统一原则①

（一）语文教科书内容确定性的含义

语文教科书内容的确定性，一方面表现在语文教科书所呈现的课程内容的确定性上。虽然不同版本的语文教科书所反映的具体的课程形态不同，即便是在同一课程标准之下，不同教科书的课程形态也有差别。但是语文教科书作为达成课程目标的一种课程资源，它的编写是以课程标准为依据的。一般来说，课程标准所体现的课程内容与教科书所反映的课程内容之间应当有本质的关联。否则，教科书就失去了存在的依据。作为课程内容载体的语文教科书，它必须揭示和反映课程内容。即使在当前语文课程内容研制缺失、语文课程内容依然模糊的情况下，语文教科书编制者仍要将他们所理解的课程内容通过教科书的形式加以传达，而且这种传达必须是清晰的、有意识的，不能有丝毫的模糊和笼统。

另一方面，语文教科书内容的确定性表现在语文教科书所设计的教学内容的可操作性上。缺少教学计划的语文教学内容容易泛化，进而导致语文教学实践随意化，偏离教学目标和教学任务。需要强调的是，教学内容的确定性决定了语文教学需要教学计划，但并不需要封闭、刚性和单一的计划，尤其是要反对将语文教学内容严格限定在教材内容上，因为这样会束缚教学的自由展开。这一计划既要确定语文教学内容的基本方向，也要为语文教学内容的各种可能性开放"留白"。教师在灵活处理语文教学内容时，必须与预设的教学目标和教学主题有某种内在的联系，或拓展，或深化。也就是说，语文教学内容要有一定的指向性。即指向教学的根本目标，指向教学的重点和难点，指向大多数学生学习的需要。

这里，还需要明了确定性与正确的关系。对教科书来说，确定性要以正确为前提，这是一方面；另一方面，语文教科书中所呈现的

---

① 李金云：《论语文教科书内容的确定性》，《教育研究与实验》2011 年第 3 期；《语文教科书内容的不确定性及其理解》，《河北师范大学学报》（教育科学版）2011 年第 12 期。

"内容"的确定性，与在教科书的使用中发挥语文教师的主动性和创造性，不是一个层面的问题，因而也不会发生矛盾。相反，语文教师的主动性和创造性的发挥，在正常的状态下，应该以教科书所呈现的"内容"的确定性为前提条件。虽然不能排除个别优秀教师在教学中创造了比教科书更为正确因而往往更为确定的"内容"，但对绝大多数的教师来说，在正常的情况下，也就是在教科书能够基本适合教学的情况下，主动性和创造性应该指向教学方面，以切实提高教学的有效性。

（二）语文教科书内容不确定性的含义

语文教科书内容面对的是"用什么教（学）"的问题。编进语文教科书的知识和训练内容应该是明晰的，这是语文教科书内容确定性的一面，而语文教科书内容的不确定性，主要是针对"用什么教"的"什么"而言的：其一，这里的"什么"，是一种凭借、载体和工具，例如不同版本的教科书可以编选不同的文章、设计各种活动、呈现多种知识，既然是教的凭借、载体和工具，由于其本身处在不断变化当中，可以有多元的选择。其二，关于"什么"的呈现形式、体例类型、组织结构等，也可以有不同的路径选择。其三，相对于"什么"这一客体，作为教科书的编撰者、使用者（教师、学生）主体，其所具有的个体差异性和主观能动性，使得他们对教科书内容的理解、分析、使用呈现出不确定状态。其四，即便在一套教科书内容确定的前提下，对这里的"什么"仍不能作静态僵化的对待，还要关注除了此教科书相对确定但有限的内容之外无限、动态、隐性的内容。充分认识这种不确定性，对于教科书编撰者和使用者都是必要的。

（三）在确定性与不确定性之间保持一种动态的平衡

语文教科书内容的确定性与不确定性两者并非泾渭分明，而是互相转化，互为因果，互相渗透的，不确定中有确定，确定之中有不确定。如何协调二者的关系，泰勒和多尔的课程观对我们认识这一问题颇有启示。

美国课程专家泰勒（Tyler）指出，有效组织经验（即课程内容）

的准则是连续性、顺序性和整合性。[①] 连续性是指直线式地呈现主要的学习经验。它能保证在纵向组织学习经验上的系统有效性。顺序性强调把每一后继经验建立在前面经验的基础上，同时又对有关内容做更深入更广泛的探讨。整合性则是指学习经验的横向组织，沟通知识之间的横向联系。泰勒的这一课程内容组织思想从本质上说是线性的，表现出浓厚的理性主义倾向。

美国后现代课程理论的代表多尔（W. Doll）则提出了课程内容的"4R"组织原则，即丰富性、回归性、关联性和严密性。[②] 其中丰富性是指课程的深度，属于意义的层次，是多种可能性或多重解释。他认为，为了吸引学生的注意力，促进学生的发展，课程应该具有适量的不确定性、异常性、模糊性、不平衡性、耗散性与生成性。他指出，在课程中要既激发学生的创造性又不失去分寸，这是无法事先确定的。要不断地在学生、教师和文本之间协调这 一对矛盾。这些不确定的因素赋予课程以丰富性，还带来了全新的课程理念。结合泰勒与多尔等人对于课程内容的认识，我们认为，把握语文教科书内容确定与不确定的特性，要明确四个统一。

1. 可控性与模糊性的统一

可控性是指课程内容组织的可确认性和可把握性，这就是泰勒所追求的线性的课程内容组织的特性，它有利于课程内容的建构与开发。课程内容的模糊性则是指可以选择一部分模糊的、粗略的知识，设计目标隐蔽的活动，旨在激起学生的探究动机，给他们留下探究的空间。设计得过于精细的课程内容，一味地呈现知识的结论会使学生感到无从探索，也没有必要探索，只能全盘接受和机械背诵。模糊性的课程内容具有开放灵活的特点，能够使教学充满生机与活力。将可控性与模糊性加以有机的统一，能增强课程内容组织的有效性。

2. 普遍性与适切性的统一

一方面，课程内容具有普遍的指导意义，能够统一教材编制与使

---

① 泰勒：《课程与教学的基本原理》，罗康、张阅译，中国轻工业出版社 2008 年版，第 74—76 页。

② ［美］小威廉姆·E. 多尔：《后现代课程观》，王红宇译，教育科学出版社 2000 年版，第 250—260 页。

用、教学设计等课程实施的方向，确保课程设计与规划的平衡；但另一方面，课程内容也存在适应性的问题，也就是特定的具体的课程形态具有它本身独特的适应面。因而坚持普遍性与适切性的统一，有利于我们在做到课程内容平衡性的基础上，兼顾课程内容的独特性和适应性。

3. 完成性与未尽性的统一

从课程内容的完善这一点上说，课程内容要求具有一定的完成性，或者说，它在一定意义上是自足的。然而它的自足性很容易使它陷入封闭性的泥淖。适当地给课程内容"留白"，在教材编制和教学设计时故意将内容"断层"，让学生发挥自己的主动性、创造性去"填充"，能够变封闭为开放，从而激活课程内容，在动态中逐步加以完善。

4. 常态性与非常态性的统一

课程内容的常态性是指人们在组织课程内容的时候，往往列举一些常态可以证实或证伪的内容，强调显性的知识。事实上，课程知识在很大程度上具有内隐性、潜藏性。因而，挑选一些非常态的内容进入课程内容之中，使得课程内容具有"适量"的异常性、不平衡性、疑问性和干扰性是必要的。

课程内容在各种存在形态上有着各样的特性，这些特性不是静态的、封闭的，而是动态的、转换的，表现出十分的复杂性。语文教科书内容作为它的下位概念，具备与它的上位概念一样的特点。坚持不确定性，同时也是反僵化；坚持确定性，同时也是反随意。韩雪屏认为，语文课程的知识内容正面临这样一种发展趋势：从单一的静态的社会语言规律，向多重的动态的社会言语规律延伸；从读解一篇范文，向从范文中提取有意的言语经验升华；从一般的语言练习，向掌握学习语文的基本方法深化；从一篇篇孤立的文章，向大文化观念扩充。[1] 语文课程整体知识类型的转型，也迫切需要语文教科书正确处理"一"与"多"、"确定性"与"不确定性"的关系，使语文教科书的规定性与多样性、可控性与生成性有机结合。将确定性与不确定性的对立统一有机地融合

---

[1]　韩雪屏：《语文课程的知识内容》，《语文建设》2003 年第 3 期。

于语文教科书的设计、编制和使用过程中，这样才能保证我们在考虑语文课程与教学内容问题时的科学性、全面性和深刻性，并进一步致力于语文课程与教学改革的深入发展。

第四章 语文教科书内容的框架要素与结构体例

语文教科书要对语文"一般应该教什么"给出切实的回答,语文教科书的内容框架回答的是从哪些方面(领域)来教,语文教科书的内容要素回答的是用什么来教。二者经纬交织在教科书中的存在方式,构成了语文教科书内容的基本结构体系。

一 语文教科书内容的基本框架

对语文教育的基本目标,无论是表述为"其要义在使通四民常用之文理,解四民常用之词句,以备应世达意之用"①,还是表述为"使儿童学习普通语言文字,养成自由发表思想之能力,兼以启发智德",②抑或是表述为"使学生获得基本的语文素养""培育学生热爱祖国语文的思想感情,指导学生正确地理解和运用祖国语文,丰富语言的积累,培养语感,发展思维,使他们具有实际需要的识字写字能力、阅读能力、写作能力、口语交际能力"③,从本质上说,其核心是发展学生个体的言语经验,形成有效进行言语交际活动的能力,涵养学生的言语思维、人生态度及精神。

---

① 《奏定高等小学堂章程》,舒新城:《中国近代教育史资料》,人民教育出版社1981年版,第430页。

② 《教育部订定小学校教则及课程表》,舒新城:《中国近代教育史资料》,第452页。

③ 中华人民共和国教育部:《义务教育语文课程标准》,北京师范大学出版社2012年版,第3页。

基于这样的认识，我们根据研究者对语文课程内容建构的相关意见，[①] 提出以下的语文教科书内容框架。

（一）知识与技能领域：言语过程的基本规律

"言语规律是指人们为了一定的目的，在一定的语境中使用语言的规律。""要想掌握言语规律，必须掌握言语交际的四要素。由于言语活动是言语的双方在一定的语境中进行的活动，所以，人们进行言语时，无论是说话还是写文章，都必须注意自身的因素、对方的因素以及双方所处的语境因素，当然还有语言系统这一工具的因素。"据此，主要的言语规律大致可概括如下。

1. 适应语境的规律

语境，是语用主体使用语言工具进行交流活动的环境。在说话和写作时如何显示或暗示语境，在阅读中如何揣摩和还原语境，是学生必须了解的知识和必须掌握的技能。从本质上说，言语环境是社会环境的反映。因此，引导学生了解语境及其作用，实际上是指导学生在学习语文课程的过程中不断地积累社会文化知识，指导他们在社会大环境中选择积极适应生存、主动谋求发展的人生态度和策略。

2. 选择语料的规律

要想清楚地表达思想和情感，就必须遵循语音、词汇、语法等的基本规律。但是，语言中存在着大量的同义结构形式。在具体的言语过程中，语用主体该使用哪一种形式，要根据具体的语言环境、交流对象和交流目的来选择。因此，选择语料就成为一条重要的言语规律。为了能恰当地选择语料，语用主体必须了解汉语音韵及其表情作用，汉语流水句及音步限制等语音知识；必须了解词的意义、词义与语义的联系和区别，词的形象色彩和感情色彩，词语的超常搭配，汉语数量词的修饰性，成语、典故、熟语、音译词等词汇知识；必须了解语气的基本类型与转换，语气在构成句子中的作用，句子的基本成分，句子的常规语序与超常语序，简单句与复句、主动句与被动句、肯定句与否定句、长句与短句、整句与散句、松句与紧句等句式的变异规律；必须了解关于句

---

① 韩雪屏：《语文课程内容建构刍议》，《课程·教材·教法》2008 年第 4 期。

群的类型和组织、句子的衔接方法等有关句子、句群和语段的知识；必须了解辞式的扩展和创新、汉字形体的意蕴、非语言因素的表意功能等修辞知识；必须了解关于篇章的粘连性和连贯性等篇章知识；必须日渐熟练地掌握恰当地选择词语、结构多样的句子、组造连贯的句群和篇章等基本技能。这些知识和技能都应该适时、适量和适度地进入语文教科书的内容领域。

3. 切合语体的规律

从广义角度说，得体，就是对适当的人，在适当的时间，在适当的地点，说适当的话。正如吕叔湘先生所指出的："此时此地对此人说此事，这样的说法最好；对另外的人，在另外的场合，说的还是这件事，这样的说法就不一定最好，就应用另一种说法。"从狭义角度说，得体，指的是切合特定的语体。因此，了解什么是语体、语体的分类、各类语体的特征、掌握突出语体特征的方法等，就成为学生运用语言，生成言语所必需的知识和技能了。

4. 组织话语的规律

句子是最小的言语单位，但只有连贯的语篇，才能表达复杂的思想、细腻的情感。为了组织连贯的话语，就需要了解汉语句子的特点（如话题与说明、主语的承前省略），铺排句子的逻辑顺序（如时间顺序、空间顺序、逻辑顺序、心理顺序），句子之间的衔接手段（如关联词语、指代词、序数词、修辞手段），语段的性质和组织语段的方式（如段落表意的单一性和完整性、段落的主句与述句、基本段落的类型），语篇的表层结构（部分与层次、开头与结尾、过渡与照应）和深层思路（如思路的意义和类型、思路与结构的区别与关联、思路的呈现方法）等。

5. 创新表达的规律

人们为了更有效地表达思想情感，就要在准确的基础上，进一步追求表达生动，有说服力，或者追求某种特定的表达效果，就要讲究修辞。在具体的言语篇章中，特别是文学作品中有许多创新的言语表达方式。为此，在语文教学中，应适当地指导学生了解词语的变异、句式的变化、语序的易位、语气的转换；了解如何对句子进行动态分析，如何对辞格进行心理分析；了解辞式的创新、新兴的广告语体、网络语体等有意义和有趣味的知识，并逐渐积累这些富有创新意义的言语材料。

（二）过程与方法领域：言语行为策略和方法

1. 阅读的策略和方法

主要的阅读策略有：认知语言策略（如认知汉字、积累词汇、阐释语义、分析句法、解读段落、分解语篇），还原语境策略（如利用上下文、探究写作动机、追寻社会文化背景），提问释疑策略（如形成阅读期待、进行阅读反思、学会阅读批评），精细加工策略（如画线、标号、旁注、摘抄、评点、加标题、写提要、做笔记），组织重构策略（如列提纲、画关系图、制表格），复述记忆策略（如简要复述、详细复述和创造性复述），激活原有知识策略（如联想、触发、替换、填充），搜集和处理信息的策略（如运用信息工具、检索和获取信息、区分和遴选主次信息、分类和组织信息、贮存和提取信息、推理和创新信息、发挥信息效益、进行信息协作等）。

服从于不同阅读目的的方法大致有：积累性阅读、理解性阅读、鉴赏性阅读、研究性阅读、创意性阅读等。多种阅读方法中最基本的方法有朗读（宣读、美读、吟诵）、默读、精读、略读、快速阅读（浏览、跳读）等。

2. 写作的策略和方法

从内部心理过程看，写作中的策略包括形成积极的表达愿望和兴趣；学习观察和聚材取事（在观察生活中获取写作素材，在阅读中聚材取事等）；认知和提炼主题（表象与联想、抽象与概括等）；认知和布局谋篇（综合与分析、逻辑与顺序、段落与篇章等）；用语和言意转换（内部言语外化、词语栓系、词序排列、句式变化、语句的调整与修饰等）。

从外化行为过程看，写作活动可分计划阶段的策略（确定语言环境、明确写作目的、预设假想读者、收集和处理写作材料、提炼主题、形成思路、编制写作提纲、绘示总体框架等）；起草和行文阶段的策略（开头和结尾、段落分列和联结、段内句群安排、过渡和照应、遣词造句等）；修改阶段的策略（立意修改、布局调整、语句修正和润色、誊抄和校订等）。

从形成的结果看，写作有不同的类型。从不同的写作目的看，有"为自己的写作"（日记、书信、感想文等），有"为不同读者的写作"（记录、通讯、报告、评论等）；从不同的体裁看，有写实文章和文学作品之分；从表达手段的不同看，有文字写作和电脑写作；从学校写作训练方式的不同看，有规范性训练、塑造性训练和创造性训练等；从写作训练的形式看，有命题作文、话题作文、头脑风暴、自由作文、研究性报告等。

3. 口语交流的策略和方法

首先是口语交流的态度：耐心和专注地倾听，积极主动地寻找话题，诚恳负责地说话，谦逊而富有自信地表达自己的独立见解：谈吐文雅、仪态大方等。同时要敏锐地识别言语环境特点，准确地理解交流意图，有效地调节交流场合中的人际关系，恰当地应对等。

其次是倾听的方法：识别语音，分辨语音正误；排除噪音干扰，集中听取他人言谈；理解主要观点，记忆重要细节和主体顺序；认识说话人的倾向和偏见，明白说话人提出的问题和要求，及时地判断说话人提供信息的正确性；恰当地采用插话、略听、跳听等策略，在倾听的同时会做记录；适应多种口语体式等。

最后是说话的方法：组织内部言语，快速地言语编码，正确而灵活地运用和控制语音，恰当地运用体态语技巧等；掌握叙述性话语、说明性话语、议论性话语、文学性话语以及日常交谈等不同类型的口语特点，熟习即席讲话、主题讲演、问答、讨论、辩驳等口语交际形式；利用多种媒体加强口语表达效果等。

必须明确，策略和方法只有在主体的行动中才能发挥作用，否则，它们只是外在于主体的一种客观知识。言语策略和方法也只能在言语实践活动中才有可能被主体意识到它的作用，体验到它的价值。因此，丰富的、有意义的言语实践活动就理应成为语文课程的一项重要内容。

此外，还有语文注意策略、语文记忆策略、语文问题解决的策略等。

（三）情感态度价值观领域：言语成品蕴涵的思想、情感与文化

人们在学习运用语言时，一是学习有关语言的理性知识；二是学习具体的言语作品。对于中小学学生来说，学习文质兼美的言语成品是他们学习和运用语言的主要途径。因此，研究和借鉴这些言语成品的经验，充分发挥这些言语成品的教育价值，就成为中小学语文课程的重要内容。从情感、态度与价值观领域来说，主要指以下内容。

1. 言语成品的内容和意义

任何有效的言语都承载和传输着具体的内容、思想和情感。无内容、无思想、无情感的言语，只是一连串毫无意义的语音符和字符串。具有感染力的言语成品，是因为它的内容、意义和情感能够打动人。言语的内容和意义是与人类的物质和精神生活，与人类的文化积累等量齐观的。

2. 经典选粹与文化常识

言语成品是不可胜数、不可穷尽的。因此，精选大量的古今中外的文化经典，历来就被认定为规范语文课程内容和编制语文教科书的重点工程。这些标志着人类文明和进步的经典选粹，其本身就是语文课程内容的组成部分。围绕着这些经典作品和他人成功的言语经验，教科书编者往往还会编写许多相关的文化常识。积累这些经典篇章和文化常识，能为学生人格的健康发展打下精神和言语的厚实底子。

总之，在这些言语成品中，体悟高尚的思想情操、涵养良好的道德情怀、丰富健康的审美情趣以及培养积极的态度情思，是语文教科书重要的内容。

二　语文教科书内容的结构要素

在语文课程教材内容既定的情况下，语文教科书的内容要素还需对"通常可以用什么来教"做出回答。按照学界的研究，主要包括知识系统、选文系统和活动系统等。

（一）知识系统：核心素养视野的语文知识

在语文教科书中，知识系统大致相当于语文课程内容，是"为了达到语文科特定的课程目标而选择的事实、概念、原理、技能、策略、态度、价值观等要素"。① 我们可以从考察国外母语教科书的具体内容入手，大致廓清核心素养视域下母语教科书知识的领域、分类和程度，为我们深入全面地探讨语文教科书知识内容的选择开阔思路，拓展视野。

用作本书比较研究的资料主要来源于国家教育科学规划"十五"期间的研究成果《母语教材研究》第5—8卷，兼以"九五"期间已出版的研究成果《中外母语课程标准译编》《外语文教材评介》等。为了叙述的简洁，后文中不再一一注明出处。

1. 当代国外语文教科书知识的内容领域

（1）语言学知识

语言学是一门研究语言的社会科学。语言学分普通语言学和个别语言学。普通语言学研究人类语言的共同特点和一般规律；个别语言学研究个别民族语言自身存在和发展的规律。反映人类语言的共同特点和一般规律成为各国语文课程语言学知识的共同选择。表4－1是11个国家语文教科书中有关语言学的知识项目。

表4－1　　　　　　　　11国语文教科书中的语言学知识概览

	普通原理	语音	词汇	语法	修辞
英国	标准英语与其他形式英语的不同，口语与书面语的区别，标准语和方言等	标准英语的发音和方言等	标准英语的词汇特征，词和词素，词义及其变化，短语，词的构成，广泛的词汇量、词源和新词等	词类及其语法功能，句子与词类及其语法功能，句子与句型，标准英语的语法特征，肯定与否定，疑问时态的构成	修辞手段，音韵特点，精确地选词等
美国	英语的历史，美国英语，标准语和方言，口语和书面语等	美国英语的发音	词的本义、蕴含义，多义词，成语、谚语、外来语，构词法（词根、前缀、后缀），词源学知识，广泛的词汇量等	四种句子：主句、从句、独立从句、不独立从句	修辞手段：明喻、暗喻、双关语、头韵、拟人等

①　王荣生：《语文科课程论基础》，上海教育出版社2003年版，第301页。

续表

	普通原理	语音	词汇	语法	修辞
法国	语言的理性原则：交际与表达，语言系统的层次等	语音实践，发音、连通、语调、各种语气等	词类，词的构成，词源，词义（同意、反义、通常义、情景义、褒贬义），情感生活词汇、概念思想词汇等	动词句与非动词句，句子类型，句子形式，分句句子结构，"是"字句和"有"字句等	主要修辞格，显指义和蕴含义，词语的选择，词序，风格与人、风格与人、风格与时代等
德国	语言的变迁，语言方式、语言风格等	发音的基本规则，变换规则、正音规则	词类，复合词与派生词，外来词，词的性、数、格，词义，上概念和下概念，名词的称谓，动词的时态和情态等	句子成分，句子类型（主从句、复合句、并列句）	语言风格，言语的不同方式：高雅语与粗俗语，褒义与贬义，幽默与讽刺等
俄罗斯	俄语的语言学一般的信息，语言和民族历史，语言的生态学，当代社会中的俄语	俄语的发音和正音法，重音等	词素学和构词法，词典编辑法，单词和词组，同义词、反义词，同音异义词，词法规则，词组和成语、谚语、俗语等	句法规则、句法结构，新词与新句及其在文学作品中的应用等	修辞规则，词序的修辞功能，单词和成语的修饰成分，词和成语的修辞属性等
芬兰	语言的一般特点，世界语言总览人类语言是一个象征，多元化母语等	芬兰语属于乌拉尔语系、乌拉尔语族	词素，名词的单数和复数，动词的被动态，形容词的比较格外来词汇，词的后缀等	词类、词序，句型、句子要素等	隐喻及其他语言技巧
西班牙、阿根廷、墨西哥	对语言的早期探索，现代语言学，语音的系统，语言系统的分析层次，语言和言语等	西班牙语音位系统，音位与字母，发音标准，墨西哥口语等	词义及其变化，词素、词根，动词形式，单词结构，词汇分级，名词性语段、动词性语段等	语句群，简单句与复合句，名词从句、副词从句、形容词从句等	
日本	国语发展的历史，语言的功能，普通话与方言等	发音和发声，强弱和速度，日本和中国的古典声调等	词的本义和句中意，多义词与近义词，同音异义词，助词与助动词，格言、谚语和成语，古典训读规则等	句子成分和结构，主语和调语，语句类别，句子接续关系，古典语法规则等	敬语，国语表达特色，语言的功能，遣词造句，修辞特点，古典语优美的表达等

续表

	普通原理	语音	词汇	语法	修辞
韩国	语言的本质，语言和人，有声语言和文字语言的关系，语言和思维的关系等	声音和声韵的体系，发音标准，标准语和方言等	单词要素和构词方法，词汇体系，词义的种类和体系，词义演变等	句子成分，句子构造，文法要素的功能等	传统修辞：委婉语法、直说语法等先人表达方式，惯用语、礼貌语、禁忌语等

我们发现，各国母语教科书有一个相似之处，那就是把语言的一般性质和规律作为母语课程的共同基础。这一共同的取向告诉我们：让一代代青少年了解人类是生活在语言世界之中的，语言是人类共同的精神家园。各个国家的语言虽然各不相同，但是它们具有共同规律。除此以外，各国语文教科书的语言学知识，则侧重于对语言系统内部结构要素的介绍，如我们在比较表格中所列出的语音、词汇、语法、修辞等项目。

（2）应用语言学知识

在语言学界，研究者早已把人们的交际过程和结果列为研究的对象，并称之为"言语"。各国母语课程的主要任务在于培养学生有效地应用语言进行适应社会要求的言语交际能力。因此，应用语言学的知识和规律就必然成为当代母语教科书的重要知识内容。表4－2是12个国家语文教科书中有关应用语言学知识的内容项目。

表4－2　　　　12国语文教科书中的应用语言学知识概览

	应用语言的概念性知识	应用语言的实践领域				
		听与说	阅读	写作	媒体与工具书	书写
英国	根据环境和需求的变化调整语言，充满自信地运用正式与非正式的标准英语；组织语篇；全文结构、段落的形成；语篇的不同类型结构等	解释、描绘和叙述；探究、分析和想象；讨论、争辩和说服；个人展示，小组讨论，戏剧表演等	准确流畅地阅读；理解所读的内容并做出个性化的反应；阅读、分析和评介广泛的阅读材料等	探究性写作、想象性写作、自娱性写作；文章的整体结构、段落的组织方式等	电子资源，搜寻、利用和开发信息，用电脑作文等	拼写规则、大小写、标点符号的使用

续表

应用语言的概念性知识	应用语言的实践领域				
	听与说	阅读	写作	媒体与工具书	书写
美国	说话者、听话者；信息（意义）形式（载体）；言语功能；口头语言、书面语言与视觉语言；逻辑语言与形象语言；文本的多样性等	为了不同目的，面对不同对象能有效地进行交际；能主动地调节自己的言语；朗读、背诵、表演，交谈、访谈，报告等	纪实与虚构的、古典与现代的文本；阐释、评价和应用文本知识；构建对课文、对自我和对美国与世界文化的理解等	记叙、描写、说明、议论；摘要、概要、缩写、改写、记笔记等	图书馆、数据库、互联网、光盘资料；应用电子媒体、设计媒体作品等	正字法、标点符号规则等
法国	交流的要素；语言的表现力；语言应用的历史；图像的话语特征；三种话语类型（叙述、描写、议论）；话语组织和协调，话语体裁和变体等	分析口语特征；识别口语语境的功能；说话目的，受信对象，口语形式；聆听、朗读、背诵、口头叙述和报告、辩论、戏剧表演、大会发言等	粗略阅读与分析性阅读；文本和文本特色；文本间性；文本的体裁和类型；图像资料；自传，抒情诗，回忆录等	写自己、写他人；叙述文、描写文、论述文；应用性文章、虚构性文章、创新性文章；缩写、改写等	使用文字处理软件；使用词典、百科全书、光盘资料等	拼写规则，标点符号规则等
德国	交流的基本要素；交流行为、交流情境；语篇的基本类型和特征（传达信息、提供规范、呼吁、表示人际关系、反映自我、美学功能）；语言风格等	音量、音色、轻重音、语调；身体语言；朗读、讲述、介绍、描述、申述、议论等	基本的阅读技能；阅读的基本策略；解读文章的基本术语；非线性读物（如示意图、表格等）；媒体资料的主要形式等	表达性写作、交流性写作、研究性写作、塑造性写作；现实世界与虚拟世界；线性文章和非线性文章等	媒介资料的功能、表现形式和手段；利用媒介手段学习和展示；正确使用工具书等	德语正字法，拼写的基本规则，标点符号用法等
俄罗斯	俄语语音的表现力、俄语构词的表现力、俄语语法的表现力；语言应用的基本单位；言语的功能语体、亚语体和变体；文本中的语言事实等	口头表述和评论，影视表述，观察他人的言语材料，反思自己的言语材料等	解释课文和加工课文的主要方式；提纲、简介、报告、概要；文章体裁特点等	搜集自我语言材料，公众言语体裁；旅行随笔，人物特写等	电影、戏剧、绘画、音乐作品的特征，广告语言等	正字法、标点符号规则等

应用语言的概念性知识	应用语言的实践领域				
	听与说	阅读	写作	媒体与工具书	书写
芬兰	言谈的力量；语言将人们区分开来；口语和书面语；共性与个性；现代交流技巧；词汇的生命力等	听的技巧，感受听众；问答、讲述、描绘、解释、辩论、口译、讨论、演讲、大型会议、永恒的协商技巧，赢得争论的10种方法，手势语等	课文类型与特点；隐喻及其他语言技巧；笔记、总结、简介、分析；有关读者和作者的基本知识；阅读与评论等	文章结构方法；文章体裁风格，筛选词语；句子的修复；说明和解释性文章；议论文等	查询资料；电影、戏剧，电脑写作等	连词和首字母书写、外来词语标记等
西班牙、阿根廷、墨西哥	语言和言语；语言能力和言语行为；语用学；言语行为、语境理论；社会语言学；交流要素；说话者、话题、情境，语域，语篇，语言变体等	口头语言、书面语言和视听手段；朗读、叙述、描述、阐释、对话、辩论、口语技巧等	文章类型和结构方式；文本整体分析中各个部分之间的结合与统一；纪实文章与文学作品；对文章的分析、解释、重构和再创作等	搜寻和加工材料；检查和订正作文；应用文；工作日志、总结、商业函件、履历、求职信等；概要、扩展、阐释、证明和论证等	口语、书面语和视听手段之间的关系；选择、查询、记录和整理资料等	西班牙语词汇的两种书写形式
南非	语篇类型（口语语篇、书面语篇、书面和视图的结合）；语篇结构；语言的社会习俗和惯例；语境理论；目的、主题、受众（听众、读者、观众）等	听懂某一主题语篇，在听力活动中获取信息，感受快乐等	解释语篇；获取信息，自我娱乐，理解和批判语篇中的美学、文化、观点和情感等	创作语篇；不同的写作目的；事实性语篇，想象性语篇等	阅读和视读；多媒体语篇；电影和电视；视觉语篇的形象和设计，广告等	拼写和书写
日本	普通话与方言的关系，古典语与现代语的异同；国语发展的历史，现代社会语言生活状况，磨炼和丰富语感等	准确倾听，记录报告，有效交谈，叙述、发言讨论、演讲，声高、声调、语速等	段落在篇章中的作用；文章的多种构造形式，利用图书馆，多种读书方法，想象场景等	文章架构方式；表达方法，说明性文章、记录性文章、描写性文章；详写和略写；信件、报告等	用多种方式收集信息	汉字楷书及假名书写，书写长音、拗音等；标点符号注法；汉字笔画、笔顺和连接，文字大小及排列；毛笔字、硬笔书写等

	应用语言的概念性知识	应用语言的实践领域				
		听与说	阅读	写作	媒体与工具书	书写
韩国	国语生活与思考，国语生活与社会、文化；言语行为的语言现象；国语规则知识和使用；正确的国语生活，创造性的国语生活，国语生活与国语精神等	话法的本质：定义、功能、类型；话法的原理：话法的语言背景、话法的社会、文化背景，话法的战略；话法的态度	读书的本质；功能与特点、过程、方法和价值；读书的原理；准备、读解、认识读解过程，读书与学习方法；读书的态度	写作本质；特点、情况、功能；写作原理；写作脉络、过程、内容、组织和表达、回顾与调整；写作态度；动机、兴趣等	视听觉辅助、国语与媒体环境、多种多样的媒体文本；对大众媒体的批判与评价等	使用助词和词缀、使用符合文法的句子、拼写法的原理和规定

各国语文课程与教科书都重视语言应用知识的研究，都以语言应用的理论和实践作为课程教材的中心。相应地，关于语言和言语、交际过程中的要素、语言应用的基本单位、语境理论、语用能力、语言行为、语言功能、话语语篇及其构造、语言领域、语言任务、语体和文体、语言变体等新鲜的语用基本常识成为母语教科书不可或缺的知识项目。

（3）文学知识

文学，在现代专指用语言塑造形象以反映社会生活、表达作者思想感情的艺术，又被称为"语言艺术"。文学也是一种社会意识形态，是人类精神生产领域不可或缺的一个组成部分。因此，文学知识和文学作品历来是各国语文课程教材的一项共同的、重要的知识内容。

表4-3　　　　　　　　11国语文教科书中的文学知识概览

	文学原理	文学创作	文学读解
英国	文学与社会、历史和文化的关系；英国文学传统；文学评价术语表；文本之间的关系；对文学作品的不同见解等	文学作品体裁；纪实性与虚构性文学作品；叙事结构，人物特征；抒情性文学作品的意境；学生的想象性与创作性作文等	1914年前后的文学作品；引述性阅读，分析、评论和批判性阅读，创造性阅读；文本之间的比较性阅读；参照和比较性阅读；个性化的反应等

续表

	文学原理	文学创作	文学读解
美国	文学是语言艺术的核心，文学语言的形象性，气氛和基调，文学的主题等	小说的要素和结构，诗歌的要素和结构，神话与故事，书简的美学功能与论述作用，诗歌构思中继承与发展的关系等	理解文学表现的人类生活与经验，分析和批判文学作品，朗读和表演文学作品等
法国	文学的历史视角和文化空间；文学史的重大事件和主要思潮；文学特有的认知世界的方式；文本间性，文学与哲学的关系等	叙述的基本概念，文学体裁及其演变的历史，文本的产出是一个特定的过程；文本的产出与特色；作品与创作的关系，纪实与虚构的关系等	11—12世纪文学，分析作品必需的术语；构建文本意义，文学批评术语和步骤，分析性阅读和粗略阅读，改写、续写、扩写等
德国	重要作家和作品；文学作品的基本要素；叙事文学和抒情文学作品；文学语言的特点，文学体裁等	文学创作的时代、历史和文化背景；文学创作的基本术语；叙述人称和角度，对话和独白，语言和图像等	分析和阐释，比较和评论，创造性阅读方法改变叙述角度，改写、续写，以行为和创作为主导的学习文学的方法等
俄罗斯	文学语言的艺术；文学的独特性和丰富性；文学种类和题材的演变历史；俄罗斯和世界文学思潮等	文学情节的概念，主人公概念，文学创作的流派等	文学作品的分析、比较和评价；使用文学理论和文学批评文献，探究历史题材的文学作品等
芬兰	文学是一种社会力量；从古典到现代的文学；文学——永恒的话题；芬兰的文学是什么样的等	纯文学的类型；口耳相传的民间文学；散文诗、剧本，诗歌的灵感，散文——文学的珍珠；散文是怎样写成的；丰富多彩的喜剧等	作品和读者的背景；读者重塑作品意义；诗歌赏析的台阶；各层次的小说赏析等
西班牙、阿根廷、墨西哥	文学与社会的对应关系；文学流派；文学批评；作者、作品和读者；文学作品自成体系；文学语言等	文学的虚构特征；创作背景与接受背景；散文的定义、历史渊源和现状，散文的主题、结构和风格；纪实性报告文学的特征和操作程序；西班牙诗歌格律及诗节；文学再创作能力等	作品与读者的关系；从创作角度研究文学文本；文本整体结构分析法，作者生平分析法等
日本	文学反映人类社会与自然；文学的变迁和流派等	优秀文学作品中的人物、情景、心情的表达方法等	理解文学作品所反映的人类生存方式、社会和自然现象等

续表

	文学原理	文学创作	文学读解
韩国	文学的本质：特点、功能、分歧和价值；文学文化的特点；韩国文学的特征与流变；世界文学的面貌与流变；文学的邻近领域；对文学的态度，对文学价值的认识等	文学的创作原理：通过内容、形式和表现的紧密关系才有文学作品；作品的主题是由主体、结构、脉络的相互作用构成的；由于作者、文化背景等的不同，文学有多种多样的美的表现；文学作品的多样性及其原因等	文学的吸收：从认识、美学、伦理方面理解和感受文学；批判地和有创意地理解和重组文学作品；把作品的价值和自己的生活联系起来，使文学活动的结果内在化，使自己的生活具体化等

首先，与上面两类知识相似，国外母语课程教材的文学知识，同样比较关注文学的一般原理。例如"文学与社会、历史和文化的关系""文学是语言艺术的核心""文学语言的特点""文学史上的主要思潮：浪漫主义和现实主义""文学作品的多样性及其原因"。其次，国外母语课程教材的文学知识更注重文学活动过程的基本理论。当代有关文学的概念建立在"文学是一种特殊活动"的理念上。文学作为一种艺术创造活动系统，是由世界、作者、作品、读者四个要素构成的一个螺旋式的循环结构。这一观念在各国母语教科书文学教育中得到明显的反映。例如强调"读者对作品的独特反应""作品与创作的关系""叙述人称和角度，对话和独白，语言和图像""作者、作品和读者"等，都从不同程度说明了文学是一种特殊活动的观念。最后，更为主要的是，上述广阔的文学观念和理论知识，又常常以文学教育方法论的面目出现在各国语文教科书中。文学知识是不可能穷尽的，优秀作品也是读不完的。因此，在母语课程中，让学生了解、掌握阅读接受和欣赏评论文学作品的方法就成为文学教育的第一要务。例如，英国把文学阅读区别为"引述性阅读，分析、评论和批判性阅读，创造性阅读"三个层次，提出了"文本之间的参照和比较阅读"等方法与策略。德国提出了"以行为和创作为主导的学习文学的方法"，强调学生亲自参与文学创作活动，学生可以对所阅读的作品进行补充、改写、预设，并可以用其他媒介进行加工，如绘画、配音、录像片等。俄罗斯提出"使用文学理论和文学批评文献"的主张等。这些文学知识概念和命题也都具有明显的方法论意义和可操作性。

（4）语言—思维知识

思维，是人脑借助语言、表象或动作对客观现实的能动反映。无论是高级的形象思维还是抽象思维，都必然有语言的参与，而且在无形中会起主导作用。这就是各国的语文课程教材都必然涉及语言—思维知识的缘故。

表4-4　　　　　　10国语文教科书中的语言—思维知识概览

	语言思维原理	思维类型和技能	思维品质
英国	头脑风暴，思想地图，自我反思和自我评价等	形象性思维：词语图画，心灵眼睛，不可思议的想象力，描写和叙述等 抽象性思维：识别观点和事实；收集、分析和评价信息；正确地确立问题；比较各种可能的解决问题的办法，选择和决定策略；分析可供选择的解释，文本之间的参照和比较；解释、辩解和说服；分析和阐释的技能，分析和评价的技能等	有个性化、说服力和创造性的反应等
美国	语言和思维的交互作用；学习语言的过程就是运用智力的过程等	形象化的策略；批判性思维；逻辑性思维根据线索推断结论，排序，信息分类，比较异同，找出因果和类比关系（同义、反义等）；区分事实和观点，识别片面观点；理解、构建和交流意义；理性判断，在写作中提高思维能力及创造性想象世界的能力；发展反思能力的策略等	在阅读、写作、听力和口语中的批判性分析和评论能力等
法国	人类特有的认知世界的方法；重大历史事件中的感知和思维方式等	形象性思维；感受文学作品中的人文影响；观察固定图像（插图、照片）与活动图像（视听资料）；理解图像与文本的关系；理智的读者所具有的批评特色和分析方法；文学活动中的比较关系和时序关系；冷静的、理性化的论述表达；评审和评判；展示、说服和劝说三者之间的关系等	丰富的想象力，逻辑的理解力，正确的判断力，冷静的、理性化的论述与表达等
德国*	对自己的思维与行为的反思等	理性的论证：区分意见和事实，区分本质与非本质；理解、运用并迁移规则；认识学科的有限性和历史性；认识学科的相互关联与相互作用；自主地构筑学习问题，合理地实施解决问题的过程，提出假设并检验假设；合理地描述问题的解决结果等	基于问题和基于过程的思维，思维的灵活性，善于幻想的能力，跨学科的思考和反思方法等
俄罗斯	语言和言语，思维的发展，思维的分类等	分析性思维；找出主要内容，识别基本内容和特点，找出关键词；现象和本质，原因和结果，制约性和依赖性，区别性、共同性和相似性，并存性和不相容性，可能性和不可能性等 形象性思维：以观察为基础；从形象思维过渡到抽象思维和创造性思维等	再造想象力和创造力，思维的分析与整合等

续表

	语言思维原理	思维类型和技能	思维品质
加拿大**	运用语言去思维、学习和交流；澄清、拓展和反思自己与他人的观点与体验	分析性思维，批判性思维，创造性思维，审美性思维和欣赏能力，形成建构意义和解决问题的意识，寻求解决问题的过程和基本策略；运用语言知识和经验建构意义的策略，运用语言知识联系自己已有的经验，在各种文本中运用批判性、分析性和创造性思维技能等	智力的好奇心，首创精神，灵活而富有创造性地解决问题等
墨西哥、阿根廷	观察和思考语言现象、用语言组织思想等	逻辑性思维；下定义，做阐释；阐释的基本结构和操作程序，基于言语和事实的阐释；阐释的类型；证明的定义，证明的类型，阐释与证明的区别；论证的定义，适应于语境论证的基本结构，阐释、证明、论证的联系等	组织思想，阐述明确、连贯；有独特见解等。
南非	运用语言进行思维和推理等	批判性思维，创造性思维，形象性思维 激发想象活动和创意活动；发现问题、分析问题和做出决策；收集、分析、组织信息和评价信息；批判地和有效地运用科学技术；思考并探索有效的学习策略等	听说、阅读、写作和视听，思维和推理，语言知识和技能的综合运用等
新加坡	语言和思维的关系	思考微技：演绎与归纳，分析和判断，逻辑推理与反证；事物的正反面和有趣面，事物的相关因素，事情的当即、短期和中长期的后果与影响；确定自己的目标，也了解他人的目标；从不同的意见中找出要点，设身处地换位思考；从一个概念引发出新概念、新思想，厘清先人和他人的观念，不受影响；从条件出发引发新概念；联想和假设	观察细致，独立思考，丰富的想象力，推陈出新，创新的看法和意见等

* 徐斌彦：《德国普通高中课程纲要的特点及其发展》，《全球教育展望》2002 年第 10 期。

** 周加仙：《加拿大"大西洋地区各省教育基地"高中课程的设计》，《全球教育展望》2002 年第 10 期。

对于母语课程教材的语言—思维知识，各国的表述不尽相同。有的国家明确提出母语课程富有思维培育任务，规定了具体的知识和训练项目；有的国家则把思维培育和训练贯穿在母语教学的过程之中。各国母语课程教材在语言—思维项目上，主要涉及形象思维、抽象思维、批判思维以及创新思维等方面的培育。

（5）语言文化知识

文化是一个内涵丰富、外延广大的概念。文化涉及物质文明和精神文明的宽广领域，涉及民族、种族、国家之间的关系。教科书本身就是特定社会中的一种文化现象。这一点在各国母语课程和教材中已经得到了明显的反映。

表 4 - 5 　　　　　10 国语文教科书中的语言文化知识概览

英国	文化意识；文化是英语和英国文学形成和变化的源头；道德与种族问题；欧盟知识与典型事例，欧洲的环境保护；欧洲文学译文中的不同文化，欧洲文化教育内容等
美国	不同文化背景、不同种族、不同地域、不同社会地位的不同语言模式，美国其他民族及世界上其他国家的文化和文学等
法国	共享的学校文化，文学和艺术文化，语言与文化，文学文化史，法语文化和欧洲文化，文化以阅读和文本间的关系为表现形式，文化的历史维度，文化知识的时序，文化的发生学角度，文学文化史上的重要争论等
德国	欧洲新语言标准；当代和历史的文学形式和语言形式；古希腊、古罗马和欧洲文化，当代青年文化；科技与社会文化；发现北美洲；欧洲的变迁，德国的犹太人；伊斯兰世界，法国大革命后的文化和宣传，人权问题，保护地球大气层，森林生态系统，吸毒危害，文化旅游；语言文学和体育；音乐、舞蹈、造型艺术的关系，戏剧与歌剧等
芬兰	语言的文化特点，语言的民族传统，从芬兰到欧洲，从欧洲到芬兰，诗歌一路跋涉到欧洲，西方文学之外的文学，芬兰语属乌拉尔语系，芬兰语在国外；印欧语言的近邻，拉丁语是欧洲母语，从古希腊经典著作到现当代欧美流行思潮，从莎孚到莎士比亚，从陀思妥耶夫斯基到海明威；语言与各学科知识等
俄罗斯	在音乐、绘画学科中理解俄罗斯文学；文学与音乐、绘画等学科的比较；俄罗斯与世界各民族文学；历史视野中的俄罗斯文学与世界各民族文学
葡萄牙	我们既是葡萄牙公民，又是欧洲公民；欧盟概况，15 国的欧盟，欧盟理事会，欧洲委员会；欧盟委员会；欧洲议会，欧洲裁判法庭。欧洲内部市场，欧元；欧洲年轻人共同学计划，欧洲环保，通往一个联合欧洲的道路等
阿根廷	西方文学中美学发展的特征，大众文化的世界文学主题，艺术语言，电影、雕塑和音乐，艺术史简明知识等
日本	国语文化传统，日本文化特质及其与中国文化、外国文化的关系，世界各国风土人情与文化："我是日本人"与国际合作和协调意识，从历史性和国际性角度思考学习现代国语的活动
新加坡	国家多元文化，种族的历史与文化习俗，先辈奋斗史；传统建筑物与名胜古迹；国家节日与庆典；国家的各类运动；政府的政策与措施等 华族文化：传统节日，礼俗、风习；家族观念；华人奋斗史；汉字趣谈；民间文化；古代杰出人物；古代音乐与舞蹈；古代科技成就，历史朝代演变和故事；中国武术与保健等 外国文化与事物：外国的新闻事件，名胜古迹、珍禽异兽、杰出人物；与邻国友好相处；外国的社会动态及文学作品，各种外交组织与机构等

母语课程教材所涉及的语言文化知识项目林林总总，涵盖国家制度、社会状况、历史与现实、天文与地理、文学与艺术、文化与教育等方方面面。语言文化仍是一个包罗万象的概念，其中文化知识、各门学科、价值观念、学习方式等都融于一体，一时还难以梳理清楚。虽然如此，教科书作为一个国家和社会的文化产品，总是体现着社会的主流文化意志，传播着主流文化的内容，彰显着社会主流的文化力量。同时，几乎各国的语文教科书的文化知识都倡导多元文化视角，倡导跨文化学习。

2. 我国语文教科书的知识类型评析

国内近几年来关于"语文知识"的讨论已经不再集中于"语文教学需不需要知识"这一问题上，而是转向在肯定语文教学需要知识的基础上讨论"语文学科到底需要构建什么样的知识体系"？

（1）建立广义的知识观

认定语文教科书知识内容的前提之一，就是要树立清晰的广义知识观。广义知识观内涵丰富，与建构课程内容相关的要目如下。

"知识是个体通过与其环境的相互作用后获得的信息及其组织。被储存于个体内的，即为个体的知识。通过书籍或其它媒体储存于个体外，即为人类的知识。这一定义强调，第一，知识是后天经验的产物，不包括由遗传而来的适应机制；第二，强调知识获得过程是主客体相互作用的过程；第三，强调知识的范围广泛。从获得具体信息到机体的认知结构的根本变化，都属于知识范畴。"①

"知识—技能—能力"一体化。"现代认知心理学的广义知识观，把知识分为陈述性知识、程序性知识和策略性知识。广义的知识观把知识、技能、策略都统一在'知识'的概念里。这种知识也就是所谓的'真知'，不仅包括了'知'，也包括了用'知'来指导'行'。"② 我们认为这种知识观之所以适用于语文课程，是因为"语言文字的学习，就理解方面说，是得到一种知识；就运用方面说，是养成一种习惯。这两方面必须联成一贯。就是说，理解是必要的，但是，理解之后必须能够运用，知识是必要的，但是这种知识必须成为习惯。语言文字的学习，

---

① 皮连生：《智育心理学》，人民教育出版社1996年版，第40页。
② 同上书，第57页。

出发点在'知'，而终极点在'行'。到能够'行'的地步，才算具有这种生活的能力"。① 因此，我们主张"知识—技能—能力"一体化，其意义在于改变知识只具有信息意义，而与智慧、技能、能力相脱离的倾向。换言之，知识不仅应该使人知道"是什么""为什么"，而且应该使人知道"做什么""怎样做""与谁合作"。

在学习知识和形成能力的过程中重构个体的精神世界。教育绝不仅仅是给予学习者知识，发展他们智力，形成他们的能力。学习者在接受教育的过程中，也并非仅仅投入智力和技能，而是投入了他的整个精神世界，包括情感、态度、个性、意志、气质等人之为人的一切。"对于教育来说，精神建构是更为根本的。"② 这一点，对于人文性质浓厚的语文课程与教学来说更为重要。换言之，语文课程与教学过程，就是学生的言语与精神同构共生的过程。

（2）关于语文知识类型的新探索

如果说，我们对国外母语课程教材所涉及的知识内容从表层进行了浏览，那么，我们需要透视这些知识形式的内在属性。语文课程与教材的"知识问题"迫切需要引入"知识类型"概念。

我们需要什么样的知识？什么样的知识才能在语文教学中发挥我们期望它发挥的作用？这两个问题是纠缠在一起的。不同类型的知识在语文教学中所起的作用是不同的，不同性质的知识对语文教学的意义是有差别的。过去我们关于语文知识的许多讨论，都是在没有区别不同类型、不同性质的知识的前提下展开的。许多讨论没能切中要害，甚至不得要领，原因就在于它们不是针对特定的知识类型而言的，它们的立论都可以找到"例外"甚至反证，因而缺乏立论必须具备的周延性，其科学性和说服力大打折扣。

1）陈述性知识、程序性知识、策略性知识③

这是从现代认知心理学的角度进行的知识分类。

---

① 中央教育科学研究所：《叶圣陶语文教育论集》（上），教育科学出版社1980年版，第3页。

② 金生鈜：《理解与教育——走向哲学解释学的教育哲学导论》，教育科学出版社1997年版，第116页。

③ 韩雪屏：《语文课程的知识性质》，《语文学习》2003年第5期。

陈述性知识是关于事物"是什么"的知识，它是人们对事物的状态、内容、性质等的反映。例如，关于什么是比喻的知识，什么是举例论证的知识，什么是疑问句的知识等。

陈述性知识对语文教学的意义是有限的。第一，它把事物当作客观对象来认识，但语言并不是一个纯粹的客观事物；第二，语文教学的目标是培养学生的语文能力，这种能力主要是一种实践能力，是一种"做事"的能力。语文教学的目标不是认识语言，而是运用语言，不是培养"谈论语言"的人，而是"运用语言"的人。陈述性知识告诉学生"比喻是什么"，但掌握了"比喻是什么"这一知识并不能直接转化为"打比方"这一实践能力。

程序性知识是关于"做什么""怎么做"的知识，它是人们关于活动的过程和步骤的认识。例如，我们在什么情况下要运用打比方的修辞手法，我们在提问的时候要注意什么要领，我们在议论文中通过举例可以做什么以及怎么做。这些知识就是程序性知识。程序性知识对语文教学的意义是巨大的，它直接作用于语文教学目标的实现。然而，这种类型的知识也是我们现在最缺乏的，甚至几乎没有。

策略性知识是关于学习策略的知识，即如何确定"做什么""如何做"的知识。它的特点是"反思性"和"元认知"。对策略性知识的掌握，其标志是：明确认识自己面临的学习任务；知道自己目前学习所达到的程度；能调用恰当的学习方法；对自己的学习过程能进行监控、反省和调节。

在中学语文教学中，当然不是绝对不需要一点陈述性知识，但可以肯定地说，不应该以陈述性知识为主体。过去，我们理解的知识就是陈述性知识，除陈述性知识之外我们不知道还有其他什么知识。所以，要么从语文课程的实践性目标出发，彻底否定语文知识的教学，要么从学校教育和课程内容的特点出发，将陈述性知识教学提高到一个不恰当的位置上。实际上，一方面，否定陈述性知识的主体地位，并不否定知识的重要性；另一方面，我们所需要的知识也主要不是陈述性知识。程序性知识应该成为语文知识教学的主体，而策略性知识则是知识教学的最高境界。策略性知识教学的时机和场合是决定策略性知识教学能否实现其目标的关键。

有研究者对上述三种知识的关系，提出了这样的理解①：陈述性知识在学生的"前面"，程序性知识在学生的"外面"，策略性知识在学生的"后面"。摆在"前面"的东西最容易看见，但可能并不是最重要的；处在"外面"的东西很难进入人们的视野，但可能是起关键作用的；而在"后面"的东西，在最深刻的意义上发挥着不可替代的作用，但也不是在任何时候都必须把它摆上"台面"。这种理解有助于语文知识的构建。

2）现象知识、概念知识、原理知识②

这是着眼于知识体系的一种知识分类。加涅认为，知识体系的结构像一个"金字塔"，塔底就是由这些大量的事实、现象构成的，中层则是由对这些事实、现象的解释和定义构成的，最上层则是根据那些"解释"所确定的一些"行事规则"。根据加涅关于知识体系的理论，可以把语文知识分为"现象知识""概念知识"和"原理知识"。

在语文教学中，所谓现象知识就是对语料的掌握，包括常用词语、常用句式、常用语体、常用修辞等。这里所谓掌握，就是熟悉。语文课是以现象知识为教学内容主体的课程，我们在语文课中学这么多课文，目的就在于掌握"语文现象知识"。所谓概念知识就是对现象知识加以解说和命题的知识，它一般用概念来表达。在语文教学中，这些知识本身没有目的意义，它要么是帮助学生理解现象知识，要么是为形成原理知识做准备。在第一种情况下，它只起到辅助作用，在第二种情况下，它甚至根本就不需要进入语文教学的实际过程，只要为那些研究人员掌握即可。原理知识属于"如何做才正确"的知识，所以也可叫作"规则知识"。它是对人的行为方式的描述与规范，在人们的活动中起着"定向"作用，所以这些知识是可迁移的，利用这些知识可以有效地指导和提高学生的语文能力。例如，关于如何运用"指示语"的知识，描述了"在句段中，指示语可以代替所指示的事物或前面已经出现的语句，从而使语句更为简洁，使文意更为连贯，语意重心更为突出"的行

① 李海林：《"语文知识"，不能再回避的理论问题》，《人民教育》2006 年第 5 期。
② 李健海：《典型现象·常用概念·基本原理——对中学语言知识教学的再思考》，《学科教育》1995 年第 10 期。

为规则，掌握这一知识，则可以有效地帮助学生在写作中实现语意连贯。

从数量上说，语文教学需要的是大量的现象知识，需要精细掌握的是原理知识，而对概念知识，则少知、粗知即可。

3）内隐知识、外显知识①

这是从知识存在方式的角度所作的分类。

所谓内隐知识，也称之为无意识知识、缄默知识，这种知识的特点是"知道，但说不出"，即直觉状态的知识。最典型的语文无意识知识，即语感。语感的特点就是"知道，但说不出"，我们读一篇文章，一读就通，一读就懂，但是如何读懂的、读通的，则说不出来。这一特点决定了无意识知识特别适用于"从事一种行为"，即活动。

外显知识，是可以说出来的知识，也称之为言述性知识。例如"语体是一种言语行为方式"，"说话必须根据场合的不同使用不同的表达方式"。"明晰地传达"是它最大的优势。

外显知识是以内隐知识为前提的，外显知识是对内隐知识的概括和表达。从理论上讲，所有的无意识知识都可以用言辞表达出来，也就是说，所有的无意识知识都可以向外显知识转化。但是，这种转化对研究语言是有意义的，对从事一种言语行为，却并非都是有意义的。因为在某些时候，熟练地从事一种行为必须依赖无意识知识，"有意识知识"的参与反而会起干扰作用。那么，在什么时候我们需要言述性知识呢？波兰尼告诉我们，就是在"批判性思考"的时候，即对言语对象作"批判性""反思性"阅读的时候。什么时候我们需要无意识知识呢？也是波兰尼告诉我们的，就是在"控制住至今尚未探明的领域"时，也就是要"创造"新的知识的时候。

（3）审视我国语文课程的知识基础

审视语文课程的知识基础，必然会涉及不同知识分类视野下的分别评述。在这里，我们不可能进行全面的叙述和辨证，我们仅从现代认知心理学的角度对我国当下的语文课程知识基础予以审视。

首先，用广义的知识观来审视当前的语文课程知识基础，我们就不

---

① 刘大为：《语言知识、语言能力与语文教学》，《全球教育展望》2003 年第 9 期。

难发现语文课程的基础知识多为陈述性知识。

在新课标中，这种知识包括汉字知识、常用汉字、汉字常用的偏旁部首、基本笔画和笔顺规则，《汉语拼音字母表》，语法修辞知识词的分类、短语的结构、单句的成分、二重复句的类型、常见修辞格，实用文章的表达方法——叙述、描写、说明、议论、抒情，文学作品的体裁——诗歌、散文、小说、戏剧，重要作家和作品，常用语文工具书，以及应背诵的片段，古今优秀诗文，应在课外阅读的 400 万字各类图书和报刊等。

但是，语文课程和教学的最终目的并不是让学生掌握这些已经组装好的静态知识，而是让学生形成运用这些知识的言语交际能力。正如英国语言学家皮特·科德在他的《应用语言学导论》中所说："我们应当做的是教人们一种语言，而不是教给他们关于语言的知识。""我们要培养的是使用语言的人而不是语言学家，是能'用这种语言讲话'的人而不是'谈论这种语言'的人。"①

培养运用语言的能力需要语用学的知识来支撑。首先，语用学研究需要区分"语言"和"言语"这两个概念。语言无非是一套规则系统，言语才是个人说话写作的行为和结果。显然，语用学研究是对"言语"的研究。从语文课程的目标看，语文教学也理应属于言语教育的范畴。根据这种认识，我们在语文课程和教学中就需要引进语境的知识、语言成分的知识、选词炼句的知识、语段和语篇的知识、语体的知识等。但是，这些如何使用语言的知识，在目前的语文教科书中是零碎的、不全面的。以语文教科书中阅读和写作知识为例，除了那几个来自文章学和文艺学的术语，如"开门见山""铺垫照应""线索""结构""五种表达方式""八种修辞手法""环境情节人物""论点论据论证"等外，可以说仍是一堆语言学、文章学和文学等陈述性知识的残垣断壁。

因此，单就陈述性知识而言，当前语文课程的知识基础是比较陈旧的。

其次，用广义的知识观来审视当前语文课程的知识基础，我们不难发现语文课程的基础知识缺少程序性知识。

---

① ［英］皮特·科德：《应用语言学导论》，上海外语教育出版社 1983 年版，第 12 页。

语文课程要养成学生多种言语技能，因此也就需要有多种相关的程序性知识来指导这些技能的练习。例如，如何品评和选用词语？怎样辨识和选择句式？如何概括段意？怎样读解和组织段落？如何形成良好的语感？怎样才能整体把握文章的意义？如何搜集和处理信息？怎样欣赏和评价文学作品？如何才能有效地听取信息？如何观察大自然？如何观察人物？怎样使用修改文章的符号？等等。有效的语文课程和教学应该对这些程序性知识有所交代，以有利于学生在言语实践中养成熟练的技能。

可以说，陈述性知识和程序性知识的互惠关系是显而易见的。"如果我们的教科书或者我们的课堂教学不仅注意告诉学生有关的陈述性知识，而且注意让学生独立主动地学到程序性知识，建立并运用解决问题的产生式系统，那么将会大大提高教学效果。"[①]

以程序性知识来审视当前语文课程的知识基础，我们可以说，它在语文课程知识中是比较贫乏的。

最后，用广义的知识观来审视当前语文课程的知识基础，我们还能发现语文课程缺少方法和策略性知识。

语文课程的主要学习策略有：识字策略、写作中生成语境的策略、假想读者的策略、选择语料的策略、言意转换的策略、组成语篇的策略、言语创新的策略等；阅读中感知语言的策略、还原语境的策略、联想意义的策略、全程阅读的策略等。此外，还有语文注意策略、语文记忆策略、语文问题解决的策略，等等。

因此，用学习方法和策略的知识来审视，我们又可以发现当前语文教科书的知识基础是存在大量空缺的。

只有新鲜、丰富、有适当难度和有组织的语文知识，才能最大限度地满足学生的求知欲望，激发和保持学生的学习兴趣，为他们智力和能力的发展提供足够的精神食粮。当前语文课程的知识基础比较陈旧、贫乏和存在空缺。这种状态不利于学生语文智力和能力的形成，也不利于培养他们的语文动机、态度和价值观念。

引进当代知识分类学的观点、更新语文基础知识项目，遵循语文教

---

① 曹南燕：《认知学习理论》，河南教育出版社 1991 年版，第 220 页。

学的特点和规律、探索语文知识的分类和系统，是当前语文课程建设和教学研究的重要课题。在语文课程的建设中应开拓言语研究的新视野，以促进陈述性知识向程序性知识的转化。应开拓方法论研究的新视野，以引进充分而又实用的语文学习方法和策略方面的知识，让学生真正"学会学习"。

（二）选文系统：不同选文功能类型的分析

长期以来，语文教科书以"选文集锦"的形态出现。面对一篇选文，教师该以此教什么，学生该从中学什么，也有很大的自由度。甚至许多人认为，这些范文就是语文课程的内容。事实上，语文教科书中的篇篇选文，原来并不是为语文教科书而编写的；作为一种社会读物，它的"原生价值"是使读者从中获得事实的、情感的或态度方面的信息与影响。但是它们一旦被选入语文教科书，其面目和价值就发生了变化，选文进入教科书之后，被区分成不同类型，承载相应的"教育价值"。

对"文选型"语文教材中的"选文"类型，陈启天（1920）做过研究，在《中学的国文教学》一文中，他将选文分为三类：第一类"是学生需要精读深究的文质兼美的文章"，叫"模范文"；第二类"是反映社会、政治、人生重大问题的文章"，叫"问题文"；第三类"是学生自修的教材"，叫"自修文"。但上述分类是从"教学"的角度提出的，陈启天认为，不同类型的选文，需要有相应的"教学程序"。[1]此后，关于选文的类型问题，主要也是从"教学"的角度思考的，比如程其宝（1930年）对语言（国语）与文学（国文）的独特理解、[2]黎锦熙（1947年）对文言与白话文的强调区分、[3]朱自清和叶圣陶（1945年）对只需"诵读"的文言作品（经典）与"写作范文"的文言作品（当时广泛应用的近代文言作品）的区别[4]以及新时期张志公对

---

① 李杏保、顾黄初：《中国现代语文教育史》，四川教育出版社2000年版，第90—91页。

② 同上书，第130页。

③ 同上书，第205页。

④ 中央教育科学研究所：《叶圣陶语文教育论集》（上册），教育科学出版社1982年版，第79页。

文学与文章的进一步强调区分①等，也包括我国当代"精读课文""课内自读课文""课外自读课文"等在语文教科书编撰体例上（实际上是从不同需要的"教学方法"的角度）的划分。真正从语文教科书编撰的角度来探讨"选文"类型的，似乎一直受到忽略。理论的疏忽势必导致实践的盲目。

近年来，王荣生教授把语文教科书里的选文鉴别为四种类型，即"定篇""例文""样本"和"用件"，并对"选文"的类型及其功能发挥方式做了深入的探讨。②

1. "定篇"与文学、文化素养

顾名思义，定篇应该是素有定评的篇目。在语文教科书中，它指的是在人类古今中外文化和文学史上具有经典意义的名篇佳作。"定篇"，是语文课程规定的内容要素之一，也是构建学生语文素养和文化素养不可或缺的成分。

从我国语文教科书的发展史看，现当代对"定篇"问题做过较深入思考的，要数朱自清。朱自清是从文言作品学习的角度来思考"定篇"问题的。与当时多数人翻译古文教学的意见不同，作为新派人物，朱自清强调文言作品的学习："我可还主张中学生应该诵读相当分量的文言文，特别是所谓古文，乃至古书。这是古典的训练，文化的教育。一个受教育的中国人，至少必得经过古典的训练，才成其为受教育的中国人。"在《经典常谈》的序言中，朱自清特别强调："在中等以上的教育里，经典训练应该是一个必要的项目。经典训练的价值不在实用，而在文化。有一位外国教授说过，阅读经典的用处，就在教人见识经典一番，这是很明达的议论。"③

如果把这里的"文言文"看成与经典同义的用法，而将经典又扩大为"定篇"，朱自清的这番见解的确是很明达的议论。比如，对我国的中学生而言，鲁迅的作品应该享有"定篇"的待遇，无论基于何种理念，也不论是哪个出版社出版的中学语文教科书，都必须包含鲁迅的若

---

① 张志公：《传统语文教育教材论》，上海教育出版社1992年版，第56页。
② 王荣生：《语文科课程论基础》，上海教育出版社2003年版，第316页。
③ 蔡富清：《朱自清选集》第二卷，河北教育出版社1980年版，第3页。

干作品。像现在这样将鲁迅的作品零星地穿插在各年级里，又散乱地分布在记叙文、议论文、小说、散文诗等单元中，不是一个合宜的方式。尽管在语文课程中，鲁迅的作品实际所占的分量并不少，但这种处置方式难以使学生感受到鲁迅精神的伟大和艺术的不朽，因而也难以构造相应的"文学素养"。在"定篇"的意义上学习鲁迅的作品，正如朱自清所指出的，"该只是了解和欣赏（理解和领会）而止"①。掌握以"定篇"身份进入语文教科书的世界和民族的优秀文化、文学作品，其本身就是语文课程的教育目的之一，也是构成语文课程内容的一大项目。也正是在个意义上，我们赞同施蛰存先生的意见：课文课程"要有一个基本教材，由教育部组织全国最有权威的学者来编，选的篇目必须是适宜中学生读的、众所公认的名篇，然后固定下来，十年八年不变，这样不管你在什么地方念书，一提起那些文章，大家都读过，使全国的青少年有一个比较统一的语文水平"②。

语文课程肩负着培育文学、文化素养的重任。文学、文化素养在语文课程中有特定的所指，它以确指的"定篇"存现，定篇的功能，就是培养文学、文化素养。具体地说，就是"彻底、清晰、明确地领会"作品。

2. "例文"与语文知识

将选文看成"例文"，是我国现代以来对语文教科书选文的基本定位，它是在批判传统语文课程内容的过程中逐渐形成的。针对传统语文教学偏重于个人的吟诵感悟，夏丏尊提出，现代的语文教学更要注重理性的方法；针对传统语文课程（主要体现在语文教材）以综合地领会诗文为标的的课程内容，关于"例文"，我们采夏丏尊的释义。夏丏尊提出，语文课程的内容（"语文学习的着眼点"）应该是一个个的词句以及整篇的文字所体现的词法、句法、章法等"共同的法则"和"共通的样式"，而选文的功能主要就是说明"共同的法则"和"共通的样式"的"例子"。③

---

① 蔡富清：《朱自清选集》第二卷，河北教育出版社1980年版，第28页。
② 施蛰存、王丽：《语文教育一定要改》，王丽《中国语文教育忧思录》，教育科学出版社1998年版，第88页。
③ 夏丏尊、叶圣陶：《阅读与写作》，开明书店1948年版，第46页。

"例文"是为相对外在于它的关于诗文和读写诗文的事实、概念、原理、技能、策略、态度等服务的。成篇的"例文",大致相当于理科教学中的直观教具,它给知识的学习添补进经验性的感知。但是,感知教具并不是教与学的目的,目的是要通过教具,使学生更好地理解和掌握知识。中选的这一篇"例文",用的其实也并不是整篇的"文",在多数情况下,派用场的只是诗文或诗文读写的某一侧面的某一点或某几点。正如夏丏尊、叶圣陶所看到的,"文章是多方面的东西,一篇文章可从种种视角来看,也可以应用在种种的目标上"。① 但在一本特定的教材里的一篇特定的"例文",比如朱自清的《背影》,要么只作"随笔"例,要么只作"抒情"例,要么只作"叙述"例,要么只作"第一人称的立脚点"例,等等。在一般情况下,语文教科书不太可能对上述的种种方面兼而顾之,也无必要对"例文"的字、词、句、篇、语、修、逻、常面面俱到。将本来含有无限可能性的诗文限制在一个特定的侧面、特定的点来作为例子,换句话说,"例文"是溶解语文知识于其内的"例子",是学习语文知识的凭借和有效途径,这就是"例文"的实质。

3. "样本"与读写方法

"样本"说,在我国是由叶圣陶先生提出的:"教材的性质同于样品,熟悉了样品,也就可以理解同类的货色。"② 在叶圣陶的语文教学论里,课程的主要内容是怎样读、怎样写的"方法"。怎样读、怎样写,当然首先是知识,得"心知其故"。然而,在叶圣陶看来,知识是随着技能走的,而技能又是随着"选文"练的。"知识不能凭空得到,习惯不能凭空养成,必须有所凭借。那凭借就是国文教本。国文教本中排列着一篇篇的文章,使学生试去理解,理解不了的由教师给予帮助(教师不教学生先自设法理解,而只是一篇篇讲给学生听,这并非最妥当的帮助);从这里,学生得到了阅读的知识(即方法)。更使学生试去揣摩它们,意念要怎样地结构和表达,才正确而精密,揣摩不出的,

① 中央教育科学研究所:《叶圣陶语文教育论集》(上册),教育科学出版社1982年版,第171—172页。

② 叶至善:《叶圣陶集》第16卷,江苏教育出版社1992年版,第68页。

由教师帮助；从这里，学生得到了写作知识（即'方法'）。"由此可知，样本，是学生演练读写技能的场地和器材，是学生读写实践的凭借和扶手，是学生读写时可以仿照的模本。

在叶圣陶看来，虽然同类"样本"具有某种可替换性，但不同类型"样本"的变更，也会引发课程内容的变动。"样本"类选文的"凭借"功能，受制于两个方面：一方面，由于"知识"（"方法"）是用"因了上面的例子"这种方式产生的，不同类型"样本"的变更，会引发课程内容的变动。另一方面，学生的变动，必定要求课程内容的相应调整，因为"知识"（"方法"）是在读写活动中动态地产生的，它需要学习者"依了自己的经验"，在体会中提炼和把握。

与"定篇"一样，作为"样本"，一篇"选文"也要同时教学与"样本"相关的许多方面。但是，那许多的方面主要不是来自选文本身，更不是来自权威——无论是专家、教材编撰者还是教师——的阐释。究竟教学哪些方面、教学多少方面，除了依据"样本"之外，主要取决于学习者读与写、文学鉴赏的现实状况。换句话说，在本质上，"样本"类选文的课程内容，是不能事先约定的。随着技能的增多，随着对"知识"的经验增加，按照叶圣陶教学论系统的逻辑，所教学的"知识"便会逐渐减少。最后，减少到几乎用不着再出现新的"知识"了，这也就是"教，是为了不教"的教育思想在语文课程设计上的体现。

居于"样本"身份的"选文"教学，在目标取向上，要求向主张"过程模式"的斯腾豪斯所提出的"生成性目标"靠拢，要求与艾斯纳提出的"表现性目标"[①] 有某种贯通。事实上，叶圣陶所一直大力标举的，就是"尝试的宗旨"。

4. "用件"与语文实践活动

"定篇""例文""样本"选文是学生在语文科里的"学件"——在"定篇"中，学生学习经典的丰厚蕴涵；在"例文"中，学生学习其生动显现的关于诗文和读写的知识；在"样本"中，学生学习和体验他们自己在阅读过程中所形成的读写"方法"。就"文"来说，或者将其看成内容与形式的紧密结合体，或者更多地关心其"形式"的方

---

① 　张华：《课程与教学论》，上海教育出版社 2000 年版，第 174—181 页。

面。现在所说的"用件",则主要关心它的"内容",也就是课文"说了什么"对"怎么说",则只关心其逻辑的合理与否,即说得对不对、通不通。

对这一类型的选文,学生其实不是"学"其文,而主要是"用"这一篇选文里的东西,或者借选文所讲的内容,或者由选文所讲的内容触发,去从事一些与该选文或多或少有些相关的语文实践活动。

莫斯科教育出版社出版的《文学》(五年级)中有"19世纪文学"这一单元,其中的第一篇是传记《伊凡·安德烈耶维奇·克雷洛夫》,编撰者就只让学生了解文中所讲的以下四个"内容"(信息):①

1. 克雷洛夫寓言以什么东西令同时代人感到惊讶? 他生活中的哪些事实使你感到惊讶?

2. 克雷洛夫的哪些行为表明了他对知识、对艺术和交往的爱好?

3. 为什么正是寓言在克雷洛夫的创作中占据了主要地位?

4. 讲述下面两则寓言之一的创作简史:《杰米扬的汤》《狼落狗舍》。

这里没有要学生注意传记的"文"的方面(即"形式"的方面)的任何暗示。显然,这篇传记的编撰者是把它当作一般的读物资料,学生要做的是获悉传记中所提供的信息。之所以要了解这些信息,是因为下面的语文学习要动用文章所提供的这些资料。这些信息又不是非得由这篇文章甚至不是非得由书面的文章才能获得,选其他人而不是 H. G. 塞尔写的传记、通过看传记影片或由教师做口头的介绍等,一般也能获取那些信息。具有易替换性,是"用件"类选文的特点;提供信息、介绍资料、使学生获知所讲的事物(东西),则是"用件"的实质;促使学生从事相关的语文实践活动,是"用件"的目的。

5. 鉴别选文功能类型的意义

将语文教科书中的选文区分出"定篇""例文""样本"和"用

---

① 柳士镇、洪宗礼:《外语文教材评介》,江苏教育出版社 2000 年版,第 287 页。

件"，有其理论和实践的重要意义。

（1）可以有效地调节语文教育研究中关于选文的种种争执

在"教教材"的旧观念下，教科书几乎替代了课程，因而语文教育中的种种争执，其焦点往往要转移到选文的问题上——选哪些文以及对选文如何处置。由于对选文类型及其功能发挥的模糊认识，以往关于选文的种种意见争执，更多地体现为情绪而不是立足于理据的基础上，导致争论的纷繁杂乱。现在看来，表面截然相反的见解，实际上可能是互补的；许多激烈的冲突，谈论的其实是不同类型的选文，因此，这些争论并没有发生实质性的对话。对不同类型选文的鉴别，使语文教育研究摆脱了许多无谓问题的纠缠，将更多的精力放在建设性的工作上。

（2）可以树立选文的基本准则

"定篇"的要求是经典，是世界和民族文化、文学优秀的经典作品。"例文"的要求是足以例证知识，且又能避免篇章中其他部分所可能引起的导致精力涣散而干扰了所"例"的主题。"样本"的要求是典型，它必须是从学生正在读的现实情境中的真实取样。"用件"的要求是适用，对当前的语文教科书来说，尤其是要提供足够的材料。长期以来，我们对选文只是泛泛地提"文质兼美"，这恐怕是不合宜的。"文质兼美"的要求，对于"定篇"肯定过于宽松，对于"例文""样本""用件"，则又常常过于苛刻。编撰不当，我们的语文教科书很可能是"定篇"低挡，"例文"失挡，"样本"脱挡（与学生在语文课外实际阅读的读物严重脱节），而"用件"则连"挡"的机会也没有。

（3）可以打开语文教科书的设计思路，促进我国语文教科书质量的提高

我国当代的语文教科书对"选文"的处置，似乎相当的怪异。概括地讲，是"例文"的框子、"定篇"的姿态、"样本"的企图，在教学中则最后被误植为"用件"[①]。这里采用王荣生的选文分类标准，对当前我国使用最为广泛的人教版义务教育新课标语文教科书选文类型进行

---

① 王荣生：《语文教材中的"例文"及其编撰策略》，《阴山学刊》2003 年第 9 期。

考察，以更清晰地认识语文教科书选文的具体情况（具体统计数据见表4-6）。

表4-6　　　　人教版义务教育新课标语文教科书选文类型统计表

项目	数量（篇）	在教科书中所占比例（%）	细目	数量（篇）	在本书中的比例（%）	在教科书中所占比例（%）
单一类型	60	35.50	定篇	45	75	26.63
			例文样本	12	20	7.10
			用件	3	5	1.78
兼类	91	58.85	兼两类	82	90.11	48.52
			兼三类	9	9.89	5.33
无法归类	18	10.65	含一种指向	4	22.22	2.37
			没有指向	14	77.78	8.28
共计	169	100		169		100
备注	1. "兼类"指选文兼有几个功能的类型。 2. "无法归类"细目中"含一种指向"是指一种指向，此外，还有其他不明指向而无法归类的选文。					

统计说明：①"例文""样本"这两类选文的功能都服务于"提高语文能力"这一大的功能取向。故将王荣生的四分法合并为三分法，即"定篇""例文样本"和"用件"。②练习题的设计是判断选文类型的关键依据。③有些选文的助读和练习可能指向两种或三种选文类型，兼有几个功能类型，就设为"兼类"；有些选文的助读和练习只是有指向某种类型的倾向，但编撰并不到位；也有的助读和练习指向十分模糊，根本无法判断它到底指向什么，这样的选文就不再归类。④人教版七—九年级六册书中共有选文169篇。这里的一篇实际上指的是一课。不管一课中是"两篇""四则"还是"五首"等，都算作一篇。

由表4-6可知，教科书中58.85%的选文属于兼类的情况；有10.65%的选文在编撰中没有"类型"意识。"兼类"的主要问题是：一文多用往往导致选文的功能多而不专，每项功用都只是点到为止。这样哪头都顾、哪头都顾不好的设计，很容易涣散学习注意力和学习精力，往往是什么都想要，结果却什么也难得到。其初衷大概是一石多鸟，而结果却往往是贪多失大。理想的状况应该专文专用，把每一课程的功能落实到位。起码一篇选文也应该以承担一种职责为主：或了解欣赏经典作品，或传递语文知识，或引发语文实践活动。如果兼职，其兼管的任务必须要以不影响它的专职为底线。

可见，教科书中选文的课程功能还不够清晰，这不利于课程内容的落实。合理的结构应该是专文专用的情况占绝对优势，兼类的选文占较小的比例，不出现无法归类的选文。

人教版新课标语文教材在选文编撰的思路上并无分类处理的意向，故而我们的考察和分析可能有强加于人的味道。不过，本书认为，从现代语文教育和语文教科书发展的历史经验来看，用不同选文类型分类地呈现语文课程内容、分类地承担语文课程功能应该是一个建设性的意见，分类地处理、编撰选文应是语文教科书构建选文系统的一条新路，至少在理论上是合理的、普遍有效的。对于一套使用量巨大的权威教科书，我们应该采取一种科学的、审慎的态度，应该允许用不同的方法对其进行考察和研究。换一个角度来看，发现惯常思路看不到的东西，这其中就包括运用不同于编撰思路的理论进行考察分析的方法。

（4）可以为合理地设计选文教学提供指导

在语文教科书编撰策略和技术存在疏漏的情况下，对四类选文按其性质、功能及功能的发挥方式，有区别地组织教学，可能是改善语文教学的一种可靠选择。也就是说，教科书编撰上的失误和缺漏，可以通过在教学中对教科书的重构加以部分地修正和弥补。

比如，如果有意将某一篇课文处置为"定篇"，那么在教学中就要按"定篇"的本性，通过材料的增补和丰富多彩的教学设计，使学生"彻底、清晰、明确地领会"作品。如果自觉地处理成"例文"，那么在教学中就没有必要对选文做字词句篇、语修逻常面面俱到的分析，应该把师生的注意力集中到"例"的局部。所"例"的对象，引导学生学习听说读写的知识、技能、策略、态度。从教学方法的角度讲，如果处理成"定篇"或"例文"，讲解不一定好，却不是一定不好。但是，如果有意识地将一篇课文处置成"样本"，那么采用"教师讲学生听"这种与"样本"本性根本抵触的教学方式，绝对是严重的事故；如果讲的和听的，还是文中的内容以及对课文内容的延伸，那也许该称为语文教学的灾难。反过来说，明明是一篇"用件"，比如《打开知识宝库的钥匙——书目》，在选文分类的指导下，相信在教学中很少有教师会这样处理——既要使学生获得"书目知识"（用件），又要使学生学习"说明方法""说明顺序"（例文），还要解决阅读中遇到的困难问题（样本）以及让学生掌握这篇课文开杂货铺似的"说明文"（定篇）教学。

（三）语文活动：言语行为与能力训练的综合

将活动系统纳入语文教科书的内容体系，主要是基于课程的活动理论。课程是活动的观点认为："由于活动具有双重转换性，外在的客观对象（学习材料）可以由经主体的活动'内化'为主观经验，主体的主观经验（包括情感体验、心理机能等）也可同时'外化'为活动态度、动作方式、技能等影响和改变活动对象，进而影响和改变自己。因此，课程工作者可以通过活动了解儿童，也可以通过控制活动对象（学习材料）、影响活动方式等策略，影响他们的学习经验。"[1] 课程是受教育者各种自主性活动的总和，学习者通过与活动对象的相互作用以实现自身各方面的发展。关于活动的内在价值，正如杜威所指出的，是产生与学习材料的"宽广的和连续的相互作用"。[2]

《语文课程标准》指出："语文是实践性很强的课程，应着重培养学生的语文实践能力，而培养这种能力的主要途径也应是语文实践。"[3] 语文课之所以需要实践活动，也是因为语文课教的目标主要不在"懂"而在"会"，其最终目的是要教会学生用语文，教的内容也就不应该是"认知"，而应该是"体验"，教学生用语文最好的办法就是让学生"体验"一番，这是语文教学的关键。[4] 也就是说，合宜的语文能力不仅需要有适当的知识来构建，而且需要有明确指向的语文实践活动来养成。语文实践活动本身是语文教育目标、教育内容与教育方法的统一。

① 廖哲勋：《课程学》，华中师范大学出版社1991年版，第110页。
② ［美］杜威：《民主主义与教育》，王承绪译，人民教育出版社2001年版，第78页。
③ 中华人民共和国教育部：《全日制义务教育语文课程标准》，北京师范大学出版社2012年版，第2页。
④ 王荣生、李海林：《"搞活动"是语文课堂的基本教学形态》，《中学语文教学》2009年第5期。

在母语教科书中，言语活动的设计是体现教科书特点的重要内容之一。

这里的活动系统包括作业、助读、文本解读、表达交流、综合性学习以及课外活动诸多活动要素，它们在教科书中主要用来辅助其他课程要素，从而有效地呈现语文课程内容。也就是说，这些要素进入教学，主要充当着"用作业、导读、活动等教"的作用。

在"文选型"教材中，长期以来我们把语文教科书中的实践活动设计局限在课后练习上。从练习活动的来源到基本类型，语文教科书的练习活动"最基本的作用就是帮助学生理解课文，提升认识，掌握教科书中出现的语文知识和技能"。这样一来，选文是主体，语文练习（实践活动）则成为选文的附庸，导致语文学习活动难以发挥其综合功能。

从不同的角度划分，语文实践活动可以分为不同的类型。从言语行为的角度划分，语文实践可以分为读、写、听、说四类。其中读的实践又有默读、朗读、浏览、跳读、诵读、精读、略读等具体形式，写的实践又有听写、抄写、写字、写句子、写作文、写日记、做笔记等具体形式；听的实践又有听辨、听记、听答等具体形式，说的实践又有复述、答问、讲述、即席发言、对话、讨论等具体形式；从能力训练的综合性程度划分，语文实践可以分为单项实践和综合实践两类；从语文知识与语文实践关系的角度划分，语文实践可以分为"带有自然学习性质的，与语文实践能力具有同一形态的听说读写实践""潜藏着特定语文教学内容（语文知识）的，对所要培养的语文实践能力有直接促进作用的实践活动"和"语识转化为语感的语文实践"三类……①

"在实际选择教育内容的活动方式时，一个原理是从学习过程中活动方式的职能得出的。这些功能各不相同，而且某些活动方式能完成一系列功能，另一些活动方式只能完成一项功能。功能本身和实现功能的必要性使这些活动方式成为教育内容的成分。"② 基于这些认

① 王荣生：《解读"语文实践"》，《课程·教材·教法》2006 年第 4 期。
② ［苏］克拉耶夫斯基（Кразвский，В. В.）等：《普通中等教育内容的理论基础》，金世柏等译，人民教育出版社 1989 年版，第 220 页。

识，我们结合语文学科所特有的活动方式，从言语行为的角度与能力训练的综合性程度划分，围绕文本解读活动、写作实践活动、读写结合活动以及专题学习活动等对国内外母语教科书中的活动类型予以考察。

1. 文本解读活动

文本解读活动的内容，当服务于不同选文功能的发挥样式，让各项活动的指向与选文功能类型相一致。

按照王荣生教授对教科书选文类型及功能的解释，选文分"定篇""例文""样本""用件"。作为定篇的选文，其本身就是语文课程的内容，教学目的是彻底、清晰、明确地领会选文；例文则大致相当于理科教学中的直观教具，教学目的在于掌握从选文中提炼出来的概括性知识。样本大体相当于叶老的例子，教学目的是通过自主阅读发现问题、解决问题、把握选文，进而养成阅读或写作同类选文能力的目的。至于用件，主要是提供信息、介绍资料，有关知识短文、背景资料等都属于这一类。"对选文的阐释，对选文类型的把握，乃至编撰水准，关键在教科书的练习题设计。"① 不管以哪种方式处理选文，都应该有一套具体而切实可行的练习来指导教与学，从而通过充分的练习来实现选文的作用，达到语文教学目标。我国教科书在选文的处理上没有明确其作用和功能，概括地说，是例文的框子、定篇的姿态、样本的企图。含糊不清的认识自然导致在练习设计上无法实现其与选文关系的一致，选文目的不明，练习出题思路也就混淆不清，更谈不上有充分的练习来实现选文的作用了。下面是人教版七年级上册《郭沫若诗两首〈天上的街市〉和〈静夜〉》的研讨与练习。②

> 1. 朗读与背诵这两首诗。用自己的话描述这两首诗里的想象世界。
>
> 2. 仿照示例，发挥你的想象和联想，续写下边的句子。（任选

---

① 倪文锦、欧阳汝颖：《语文教育展望》，华东师范大学出版社 2002 年版，第 228 页。
② 中学语文课程教材研究开发中心：《义务教育课程标准实验教科书〈语文〉》（七年级上册），人民教育出版社 2001 年版，第 147 页。

两题）示例：天上的明星现了，好像点着无数的街灯。（句子略）

　　3. 观察夜空里的牛郎、织女星，查找有关它们的天文知识，写一篇短文。

　　这篇课文属于名家名篇，是精读课文，编者对其所持的是"定篇"的姿态。既然有这样的意图，就应该发挥定篇的功能，让学生彻底、清晰、明确地领会课文，但它所在单元的课文都是想象极为丰富的作品，单元提示要求学生学习时激活想象力，调动创新思维。上述练习也是让学生根据课文发挥联想和想象，培养学生想象力和创新思维，课文实际上起的是例文作用。然而，对于怎样联想和想象，不仅这课没有，整个单元都没有任何策略和方法指导，所以连例文的作用也显得随意而模糊。国外有些教材对练习与选文之间的关系则处理得比较恰当，如英国《牛津英语教程》A 部中的选文《那只看不见的怪兽》发挥的是样本功能，其思考与练习如下：①

　　1. 你有没有曾经被一些看不见的东西惊吓过？
　　2. 如果有的话你是不是也有像本诗中所描述的感觉？
　　3.《那只看不见的怪兽》诗中哪一部分最能触动人的感觉？
　　4. 这首诗中描述的怪兽最怕人的模样是什么？

　　上例中的问题都以选文为样本，直接产生于对选文的理解过程，是学生在自主阅读的情况下可能提出的。提出这些问题的目的，是促使学生从这一角度把握文章，而不是得出答案，完成任务。总而言之，在明确选文功能的同时应高度重视课后练习所应起的作用，坚持练习功能与选文关系的一致是当前语文教科书亟待改善之处。

　　国外母语教科书编撰者不仅将对文本的理解作为作业设置的根本目的，还涉及了阅读策略、思维能力以及想象能力等相关内容。

　　在文本解读活动过程中，往往注重系统的阅读策略的指导。如"结构分析""主动阅读"等现代手法的运用，常常专注于"读法"，并做

---

　　① 倪文锦、欧阳汝颖：《语文教育展望》，华东师范大学出版社 2002 年版，第 242 页。

不同观点不同方法的分析阐释。以美国中学《文学》教科书为例，每个单元都从"主动阅读"开始，介绍一些"主动阅读"某类体裁文学作品的策略，例如短篇小说单元的"主动阅读"，在简要地介绍了"短篇小说"的含义、特点之后，其教科书内容为：①

> 　　阅读短篇小说是个主动的过程，你必须用想象来重新组合故事中发生的事情，并理解其意义。你可以用以下方法来做到这一点：
> 　　提问：你在阅读时想到了哪些问题？例如，小说中的人物为什么那样做？事情发生的原因是什么？作者为什么要写进某个细节？在阅读过程中，设法找到这些问题和答案。
> 　　想象：在脑中想象小说情节所描写的画面，回忆事情发生的经过。在阅读中，随着故事的展开和你对故事理解得加深，适当地改变画面，用想象帮助你理清混乱部分。
> 　　预测：你认为小说怎样发展？注意寻找可能导致某个结果的线索，在阅读中，你会发现你预测得正确与否。
> 　　联想：把你自己的经历和知识带入阅读中，将小说中的人物和场景与你的生活中相似的情景相联系。另外，将小说的某一事件和另一事件相联系，看看小说中的这些片段是如何连接为一个整体的。
> 　　思考：想一想小说的含义。小说说明了什么问题？你在阅读中经历了什么感情？小说对你认识周围的人和世界有什么帮助？在阅读本单元小说时，注意运用这些方法，它们有助于你理解和欣赏文学作品。

有些语文教科书的活动设计注重对作品的重新构思或解读，强调学生思维能力和想象能力的培养。《青蛙与蛇》是在世界上具有广泛影响的一篇童话故事，故事主题是小青蛙与小蛇的纯真友谊与动物世界"青蛙与蛇"天敌本性的一种强烈的矛盾冲突。美国小学四年级教科书中的

---

① 倪文锦、欧阳汝颖：《语文教育展望》，华东师范大学出版社 2002 年版，第 235 页。

《青蛙与蛇》的结尾是开放式的问题："晚上，小青蛙和小蛇各自睡在床上，它们望着窗外的月光，都回想着今天的快乐时光……可是，明天，明天到底去不去呢?"① 课文并没有给出明确的答案，却给学生留下了很大的思考空间。学生可以提出很多问题，可以充分地激发学生的好奇心和想象力，使学生热情高涨地参与到对作品的重新构思和解读中去。在学生对作品的重新构思中，教师再通过课后题给学生以适当的学习活动指导，促进学生思维从低层次向高层次的发展。这也体现了国外母语教科书的一个鲜明特点，即强调学生思维能力和想象能力的培养，鼓励学生突发奇想，进行发散思维。美国的母语教科书更注重文学性，通过开放式结尾、众多启发性问题的设置，让学生主动参与对文本的重新解读，对学生进行情感教育、文学熏陶、形象思维能力培养，达到形成学生语文素养的目的。

2. 写作实践活动

考察各国语文教科书写作的活动设计，主要有以下不同取向：

"为学习生活而表达。"生活化的表达体现在世界各国母语教科书的各个侧面，处处可以让学生感受到母语世界就是自己的生活天地，就是日常经历、幻想、神往的现实生活情景在母语世界中的再现。在写作训练中，表现为学生自主取材、自由命题，其口头表达和书面表达都是每个独特的自我生活的外化。在美国，对中学表达的定位是"为学习生活而表达"。这样，表达教学分为口头表达和书面表达。口头表达不只学习"口秀"的技巧，而且渗透了文化礼仪的学习与实践。引导学生置身于现实生活之中，培养学生多方面的写作能力。有一半左右的练习运用跨学科视角，为我们实际的生活需要而设计。如《美国语文》的下列活动：

> 《伊罗奎伊斯宪章》（节选）"点子库"项目2。徽标利用《伊罗奎伊斯宪章》中包含的形象激发你的灵感，设计一个代表伊罗奎伊斯联盟的徽标。（艺术连线）
>
> 《有趣的故事》"思考"扩展4. 艾库维阿诺的航行与哪些探险

① 但武刚：《教育学案例教程》，华中师范大学出版社2007年版，第36—37页。

者和殖民者有相同点和不同点？（社会研究连线）

《普利茅斯农场》（节选）"点子库"

题目 1. 纪念演讲

作为一名詹姆士镇的定居者，你被邀请在纪念约翰·史密斯的典礼上讲话。写一篇演说辞，描述史密斯的探险经历和他取得的成就。

题目 2. 戏剧场面

写一个戏剧场面，表现萨莫赛特的定居者与普利茅斯的定居者们第一次相见的情景，其中包括对话和舞蹈说明。

题目 3. 新闻写作

普卡洪塔斯嫁给了一名詹姆士镇的定居者并到英国旅行。你作为一名《伦敦时报》的记者，对她的生平进行调查。写一篇新闻报道她在英国的旅行。

题目 4. 广告制作

一份宣传在普利茅斯农场生活的招贴广告。鼓励其他人来到美洲加入朝圣者们的行列。

题目 5. 由于食物中缺乏维生素 C，很多朝圣者得了坏血病。了解殖民者们吃的食物和他们种植的谷物，然后依据历史条件为一个早期殖民者的一天制作菜单。（健康连线）

《〈日冕〉的通告》扩展 5. 将宣传一种新产品的广告或一部新电影的预告片与《〈日冕〉的通告》做比较。你发现它们之间有什么相似点和不同点？（媒体连线）

上面活动中的艺术连线、社会研究连线、健康连线、媒体连线等，充分发挥了活动的多重综合功能。特别是《普利茅斯农场》（节选）"点子库"的习题，演讲纪念写作、戏剧创作、新闻报道写作、广告设计和健康菜单的制作。可以说，它的设计涉及了生活的很多方面，使学生完全回归到现实社会生活中，培养学生实践操作能力，充分显示了大语文教育的观念。突破文选型教材练习的简单编排模式，各种练习举一反三，由表及里，由学习知识到综合语言实践，这些都是我国的语文教科书设计可以借鉴的。

"为学会思考而表达。""写作即思考"是"语言即思考"教科书编写的根本理念。日本也是十分重视写作教学的国家,母语教科书编写者认为,"写作就是把思考的结论记录下来"。日本教科书在安排选读描写现代社会和未来社会的文章后,要求学生写一篇描述"21世纪是怎样一个社会"的文章。《德语·思索》是一套新编的德国标准化高中语文教科书,其第一单元就是"让思想自由驰骋",设计了敲击词语、网式联想和自动写作等诱导学生进入写作过程的方法,[①] 使学生开发和运用自己处在"沉睡中"的思想情感资源,使之升华到"自觉"意识层面。通过这样的写作训练,学生享受到拥有自我、拥有生命的快乐,写作的过程就成为表现自我及其精神和物质生活的过程,写作与自我之间可以同步和谐。

"为学会写作而表达。"美国语文课程标准要求学生运用写作过程策略,具体表现为:"选择恰当的写作前技巧发展和组织思路;在草稿中考虑结构形式;修改草稿,注重写作目的和读者;编辑草稿,针对特定读者发表完成稿。"[②] 在这一设计方针指引下,美国语文教科书不是淡化知识或一味传授过多的无意义知识,而是把简洁易操作的知识融入写作过程,使知识直接指导写作活动。请看《美国语文》中《富兰克林自传》一课的"微型写作课"练习:[③]

　　自传式叙述　任何人都可以写自传。你有大量的材料可供选择,包括你的活动、友谊、家庭和学校里的事件,还有成功与失败。从你的生活中选择一次重要的经历,并写一篇关于这次经历的自传式叙述。写明为什么这个时刻值得纪念,你从中学到了什么。

　　写作技巧重点:表现因果关系

　　在你的叙述中清楚地表现一次经历在你生活中所产生的效果。注意富兰克林是怎样有意识地预期每种美德将会取得的效果的。

---

① 洪宗礼:《外国语文课程教材综合评介》,江苏教育出版社2007年版,第272页。

② 江苏母语课程教材研究所:《当代外国语文课程教材评介》,江苏教育出版社2004年版,第85页。

③ 马浩岚:《美国语文》,同心出版社2004年版,第145页。

《自传》中的范例

而一旦"果决"成为习惯，我就能在获得下面的美德的努力过程中更加坚决。节俭和勤劳将使我从残留的债务中解脱出来，变得富裕和独立，这会使真诚和公正的实现更加容易，等等。

构思 在头脑中列出一个你想要描写的所经历的细节清单。注意发生了什么事情？你有什么感受和你可能学到了什么。尽可能包含最多的具体细节。

写稿 写出你的自传式叙述，纳入可以使读者们清楚了解这一事件及其重要性的细节。记得要表现这个事件或这次经历和你的生活之间的因果关系。使用例如"由于""如果……那么……"和"因此"之类的过渡词来向你的读者强调这一关系。

修改 在你做修改的时候，注意因果关系。

如果一个过渡词可以使因果关系更清楚的话，就加上一个。

上述写作实践活动既有简明扼要的知识来解说写作技巧，又有故事中的范例引路，对构思、写稿和修改等环节都提出了解决办法，可操作性强。

德国则贯彻启发引导、演绎式教学和发现式教学等原则，强调积极参与，掌握学习技巧。例如《现代德语》关于写"故事梗概"的指导，学生在写作中常常会混淆"故事复述"和"故事梗概"这两个概念，混淆出版物"作品推荐"或"广告词"这两种语体，混淆口语与书面语这两种语言表达风格。为使学生们学习并掌握这些语言能力，教材编写者把教学活动安排在对青年文学的阅读理解和加工等语言环境中，进行了别具匠心的设计。学习者在亲身参与和实践中结识、积累和掌握"故事梗概"的写法，而不是由编书者预先设定好写作模式让学生模仿。①

3. 读写结合活动

读写结合的问题在国外母语教科书中不是该不该结合的问题，也不是读写谁是本位的地位高下问题，而是怎么结合的问题。在国外母语教

---

① 洪宗礼：《外国语文教材译介》，江苏教育出版社2007年版，第241—242页。

科书中，读写结合的形式丰富多样。

例如，美国 McGraw-Hill 公司的《现代语言艺术》是一套经典的语言教科书。该教科书在读写结合活动设计方面颇有特色，现举一例。

《一个作者的开始》活动设计：

1. 像一个读者似的思考

（1）如果你和克莱蒂是好朋友，你会鼓励他去参加那个写作竞赛吗？为什么？

（2）如果你在一个写作竞赛中获奖，你的感觉如何？你的家人会如何反应？把你的答案写在笔记本上。

2. 像一个作者似的思考

（1）作者是怎样帮助你理解故事里发生的事件和他的感受的？

（2）你喜欢故事的叙述方式吗？你喜欢故事的哪些部分？不喜欢哪些部分？把你的答案写在笔记本上。

3. 文学反映

（1）头脑风暴：词汇。

在本文中，克莱蒂描写了当他写的故事获得一个小奖时他自己及家人的反应。想一想你在获得一场比赛、表演出色时，或者你的作业完成得非常棒时的情景。把描述你当时感受的词和短语全部写在笔记本上，试着列一个个人词汇清单。你可以在写作中使用这些词汇和短语。

（2）口语交际：描述一个场景。

试想你刚刚赢得了一场竞赛，它可以是你喜欢的任何竞赛，你和你的搭档正在被电台采访。描述参加竞赛的原因，你是不是期望赢？你的朋友、家人对你的胜利是不是感到惊奇？向你的搭档讲述你的体验。

（3）快速写作：标题。

试想你已赢得了一场竞赛，这件事将在当地的报纸上报道。请你为这篇报道写一个标题。标题要醒目，力图吸引读者的注意。比如，假如你在烤面包比赛中会获奖。

"四年级学生喜获密西西比州烤面包大赛冠军殊荣"

在单独的一张纸上写下你的标题，把它放在你的写作档案袋里。

4. 思想角：回忆往事

你可能时常会想起那些发生在你生活中令你高兴的事，在你的笔记本里记下这些事情，用一个词或短语讲述你的感受。你也可以用图片来说明这些事件，为每一张图片写一段解说词。

这个活动通过情景迁移和角色扮演，让学生进行词语和短句的积累，完成写作素材的搜集，进行听说读写的能力训练。

在《美国语文》中，线性、单一的一篇一练式的读写结合可以变成立体、综合的一篇多练（选文不仅仅是写作的"例子"）或一篇多练（例文可以做多角度多侧面的模仿）的读写结合，结合的关键在于认识"把读本当成什么"，其答案的丰富或单一决定了结合方法的丰富或单一，且重点明确、步骤清晰、可操作性强。《美国语文》每一课都有一个"聚焦点"，它往往是所选文章中最突出的一个写作技巧。比如《葛底斯堡演说》等三篇文章的特色在于"措辞"，编者就把"措辞"作为阅读的"文学聚焦"和写作的"技巧重点"加以突出。"文学聚焦"侧重于对概念性写作知识进行专业阐述，而"技巧重点"侧重于通过片段示范对知识做具体形象的展示说明。这两个环节就清晰、明确地呈现了读写结合的重点，学习的针对性十分明确，而且读写结合的平台十分开阔。这套教科书的一个突出亮点就是以"艺术连线""媒体连线""社区连线""科技连线"等众多"连线"的方式，把读写教学与美国历史、文化、文学、科学以及学生的日常生活与工作连接起来，从而为读写结合创设一个广阔的平台。学生可以通过读写进行社会研究、职业锻炼、艺术熏陶、科技学习，这样的写作练习设计，不仅很好地体现了读、写、口语交际综合训练的特点，而且体现了语文学习跨学科、开放性、多元化的特点。

4. 综合性专题活动

综合性专题活动一般是围绕某一主题开展的一系列活动。这些主题大致可以分为这样几类：与学生生活相联系的主题活动、与社会相联系的主题活动、与自然相联系的主题活动、语言文学类的主题活动、学习方法类的主题活动等。综合性专题活动的设计也是为了促进学生语文素养的全面发展，具有沟通多科学习活动的作用。综合性专题活动一般由一系列任务项目组成，涉及更多更复杂的问题，学生可以根据实际情况开展自主、探究、合作等多种学习活动。

表4－7　　　　三套语文教科书（人教版、语文社版、苏教版）
综合性学习活动主题概览

主题		生活	社会	自然	语言文学	学习方法	其他	总计
人教版	次数（次）	9	8	10	7	2	0	36
	百分比（%）	25	22	21.8	19.5	5.7	0	100
语文社版	次数（次）	1	4	3	9	1	0	18
	百分比（%）	5.5	22.2	16.7	50	5.5	0	100
苏教版	次数（次）	0	6	6	5	3	1	21
	百分比（%）	0	28.6	28.6	23.8	14.2	4.8	100

例如，2003年语文社版九年级下册"初识诸子百家"的综合性学习活动，其设计大体为：

例：探究准备
……温习学过的有关课文，并和同学交流：
1. 你所知道的"诸子百家"代表人物的故事（如老子骑牛出关，孔子周游列国，庄子梦中化蝶，等等）。
2. 你所知道的"诸子百家"的名言。
3. 你所了解的对"诸子百家"的评述。
……

阅读材料
诸子在中国文化中的地位。
老子和孙子。
《老子》选读：第四十五章、第八十一章。
《孙子》选读：谋攻篇（节选）。
……

推荐网址

1. http：//wenxue. lycos. com. cn/gd/100。

2. http：//grzy. ayinfo. ha. cn/hxj/zzbj. htm。

探究建议

1. 温习以前学过的孔子、孟子、庄子的文章。

2. 搜集"诸子百家"中某一学派代表人物的生平故事，或出自其著作的一两则寓言，准备讲给大家听。

3. 搜集"诸子百家"中某一学派代表人物对某一问题的精彩论述，准备向同学介绍。

……

9. 讨论题推荐：

（1）从成语看"诸子百家"对后世语言的影响。

（2）"诸子"寓言对后世文学的影响。

（3）《孟子》对后世文章的影响举隅。

……

探究展示建议

1. 讲与"诸子百家"有关的故事、寓言。

2. 背诵"诸子百家"著作的片段并解释。

3. 专题发言。

……

这个综合性专题活动有机地融合了听说读写等语文能力的训练，除帮助学生温习和梳理有关的知识、给学生提供大量的阅读材料外，还引导他们开展搜集资料、询问、讨论、辩论、背诵、探究、演讲、专题发言、评议等多种活动。在活动中，学生也可能把语文学习与哲学、文学、环境保护、商业竞争、社会变革、法制、先秦文化和思想等联系起来，进行更为广泛的学习和研究。

语文综合性活动承载着听说读写的训练目标，但不能仅限于此，还要反映民族文化和世界先进文化。如"初识'诸子百家'"（语文版）、"我所了解的孔子与孟子"（人教版）、"汉字"（苏教版）、"长城"（苏教版）等都是很好的主题。另外，利用专题性活动引导学生进行文学研讨、文学审美和文学创作，如苏教版的"诵读欣赏"，各版本的"名著导读"和部分专题性学习活动，都是一些有益的尝试。

为了有效地反映、传递语文课程内容诸要素，语文教科书的内容要素需要对"通常可以用什么来教"做出回应。综上所述，我们认为，语文教科书内容以选文、知识与活动这三种要素为基础，对语文"通常可以用什么来教"进行了初步回答，使语文课程内容通过种种资源的运用得以具体地显现。

在选文系统中，其中一类是构成文学、文化素养现实所指的经典作品（定篇）。通过它涵养情感态度，提升审美情趣，获得人文精神的引领；还有一些选文，或为语文知识或训练点服务，起到知识说明、例证、读写示范的作用，在教学中主要把它们当作听说读写的知识、技能、方法、策略、态度学习的例文或样本；还有一些选文，实际上不是让学生"学文"，而是利用文中所涉及的事物引导学生从事与之相关的听说读写活动（用件）。

知识系统是为了达到语文科特定的课程目标而选择的事实、概念、原理、技能、策略、态度、价值观等要素。我们所需要的语文知识主要不是陈述性知识，程序性知识应该成为语文知识教学的主体，而策略性知识则是知识教学的最高境界；从数量上说，语文教学需要的是大量现象知识，需要精细掌握的是原理知识，对概念知识则少知、粗知即可；在"批判性思考"的时候，即对言语对象做"批判性""反思性"阅读的时候，我们需要言述性知识。在"创造"新的知识的时候，我们需要无意识知识。

就活动系统来说，合宜的语文能力不仅需要适当的知识来构建，更需要明确指向的语文实践活动来养成。因而，应该让学生更多地直接接触语文材料，在大量的语文实践活动中掌握运用语文的规律。

语文教科书以这三种要素为基础，运用各种编写技术和编排方式进行呈现，从而为有效地反映、传递语文课程内容诸要素服务。

另外，就三者的关系来说，阅读、写作等言语实践活动与前文所述及的语文教科书内容的"选文系统""知识系统"并非各自独立，互不相关的，恰恰相反，三者唇齿相依，相互交织渗透，密不可分。"语文知识"的学习只有在"阅读、写作、口语交际等言语实践活动"以及丰富多样的选文中才能获得理解并掌握，而"阅读、写作、口语交际等言语实践活动"离开"语文知识"的学习就没有深厚的根基，选文的学习离开了语文知识与言语实践活动也将毫无意义。脱离言语实践活动和选文的语文知识学习，和脱离语文知识的"阅读、写作、口语交际"等言语实践活动都无异于缘木求鱼。只有三者紧密配合，整体推进，才能有效呈现语文课程内容诸要素，才能真正有益于学生语文素养的整体提升。

三　语文教科书内容的结构体例

所谓教科书的结构体例，主要指的是教科书基本内容要素的组织结构方式。在教材内容确定之后，以什么样的方式将不同的内容结合在一起，将直接影响学生认知结构的构建、情感态度价值观的形成和学习能力的发展，最终影响到全面提高学习者语文素养的落实。

那么我们应该如何描述和分析教科书的结构体例呢？"过去我们对教科书系统的研究，大都只着眼于它的知识体系、课文编选、作业与练习设计、图像与符号配置等等。这一着眼点固然不错，但是非常明显的不足是研究者缺乏教科书结构的层次观念；这种研究方法虽然有可取之处，但是非常遗憾的是缺乏对教科书结构理论的深层探讨。因此，在较长时间内，我们的研究仅仅停留在教科书的表面要素上，而不能深入教科书结构的纵深层面，更不能探及研制教科书的重要理论和教育观念。"[1] 这一反思显然切中了教科书结构体例研究的要害。廖哲勋等研究者指出：教材结构的优化包括实质结构和形式结构两方面。[2] 教材具有实质结构和形式结构。实质结构包括两个亚层：一是对教材结构的一般的、理论化的构想；二是教材目标定向和编写思路。形式结构则包括三个亚层：一是课文系统与课文辅助系统的构成以及相互结合方式；二是各学期教材的纵向衔接关系以及各单元（课、节）的设置与纵横关系；三是整个教材的课程内容与学习方式的构成与相互结合方式，以及

① 苏鸿：《论中小学教材结构的建构》，《课程·教材·教法》2003年第2期。
② 廖哲勋、田慧生：《课程新论》，教育科学出版社2003年版，第246—247页。

课程内容中知识、技能、能力、思想意识等要素的比例与结合方式，还有各种学习活动方式的组合。我们将借鉴这一理论框架来逐层分析语文教科书结构的复杂系统。

（一）语文教科书的实质结构

1. 教科书结构的一般框架

教科书实质结构涉及对教科书结构一般的、理论化的构想，即教科书结构的一般框架，这是教科书结构的第一亚层。关于这一层次，课程史上有种种不同观点，如有知识中心式教科书结构、社会中心式教科书结构、人本中心式教科书结构等。

（1）知识中心式

所谓知识中心式教科书强调以逻辑式组织方式设计教科书，是最原始的教材编制类型。它的特点就是以知识为中心内容，强调知识的系统性和逻辑体系的严密性。在演变历史中，这种教材先后表现为三种具体形式[①]：

学科浓缩型。它基本上是对各门学科的基本内容加工而成的"压缩饼干"，越到高年级，教材的浓缩性就越明显。这种教材设计思想的产生主要是受传统的学术至上和理性主义思想的影响所致，是知识中心式教材设计思想的早期表现形式。

学科结构型。布鲁纳（J. S. Bruner）是这种教材设计思想的倡导者。他认为，只要学生掌握了各学科的基本结构，即每门学科内在的、相互联系的概念、定义、原理、法则，就能从事物的内在联系上去掌握和运用这些学科知识。因此，他主张按照反映知识领域基本结构的方式来设计教材，力图教给学生一些最基本、最概括化，也最容易迁移的知识。布鲁纳强调学习学科基本结构的重要性，其用意是使学生掌握规律性的知识，树立探究式的学习态度，学会发现的学习方法。学科结构型教材相比学科浓缩型教材有明显的进步，其教材设计注重科学的分类、理论的先导以及知识的结构化和逻辑化，有利于提高学生的理论思维水平和发展基本认知技能。但这种教材设计思想同样未摆脱科学体系的束

---

① 廖哲勋、田慧生：《课程新论》，教育科学出版社2003年版，第321页。

缚，更多地适用于自然科学教材，而不适用于社会科学或人文科学教材。并且根据这种设计思想编制的教材往往难度较大，学生不容易适应。

多学科综合型。这种教材设计思想得益于"设计教学法"与20世纪60年代后课程综合化的启示，是对相关学科的知识经验进行严格的筛选和精心组合而形成的新的教材形式。它是对传统分科教材的较大改革，有助于学生对知识进行系统而又全面的理解和掌握。其主要问题是如何使多学科知识的构成有机化以及保证相应的师资条件。

（2）典型范例式

这种教科书设计强调以基础的、本质的、有代表性的内容为范例，目的是使学生面对问题情境展开学习活动，着重培养学生的独立思考和判断能力，起到触类旁通、举一反三的作用。这种教材诞生于20世纪50年代，德国学者瓦·根舍因、克拉夫基、海姆佩尔等人是这种教材设计的倡导者。其主要特点是突破了百科全书式的知识体系，通过有价值的个别范例反映学科整体，有助于解决教材内容庞杂和单纯追求知识传授的问题。

（3）经验中心式

这种教科书也叫生活中心教科书，它以人类的衣食住行等为教材的基本材料，直接培养学生的社会生活能力。杜威是主要的倡导者之一。它主张以儿童的个体经验为教材的主线，并认为教材具有经验的逻辑方面和心理方面。前者代表教材本身，后者表示教材与儿童的关系，联系二者的只能是促进教材设计的心理化。经验教材划分为儿童阶段（以社会和人为中心的经验组织）、成人阶段（更客观的知识组织）、学科专家阶段（科学逻辑组织），反对教材分科过细及教学内容脱离实际。这种教材设计虽然有明显的局限性，但从它反对教材分科过细以及教学内容脱离实际的这一点来讲，对后来教材设计理论的发展具有一定的借鉴意义。

（4）社会中心式

这种教科书设计以社会需求和社会问题为核心内容，目的在于增进学生适应社会和解决社会问题的能力。如世人关心的污染、人口、家庭、环保、和平、人权等问题，一般按照专题形式进行编排，及早培养学生的公民意识。这种设计把重点放在个人与社会生存的问题上，具有较强的实践性和灵活性，既强调社会生活内容，又注重学习者的发展，教材内容的选择依据材料与问题的相关性加以组织，突破了学科原有的界限。

（5）人本中心式

这种教科书设计思想以发展学生的天赋才能及适应学生的个别差异为原则，是西方学者马斯洛、罗杰斯、弗洛姆、奥尔波特在20世纪六七十年代提出的。他们反对狭义的正规知识性教材，以发展学生的天赋才能和适应学生的个性特点为基本原则，把视野扩大到学生全部的生活经验上。教材设计体现出尊重整体人的特征，重视思想因素与情感因素内在的相互联系，把教材与学生的生活经验联系起来，帮助学生去发现学习经验中的个人意义，符合学生的发展要求，使教材内容与学习者生长过程有机联系，鼓励学生参与教材设计，从而使"教材心理化"思想有了进一步的发展。这种教材设计思想的缺陷在于过分强调个人的价值，无法兼顾社会需求，并且容易忽视科学知识的系统性与完整性。

通过对上述各种异彩纷呈的教材结构构想的分析，可以发现，这些教材结构框架都是在知识本位、社会本位和学生本位这几种理论研究维度之间摇摆或者具体化。显然，对教科书结构的一般理论构想，将导致教科书形式结构的巨大差别。

2. 语文教科书结构的设计思路

语文教科书实质结构的优化还有第二亚层，即语文科目标定向和教科书编写思路的优化。这一层次以前一层次为基础，但更为具体。例如，基于目标定向和编写思路的不同，我国语文教科书有阅读主线型、写作主线型、知识主线型、方法引导型、多线交织型等。这种教科书的基本编写思路是教科书实质结构的主要内容，它最终将体现于教科书的形式结构上，但其本身是更基本的、更深层次的。[①]

不同类型的语文教科书所呈现出的教科书编写结构，反映了教科书的主线与其他辅线之间的结构关系或内在逻辑关系。它是教科书内容的

---

① 廖哲勋、田慧生：《课程新论》，教育科学出版社2003年版，第247页。

承载方式，也是教科书编辑思想的主要体现方式。

（1）阅读主线型

在母语教学与实践中，听说读写四项活动是浑然一体，不可分离的。但是，在具体的教科书编写中，又必然有所分立，有所侧重。阅读主线型语文教科书是指以培养阅读能力为主线，辅之以写作能力、听说能力（口语交际能力）的培养、语文知识的传授或语文实践活动等编写而成的语文教科书。这个表达可分解为如下几点：第一，阅读主线型语文教科书以培养学生的阅读能力为主要任务，强调阅读能力训练在教科书中的主体地位。第二，辅之以写作或听说（口语交际）能力的培养或语文知识、文化常识等的传授或语文实践活动等。第三，阅读主线型教科书属于合编（综合）型教科书，采用主从式教科书编写方式，它往往融读写听说（口语交际）于一体，不同学段的编排有分有合，但主体是阅读能力训练。

阅读主线型语文教科书从组织方式来看，又可以依据阅读方式、阅读能力、阅读知识、文体种类、内容主题、文学史等编排。它们既可以作为整套教科书的组织方式，也可以是教科书内单元的组织方式。从编写实际来看，阅读主线型教科书的编制会同时运用多种组织方式、多种线索，或齐头并进，或交叉进行，这样就会形成纵横交错、多层面、多侧面的阅读主线型语文教科书。

阅读主线型语文教科书的编写，基于语文教科书编制的一般理论，同时又有自己的编写理论基础。阅读能力具有一定的独立性；阅读能力在语文能力结构以及语文能力训练中居于特殊位置。这是因为阅读是写作的基础，同时又与说话、听话等能力存在着密切联系；阅读能力的获得需要通过专门的训练，阅读能力训练具有综合性。基于以上几点，以阅读能力训练为主带动其他方面的发展是可行的。这是阅读主线型语文教科书编制的重要理论基础。阅读主线型语文教科书的编制正是基于对语文能力关系的认识基础上进行的。

在纯文选型教科书里，由于其特殊性质，通过范文培养阅读能力与通过范文培养写作能力往往混为一谈。这种的状况容易导致教师在教学中拿范文既讲阅读也讲写作，导致学生读写意识的混合，导致阅读与写作培养的含混不清。阅读主线型语文教科书突出阅读这根主线，适当把写作、听说（口语交际）等编排进来，有主有从，主从相生，是一种有创造性的教科书编排模式。这种教科书结构在很大程度上强调了阅读，突出了读写之间的适当分离，避免了读写之间暧昧不清的关系，把阅读能力训练专门化、凸显化，有利于读写能力的形成与发展，同时有助于以阅读为基础带动其他方面的发展。

阅读主线型语文教科书的优点还在于，阅读主线型教科书属于综合性教科书，因此具有综合性教科书的优点。它同时兼顾阅读之外的其他方面，各项能力的发展又不是完全独立进行的，互相之间存在着一定的支持与互动，即在阅读训练中兼顾写作、口语交际等；在写作、口语交际训练中呼应阅读训练。这样有利于不同能力训练之间的交流与沟通，有助于知识之间的互相渗透，可以取得整体优化效应。阅读主线型教科书把阅读训练与写作、口语交际训练等互相配合，合编为一套（册）教科书，在一定程度上避免了分编型教科书所带来的分科并进，难以紧密联系，不便互相照应，不便整体驾驭的问题，有利于师生的教学使用。此外，阅读主线型教科书，由于辅线内容的存在，还可以避免单一能力培养的单调性，多种能力培养在同一套（册）教科书中分散组合，具有学习调节作用。阅读主线型教科书这种有主有从、以主带从、主从相生的编辑模式对语文教科书编辑是一种很好的贡献。

阅读主线型教科书的局限体现在：阅读主线型教科书要突出阅读，同时还要兼顾写作、口语交际和语文知识，导致阅读主线型教科书在内容比重的处理和组织方式的处理上往往很难做到两全其美。另外，阅读主线型教科书可能会带来语文教学实践上的问题。阅读主线型语文教科书是以阅读为主线的，但语文课程教学的内容和任务却并不是以阅读为主线的，它强调读写听说的全面发展。阅读主线型语文教科书突出了阅读教学，相对会减弱写作、口语交际等方面的训练，致使这些方面的训练不能得到充分的进行。对语文课程教学实践来说，可能还有必要考虑如何加强写作、口语交际、语文实践活动等方面的内容和训练。

阅读主线型教科书有两种基本编辑情况：第一种是直接以阅读能力训练为主组织教科书。在这种编写中阅读能力处于凸显位置，范文的选择、组织等都是围绕阅读能力的培养进行的。第二种以帮助获取知识为主，通过范文或知识短文来引导阅读训练。这里则是把范文学习或知识的学习摆在了显著的位置，把阅读能力的培养寄寓其中。这两种方式可能殊途同归，会达到同样的效果，但相对来说，前一种更直接有力，更便捷快速。国外阅读能力的培养一般是前一种。我们看加拿大一些阅读技巧训练教科书的名称就可大致知道它们的专业性很强，例如《高级阅读技巧》《阅读的方法》《成功的阅读》《做一个更好的读者》《发展阅读理解能力》等。阅读主线型教科书应该向着更为专业化的方向发展，即倾向于以专门化的阅读能力训练为主进行教科书编写。

就目前我国的阅读主线型教科书来看，虽然已经开始按照阅读能力的培养进行教科书编写，但仍然没有完全脱离范文主导型、知识主导型教科书模式的影响。换言之，阅读主线型教科书的编写主要还是在向学生传授某方面的知识（而这些知识多不是阅读知识）。在今后教科书的编写中，应该出现以培养学生阅读能力为主的语文教科书，即阅读主线型教科书的编写应该由知识型向能力型转变。

这一转变的基本前提是要对阅读能力的形成进行更深入的研究。在研究的基础上提出更科学的阅读能力培养序列，按照能力培养序列而不是按照文体、主题、知识等进行编写。要让阅读能力训练的序列在教科书编写中凸显出来，让范文服务于阅读能力训练，而不是把阅读能力训练寓于范文之中。阅读主线型教科书的编写虽然有阅读短文引导、范文例证练习的模式，但这一模式还不够成熟，有继续探讨的必要。与此同时，不仅在编写体例上要进行优化，在练习设计等方面也有很大的改进空间。教科书编写体例以阅读能力发展规律为序列，练习设计上的规律体现及多样化组合还可进一步探讨。

阅读主线型语文教科书的编写要充分利用阅读学、阅读心理学等相关学科的研究成果，把它们吸纳、运用到教科书编写中来。特别是在阅读教学的序列设计上应该充分考虑这些学科的研究成果，依据学术界的研究成果，结合语文课程教学自身的规律，制定阅读主线型教科书编写的序列。这样才能突出阅读主线型语文教科书的专业化、科学性。阅读主线型教科书的编写还要充分考虑社会发展，如网络化、信息化等，对阅读能力提出的新要求、新挑战，在教科书编写中体现时代要求、时代特色。

（2）写作主线型

写作主线型语文教科书是指以培养写作能力为主线，辅之以阅读能力、听说能力（口语交际）的培养、语文知识的传授或语文实践活动等编写而成的语文教科书。这个表达可分解成如下几点：第一，写作主线型语文教科书以培养学生的写作能力为主要目的，强调写作能力训练在教科书中的主体地位。第二，辅之以阅读或听说（口语交际）能力的培养或语文知识、文化常识等的传授或语文实践活动等。第三，写作主线型教科书属于合编（综合）型教科书，采用主从式教科书编写方式。它往往融读、写、听、说（口语交际）于一体，不同学段的编排有分有合，但主体是写作能力训练。

写作主线型教科书具有两种基本存在形态。第一种是整套教科书都是写作主线型的，即写作这条主线贯穿整套教科书。第二种是在一套教科书中，某一册或某几册是写作主线型的，其他几册则侧重于阅读训练或其他内容。

写作主线型教科书的编写需要以一定的组织方式进行整体规划或单元编排。综合现有的教科书编写情况，写作主线型教科书的组织方式主要有如下几种。

第一，按文体组织。

当代写作教科书编写多采用以记叙文、说明文、议论文为主，穿插应用文和其他类体裁（指看图作文、缩写、改写等）的编写模式。美国的语言教科书以学生需要学习的作文类型安排各单元内容，也是按文体来组织的。以文体分类编写有其优点。"苏联语文界认为，每一种文体在结构和语言上都有自己的特点，进行各种文体训练，可使学生掌握各种不同的表达方式，从不同的侧面反映客观事物。"[1] 但文体训练只能解决文章内容的表现形式问题，不能解决文章内容的来源问题。随着社会发展和时代进步，对文体的要求也越来越广泛、越来越多样，传统

---

[1]　蒋念祖：《走向综合——中外母语教学中美育之比较》，《中外母语教科书比较研究论集》，江苏教育出版社 2001 年版，第 338 页。

的文体训练日渐显示出其不能适应的局限性。

第二，按写作阶段组织。

写作是一项具体的过程性活动。对写作过程进行阶段划分并以此作为教科书编写的依据是教科书编写时要考虑的。从整个写作过程来看，写作包括积累素材、酝酿构思、文字表达、修改定稿等阶段；从具体的文章过程来看，又包括开头、过渡、照应、结尾，或起、承、转、合等不同的阶段。这些阶段成为写作主线型教科书编写时全部或部分的编排依据。美国普兰蒂斯·霍尔公司出版的系列语言教科书《写作和语法：交流实践》，它的单元则是按照写作前、写作中（写草稿）和写作后的顺序编排的。

第三，按写作能力训练点组织。

把写作能力分解细化为一项项具体能力，把具体能力作为训练点是教科书编写时经常考虑的一种方式。写作教科书编写前往往需要确定写作能力训练体系，确定写作能力训练点。写作能力的分解细化由于分类标准的不同，划分出来的能力与训练点也就不同。比如，以写作过程和文体进行划分的写作能力或训练点就不同。训练点也可能是具体的写作内容。比如，记叙季节、记叙风土、从一件事写人、从一个场面写人、因物写人等。这些具体的写作内容包含着一些具体的写作能力训练要点或要求。

第四，按思维发展与表达训练结合组织。

语言与思维之间存在着密切的关系。学生写作能力的发展与学生思维的发展和语言的发展也密切相关。学生语言的发展表现在口语表达与书面语表达两方面。思维发展与语言发展是在一定的实践中进行的，一定的思维发展与语言发展又是一定实践的基础。因此，把学生的思维发展与表达训练结合起来，可以更好地促进学生写作能力的发展，促进学生思维和语言的发展。思维的发展与表达训练相结合是写作主线型教科书编写的一种重要依据。

第五，按写作知识组织。

写作知识导引型编排模式往往以先向学生介绍文体知识或写作技能方面的知识为导引，辅之以写作示例，最后通过练习落实写作知识。香港启思出版社的《实用文写作》（1992）就属于这类编写模式。该书共有十章，目录如下：第一章概论，主要介绍传统应用文的根源、定义、分类；实用文与应用文的分别以及实用文的特质等。以第二章开始每章介绍一种实用文，顺序如下：第二章书信、第三章公函、第四章建议书、第五章演讲词、第六章新闻稿、第七章记录、第八章报告、第九章评论、第十章专题介绍。第二章至第十章的编写模式相同，现以第二章书信为例说明它的编写模式。其内容包括：书信的性质、书信的分类、书信的结构、书信的格式、书信的写作要则、家书示例、社交书信示例、事务书信示例以及讨论与练习。不难看出，该书的编写结构以知识为主对学生的写作加以导引，同时辅之以示例，落实于练习。

写作主线型语文教科书往往会运用多种组织方式进行综合编排。比如，先根据文体分大类，然后根据能力训练或写作知识等分小类进行编写；或以写作阶段分大类，以思维发展或表达训练分小类等，从而争取教科书编辑效果的最优化。

写作能力训练在语文能力训练中的特殊性是写作主线型语文教科书编制的根本性基础，叶圣陶曾说："语文就是听、说、读、写这四个方面功夫，使学生受到训练。"又说："听、说、读、写宜并重。"从关系上看，听、说、读、写四种语文能力既相对独立，又相互促进，既可以适当分开，又可以相互支持。听、说、读、写四种能力都是从语文的结构而言的，它们并不意味着在教学或在教科书编写时就不能有所偏重。因为听、说的途径比较广泛，课外、校外练习的机会极多，其他学科也有听、说的练习，而读、写的教学任务主要靠语文课承担。因此，在语文教科书编写和语文课程训练中，侧重读、写是有道理的。就读和写来说，读的机会一般又比写的机会多；就难度来说，写的难度比读的难度大。因此，在语文教学中重点训练写作能力就成为一种需要，而写作能力训练最好能够在读和听、说的基础上进行。正因为如此，写作主线型语文教科书，应该围绕"写"这一重点来展开教科书编写，以其内容为基础，同时带动其他内容的发展。这是写作主线型语文教科书模式得以存在的主要理论基础。

写作主线型语文教科书的优点。写作主线型语文教科书打破了传统的文选型教科书的编写模式，打破了阅读能力训练与写作能力训练不分的暧昧状态，在教科书编辑模式的探索上是一种发展。写作主线型语文教科书以写作能力训练为主，带动阅读、听说（口语交际）等方面的学习，具有"一主带一副"的功能。

写作主线型语文教科书在应用方面适合全面系统地培养学生的写作能力，主要包括培养学生基本的写作能力，如选题、立意、构思、表达、修改等；培养学生各种文体的写作能力，如记叙文、议论文、说明文、应用文等；培养学生的各种表达方式，如记叙、描写、说明、论证、修辞等；培养学生从阅读中学会写作的能力等。写作主线型语文教科书目的明确，编写序列清晰，训练项目集中，训练重点鲜明，在实践中有利于教师和学生把握。写作主线型教科书或以阅读为基础，或以选文为示范，或以知识为引导，为学生的写作训练提供了良好的前期准备、知识引领与智力环境创设，形成了较为合理的学习梯度，搭建了良好的写作训练的平台。这种教科书在很大程度上有利于改善语文教学中教师作文难教、学生作文难写的状况。

当然，任何教科书都不可能是万能的，总会存在不足。写作主线型教科书虽然能够顾及或尽量顾及阅读能力、口语交际能力等的训练和发展，顾及语文知识传授，但它毕竟是以写作为主的，不可能担负起全部语文能力训练和语文知识传承的重任，对其他方面的训练势必有所减弱，很难做到全面、系统、深入。这是它不可避免的缺点。

对于写作主线型语文教科书的改进，我们认为，在加强学生言语实践能力的思想指导下，应提升言语实践活动在教科书组织和编写中的重要位置，以言语实践活动为中心，让选文、知识系统和练习为言语实践活动服务来组织编写。这可能是写作主线型教科书编写的一种突破口。打破写作知识引导型、选文引导型的窠臼，创设具体化的写作情境，以写作情境来引导教科书的组织，基于真实的言语任务、真实的言语环境和真实的言语成果的言语交际写作，将是一种思路。所以，写作主线型教科书的编写应该寻求新思路、新的编写技术，寻求突破与新的发展。

总之，写作主线型语文教科书不仅突出了语文教学中最基本也是最具有难度的写作能力培养，而且兼顾了阅读、听说（口语交际）、语文知识等方面的内容，是一种比较理想的教科书编写模式，在语文教科书编写体系中占有重要位置。写作主线型教科书应该在总结已有编辑经验、借鉴学习其他学科成果的基础上，继续深入探索新的编辑模式，以期迈向新的台阶，达到更高的层次。

（3）知识主线型

知识主线型语文教科书，即以语文基础知识或语法知识、文章知识、文学知识等为主线编写的教科书，同时辅之以阅读、写作和口语交际等其他语文学习内容。

知识主线型语文教科书的三种类型：

"知识＋范文"型：这种类型的教科书就是以语文知识为主线来引领范文。开明书店的《国文百八课》可以作为代表。全书以知识短文引领选文，属典型的"知识＋范文"型教科书。

"知识＋范例"型：这种教科书即以知识为教科书主体，边介绍知识边示例说明。如江苏教育出版社 1999 年出版的高中语文选修教科书《语言表达》，每篇课文围绕一个专题，比较详细地介绍语言表达方面的知识，然后举例说明。这些语言知识包括热爱和学好祖国的语言，语文表达和思维锻炼，口语语言和书面语言，语言材料的积累，词语的选择，句式的变换，语段的组织，标点的使用，语言力求规范、清晰、连贯、简洁、得体，文章的语言修改，名家语言修改实例评析，不同风格语言片段赏析。

"知识＋范文＋作文训练"型：这实际上是第一种类型的拓展。1998 年张志公主编的九年义务教育三年制初级中学《语文》是其中的代表。作为语言学家，张志公历来主张语文教育应"以知识为先导，以实践为主体，并以实践能力的养成为依归"，这套教科书就是他这一思想的实践。教科书编者充分重视知识对于听说读写能力训练的先导作用，编写了 23 篇实用的程序性的语文知识短文，安排在相应单元的前边，用来指导学生的阅读实践。在这套教科书的双线中，无论是实用文章的读写，还是文学作品的欣赏，都按照"知识＋范文＋作文训练"的次序来编排。实用语文知识短文安排在相应单元前面，都是实用性知识，并着重讲解操作方法，不纠缠概念和术语。这些知识合起来组成指导读写听说能力训练的实用语文知识系统。文学作品的欣赏能力以理解和赏析文学语言为重点，文学常识短文安排在相应单元的前边，或介绍文学作品知识，或讲解阅读文学作品的方法，或指点欣赏文学语言的要领。范文分精读和略读两类，精读范文前有"提示"，后有体现阅读认知过程、培养阅读技能、教学综合思维的"内容理解""写法分析""语言揣摩""词语积累"四个栏目；略读范文前有"提示"，后有"练习"；两类范文后还有"说话训练"。各单元的"作文训练"注意读写配合、说写配合、一般实用性文章的写作与应用文写作的配合。这样，这套教科书在知识引导范文阅读后，继续延伸，将读写结合起来，以实现其编写思想。

知识主线型语文教科书有两个基本特点：一是知识领先，即教科书中的知识是系统的，全套教科书形成一个知识序列，它是教科书的主体部分，对教科书的其他内容起引导作用；二是重视引导，其知识引导范文或范例对学生的语文学习进行引领和指导，力求在读写听说等语文实践中加以运用，而非仅仅学习抽象的语文知识或单纯地进行语文知识的教学。

知识主线型语文教科书的理论依据。从语文教育的角度来看，语文知识是语文能力的基础，是向语文能力转化的前提，没有一定的语文知识，便谈不上语文能力的形成。因此，在语文教学中，语文知识的学习是必要的，没有较系统的语文知识，难以进行听说读写的训练；有了丰富的语文知识，才能进行分析、综合、判断、推理等思维活动，才能促进语文能力的发展。当然，语文知识的学习，只有通过一定的实践和应用，才能形成语文能力。正如刘国正所指出的："学习语文知识，可以使学生理解运用语文的规律，增加自觉性，减少盲目性，因而可以使他们学得好一些，快一些，这是没有疑问的。知识与能力两者不是矛盾的，是相互促进的，要把两者紧密地结合起来。"①

知识主线型语文教科书的优点在于，其知识一般都有系统性和序列性，这就避免了语文教学混杂重复的问题，提高了语文教学的科学性和实效性；由于有知识的指导，学生的语文学习就有理论指导，能够做到方向明确，方法对头，避免了暗中摸索，从而提高了语文学习的效率。

① 《课程·教材·教法》编辑部：《中学语文教材和教法》，人民教育出版社1986年版，第133页。

这种教科书的局限是，在实践中语文知识的教学容易显得枯燥乏味，激发不起学生的学习兴趣；同时，如果只拘泥于知识的教学，也不能收到良好的效果。

知识主线型的语文教科书一般用于学生经过一段时间的语文学习，有了一定的语文实践之后，尤其是在高中阶段使用更为适宜。对这一类型教科书中知识内容的教学，应尽可能做到精要、好懂、有用，要防止只重讲不重练。如果那样，学生对所学的知识就难以获得真切的体验，难以理解掌握有关知识。要注意不能封闭在知识教学之中，而应注重学生精神世界的建构，以及情感、态度与价值的培养。要结合课文教授知识，并尽可能让学生将知识运用于实践；同时在课文学习中讲知识，在语文实践中归纳、验证知识，使语文知识与语文学习的实际和校内外生活联系起来，与学生的读写听说训练紧密联系起来，使语文知识教得活，用得上，能够真正向能力迁移、转化，成为形成能力的巨大力量。

（4）方法引导型

方法引导型语文教科书，即以语文学习的方法习惯统领教科书课文、单元或全部教科书内容，引导读写听说（或口语交际）等。方法或习惯在教科书中起着引领作用，使学生注意在语文学习中掌握正确方法，养成良好习惯，从而促进语文能力的形成与发展。

方法引导型语文教科书主要有三种类型：第一种是"方法引导单元"，即以方法引导教科书中各单元的范文和其他内容，如洪宗礼主编的义务教育课程标准实验教科书《语文》九年级上册的第一至第三单元目录如下：

第一单元　学会读书（一）吟哦讽诵而后得之

一　鼎湖山听泉

二　林中小溪

三　飞红滴翠记黄山

四　画山绣水

综合学习与探究

诵读欣赏　文笔精华

专题 气象物候

第二单元 学会读书（二）感悟·品味·欣赏

五 故乡

六 我的叔叔于勒

七 在烈日和暴雨下

八 多收了三五斗

综合学习与探究

诵读欣赏《诗经》二首

名著推荐与阅读

第三单元 学会读书（三）学学牛吃草

九 成功

十 创造学思想录

十一 学问和智慧

十二 论美

综合学习与探究

诵读欣赏 得道多助，失道寡助

　　第二种是"方法或习惯统摄全册教科书"，即将方法或习惯冠于全册教科书的开头，统摄全册教科书的内容。如张庆、朱家珑主编的新课标小学语文教科书就是以语文学习习惯的培养来统摄全册课标的。如四年级下册设计"培养良好的学习习惯（8）"，提出培养学生坚持写日记和爱护图书的良好习惯。五年级下册安排"培养良好的学习习惯（10）"，提出培养学生自主修改作文，多渠道学语文的良好习惯。在"习惯"统摄下，各单元由"课文""习作"和"练习"组成。

　　第三种是将"方法列于课文（范文）之前"，即方法引导的范围缩小至单篇课文，如郑祥五、孟宪和主编的河北省初中语文教科书。这套教科书的一个特色就是在课文前设置"学法指导"，既指导学生的学习，也有助于教师改进教法，力求使学生在学习语文的过程中学会语文。又如20世纪90年代王尚文主编的浙江版初中语文教科书（实验本）由文选、语文实践活动、语文常识和语文文化常识三大板块组成，其中文选包括精读编、泛读编和一周一诗，精读编每册20课，每课均配有"学法指导"。这两套教科书均在课文之前以方法为导引。

方法引导型语文教科书除需符合合编（综合）型教科书的条件外，还有两个基本特点：一是系统性，其方法或习惯的内容是成序列的，被有机地安排在教科书之中，而非零乱地散列于教科书内；二是引导性，其方法或习惯的内容被用以引导范文、课文或其他读写听说材料，要求在范文或课文的教学中以及语文实践中加以运用或养成，而非仅仅对方法或习惯的学习。

方法引导型语文教科书的编写有其理论依据，这是因为方法的掌握和习惯的养成对学生的学习至关重要。著名哲学家笛卡尔说："最有价值的知识，是关于方法的知识。"联合国教科文组织前总干事纳依曼甚至主张："今天所教的百分之八九十都应放在科学方法论、教学方法、推理方法、收集资料方法中。方法比事实重要。"[1] 好的学习习惯意味着学生在学习上具有一种内化的稳定的良好品质，它往往决定着学生的学习质量，所以洛克在《教育漫话》中就曾指出："事实上，一切教育都归结为养成儿童的习惯。"[2] 这些论述同样适用于语文学科的学习。从语文教育的角度来看，掌握正确的学习方法，养成良好的学习习惯是促进语文学习，提高学习效率的重要因素。"授人以鱼，不如授人以渔"，掌握并运用科学的语文学习方法，犹如找到了通向提高语文能力的门径。良好的学习习惯是一种自然的力量，可以推进学习取得好的效果。叶圣陶先生对此十分重视，曾指出："每一个学习国文的人应该认清楚：得到阅读和写作的知识，从而养成阅读和写作的习惯，就是学习国文的目标。"[3]

方法引导型语文教科书的优点在于能使学生充分重视语文学习的方法或习惯，系统地掌握学习方法，全面及早地养成习惯，对搞好语文学习的意义重大。其局限是在教学实践中可能会出现过于强调方法或习

---

① 叶瑞祥：《学习概论》，广东高等教育出版社1997年版，第56页。
② 转引自江明《语文教材建设与思考》，语文出版社1998年版，第109页。
③ 中央教育科学研究所：《叶圣陶语文教育论集》（上册），教育科学出版社1980年版，第3页。

惯，而忽略语文实践，忽略读写听说的训练等问题。

以方法引导的语文教科书一般适用于学生经过一段时间的语文学习，具有一定语文实践的初、高中阶段，而以习惯养成引导的语文教科书，以小学阶段开始使用为主。在使用这种类型的语文教科书的时候，要注重读写听说的实践和语文活动。对学生不仅提示方法，教其方法，而且要让学生在读写听说（口语交际）过程中正确地运用方法；不仅要求学生养成良好的语文学习习惯，而且要注重有目的、有计划、有步骤地进行培养。要通过反复的历练，通过循序渐进、持之以恒的实践积累，使学生逐步养成良好习惯，从而促进语文能力及素养的提高。

（5）多线并重型

多线并重型语文教科书是合编（综合）型语文教科书中的一种模式，这种教科书有两条以上的线索，以线索组织课文等内容，用线索将全书贯穿起来，同时这些线索及其内容并行或交织于单元或整册教科书中。

多线并重型语文教科书有三种类型。第一种是"多线交织于全册教科书内"，即一本教科书由多条线索及其内容交替安排，交织而成。如夏丏尊、叶圣陶、宋云彬、陈望道合编的《开明国文讲义》，该书共三册，第一、二册每隔四篇选文有一篇"文话"，如第二册"文话"的内容为新体诗、对话和戏剧、对偶、演绎法和归纳法、曲、文篇组织的形式、文字的品格、用典、文字的分类、材料的来源与处理、写出自己的东西；第三册每隔三篇选文有一篇"文学史话"，全书阅读与语文知识交织穿插，选文与文话、文学史话相互印证。又如庄文中、朱永燊主编的《现代文阅读》，由阅读心理、阅读能力和阅读方法三条线索交织而成。

第二种是"多线并行于课或单元内"，即在单元内由多条线索及其内容并行其中。1935 年到 1938 年由夏丏尊和叶圣陶合编、开明书店出版的《国文百八课》，每册 18 课，每课内含文话、文选、文法或修辞、习问四项。这四条线索并行于"课"中，如该教科书第一册第 1—4 课目录如下：

第一课

文话一　文章面面观

文选一　读书和求学

文选二　差不多学生传

文法一　字和词

习问一

第二课

文话二　文言体和语体（一）

文选三　孙策太史慈神亭之战

文选四　语录八则

文法二　词的种类（一）

习问二

第三课

文话三　文言体和语体（二）

文选五　希伯来开辟神话（一）

文选六　希伯来开辟神话（二）

文法三　词的种类（二）

习问三

第四课

文话四　作者意见的有无

文选七　广州脱险记

文选八　我的新生活观

修辞法一　求不坏

习问四

　　由 R. K. 萨德勒、T. A. S. 海勒和 C. J. 鲍威尔编写的澳大利亚 10 年级学生使用的《中学英语》第 4 册，也是多线并行型的语文教科书，每一单元包含"阅读理解""语言""文学""诗歌""拼写"和"思维"等七部分。

　　第三种是"全书交织，单元并行"，这是上述两种类型教科书的综合，如张鸿苓主编的九年制义务教育四年制初级中学教科书《语文》。

全书包括七个方面内容：思维方法、学习方法指导；听话训练；说话训练；现代文阅读训练；文言文读背训练；写作训练；语文基础知识。这几方面既各自成系列，又互相联系、渗透，构成有序列、分阶段、多元、多面的网络体系。

多线并重型语文教科书，除需符合合编（综合）型教科书的条件外，还有两个基本特点：一是多元性，即教科书的内容包括读写听说、语言文学等有关语文教育的多个方面，而非单项或专项的语文内容；二是互补性，即多项语文内容交织或并行于教科书中，相互补充，形成合力，共同促进学生语文素质的提高，并非仅侧重于语文的某一方面。

多线并重型语文教科书的编写有其理论依据，它符合系统论的观点。系统思想的一个基本观点就是整体大于孤立部分之和。"系统作为一个整体，具有它的每一个要素都不单独具有的性质和功能。这种只是系统整体才具有的特殊规定性和功能，亦称为'系统质'。例如，机器上的每一个零件都不能单独加工产品，而整个机器却具有运转和加工的能力。就是说，系统不是要素的机械相加，而是它们的有机结合。"①按照系统论的观点，任何系统没有通过内部的相互联系，就没有系统结构，也就不可能产生整体效应。多线并重（交织）型语文教科书的各条线索内容密切关联、相互作用，形成一个有机的整体，因而可以最大限度地发挥其功能。此外，语文教育理论认为，学生的语文能力和素养是由多种因素相互渗透、相互促进而形成的。比如，语文教学中的听说读写之间有着密切的联系，它们之间互有影响，互相促进。提高了听和读的能力，就有利于提高说和写的能力；说和写的能力提高了，也会促进听和读能力的发展。因此，坚持听说读写的全面训练，是提高学生语文能力的有效途径。多线并重（交织）型的语文教科书正是这一思想的体现。

多线并重型的语文教科书的优点是由于多条线索紧密联系，同时又相互作用，可以对学生语文能力的提高形成合力；由于线索多头，内容丰富，又增加了教科书的趣味性，可以避免教学内容的单一乏味，提高

---

① 肖前：《马克思主义哲学原理》，中国人民大学出版社 1994 年版，第 145 页。

学生的学习兴趣。其局限性是在教学实践中由于线索多，头绪多，需同时进行几项内容的教学，这对部分教师来说，可能难以兼顾，难以协调，不易把握好。

多线并重型的语文教科书适用面较广，中小学都可采用。使用这一类型的教科书时，要抓住主要矛盾，做到既有重点，又齐头并进。

（二）语文教科书的形式结构

语文教科书形式结构包括三个亚层，分别是分编与合编的方式与呈现；单元（板块/专题）的划分与呈现；单元（板块/专题）内容的组织与呈现。下面，我们将以国外母语教科书的结构体例为分析对象，尽可能立体地观照语文教科书形式结构的各个层面。

1. "分编"与"合编"的方式与呈现

通常我们所说的"教材的结构体例"，约定俗成地指的是"一本"教科书的结构体例。但在设计"一本"特定的教科书的结构体例之前，先要确定是将母语学习内容分编在几本教科书中，还是合编在一本教科书中，这已经属于教材结构体例范畴："从结构方法上看，有分编型和合编型两大类型。……所谓合编型，就是把语文教学内容混合编制成一种课本。"[①] 在世界母语教材视野中，在研究教材结构体例时，我们更不能忽视分编与合编问题，因为无论是哪些学习内容领域的分合，都会有一个分或合的尺度问题。对这一问题的思考和把握，会在无形中影响语文教科书内部的结构体例。事实上，有些国家的教材编撰者已经开始思考这一问题，也事实上影响了具体教科书的结构体例。

（1）显性分编

所谓"显性分编"，就是根据学习内容本身的属性差异和培养目标的差异，将母语学习内容领域做一个大致的区分，分别编写教科书。于是，呈现在教师和学生面前的便是"一套几本"教科书。以往所说的分编指的就是这种一目了然的显性分编。

1）分编的依据和类型

综观各国语文教科书，分编与合编的切入点是"内容领域"，大致

---

① 顾黄初：《新编课本怎样才有竞争力》，《语文学习》1989 年第 4 期。

有如下几条路向：

一是区分语言、文学分编教材，这一路向是分编的主流方式，如：

英国：在《英语》总称之下，分编《英语》教材（第一、二学段用）和《英国文学》教材（第三、四学段用）。

俄国：分编《俄语》和《语言与文学》，从1年级开设到10年级。

奥地利：语言教材如《德语课本》《体验语言》，文学教材如《阅读》《阅读·理解》。

捷克：《捷克语言》（国家统一课本）、《捷克语课本》（九年制学校课本）、《文学教育课本》（九年制学校六年级课本）。

以色列：分设《希伯来语》《希伯来语文学》，均为必修课教材。

德国语文教材分两类：一类是将语言教学教材和文学阅读教材分开出版，一个年级有一本德语教材和一本或数本文学阅读教材；另一类是文学和语言兼而有之的综合性教材，一个年级只有一本书，不分上册和下册，实行综合教学。《现代德语》属于第一类教材，是一套典型的语言教材，但具有综合教学设计特征。《德语·思索》（初中）属于第二类，是一套语言和文学综合性教材。

二是在区分语言、文学的基础上，兼顾阅读、写作等学习活动之间的分、合，如：

芬兰：《母语和文学课程》分别编成九册教材，其各自名称为《语言、文章和相互影响》《文章结构和内涵》《文学的方法和口译》《语言的力量》《文学表达方法》《语言、文学和个性》（以上为必修课教材）。《口头交流技能拓展》《阅读技能拓展》《写作和当代文化》（以上为选修课教材）。

美国：在《英语语言艺术》教材内，又分编《语言》《文学》《语言世界》《文学世界》《美国文学》《英国文学》，以及

《写作和语法》《写作和文学》《文学入门》《享受文学》，等等。

日本：高中的《国语》划分为六种"课目"：《国语表达1》《国语表达2》《国语综合》《现代文学》《古典》《古典讲读》，并分别编了相应教本。

三是从培养目标角度分编教科书。这样的教材一般在名称上会显示出一定的"另类"特点，譬如葡萄牙教材《词语游戏》（一年级课本），内容侧重词语学习和口语交流训练，以迅速提高学生的阅读和书写能力；《远景》（八年级阅读课本），编者希望学生通过学习，能建立起对阅读的兴趣，同时也能引发写文章的兴趣，还希望学生通过阅读文学作品以培养良好的工作、学习习惯，养成一定的责任心和自主能力；《活跃的课堂》（十一年级课本）则针对十一年级学生心理特征，为他们应对社会职业的前景，生活中的要求和挑战，提供由母语——葡萄牙语赋予他们的方式和工具，用来组织他们的思想，培养他们自己的个性并帮助他们建立与世界的联系，使得他们在这个世界里富有感情，积极参与，自主而又具有责任心。

2）分编路向之间的关系

由于课程设置和内容安排的不同，分编也有不同的关系类型。

泾渭分明并列使用型。譬如俄国，分编《俄语》和《语言与文学》，从一年级一直开设到十年级。又如以色列分列两门课程，即《希伯来语》和《希伯来语文学》，均属必修核心课程。在这样两条基本方向上产生了系列语言教材和系列文学教材。也就是说，在任何一个学段、年级，学生都要同时学习特定学段或年级的语言教材和文学教材。这样的语言教材和文学教材在内容和功能指向上基本是泾渭分明的。"文学"教材主要激发学生的阅读兴趣，引导学生进入阅读世界、文学世界。如以色列文学教材大都有"文集不是全部"的前言，告诉读者文集仅是文化的一个窗口，或者一份文化"菜单"，指引读者依据个人的选择和品位继续阅读其他的文学作品。与文学教材不同，以色列语言教材则集中指向"语言问题"，包括了语言的功能、意义、语法和各种使用技巧等方面。

相辅相成配合使用型。语言和文学教材再怎么分编，也是共同致力于培养学生的母语运用能力，因此语言和文学教材在本质上是密切相关的，但此处所说的"相辅相成配合使用型"，是一种刻意的编写结果和必然的使用模式。现行的叙利亚阿拉伯语初中教材由《阅读与文学范文》《语法、听写与书法》，趣味幽默性强的《课外阅读》三部分组成。阿拉伯语的语法比较特别且复杂，主要由词法与句法两大部分组成，尤以词法为复杂，但有很强的规律性。为此，每篇课文后没有配备相关的语法知识，而是另配一本语法书，结合课文进度，进行讲解。《语法、听写与书法》的编排根据《阅读与文学范文》每课所出现的语法现象配以相关的语法知识由浅入深，循序渐进。

不同学段不同分工型。有些国家的语言教材和文学教材不是平行贯穿于各个学段的，而是交替出现于不同学段。例如英国在《英语》总称之下，分编《英语》教材（第一、二学段用）和《英国文学》教材（第三、四学段用）。另外，前面提及的葡萄牙教材中的《词语游戏》《远景》《活跃的课堂》分别是一年级、八年级和十一年级课本。

（2）显性合编

与分编依据相对应，合编的依据，或者说所"合"的对象，是语言、文学，或阅读、写作等语言活动。很多合编教材在名称上便已经显示了其合编性质，同时也显示了合编的内容领域，譬如，阿根廷高中三年级西班牙语文教材《语言和文学》。从某种程度上说，这样的显性合编可以说是显性分编的缩影、投影，或者说是隐性分编：在一本教科书内的分编。

有些教材在名称上并未显示出来，但实际内容包含了不同领域的学习内容，并且基本上对每一个领域都给予了同等程度的重视（当然有可能会以某一领域的学习为线索展开）。

显性合编教材的一个重要属性是"唯一性"和"自足性"，即在母语课程框架里，它独立承担引导学生学习所有内容的使命，并不需要其他分科教材的配套使用。

（3）隐性合编

在显性分编和显性合编这样两种壁垒分明的教材编写模式、学习内容领域的呈现格局之外，还必须看到一种中间状况：隐性合编，即在分编教材的框架里，每一种分编教材又吸纳或考虑了自身所承载的核心内容之外的内容。"当代语文课程与教材研究界一般把语文教材分为合编（综合）型和分编（分科）型两种，有学者曾提出介于两型之间的第三型之说，至今未有定论。"① 这"第三型"便是我们此处所说的隐性合编。隐性合编的方式大致有两种。

一是在教材板块结构的设置上，以学习领域 A 为核心，但同时设置领域 B（C、D）。以美国为例，编制了《写作和语法：交流实践》语言类教材。再如，德国初中语文教材《现代德语》是一套以训练语言技能为主的教材，但会出现"说写综合训练"单元。叙利亚《阅读与文学范文》由阅读课文、文学范文与表达三部分组成。

二是教材以领域 A 为核心线索，但在学习活动中兼顾领域 B（C、D）。除了在分编教材的名义下，"明目张胆"地纳入其他学习内容外，更为"隐蔽"的隐性合编方式是将其他相关内容领域的学习渗透在核心学习内容领域的学习活动中。

美国七年级文学教材《文学》每篇选文后的练习中包含一至两个写作练习，每个单元结束后又有两个较大的写作任务。这些写作任务与文学写作联系紧密，写作任务更多地要求学生进行文学评论，思考作品人物、情节和主题，或模仿范文写对话、短剧、续集、后记，或模仿作品中某个人物的口吻进行写作，或用刚刚学过的文学表现和创作手法学习写作等；或者再现作者的写作过程，让学习者可以此为参照反思自己的写作过程。②

在俄罗斯联邦，尽管《俄语》与《文学》是两门分开的课程，但俄罗斯语文学者认为，学生言语的发展取决于《俄语》与《文学》的有机联系。正因为如此，在文学教材中，编者通过多种语法练习形式，既"使学生掌握了作为艺术形式的文学财富，也丰富、发展了学生的言语；既使学生能深入作家的创作世界中，又能使学生深入俄罗斯语言宝

---

① 温立三：《合编（综合）型语文教材》，洪宗礼、柳士镇、倪文锦：《中外比较视野中的语文教材模式研究》，江苏教育出版社 2007 年版，第 1 页。

② 同上书，第 128 页。

库的探秘之中"。①

隐性合编的存在以及逐步增多说明：分编与合编有一个尺度的问题，学习内容领域之间的内在关系和学习活动之间的内在关系日益引起人们的重视，教科书结构的设计也因此受到影响。这也从一个侧面说明，分编还是合编以及如何分、如何合，是语文教科书结构体例所要考虑的第一个问题。清晰地确定了这一步的走法之后，才能更好地设计单本教科书的结构体例。

2. 单元（板块/专题）的划分与呈现

无论是分编型还是合编型教科书，最终都是以单本教科书为单位出现在读者面前的。因此，在确定了分编内容或合编内容之后，紧接着面对的一个问题是如何将分编或合编的内容呈现在单本教科书中。也就是说，编者以怎样的依据来组织单元（板块/专题），因为任何教科书都会有"段落"安排——这是教材的二级结构框架。综观各国语文教科书，至少可以看到以下四种基本类型。

（1）内容专题型

所谓内容专题型，有两个基本特征：一是以专题为基本单位组织内容；二是组织专题的主要依据是学习内容的主题、话题。它大致可以分为以下两种情况。

一种情况是单一专题，以选文话题或主题为纵轴构织专题。就目前来说，无论选文在教材中扮演的是何种角色，它在绝大多数母语教材中都是分量最重的一项内容。因此，许多教材在划分基本"段落"的时候，会以选文的一些共性特征为出发点组织单元、模块，最常见的就是以选文话题或主题来组织（板块/单元），以不同的主题、话题引领下的不同的专题（板块/单元）组成一本教材。于是，不同的主题或话题就成了教材二级结构框架的节点。譬如，加拿大纳尔森公司1981年出版的《英语文选》是一套供初中学生使用的语文阅读材料。此套教材共计三册，每册均由八个专题组成；每个专题又有若干内容与专题相关的课文，有诗歌、小说、童话、戏剧、日记、传记，还有歌谱和漫画

---

① 陈家麟：《俄罗斯语文教材译介》，洪宗礼、柳士镇、倪文锦：《外国语文教材译介》，第281页。

等，洋洋洒洒，丰富多彩。又如，新加坡教材以课程标准所列的八大主题及其副题为依据安排选文，兼顾各类文体，如散文、小说、诗歌、短剧等。教材的课文采用单元编制法，每个单元有三课，全部共40个单元，120课。

另一种情况是混合专题，由性质并不完全一致的专题组构内容。一本教科书中出现的专题，有的倾向于文选，有的倾向于关于语言学习活动的知识，有的倾向于文化专题，但最终都以这些专题的话题、主题作为教材二级结构的节点，从主题、话题上就可以看出其所指的具体内容有着不同的取向。譬如，《德语·思索》（高中）主体课本是一本兼顾语言和文学综合设计的教材。主体课本共有五个大单元或曰"板块"：关于自我的信息、聚焦神话、语言和交际、自我怀疑和设计人生、启蒙——偏见和宽容。每个大单元的结构大体相同：都有一个大标题，大单元下设几个小专题，针对每个小专题选择若干文章或文章选段，并配以练习。第一单元的大标题是"关于自我的信息"，下设两个小专题："让思想自由驰骋""从自己的故事中寻找素材"。第二单元的大标题是"聚焦神话"，有三个小专题："认识一种现象""普罗米修斯：救世主和造反者""安提戈涅：良知和反抗"。第三单元的大标题是"语言和交际"，设有四个小专题："交际的形式和功能""语言变迁和语言控制""对语言的思考""说话艺术/演讲艺术"。第四单元的大标题是"自我怀疑和设计人生"，也有四个小专题："叙事文学：时代转折中的视角""抒情诗：爱的甘与甜""戏剧：良知和责任""电影'兄弟'——一条失败的人生之路？"第五单元的大标题是"启蒙——偏见和宽容"，三个小专题是："偏见和宽容的现代认识""启蒙时代文学""启蒙——一个未完成的过程"。

按内容主题组织选文或阅读材料，可以使各种不同体裁的选文或不同情境下的阅读材料同时呈现在学生面前，可以从不同角度丰富学生对某一个问题的认识，这种方式近年来受到语文教科书编写者的青睐。

（2）功能板块型

所谓功能板块，就是教材内容在划分单元（板块）的时候以单元内容的功能指向，或者说是教学目标为区分依据。不过，其中也有显性的功能板块型和隐性的功能板块型。

显性的功能板块，是指教材基本内容分为几个功能板块，教材直接呈现出这几个功能板块，每个板块独立成系统，逐一呈现。譬如《现代德语》教材一册为一个内容主题，每一册采用大单元或曰"板块"设计方式，"目录"中见不到传统的以"课"为教学单元的结构，也没有以序号表示的课目内容，只有以各种颜色的页码标记的内容方块：主题篇（黄色）、语法（绿色）、正确书写（蓝色）、说写训练（红色）、语言实验园地（紫色）、学习技巧（灰色）和附录（黑色）。1997年版本的《德语课本—4》供普及中学和完全中学初中部四年级使用（即第八学级，大体相当于我国初中二年级）。全书有三个"板块"，即专题性教学（第二册标为"说和写"）、语言观察和练习、正字法练习，另加一小"块"：正确使用计算机。

不同的板块有着不同类型的内容、不同的学习目标，板块之间基本没有内容逻辑上的关系，只是因为课程教学目标的侧重点不同而存在篇幅轻重的差异。"这种板块结构的教材显然不是按照自然教学过程来设计的，而是为教学实践提供某种框架内容，目的之一可能是：为施教者和学习者提供更大的活动余地，据此教师可以根据学生的接受能力灵活掌握学习内容和进度；目的之二可能是：为施教途径提供某种方法范例，据此教师可以设计各种旨在激发思维和促进学习的练习形式。正如巴符州的《完全中学教育计划》指出的那样，'为教和学提供了更大的活动余地，为开展小组教学活动建立基础，进而为素质教育创造有利条件。'"①

隐性的功能板块，是指教科书内容内在地分为几个功能板块，但各个功能板块交叉出现。譬如法国初中语文教材《初三法语》，教材有42章（课），但实际上是围绕阅读、浸泡、比较、写作和创作五个重点培养目标编写的，把42章（课）略作归类，可以划入五个板块。例如，"浸泡"16章，其中六章涉及文学体裁，通过相应的接触方式熟悉体裁，另十章集中学习有特色的表达方式和表达手段。"写作"十章主要用来学习写作方法和常用的写作题目。"比较学习"12章，通过词汇学

---

① 倪仁福：《德国德语教材译介》，洪宗礼、柳士镇、倪文锦：《外国语文教材译介》，江苏教育出版社2007年版，第242页。

习和课文比较来认识 12 种行为和性格，如精食与贪食，说谎与吹牛，嫉妒与羡慕等。这些有着不同培养目标，分属不同板块的内容穿插出现，这从目录中就可以看出来。这里节录前面几课标题：比较学习：精食与贪食；体裁方式：小说家；写作方法：幻想作品；书面表达：写作；比较学习：说谎与吹牛；体裁方式：报刊；写作方法：一切及其反面……

　　隐性功能板块与显性功能板块形式上的不同对教学有着不同的指导意义：前者为教学提供了参考顺序，后者则由教师根据需要来定夺，各个板块是按顺序学习，还是根据需要打乱原有顺序，在特定的时候选择特定板块中的内容来学习。

　　（3）知识框架型

　　所谓知识框架，是指教科书的基本框架（单元/板块/专题）是既有学科知识框架的缩影、简化，教科书二级结构的"节点"是既有的学科知识点、概念、事实，基本如实地取自既有学科知识体系，而非专门创生或设计所得。常见的有以下两类。

　　一种是以体裁为切入点组织单元（板块）。这是语文教科书结构最常见的组织方式。美国教材《文学》，各年级均以文学体裁为主线编排全书。以八年级学生使用的"银级"《文学》为例，包括短篇小说、戏剧、非小说作品、诗歌、美国民间传统故事、长篇小说等单元。以文学体裁为主线编排的文学教材，在同一体裁单元中收入几篇范文，为学习该单元体裁所涉及的各种文学元素服务，辅以各种练习。学生通过大量接触同类体裁的范文，可以很快掌握体裁要点，进而学会分析、欣赏各种体裁的文学作品。以体裁为切入点，其实并不是文学教材的专利，在一些综合性教材甚至语言类教材中也不乏对体裁的关注。

　　另一种是纯知识框架型。纯知识框架是以语言学或文学理论知识为依托，构建母语教科书结构框架。语言类、文学类分编教材或语言、文学合编教材均可以采取这一形式。典型的是阿根廷、西班牙语文教材《语言和文学》。比如第三册由三部分组成：主体部分（语言与文学）、辅助阅读材料（文学选集）和实践部分（写作练习）。其中主体部分"语言和文学"的结构就是纯粹的知识框架，节录其目录如下：

（一）语言
第一章
思考和应用的对象：语言
关于语言的早期探索
现代语言学的诞生
语言学的研究对象：语言
  语言系统的基本单位：符号
  符号的可变性和不可变性
  语言系统
  符号之间的联系
  语言系统分析的层次
    音素
    词素
    句子和语段
    篇章
语言能力和语言行为
应用中的语言
  语用学
    言语行为
  语境理论
    话语和语境
    指示语
    主观语汇
    称呼语
    语气用语
语言变体
第三章
混合体裁：纪实文学
文学虚构
文学写实

（二）文学
第一章
系统和联系：文学
文学理论
作家
  人物生平
  文学流派
作品
  系统
  体系
读者
  普通大众
  典范读者
文学评论
  机构
杂志
第二章
备受争议的文学体裁：散文
散文
  体裁体系
  社会体系
体裁
  主题
  结构
    前言
    陈述
    论证
    结语
风格
散文写作和文学

（4）文学史脉络型

这一类型主要用于文学类分编教材，也不排除用于综合性教材。法国新编高中语文教材《文学》分第一卷（从中世纪到18世纪）和第二卷（19世纪和20世纪）共两册，选用了600篇法国和外国文学作品，按文学作品选集的形式编写而成。《文学》将作家、作品、体裁和文学流派纳入文学史的视角，以史为脉络，形成了40余个文学作品题材组。如第二卷分为19世纪文学和20世纪文学两个部分。这两个部分先分别呈现"历史背景介绍"和"世纪插图"，然后进入分专题的具体内容。

如19世纪部分分为11个专题：其一，浪漫主义的萌芽"我和世界"；其二，雨果：世纪的传说；其三，缪塞：智慧的冲突；其四，斯丹达尔：浪漫的奔放；其五，浪漫主义：在梦想与现实之间；其六，巴尔扎克：创造一个世界；其七，波德莱尔：反抗与现代意识；其八，福楼拜：文体的力量；其九，左拉与莫泊桑：自然主义及其他；其十，魏尔伦与兰波：走向现代诗歌；其十一，世纪末的散文：远离流派（每个专题下呈现的选文不限于标题所提到的作家作品，但标题提到的都是在特定时代突出的作家、作品）。

以上是从不同角度出发对语文教科书进行的一种基本"段落"划分，它所形成的是教科书的二级结构。教科书下一层次的"结构体例"便是这些基本段落内部的组织结构，即单元（板块/专题）的元素及组织方式。

3. 单元（板块/专题）内容的组织与呈现

单元（板块/专题）的组织结构，是教科书结构体例中最能体现教学理念的一个层面，也是最具有设计空间的一个层面。单元（板块/专题）组织结构的核心问题是以哪些元素构成单元内容，这些元素以怎样的线索、方式组织在一起。

就目前来看，各国母语教科书单元（板块/专题）的构成要素基本没有超越这样一个范围：范文系统、知识系统、训练系统（作业系统）、助读系统（含注释、引导、提示、学法指导等）、图像系统、附录系统。不同教材之间的差异主要在于：其一，选用元素并不完全一致；其二，元素的组合方式不一样。于是，元素之间的关系不一样，同类元素所扮演的角色也不一样。后者应该是单元（板块/专题）结构设计的关键。再深究一步，不同教科书单元（板块/专题）的组织结构主要体现在其内部关键性要素之间的关系或呈现方式的不同上。因此，以下对国外母语教科书单元（板块/专题）组织结构的描述也主要从关键性要素之间的关系或呈现方式角度来梳理。

（1）以相同体裁或相同题材的阅读材料为先导，分设听说读写活动

这是最常见也较为传统的一种结构方式，其基本特征为：一是学习活动以阅读材料为基础展开；二是阅读材料或者体裁相同或者题材相同；三是兼顾听说读写各类学习活动，并且各类学习活动的呈现有相对

明显的标志，学习活动之间有相对明晰的界限。

以阅读材料为基础，其"基础性"主要指的是它在各要素之间的地位和作用，但它出现的位置是灵活的。可以集中、固定放置于单元前面，可以在单元中间出现，也可以分散出现。

印度新德里法兰克出版有限公司发行的《互动英语》第九册第六单元通过大量的互动式练习，以学生为中心，寓教于乐，提高学生的英语交际能力。在"少年"这一总主题下，有四个相关的阅读材料：《印度少年》《少年和电视》《代沟》《我们是世界》，每一项阅读材料之后会分别跟随着一些听说读写活动或语言知识练习。

马来西亚中学统一教材《马来西亚语》每一单元的内容，在一个主题的统帅下，包括听力、会话、阅读和写作以及活动和练习。高一教材的第四单元就分为"听与说""阅读与理解"以及"写作"三个板块，其中穿插的阅读材料有《巴高国家公园游园须知》，诗歌《在森林的怀抱里》《今日我国森林》。两项写作练习分别是：向国家林保局写一封正式信函，进一步了解关于森林和国家森林公园的情况；假设在"热爱你周围的环境"活动中，学校的环保者俱乐部举办了题为"森林对于国家和人民的重要性"的作文比赛，根据参考提纲写一篇文章。

无论阅读材料出现的场合如何，也无论阅读材料之间是何种关系，从单元结构组织上说，以上两套教材的共同之处是以阅读材料为基础安排相应的听说读写活动，甚至明确区分读写听说活动板块。这样一种格局体现出较为明显的"训练"目的，接近于教科书二级结构框架类型中的"功能板块"在单元层面的映射。

（2）在综合性学习中，阅读材料、助读系统与各种语文学习活动水乳交融

这一类型是当代国外母语教材编撰的一种主要趋势，即在一个单元（板块/专题）中，"模糊"听说读写的界限，设计各种接近"真实"情境的语文实践活动，各种语言运用技能训练寓于其中。

德国新编小学德语教科书"我的小画册"单元中没有一篇主体课文或主题文章，只是呈现出若干短文、诗歌和图画，将它们组成一个与"沼泽地和池塘"大体相关的内容框架，营造出身临其境的感觉，借助于一组看似点缀性的但却是系统性的练习，引导学习者在这个既熟悉又

陌生的（教材中出现了一些新的知识点和语言点）内容框架内，自由想象，自由拓展，以语言和大自然自由接触。

英国麦克米伦出版公司 2001 年出版的《里里外外》（*Inside Out*）教科书（也叫《中高级精读课本》）以主题探究为线索。以其中"家"为主题的单元为例，在这个单元中蕴含着听说技能的训练：倾听他人的家居情况，倾听心理学家对住房和房间主人的分析，倾听三个来自不同国家的人介绍各自的早餐习俗等，说说自己喜爱的房间、自己对住房的理想设计、自己的生活起居习惯，等等；蕴含着阅读技能的训练：从读物客体看，这个单元的阅读训练涉及读图（三幅厨房结构图和"自由号"游轮结构图）；读短文（《以"风水"方式开始每一天的生活》《漂浮的"摩纳哥"即将环游世界》）；读网络（旅游指南网站主页图、班级网站主页图）；蕴含着对词汇知识、语法知识的学习：名词单复数、可数/不可数名词表示法、数量词、同义词/反义词，肯定/否定语气、被动语态。从深层用意来说，还蕴含着对于"家"这样一个概念的人文内涵层次的分解："家"的精神象征、"家"的物质存在、"家"的时空变换。应该说，这样一个单元容量大，能力训练强度也大，但编者把学习放置到一个关于"家"的语境之中，形成了综合性的言语实践活动，有利于学生在感兴趣的自主活动中全面提高母语素养，也达到了培养学生探究、合作、创新精神和能力的目的。

（3）以围绕知识点设计的学习活动为先导，阅读材料为辅

首先，选文等阅读材料与包括练习在内的各种学习活动的地位发生了变化，甚至可以说是完全颠倒了过来，贯穿单元（板块/专题）的主要线索是围绕着某一知识点设计的各种学习活动（包括知识的呈现和解说）。阅读材料的地位退居二线，完全是为了印证知识点或深化、强化学生对知识点的理解；其次，阅读材料之间在显性层面（譬如内容、体裁）不一定有必然的联系，只是在写作手法等隐性层面具有一些共性；最后，各种练习和学习活动与特定的阅读材料如影随形，阅读材料锲于大量的学习活动和知识讲解中。

莱兹教育出版公司出版的《英语》教科书的阅读部分就采用了这样的单元结构方式（该教科书分"说和听""阅读""写作"三大部分）。以阅读部分第二单元"阅读故事（短篇小说）"为例，这个单元大体包

含了六个小节，编者一共编选了十篇（段）内容，体裁有故事、书信、日记、短篇小说、散文随笔、科幻小说、童话等。其中既有名家名篇，也有一般时文，甚至还有编者应单元设计的需要而撰写的文章。但是，它们不是以独立篇章的姿态出现的，而是服从于编者对故事和短篇小说知识的诠释，核心知识是叙述人视点和叙述内容的基本要素，选文前后大量的、形形色色的思考或练习题目，也都围绕这一既定的知识项目编写。所选阅读材料无论有多么丰富的阅读空间，在文学史上有多么重要的意义，教材编写者都只抓取与单元知识点契合的那一个点。

英国莱兹教育出版公司 2004 年出版的第三学段教科书《成功英语》中也有这样的单元结构方式。以第六单元"莎士比亚"专题为例，"莎士比亚"这个经典阅读单元没有呈现出某一剧本完整的一幕或其中的一个完整的选场，教科书编者只在若干经典剧本中节选了若干诗行，但编者在这个单元中不惜用整版的篇幅，以"复习莎士比亚剧作的技巧和作业"为题，提出了多项阅读剧本的技能，设计了不少练习项目，让学生实践演练。显然，在这一特定的学习场合里，特定的写作技巧的意义要高于作品本身的意义。

（4）以特定语文实践活动的展开过程为线索，引导学生一步一步开展语文实践活动

这是比较精妙的单元结构组织方式，前提是教材编撰者对特定的语文实践活动规律有深刻的认识，并且能把"整体"的语文实践活动加以合理分解、小步子化，再把语言实践活动的规律无形地融入切合学生发展水平的语言学习活动中，使学生能够自然地、生动地学习和练习语言运用技巧。以这一思路编写单元（板块/专题），通常会以学习活动的主要步骤作为单元内容的"段落"标志，活动步骤的主要标志会成为单元内容框架的节点。

美国《写作和语法：交流实践》这本教材在写作部分的特点之一是对学生写作过程的指导非常具体。单元按照写作前、写作中和写作后的顺序编排，并且对作文每个阶段的指导都不是纯粹的理论罗列，而是以学习活动为载体的具体方法指导。如写作前阶段，学生学习选择话题、缩小选题范围的各种具体方法；在写作中阶段，确定文章语气、运用各种修辞手法描写细节；写作后阶段，从文章结构、段落、句子、语法等

方面修改作文，以及采用各种方式与他人分享自己的作文。最重要的是在作文完成后，要求学生对自己写作文的过程进行反思和自我评判。

当然，以学习活动的展开进程为线索，学习活动本身可以是听说读写活动中的单一活动（如上述例子），也可以是综合性的活动。例如，《印度尼西亚语言文学》（第三册，中学九年级适用）的单元内容也是以语文学习活动为线索设计的，但展开过程是以活动难度层次为节点的，循序渐进地区分出了"初步活动""重点活动""深化活动"。

单元（板块/专题）是单本教科书最基本、最重要的结构单位，其内部结构的设计与内容相关，也与教学理念相关。同样是分编（分科）型教材或合编（综合）型教材，同样是内容专题（或功能板块，或知识框架，或文学史体系）框架的教材，甚至即使是同一本教材内部，单元（板块/专题）的组织结构方式也会不一致。

教科书的结构体例是相当复杂的一个问题。以上我们暂时忽略了一些细节和细微差异，勾勒了单元（板块/专题）结构方式中相对突出、典型的四种类型。通过上述归纳和描述，我们可以窥见国外母语教科书在结构体例上的大致状况。它至少给我们三点启示。

首先，对语文教科书的结构体例需要立体的分层次的考察。既有的母语教科书有时看似相似，实则差异很大；有时看似差异很大，实则有许多相同或相似之处。因此，我们不宜从一个方面给各国教科书的结构体例类型定性，而需要在特定层面、特定问题上做特定的分析、比较和归纳。无论是要分析特定教科书，还是要着手编写教科书，在结构体例问题上至少可以思考这样三个层面的问题：是分编还是合编？依据是什么？分和合的尺度如何？在单本教科书层面，以怎样的线索、依据来确定教科书的基本框架或二级结构？在单元（板块/专题）内部，基本元素有哪些？这些元素是怎样组织的？

其次，需要关注结构类型中的"模糊性"。在特定的层面，首先进入我们视野的是那些有着显著差异、界限分明的结构类型，但同时还有一些"过渡性"的类型存在，并且，某些结构类型会有隐性和显性之分。这些都值得我们注意。结构类型中的"模糊性"，也许需要我们联系语言和语言活动的本性从教材编辑理念的角度进行反思。

最后，要认识到语文教科书结构体例类型自身的发展性。对国外语文教科书结构体例类型的归纳是"不完全归纳",因为我们看到的还不是国外语文教科书的"全貌"。我们更无法估计国外语文教科书结构体例还会出现怎样的格局变化。但这不是遗憾,它恰恰显示了语文教科书发展的丰富性和生动性。

第五章　语文教科书内容的呈现方式

"选文""知识""活动"等构成了语文教科书基本内容要素，其存在形式如何？我们将在下文逐一探讨。

一　知识的呈现

教科书中的知识应以什么形态存在，这是教科书设计的基本理论问题之一。传统的教科书设计把知识的选择与组织作为核心问题，强调根据一定的原则从浩如烟海的学科知识中选取合适的部分纳入教科书中；注重知识在教科书中的呈现顺序，重点关注知识之间的关联性。这两个方面都强调知识的确定性和静态特征。就语文学科来看，在 2000 年以前人教社出版的大多数语文教科书中，比较重视追求知识系统的体系性和完整性，而对知识在教科书中的呈现方式则考虑得比较简单，虽然也有以"知识短文"之类形式呈现的，但总的来看，知识在教科书中主要还是以课程内容的方式直接呈现给学生的。这种状况近年来有了一些改变，随着语文知识应该主要是"随文学习"理念的传播，语文教科书编撰更加关注语文知识呈现方式的丰富性和多样化，在编排方式上表现为以下几种有代表性的形式。

（一）语文教科书知识的静态呈现方式

语文教科书知识的静态呈现方式，主要体现在知识结构上。一般而言，教科书呈现知识结构的最佳原则是"由整体到部分，由一般到个别""由已知到未知""遵循事物的发展规律排列""注意知识内容之间的横向联系"等等。语文课程教材呈现它自身的知识结构，当然也要遵循这些一般原则。但是，我们必须注意母语课程本身是一个"结构不良"的领域。换言之，母语课程的知识结构不同于科学课程，它往往缺乏确定的概念体系和严格的逻辑顺序；大量的经典著作、优秀时文和学生习作，又往往以整体知识模块的姿态成为母语课程教科书的主体。因此，母语课程知识在教科书中的呈现形态，也具有它自己的特色。综观国内外母语教科书，它们大致呈现出以下几种形态。

1. 拼盘式

这种方式往往在一个单元教科书中综合地安排知识、技能、范文或例文、练习或活动等项目。我们以美国著名的教科书出版公司普兰蒂斯·霍尔公司出版的系列语言教材《写作和语法：交流实践》十年级用书中的第六单元"描写"为例。其内部结构如图5-1所示。

表5-1　　　"拼盘式"语文教科书知识呈现形态内部结构示例

内容要素 知识类型	课文	练习与活动	插图与插表
陈述性知识项目	生活中的描写 什么是描写：人们通过感觉器官感知世界，描写是形象地再现自己的感觉经历并与他人分享。描写包括表现人的感觉的语言，准确而形象的语词、时间或空间逻辑结构等 描写的类型：人物、地点、事物和事件、旅行手册等 正确使用逗号 人文知识 文化联系：介绍西班牙的弗莱芒戈舞蹈 艺术联系：墨西哥壁画家对弗莱芒戈舞蹈的表现 文学联系：美国诗人用墨西哥舞蹈动作表现面包帅工作的节奏感 媒体与现代技术 了解电视节目画面的突出手段 了解电视画面的组成要素	描写一个你最近看过的舞蹈表演 ·描写一项你最喜欢的电视新闻节目 ·为新闻节目布景评定等级、打分	美丽的雪景（照片） 弗莱芒戈舞蹈者（插图） 电视节目画面突出的手段（插表） 电视节目的制作要素（插表）

续表

内容要素 知识类型	课文	练习与活动	插图与插表
程序性知识项目	写作过程 1. 写前准备：选择话题，寻找话题的方法（绘图、速写、浏览报纸、设计蓝图等），建立话题库（表述某一观点、回忆有挑战意义的事情、描述美术作品和爵士音乐、描绘一个熟悉的地方等） 2. 缩小话题范围，考虑读者与写作目的 3. 收集细节的六种方法 4. 打草稿、草稿定型、用修辞手法拓展细节 5. 修改：修改结构、修改段落、修改句子 6. 同伴修改 7. 校改标点 8. 发表：建立自己的辑录、展示、录音 9. 自我写作反思 诗歌的写作过程 写前准备（选择诗歌形式、选择主题、收集细节）——打草稿——修改和校改——发表和分享	·按照要求写一首诗，并读给大家听	建立话题网（插图） 收集细节的方块法（插图） 常用的修辞手法（插表） 自我评判标准（插表） 感觉形象（插表）
策略性知识项目	阅读策略：想象 写作策略：在写作中运用想象 修改策略： ·列出细节检查结构 ·用颜色标记法修改段落 ·圈出句子，替换含糊语 ·完成"正负表格"		正负表格（插表）
范文与例文	*亚利桑那州凤凰城太阳坡高中的学生蕾丝丽·哈里斯要描写她在田径赛开始前和比赛中的印象。 ·蕾丝丽欲打动读者 ·蕾丝丽用方块法收集细节 ·蕾丝丽增加修饰语 ·蕾丝丽替换含糊语 ·蕾丝丽的全文《幻影》最后定稿 *美国诗歌 《墨西哥魔术师》	·参与蕾丝丽作文《幻影》的写作全程	蕾丝丽正准备起跑（照片）

　　这种拼盘式结构把作者的范文、学生的例文、编者的话语混合拼组编辑在一起。但是，我们仍可以明显地看出其中有陈述性知识、程序性知识、策略性知识，但以写作过程的程序性知识为主体。此外，编者还

注意了把实用文章的写作与诗歌创作联结在一起，注意了写作课程与音乐、舞蹈等相关学科以及与媒体技术的结合。因此，这个单元呈现出一个比较广阔的知识领域。编者在组合这些内容时，还特别注意了理解知识与应用知识的组接，以便使事实性的知识转化为学生的技能，并最终形成能力。

2. 例证式

这种方式以既定的知识或技能为主体，让选文以例证的身份出现，形成一个"规则——例子"的呈现模式。这种模式有两种形态：一种是从例子到规则，另一种是从规则到例子。例如，葡萄牙波尔图出版社出版的，供十二年级学生使用的葡萄牙语课本，有一课是《活跃的课堂》，其中有一个题目是教学生学会写作"文学评论"。在导言中，编者写道："学习写评论义并不容易，因为这要求学生具有许多技能。但写评论文章又是升学考试的必考类型，学生写作这类文章往往很难下手。因此，我们准备给大家提供如下的方法和范例。"

编者提出，写评论文章第一步是分析。常用的分析方法是：第一，确定文章主题（快速阅读；分析性阅读；查字典；确定事件及重要的细节；确定主题，归纳为一个短句；参考作者的写作目的等）。第二，分析文章的结构及主题的展开（给文章分段；各个段落如何围绕主题展开，主题如何步步深入；各个段落之间的关联等）。第三，分析主题表达的方式及其意义（语音、句法形态、语义学等方面）。而后，编者选录博卡热《十四行诗选》中的一首诗歌，按上述方法，从阅读、查字典、事件、主题、结构、表达方式六个方面进行了仔细分析和阐释。第二步是评论。编者指出，诗歌评论的要素和常见评论模式是：事件/主题；主题的展开；不同的叙述方式；表达的情感和方式；新古典主义和前浪漫主义的痕迹；结合相应的审美观分析诗歌等。最后，再举出一篇评论博卡热《十四行诗选》的文章，并详细地做出旁批，一一注明这篇评论文章是如何落实上述方法的。

这一教科书片段的选材和组织，典型地说明了编者是如何引导学生以演绎的逻辑思维方法，先从规则走向例子，后又引导学生以归纳的逻辑思维方法，用例子验证规则。事实上，"从规则到例子和从例子到规则并没有截然的界限，一般是从例子到规则，又从规则到例子，交叉和反复进行"①。这种呈现的形态要求编者在编著教科书之前，就具有知识系统和技能系统以及两个系统能力养成的计划。

3. 附着式

在母语课程教科书中，知识项目大都以附着于选文的形态呈现。由捷克国家出版社出版的《捷克语》第四册课本，供九年制学校中的四年级使用。其中"句法与作文练习"项目下编选了作家伊·胡尔尼克写的《音乐家扬纳切克是怎样倾听大自然之声的》（节选）。选文写道：

　　　　有多少人走过溪水旁，他们听到的仅仅是潺潺的流水声。而当作曲家列奥什·扬纳切克经过这里时，却在溪流中听出了音乐的畅想。他从口袋里掏出印有乐谱线的小本子，把他所倾听出的乐章谱写为曲谱。他就这样记录着那些音响，甚至从花园里栅栏门的咿呀作响中，从鸟儿的歌唱中，他也听出了奏鸣曲的曲调。

选段不长，但编者在这段选文的后面，却编写了如下一组练习：

1. a）把上文中表达栅栏门声响的动词找出来。

b）列出鸟儿歌唱（名词）的动词形式。

2. 回忆你走过溪水、河流、水渠、堤坝时的感受，运用下列动词造些美丽的句子——流淌，流逝，漂流，涌动，潺潺地流，汹涌奔腾，哗啦啦，咕嘟嘟，一倾而下，叮咚作响，琵琶拍岸。

3. 经过观察和倾听后进行描述：

a）某人走向门口，穿过门，慢慢地消失，请用下列词汇造句——门响，响了一声，传来声响，可以听到响声，隐约的响声，清晰的响声，沉闷的声音，鲜明的声响，静悄悄的声音，几乎听不到的声音。

b）倾听某人在门外停靠摩托车，请用下列词汇造句——传来声响，作响，震耳欲聋，刺耳，穿破耳鼓，喧嚣，轰隆隆。

---

① 皮连生：《智育心理学》，人民教育出版社1996年版，第58页。

4. 选择合适的词汇组合，描述下雨时的情景——噼噼啪啪，咕嘟咕嘟，倾盆而下，雨声渐渐消失，滴滴答答。

5. 用适当的形容词改写下面短文中出现的"大"这一词汇。

动物园里我们最喜爱的是大象，它不断地用长鼻子去卷起那些大石头，同时用自己那大而无所事事的前腿帮忙。这真是大而美丽的动物。

仔细审视这些练习题，我们不难发现编者附着于这一节选文的丰富的语言知识内容：第一，使学生了解捷克语中名词与动词可以互相转换；第二，积累和整理有关描写水流、落雨、声响和巨大形态的丰富的动词和形容词；第三，积累表示声音情态的象声词等。编者隐藏在这一节选文之后的真正的教学目标在于引导学生通过观察和倾听，调动视觉和听觉感官，捕捉形象性词语。

随文式形态的好处在于注重知识与语言实践之间的关联，它符合从言语现象中提取应用语言规律的宗旨；从言语运用的范例中学习语言规律、积累语言材料，让学生在语言实践中领会知识。这是古今中外人们学习语言、应用语言的一个必然规律。但是，随文式形态的局限在于编入教科书的选文本身是没有什么必然顺序可言的；母语课程知识只能随选文呈现，这样随文而变的知识就难免显得随意、零碎和凌乱，易削弱语文知识的系统性，在学生头脑中留下一个个知识片段，与知识的结构性和系统性存在着矛盾。如果能够与相对系统、集中的知识形态并举，也许能够取得相得益彰的效果。

4. 集中式

集中，主要是在知识短文中和教材最后的附录中用文字和图表表述。"集中编写"常以"知识短文""知识讲座""知识图表"等形式出现，有的设计在单元之前，起提示指导的作用；有的放在单元之后，起归纳总结的作用；有的穿插在选文练习之后，起补充说明的作用。例如我国人教版《高中语文课标实验教科书（必修）》在梳理探究中将分散的知识集中归纳，既有陈述性知识的介绍，又有程序性知识的渗透，同时又紧密联系学过的课文和知识，重视学生的参与。在具体的呈现形式上又有补白和知识短文两种（见表5-2）。

表5-2 **人教版《高中语文课标实验教科书（必修)》**
知识"集中式"呈现概览

知识领域	知识内容	呈现形式
语言	优美的文字；成语：中华文化的微缩景观；修辞无处不在；交际中的语言运用；文言词语和句式；有趣的语言翻译	知识短文
文化	奇妙的对联；新词新语与流行文化；姓氏源流与文化寻根；影视文化；古代文化常识	知识短文
文学	文学作品的个性化解读；《论语》《家》《巴黎圣母院》等名著导读	知识短文
	元杂剧的折、楔子和本；元杂剧简介；张衡及其创作；《红楼梦》贾府人物关系；《大堰河——我的保姆》鉴赏	补白
口语交际	朗诵、演讲、讨论、辩论、访谈	知识短文
	汉语言称谓语系统；朗诵的特点	补白
写作	缘事析理	知识短文
	作文要道	补白
思维	逻辑和语文学习	知识短文

集中编写有利于系统知识结构的建立和巩固，但如果处理不当，易夸大知识理论，忽视学生的接受程度，不利于学生掌握。

（二）语文教科书知识的动态呈现方式

如果说我们上面所列举的母语课程知识在教科书中的呈现形态还是从既成教材的静止形态着眼的话，接下来我们需进一步揭示知识进入教科书的动态过程，探寻语文教科书在引导师生如何教知识和学知识方面的共同规律。

关于教科书的观念经历了"对象—结果的教科书""材料—手段的教科书"，正在构建作为"对话—过程的教科书"，它们均是不同语文教科书观的反映，教科书功能观念的转变，直接导致知识在教科书中呈现方式的变化。对此研究者指出："教材中知识的存在方式所关注的焦点是知识的存在形状，特别是知识与学习者个体精神世界的关系。知识在教材中理想的存在方式应是开放的、积极的，有着与学习者展开精神交往与对话的可能与姿态。"① 因此，在探究课程知识在教科书中的呈现形态与结构的同时，我们还应该再深入一步看到教科书所蕴涵的"教学结构"。正像有的研究者所指出的："课本的教学结构是在课本编制中，结合具体内容教学的可能需要，对补充材料、活动、情景、策略、方法和艺术等教学因素及其使用的设计，用以帮助师生提高教学兴趣、强化教学动机、促进教学过程和提升教学质量。"② 为达此目的，中外语文教科书编制者已经做了一些可贵的探索：

1. 从知识的不同类型着眼，拓展语文知识呈现的路径

（1）系统式呈现和随文式呈现

系统式呈现指教材编排按照知识体系本身的规律，给学生呈现出一种严密的、层级式的知识内容和体系，学生通过这个体系的学习，可以形成一个比较明晰的知识脉络和框架。如 1956 年编写的《汉语》教材，从"文字"一直讲到"篇章"，语文知识体系结构清晰，层次分明，知识点层层推进，便于学生形成一个关于汉语语法知识的整体图式。但事物的优点也往往会变成该事物的缺点，由于汉语语言缺少严格意义上的形态变化，语言规则具有特异性，如果用语法规则去规范活生生的语言实际，必然导致语言学习的僵化。另外，对母语学习者而言，语言学习的规律也许不应该从最小的语言单位入手，而应从较高级的语言单位"句群"开始。语文知识脱离语言应用成为系统式知识呈现的缺点。

随文式呈现指知识随课文内容而确定，不追求知识体系的严谨与层级，知识随文编排，注重知识与语言实践之间的关联，让学生在语言实践中领会知识。根据陆俭明的研究，这种知识呈现方式的教学可以采用随机教学的方式，即紧密结合课文的讲解或作文、练习的评讲来进行有针对性的语言知识教学，使二者融为一体，而不是把语言知识教学跟课文讲解、语文实践（如做练习、写作文）弄成两张皮。③

---

① 郭晓明、蒋红斌：《论知识在教材中的存在方式》，《课程·教材·教法》2004 年第 4 期。

② 黄甫全：《现代课程与教学论学程》，人民教育出版社 2006 年版，第 518 页。

③ 陆俭明、李镗：《关于中学语文教学中语言知识的分布与教学问题》，《语言文字应用》2002 年第 1 期。

例如，人民教育出版社 2002 年《全日制普通高级中学教科书（实验修订本·必修）语文》第四册编选了《红楼梦》第十三、十四回"王熙凤协理宁国府"。其中有这样一些情节和对话——

> 贾珍请求荣国府邢王二夫人同意凤姐来宁国府协理家务时说："怎么屈尊大妹妹一个月，在这里料理料理。"王夫人怕凤姐年轻没有经验应对不了，但凤姐却争强好胜，好大喜功，就对王夫人说："不过是里头照管照管，便是我又不知道的，问问太太就是了。"贾珍见事情有望，立即接着说："横竖要求大妹妹辛苦辛苦。"后来，王夫人见状，也只好对凤姐说："你就照看照看罢了。"（着重号为笔者所加）

在这样一个会话片段中，作者用了大量动词重叠式这一语法形式深入刻画王熙凤精明干练令人折服的性格特点。因为动词的重叠式表示动作时间短、次数少、事情不难处置，贾珍为了请出王熙凤协助料理宁国府的事，就用"料理料理""辛苦辛苦"。王熙凤为了揽下事体，卖弄才干，就说"照管照管""问问"。王夫人事先为给凤姐减轻压力，开脱责任，就把"照管照管"换成了"照看照看"。三人各有用心，但在用语手法上都频繁地使用了动词重叠式。① 这样就可以把语法分析与文学欣赏有机地组合在一起。

再如，1981 年人教版高中语文教材在《邹忌讽齐王纳谏》一文的"思考和练习"中设计了这样的知识内容："《战国策》是汉代刘向编订的，共三十三篇，记载了战国时期各国政治、军事、外交方面的一些活动，着重记录了谋臣的策略和言论，语言流畅，写人记事十分生动。在这篇课文中，邹忌用自己的事情设喻，劝说齐威王广开言路，修明政治，使齐国强盛起来。这种政治见解是有积极意义的。用设喻的方法讲述道理和表明意见，往往生动明白，易于打动听者。写作时可注意学习这种方法。"再如现行上海版初中语文教材，知识以卡片的形式随机附于教材之后，知识卡片的内容跟教材的相关内容联系紧密，学生通过知

---

① 汪大昌：《语法分析和文学欣赏》，《语文建设》2007 年第 10 期。

识卡片的学习，加深对教材内容的理解和领会，课文和知识相得益彰。如七年级下《生命的舞蹈》后附关于"警句"的知识内容，通过知识卡片的学习让学生理解"生命的本质就是舞蹈"这一意蕴。这种呈现方式可以实现知识与课文学习的相互补充，但这种零敲碎打式的知识呈现方式，由于完全不顾及知识本身的体系，学生可能永远不会形成一个清晰的知识结构。顾黄初通过研究国外母语教材发现，"知识的呈现采取集中与分散相结合的方式。集中，主要是在知识短文中和教材最后的附录中，用文字和图表表述；分散，主要是在阅读训练、写作训练和语文知识教学中分散安排。而重点就在'分散'中，因为这种知识是同特定的作业结合在一起的，它的指向是能力的形成，因此也是活的知识"。①

讨论以上两种知识呈现方式，分析它们的优缺点，可以对我们有所启示。我们以为，"知识相对集中，随文编排"的呈现方式应成为一种理想追求。"知识相对集中"指一个单元或一个学期的教材应相对集中地编排有关知识内容，这些知识内容虽不以完整的体系出现，但可以通过教材知识索引或知识列表的形式让学生形成一个比较清晰的知识脉络。"随文编排"即把上述知识根据选文的特点进行二次开发，结合教材内容编入课文，注意知识和课文内容之间的联系。这种呈现方式结合了系统式呈现和随文式呈现的优点，同时也给教材编制者带来了挑战。

（2）明晰式呈现和潜藏式呈现

明晰式呈现指知识以明确的"是什么"的面貌出现在教材中，这种知识呈现清晰明了。教材中的"知识短文"或"知识卡片"都属于这种呈现方式。如1959年人教版高中语文第一册，分别编写了"实词和虚词""顺叙、倒叙、插叙""详写、略写"三篇知识短文，每篇短文都用很大篇幅对知识进行系统的介绍与分析。这种知识短文或知识卡片由于和教材结合紧密，已成为教材系统的有机组成部分，也有人称之为知识系统，有人称之为助读系统，总之不同于教材选文系统。也正是由于这种呈现方式使得教师教学时会在此大讲特讲，注重静态知识的传

---

① 顾黄初：《中外母语教材内容的比较研究》，柳士镇、洪宗礼：《中外母语教材比较研究论集》，江苏教育出版社2000年版，第201—203页。

授，这也成了人们批评语文知识教学的主要原因。

潜藏式呈现指知识通过巧妙的设计以一种隐性的方式呈现在教材中，即不直接告诉读者知识"是什么"，而是通过一种设计、练习让读者获得某种知识。根据王荣生的研究，在语文课程中学生的"语文实践"至少有三种不同的类型：第一，带有自然学习性质的，与语文实践能力具有同一形态的听说读写实践。第二，潜藏着特定语文教学内容（语文知识）的，对所要培养的语文实践能力有直接促进作用的实践活动。第三，语文知识转化为语感的语文实践。① 潜藏式知识呈现主要针对第二种语文实践而言，这种知识呈现方式的实质是"编者心中有知识，教材呈现无术语"，即教材编写者把自己对知识的理解潜藏在问题的设计之中，通过问题和练习让学生获得对知识的理解。如 1981 年人教版高中语文教材《包身工》一课"思考和练习"第四题：

　　四　一个意思可以用多种句式表达。选用什么句式，主要根据表达的需要而定，同时要考虑前后句子之间语气的连贯、陈述对象的一致等因素。试比较下边各组句子里两个句子的句式，体会课文用①这样的句式，表达效果为什么更好。

　　①蓬头、赤脚，一边扣着纽扣，几个还没睡醒的"懒虫"从楼上冲下来了。

　　②几个还没睡醒的"懒虫"从楼上冲下来了，蓬头、赤脚，一边扣着纽扣。

　　①长方形的用红砖墙严密地封锁着的工房区域，被一条水门汀的小巷划成狭长的两块。

　　②一条水门汀的小巷，把长方形的用红砖墙严密地封锁着的工房区域划成狭长的两块。

　　①她们躺的地方，到了一定的时间是非让出来做吃粥的地方不可的。

　　②她们躺的地方，到了一定的时间要让出来做吃粥的地方。

　　①菜？这是不可能有的。

---

① 王荣生：《解读"语文实践"》，《课程·教材·教法》2006 年第 4 期。

②菜是不可能有的。

这个练习包含了常式句与变式句、把字句与被字句、肯定句与双重否定句、设问句与陈述句。编者并没有直接呈现出这些知识内容，而是要学生从课文中找出相关的语句，通过对比句子，感受课文在运用语言上的匠心。由于知识呈现方式直接融会在课文和练习设计之中，教师教学自然衔接、连贯。当然，潜藏式知识呈现方式也有不足之处。首先它需要编者有较高的学术水平和巧妙的知识转换能力，其次还需要教师在教学中能深刻领会编者的目的和意图，对编者和教师都有较高的要求。

根据波兰尼的研究，人类的知识可以分为显性的和缄默的。显性知识可以言说，而缄默知识往往只可意会不能言说，但恰恰是这些不可言说的缄默知识，支配着人的认识活动的整个过程，是人们获得显性知识的"向导"。区别不同的知识类型，对于知识呈现有着不同的借鉴意义，明晰式呈现显性知识，潜藏式呈现缄默知识，可以使知识以一种全新的面貌出现。

（3）螺旋式呈现和阶梯式呈现

螺旋式呈现指知识呈现遵循由易到难、由简到繁，层层推进、逐步深入的原则，知识内容会在不同的年级段重复出现，通过多次强化达到对知识的巩固与理解。传统教材的知识内容基本以这种方式呈现。这种知识呈现较好地解决了知识的衔接问题，即这个知识在不同的年级段重复出现，从而实现相关知识之间的关联。但这种呈现又成为人们指责语文教学效率低的主要原因，仅有的那点儿知识重复出现，限制了知识创生的途径与渠道，不利于知识的生产。有的教师会把它当成一个托词："现在学不好，将来还要学。"比如一个比喻，从小学讲到高中，学生时时处处接触，教师几乎每课都要讲到比喻，学生最后还是不能很好地运用比喻。

阶梯式呈现指知识在不同时期、不同阶段表现为相对独立的知识内容，这些知识内容一般不会重复出现。这种观点可能会引发人们的争议："语文知识可以独立分开吗？""断开知识之间的关联不利于学生接受。"但是，在此强调阶梯式知识呈现主要指教材编者要根据学生的年龄特征和语文知识本身的结构内容相对独立地呈现，这样可以使知识教学内容相对集中，使学生每课都有所得，从而提高语文教学的效率。

改进教材知识呈现方式，加强教材知识编纂技术，应成为教材编者面临的主要课题。从实际情况看，任何一种教材在知识呈现上都不可能依据一种标准，而往往会出现互渗的局面，即你中有我，我中有你。这样说来，任何割裂都不利于认识一个完整的事物，分开讨论只是让我们更清楚事物的本原，上述是依据不同标准的分类，并不是语文知识的必然类别，从知识的呈现方式和方法上理解语文知识，可能会对语文知识教学提供某些帮助，也可能为教材的编纂者提供一种新的视角。

美国学者古德莱德提出了课程的五种取向：理想课程、文件课程、感知课程、运作课程及经验课程。理想课程是指专家、学者设计的课程；文件课程是指政府部门制定的课程；感知课程可以从两个角度来理解，一是指教师对课程计划、课程标准的领会，二是指教材对课程计划、课程标准的贯彻；运作课程是指师生在课堂上实践的课程；经验课程是指学生最后体验到的课程。课程从规划、设计到实施，或是从课程决策者、编者到教师和学生，经历了好几次转换，这些转换表现在语文课程中就是课程内容、知识的漂移与错位，教材呈现的内容往往不能体现课程目标的要求，教师在课堂教学中实施的是自我感知的课程，学生个体体验到的课程各个不同。课程内容呈现的明晰化，可以实现课程知识在传递过程中的信息增减。特别对于语文教学来说，由于"母语的语言能力很大程度上是以语感的方式形成和运行的，而以无意识为特征的语感恰恰与以理性为特征的语言知识处在相对立的位置上。这就造成了探讨语言知识与语文教学问题时的复杂性"。[①] 语言的含糊性、课程目标的笼统性导致了语文教学随意性过大。知识呈现的明晰化不仅仅是一种技术问题，更是一个责任问题。课程生产与教材编者有责任把明确的语文知识呈现在教材之中，使学生能看得懂，教师能把握得住。

2. 从知识学习的规律着眼，重视语文知识动态的呈现

以往课程研究的一个重要缺陷，就在于没有看到教育知识的动态性，没有看到知识在教育中的演化。知识在教育中的演化经历了以下四

---

① 刘大为：《语言知识、语言能力与语文教学》，《全球教育展望》2003 年第 9 期。

个阶段，知识在每一个阶段都有其特有的规定性①：作为一般文化产品的知识，这时的知识只是一种社会文化产品，它是自在的、冷峻的、客体化的；作为进入课程的知识，这时的知识已属于教育知识，在这一阶段，知识应作"动态化"处理，具备作为"对话者"的能力，显现出足够的开放性；作为进入教学的知识，这时的知识仍然是一种教育知识，但它是走向"生命化"的知识，是已处于现实的对话中的知识；作为个体学习结果的知识，这时的知识已是一种个体化的知识，它以"生命"的形态不可分离地存在于学习者的个体精神世界。

知识在教育领域中的演化过程，实质上就是"客观知识"（一般文化知识）经过教育情境不断走向"生命化"的过程。这是一个动态的过程，是一个不断使知识脱去尘土、恢复生气、变得愈益鲜活的过程，即知识的"活化"过程。通常认为，教育的任务就是传递知识，而传递往往被当成知识储存地点的改变，而不是知识本身的改变。知识演化问题的提出使我们看到，教育过程不是一个简单的知识转运过程，而是一个复杂的、充满活力的知识"改造"过程。

（1）让知识具有召唤力

让知识对学生具有热情的召唤和期待，召唤着学习者的投入，使其敞开心扉，与其展开对话，这是教科书编者实现知识"动态化"的着力点之一。例如，法国初中和高中"法语"课程的教科书，用表格的方式来组织学生的阅读和作业。这个表格篇幅比较大，我们仅截取其中一部分来展示（文字略有改动和删节）。

初中"小说家的艺术"。在这个章节的开头，编者援引了这样一段话：

> 起初，小说就是一篇用罗曼语写成的叙述性故事。今天，这个词是指一部散文式的想象性作品，篇幅比较长。在该作品中，小说家构想了一些恰似真实的人物，并让他们在一定的环境里生活，让我们了解他们的心理、他们的命运、他们的冒险经历。

---

① 郭晓明：《让知识与人的心灵展开"对话"——一种新的课程观和课程设计观》，《中国教育报》2004 年 2 月 21 日。

　　而后，编者制作了如下表格，让学生学习和应用"小说家叙事方式"这项知识：

我必须观察的	我必须理解的	实例
在同一小说中可以运用各种不同的叙述形式	1. 故事由一个叙述者讲述 a. 他在故事里也扮演一个角色 b. 他在故事里不扮演任何角色　　22	"德里兹从圣拉瓦尔火车站不幸来到这里。"（左拉《妇女乐园》第16页，第1行）　　23
在同一小说中可以运用各种不同的叙述形式	2. 由叙述者对话，文笔保持不变：如直接引用，小说就形成错落的对话性段落　　24	"您终于来了！拉穆雷温柔地说。"（《妇女乐园》第20页，第4行）　　25
	3. 也有不少用其他形式布置叙述现象的，如书信、诗歌。某些小说就被称为书简式小说　　26	

　　探索——

　　第23格：左拉在他的小说《妇女乐园》中做了怎样的选择？
　　第24格：从小说的第20页第1—20行中找出一段用叙述援引的对话。

高中"方法与文学"——叙述视角

　　叙述者的作用。叙述者与作者不是同一个人。必须首先区分叙述作品的作者和作品中的叙述者。作者是一个真实的人，他仍然活着或者已经过世。叙述者是虚拟的人，他的作用只是讲故事。

> 练习1：《玛利亚娜的生活》一书的作者是谁？叙述者是谁？与《葡萄牙信札》有什么不同？
> 练习2：《追忆似水年华》的作者和叙述者之间有什么样的区别？
> 练习3：请分别指出卢梭《忏悔录》中的作者、叙述者和自传中人物的功能；哪些要素能让读者感觉出故事的时间与写作时间的距离？

编者不但用十分简洁的话语讲解了知识，而且给学生规划出相当宽泛的阅读范围。尤其在表头中提出"我必须观察的"和"我必须理解的"两个项目，这种方式本身对学生无疑具有相当的召唤力，让学生进入跃跃欲试的学习心态。

（2）让知识具有亲和力

知识的呈现还应具有一种主动走向学习者、向学习者靠近的姿态与倾向。作为教育媒介的专门教材，不能只是静静地"站在远处"等候着学生靠近，而必须主动"走向"学生。如果说，召唤力是知识向学生招手，召唤学生向它走去的话，那么，知识的亲和力就是让知识从神圣的殿堂走下来，去牵学生的手。

例如，葡萄牙语文课程教科书设置中有"学习不费力，费力的是学会学习"的栏目。这个栏目的目的是教给学生一些内容比较多、比较复杂的知识和技能。比如在教给学生学习和掌握七八种读书笔记之前，编者为了消除学生学习的畏难心理，写了这样的导言：

> 学生经常抱怨不知道怎样学习，尤其是对于那些需要相应的语言基础的内容，这是实情。学习并不是简单地把大量知识填充进记忆的仓库，学生不是一本百科全书。首先，学习应当是一件愉快的活动，应该能够给学生提供满足感。如同一种你自己喜欢的游戏。其次，学习还是一种参与性的活动，需要全身心的投入，激活所有的能力。最后，学习才是一个智力问题。因而学会学习不是一件简单的事情。在这里套用一句谚语："生活不费力，费力的是学会生活。"对于学习也可以说"学习不费力，费力的是学会学习"。
>
> 下面，我们就针对学会学习，提供一些具体的读书技巧。

在这段导言中，编者和学生娓娓而谈；既体谅学生学习的困难和苦衷，又引导学生明白学习的本质，坚定学生学习和掌握新知识与技能的信心。又如，挪威语教科书第一册的第一句话就是："你太棒了，与众不同！"在为八年级教科书写的前言中说："这些章节与你和你的语言有关，说的是你和有关年轻人的文学，是写给年轻人的，是为年轻人的。"8—10年级挪威语教科书第三册中还对学生说："读小说和诗歌的男生会成为女生更好的男友。"这种对年轻人近乎口语似的表述方式，在挪威语教科书中屡见不鲜。编者的语言好像是对学生发送的私人信息，使上课和课余之间、长辈和后辈之间、私人话题和公众话题之间的界限变得模糊起来，使知识对学生具有了循循善诱的亲和力。

（3）让知识在情境中呈现

科学型知识强调知识的"普遍性"，认为知识如果是客观的，那么它同时就是超越各种社会和个体条件限制的，是可以得到普遍证实和接纳的。后现代型知识认为："任何的知识都是存在于一定的时间、空间、理论范式、价值体系、语言符号等文化因素之中的；任何知识的意义也不仅是由其本身的陈述来表达的，而且更是由其所位于的整个意义系统来表达的；离开了这种特定的境域，既不存在任何的知识，也不存在任何的认识主体和认识行为。"[①]

用这个观点观察语文课程的知识性质，我们可以看到：大量的言语经验都是来自作者个人的社会、生活背景和认识情感，因而带有鲜明的个人性和情境性。我们还可以看到：学生个人的言语实践当然有规则可以遵循，但是，这些规则又是可以因人而异的，这些规则也可以因情境的不同而有所变化。因此，有研究者指出，当代课程知识的编排"要重视课程内容的故事性或叙述性"[②]。

呈现知识的情境既可以是真实的，也可以是虚拟的。但想方设法恢复知识的境域性特征，却是使知识生命化的前提和途径。例如，美国普兰蒂斯·霍尔出版公司为十年级学生编制的教科书《写作与语法：交流实践》，其中第六单元的题目是"描写"。为了使学生理解和掌握关于描写的知识与技能，教科书选择了亚利桑那州凤凰城太阳坡高中的一位名叫蕾丝丽·哈里斯的女生的习作《幻影》。这篇习作描写了她自己参加学校田径运动会800米竞赛过程中的见闻与感受。这篇真实的作品带着它生动的故事性，突出了有关描写知识与技能的情境性特征。在八年级的《文学》教科书中，编者还特地搜集了作家安妮·麦卡弗里写作《我的龙孩》的过程，用来引导学生理解短篇小说的写作规律。

---

① 石中英：《教育哲学导论》，北京师范大学出版社2007年版，第116页。
② 石中英：《知识转型与教育改革》，教育科学出版社2002年版，第207、209—210页。

再如，英国莱兹教育出版公司 1991 年出版的第三学段教科书《英语》，在第二单元"阅读"中，向学生介绍了浏览和跳读这两种速读方法。为了让学生体验和应用这些方法，编者专门设计了如下的虚拟情境：

> 设想你是一个杂志的撰稿人，在 19 世纪的南威尔士公报社工作。当时有一座矿井突然发生了严重的事故。要及时报导这起突发矿难，必须寻找到有关这一事件的足够的地理、历史、社会和技术方面的背景资料。
>
> 寻找这些资料的最好地方当然是图书馆。在图书馆的目录中，你发现了一些能够给你提供帮助的书籍。但是紧接着产生的问题是：在图书馆闭馆之前，你只有 45 分钟的阅读和记笔记的时间。显然，从头至尾地阅读任何一本书都是不可能的，也无济于事。但无论如何图书馆给你提供了必需的资料，你该怎么办呢？把你的办法写在空白处。

（4）让知识激活学生的经验世界

母语知识的学习，离不开学生已有的知识和经验，离不开学生个体已有的缄默知识。语言的学习应建立在学生已有的生活和语言经验的基础上。教科书的编制应设法激活学生自己已有的经验世界，唤醒他们已有的缄默知识。

又如，英国莱兹教育出版公司出版的第三学段《英语》教科书，其中第二单元是"阅读故事（短篇小说）"。编者为了向 11 岁左右的学生讲清楚阅读的基本规律，就从骑自行车的经验入手，让学生设想当你骑自行车在途中看到大街上设置的"停止""转弯"等交通符号时，你就会停下来，转变方向。可见，符号表示的是一个意义。编者接着说，符号也是阅读的形式。字母组成词语，一个词语就是一个简单的符号，它代表一定的事物和意义。而后，让学生环顾自己的居室，把自己看到的东西填在两列表格中，一边填词语，一边填词语所代表的实物。接着编者又提出"如何做一个好读者"这个命题。为了说明这个比较复杂的问题，编者仍然以骑自行车为例，说明一个好骑手起码应当做到：完全控制自行车，骑车不摇晃；能根据实际情况，变换行驶速度；见到路标能做出相应的反应；他还必须是一个喜欢骑车的人。由此推知：一个好读者也应该具备四个条件：流畅地读，而不磕磕绊绊；在遇到困难时，知道变换阅读速度；对于读物的具体情况能够做出反应；他很喜欢阅读。

接下去，教科书又提出"阅读的不同目的和不同阅读方式"这样一个更为复杂的课题。编者仍然阐发骑自行车需要根据路况而变换速度的经验，向学生说明：阅读一本好看的小说和阅读有关 19 世纪末南威尔士煤矿的状况的书，你的感觉肯定是不一样的。读小说，你轻松愉快，享受乐趣；读关于煤矿的书，你就得全神贯注，寻找资料。由此可知，因为阅读目的不同，阅读方式也发生了变化。这样就提出了浏览、寻读、精读和消遣性阅读四种不同的阅读方式。为此，编者提出带有结论性的方法：浏览覆盖全书内容的目录和索引；寻读专题作业所需要的某些部分；精读需要获取更多信息的内容；当你被一个故事所吸引的时候，你进行着消遣性阅读。而后，要求学生在教科书所列的各种文体中应用这几种阅读方式。说明阅读如同骑自行车一样要有目标，要平稳、流畅，要学会变速等方法。

仅仅从这样一个例子中，我们就可以看出编者引进学生已有的生活经验，作为讲授新的阅读知识和技能的准备，为显示和传递新的知识与技能铺路架桥。教育技术学认为，在学习过程中，知识结构有三种表现形式：讲授的知识结构；信息显示与传递结构；学习者的认知结构（也称为认知图式）。教师与教科书编者的任务就是使这三种表现形式相互协调，关键是把信息显示与传递结构设计好，这样才能获得好的教学效果。

3. 从知识学习的目的着眼，增强语文知识学习的品质

教育的价值并非单纯地通过积累事实性知识来实现，它更多的是通过对思想方法的领悟、对活动经验的感悟、对知识的自我组织等活动来实现的。课程知识的学习不能满足于"领会知识的客观内涵"，而是要关注人的"精神的转变"。因此，在教科书设计中，知识是一种"关系存在"，强调学生与知识之间的"我—你"对话关系。学生在与知识的对话中，发生着提问、回答、质疑、反驳、肯定、否定、赞许、批判等"物我的

回响交流"，其实质就是学生与知识的双向建构过程：一方面，学生用自己已有的经验、知识和情感去体验和建构知识的意义世界，这是学生与知识的理解型对话过程；另一方面，学生先前的知识也不再是从记忆中被原封不动地提取，而是根据具体事例的变异而得以改造和重组，学生也因之不断走向丰富和完善，这是学生的自我反思型对话过程。

诸如，教科书呈现知识的方式应有利于学生学习知识的合作精神。学生学习知识和获得知识，不同于物质的传递。物质的传递过程可以不变形、不变量；但知识的学习务必经过学习者头脑的主观建构。这种建构既要以学生原有的经验为基础，又要依仗学生与教师、伙伴、成人或自己的交往和对话，离开了交流、对话、合作或竞争，就不会有任何知识的进步。为此，教科书呈现知识的方式应有利于提升学生学习知识的合作精神。

再如，教科书的呈现方式还应有利于激发学生学习知识的批判意识。批判并不是简单地否定，批判更多的是一种积极的理解，是引导学生在深入学习知识的过程中，学会质疑、提问、查找缺漏、转换视角、检验证据、组织辩护等思考方式。这些思考方式不仅是知识创新所需要的重要素质和能力，也是帮助青少年鉴别和抵制网络时代各种知识霸权的有力武器。因此，教科书呈现知识的方式还应有利于激发学生学习知识的批判意识。

例如，英国莱兹教育出版公司出版的第三学段《英语》教科书第二单元是"阅读故事（短篇小说）"，其中编选了十分流行的 E. R. 怀特的《夏绿蒂·韦伯》和欧·亨利的《女巫的面包》。在前一篇故事中，八岁的小女孩弗恩哭喊着反对爸爸杀死刚刚出生的羸弱的小猪崽。课文之后，编者提出了这样一个问题："你认为弗恩和她父亲谈话有可能产生什么样的结果？"《女巫的面包》讲述在面包房工作的玛莎自作多情地暗恋上建筑工程师布鲁姆伯格。为了增加工程师的营养，她自作聪明地在他买的做插图用的面包片里，加进了奶油，结果破坏了整个完美的建筑设计图。编者在短篇小说之后也配置了许多问题，其中之一是"你认为布鲁姆伯格能够原谅玛莎吗？"显然，这些问题并不要求得出统一答案，但是，这些问题扩展了学生的思考，转换了学生的视角，把学生带进更为深广的人文关怀的大门，让学生在思考这些问题的过程中，激活自己已有的、各不相同的生活背景和人生体验。他们猜测和确证，争辩和修正；他们赞同和反对，同情或鄙夷，嘲笑或谴责……但不论什么样的反应，都必然烙印着每个学生自己独有的环境背景和生活经验；都显示出学生对人物与事件独特的和综合的人文理解。学生在对事件的探究思考中，在与故事和小说人物的反复对话中，逐渐形成着自己的"理想形象""生活意义"等人文理想和信念。这种潜移默化的教育，不正是母语教育的理想境界吗？

二 选文的呈现

需要指出的是，我们在这里的讨论，顾及了我国的语文教科书编制传统，是在"文选型"框架下来谈论"选文"问题的。

（一）"定篇"类选文的呈现

作为"定篇"的选文，是直接地、原汁原味地搬进，并且成为该部分教材其他内容的环绕中心。选文要求是经典，是世界和民族文化、文学优秀的经典作品。也就是说，"熟知经典""了解和欣赏"作品，本身就是目的，而环绕着该"选文"的所有教材内容，都服务于"了解与欣赏"的目的。

一方面，课程内容还不能简单地等同于诗文本身，而最终落实为"理想的读者"对该诗文"权威的阐释"——在我国的语文教科书中，表现为注释、助读（导读或提示、旁批或点评）文字，尤其是课后练习题的指令。另一方面，作为"定篇"，分析和评价应该是有"标准答案"的，尽管往往不存在唯一的答案。

下面以俄罗斯语文教科书中的一个小节，例证和说明定篇的呈现样式。莫斯科教育出版社《文学》（五年级）"19 世纪文学"单元的《伊凡·安德烈耶维奇·克雷洛夫》，具体编排如下：①

---

① 柳士镇、洪宗礼：《中外母语教材选粹》，江苏教育出版社 2000 年版，第 281—296 页。

一 课文（传记）《伊凡·安德烈耶维奇·克雷洛夫》，后附关于传记内容的四个问题。

二 克雷洛夫寓言一则《杰米扬的汤》，下附短文"让我们一起理解寓言"，主题是理解寓言应当了解寓言主人公的性格、态度、企图和在具体情境中的目的，结合课文做简要而富于启发性的讲解；而后是关于寓意和表现主人翁性格与意图的两道练习题。

三 克雷洛夫寓言一则《狼和小羊》，下附活动指导短文"根据语言排演戏剧"，先讲述寓言与戏剧的相似点——寓言通常由台词组成，要有一些主人公，然后指导角色的分配和道具准备，接着用 16 个提示性问题，引导学生背诵所扮演角色的台词。

四 克雷洛夫寓言一则《演奏》，下附短文"排演广播剧"，先讲述广播剧的特点，然后有 9 个关于课文理解和表演的提示性问题，引导学生在录音带上录上自己表演的广播剧。

五 尝试写作寓言的一套练习：

1. 阅读五则列·尼·托尔斯泰作品，要学生区分出这些作品哪些是寓言、哪些是童话。

2. 再选托尔斯泰改写的伊索寓言二则，要学生与学过的克雷洛夫寓言进行比较，接着是两道讨论题：（1）在比照中讨论克雷洛夫语言的表现力和语言；（2）在比照中讨论克雷洛夫寓言在借鉴中的独创性。

3. 尝试写作。（1）先讲述托尔斯泰改写的作品与克雷洛夫寓言、伊索寓言的区别，接着让学生分别用散文和诗歌的形式写出托尔斯泰、克雷洛夫寓言中的寓意，并与《伊索寓言》《古代寓言》中的相关作品做对照。（2）指导学生以诗或散文的形式创作寓言，并从五个方面指导作品的改善。

六 伊·安·克雷洛夫寓言音乐会课、竞赛课。

1. 指导学生制作画上克雷洛夫寓言中插画的"邀请票"，并参加音乐会和竞赛。

2. 再提供 14 则克雷洛夫寓言目录，要求学生选择其中的一些阅读并讲述这些寓言的创作历史或与它的寓意有关的生活情形。

　　俄罗斯的这一节教材是以"定篇"的方式来处置克雷洛夫寓言的，因为编者多角度地调动了多种方法来引导学生学习在俄罗斯文学史乃至在世界文学史上具有相当意义和影响的克雷洛夫寓言。首先，克雷洛夫的三篇寓言是本节学习的主体课文，为了让学生学好这三篇寓言，为了使学生了解克雷洛夫，编者提供了作者的传记材料，还提供了他的主要作品创作的背景。其次，课后的练习则分别从寓言的理解要点、寓言与戏剧的相似点等方面指导学生阅读并表演，其目的是使学生透彻地领会作品并切实地感受到克雷洛夫寓言的魅力。再次，编者还安排了让学生尝试写作寓言的一套练习，从童话与寓言、托尔斯泰与克雷洛夫的寓言以及他们与伊索寓言的比较中，引导学生"彻底、清晰、明确地领会"克雷洛夫的寓言，这就把克雷洛夫置于一个更为广阔的俄罗斯和世界文化史的背景上，使学生了解克雷洛夫及其寓言的价值。最后，编者的音乐会课和竞赛课设计，则能使学生对克雷洛夫寓言的"了解与欣赏"更上一层楼。俄罗斯的这一节教材，对"定篇"的功能和功能发挥方式把握准确、处理得当，体现了较高的编撰水准。

　　从进入教材的方式看，作为"定篇"的"选文"，是直接地、原汁原味地搬进，并且成为该部分教材其他内容的环绕中心。也就是说，"熟知经典"与"了解和欣赏"（朱自清的含义）作品，本身就是目的，而围绕着该"选文"的所有教材内容，都服务于"了解与欣赏"的目的。

　　我国现代以来的语文教科书选文向来主张"名家名篇"，但是，即使选文确实是公认的名篇，由于一直缺乏对"定篇"的功能和功能发挥方式的认识，我们的语文教科书对"名家名篇"的处置，旨趣与"定篇"甚至与"例文"都相去甚远。以我国某套教科书中的"寓言"一节为例，该单元的主题是学习"曲折地表现生活"的想象性作品，旨在"培养学生的想象能力"，选有童话一篇（《皇帝的新装》）、诗歌一首（《天上的街市》）、《寓言三则》（《赫耳墨斯和雕像者》《蚊子和狮子》《浓烟和烟囱》）、神话一篇（《盘古开天地》）。《寓言三则》的编排如下：[①]

────────────

　　① 柳士镇、洪宗礼：《中外母语教材选粹》，江苏教育出版社2000年版，第16—19页。

一　自读提示。

（1）简要说明寓言的特点和阅读寓言的要求——要透过简短的故事情节发展发现所包含的深刻哲理。

（2）简要说明所选的三则寓言的内容大概和艺术特色——篇幅短小，语言精炼，寓意深刻，或借此喻彼，或借远喻近，具有强烈的想象色彩。

（3）要求学生从寓言角色、他们同社会上哪些人的特性有相似之处"体会寓言的上述特点"。

二　课文及词语注释。

三　练习。

（1）讲一个与《赫耳墨斯和雕像者》寓意相似的小故事。用一个成语概括《蚊子和狮子》的思想内容。在《浓烟和烟囱》的结尾加一段话，点明中心意思。

（2）发挥想象力，给《蚊子和狮子》安排一个与课文不同的结局。就"蚊子撞到蜘蛛网之后"想象一段话，跟某位同学所写的比一比，看谁安排得更好。"（第一段略）这时，蜘蛛一步步向蚊子爬了过去，张开大嘴，蚊子闭上眼睛等待着那可怕的时刻。就在这时，从那棵高大的松树上掉下来一滴松脂，不偏不倚正好落在蜘蛛身上，顷刻，蜘蛛就被松脂包住了，再也动弹不得。由于松脂的重量，蚊子也因此得救。"

（3）要求学生参看以前学过的《转败为胜》课文，以"兔赢了龟，龟不甘心。它们又赛了第二次，还不行，又赛了第三次"为内容，"展开想象，写一则寓言"。

四　用筐栏刊出严文井关于寓言的四条"警句"，如"寓言是一把钥匙，用巧妙的比喻做成。这把钥匙可以打开心灵之门，启发智慧，让思想活跃。"

显然，本课的练习题表明，编者并没有将《寓言三则》当成"定篇"，也就是说，所设计的学习重心没有放在"彻底、清晰、明确地领会"课文本身上，这与上面俄罗斯的那一节相比较就一目了然了。而且，本课选文似乎也没有被当作"例文"来处置，也就是说，所设计的学习重心，也没有放在彻底、清晰、明确地领会相对外在于课文的关于寓言或寓言读写的知识上——从列举的"发挥想象力"的样本，即"某位同学"的那篇显然不符合寓言语体特征的续写材料看，教材的编者似乎没有将关于寓言或寓言读写的知识作为重心。从练习题的出法方面考察，本课可能主要被当作下文将要讨论到的"用件"类型来使用的；更大的可能性，也许只是为了强扣该单元的"培养想象力"主题而编设的，尽管强扣的主题又被一些不明来路的念头所冲淡，因而显得涣散：练习第（1）题，讲一个寓意相似的小故事，主要的作用是考查学生对该篇寓言的寓意把握（其实，《伊索寓言》寓意显豁，此题并无十分的必要）；"用一个成语概括"，用意与前面相同，但限定成语似过于苛刻，除非掌握那个成语也是本课的学习目标之一；在"结尾加一段话，点明中心意思"，也本着相同的用心，但加上那段话后，实际上势必会篡改原文原作的本意和写作风格（有意不点明寓意）。加进点明寓意的话，初看与上举的俄罗斯教材第五项第 3 部分第（1）小题相似，但俄罗斯教材那道题的用意是让学生体会克雷洛夫寓言的特色以及他在借鉴中的创造性，所以在学生写出后，教材还要求学生与《伊索寓言》《古代寓言》中的相关作品相对照。总起来说，这道题是把三则寓言处理成"用件"，即为了了解大概内容而去读一篇文章。从练习第（2）题来看，课文实际上只是个引发活动的话题，扣的是"发挥想象力"的单元主题，严格地说，与寓言学习的关系已经不大。这也算是"用件"文的一种用法，尽管是一种离题式的用法。练习第（3）题与《寓言三则》这一课文无关，尽管要求学生写作的是一篇"寓言"。上举的俄罗斯教材也有一个写作寓言的练习，但是在学生透彻把握寓言语体特征前提下的"尝试练习"，并从"在你所写的寓言中有没有事件的发展？有没有比喻？在对话中有没有表现出主人公的企图和性格？有没有寓意？这一寓意与所写的寓言是否吻合？"五个方面具体地指导学生改善自己的作品，这个练习与其说是"写作训练"，毋宁说是通过学生自己的创作经历以进一步加深对寓言、对克雷洛夫寓言的领悟。而我们的教材着眼点其实不在"寓言"，而在于缺失现实目的和语体要求的"展开想象"。

总体来说，我们的上述题目理路不正，至少是理路混杂，对这种教科书设计方式、对这种选文的处置策略和技术，现在看来，必须重新审视。

（二）"例文"类选文的呈现

我们以英国的一部教科书为例，来说明"例文"在教科书中的呈现样式。

英国约翰·巴特编写的《英语》教科书，重点教的是第二单元的"阅读"，这个单元有"如何成为一个优秀的读者""阅读故事和短篇小说""读自传"等十个主题。其中"阅读故事和短篇小说"的主要教科书内容大致分为六个小节，编排如下①：

1. 故事叙述人的决策：一篇故事可能有四种开头方式

（1）

十月初，一个晴朗的日子。简·哈利斯（Jane Harris）逃学了。一直到黄昏，她都在观看电视上一个慈善机构组织的音乐会。她的心情很好，因为她在学校慈善募捐活动中起了重要的作用。她把科学课的作业完全忘在了脑后。

当她穿过可抄近道通往公园的一座小桥时，潺潺的流水使她一惊，不知为什么，她想起了应该详写的物理实验报告。她觉得生活对她太不公平了。为第三世界集资（真可笑，为什么叫"第三"？谁是"第一"和"第二"？），要比抄写那些她已经很熟悉的笔记重要多了。尽管她知道罗格夫人不是这样看问题的。

避免被别人看见也很容易。到处都是杜鹃花、灌木丛宽大、密集的叶子；但仍然有可以窥视的空隙。前半个小时最危险；只要学校一上课，她就可以有一整天的自由。她很容易找到一个隐蔽的地方；在那里，她可以阅读朋友露西借给她的朱迪·布鲁姆的著作。她还有包装好的午饭。她能把一切都安排得很好。

明天需要交今天缺课的笔记。如果父母问起她今天做了些什么，她该怎样编造这一天的事情呢？如果露西黄昏时打电话来问她今天干什么去了，她该如何对付呢？这些想法一时齐集心头。但

---

① 韩雪屏、朱凤英：《英国莱兹版〈英语〉教科书章节译评》，《语文建设》2006年第3期。

是，学校已经开始上课了，她已经来不及改变主意了。

罗格夫人拿到点名册，发现简缺席时十分惊讶：在以往的学习中，这个女孩是合格的、优秀的；而且她写了大量的笔记。以前在小桥前没有见过简吧？罗格夫人突然想起：有一次她开车送儿子到车站附近的小学上学时，曾经在那里见过简。

"露西，你今天看到过简吗？"

"没有，她可能不大舒服。"露西回答说。

"不，我不那么认为。昨天她还很正常呀。"罗格夫人自言自语地说。

（2）

平常我很认真。我的奶奶经常告诉我到学校里去学习，不要混日子。我想她说得很对。

我很喜欢做过的物理实验，但是，我却经常不把罗格夫人对我们说的话放在心上。我写实验报告时，用"咝咝地作响"代替"冒气泡"，惹得大家哄堂大笑。我不明白为什么非得用那个长词。（"effervesced"比"fizzed"拼写起来长。——笔者注）

音乐会很精彩，但决不止于此。有人告诉我：花一些钱做抵押，就可以连续不断地给你显示电话号码，那么有信用卡的人就能用电话长谈。于是有人就用信用卡去抵押，那总价其实超过了一台电话机。我听了觉得很有趣。不知道为什么，我还经常想着从报纸上看到的一个小女孩的照片，她那双大大的黑眼睛时常萦绕在我的心头。这种情绪已经持续了一周还要长。

我想：一天里逃一会儿学，会给我们的生活带来许多兴奋。那循规蹈矩的生活使我们感到单调乏味——一天又一天都是相同的、陈旧的事情，天天如此。

当我俯视桥下的流水，我又想起还没有写完的科学课作业。靠近岸边的水泡沫比较多。这又使我想到：给液体加热，直到它咝咝作响。

（3）

艾萨克·牛顿学校校长 E. 肖（E. Shaw M. A.）先生写给简的父母的信

· 221 ·

亲爱的哈利斯先生和夫人：

很抱歉，我不得不通知你们：你们的女儿简昨天逃学了。看来，她是忘记完成科学课的作业了，还想逃避因为旷课应受的处罚。

如果不是她的年级教师罗格夫人警惕性较高，她逃学旷课也不会被发现；因为罗格夫人以前曾经在学校附近的公园入口处的一座小桥前看到过简。

今天早晨，当我问起这件事的时候，我不能不遗憾地说，简试图用谎言掩饰真情。她现在很后悔。我希望她的这种不端行为日后不再发生。

我们对这种行为的态度很严肃。我相信你们也会明白。简不能不受到适当的处罚。在这一周内的课间和午饭时间，她将被留校。

希望得到你们的合作与支持。

校长 E. 肖（签字）

（4）

10 月 3 日　星期三

盼望着离开，感到自由、兴奋。公园亲切、宁静。看完了露西的朱迪·布鲁姆的书。生活在美国真幸福。午饭的时候感到有点冷，不得不通过跳圈来暖和身子。设法在妈妈下班前用电话和露西取得了联系。复制妈妈的签字太容易了，因为她把一封信放在餐桌上，忘记收起来；因此，复制绝对容易。虽然有些惊恐，但同时也觉得自己长大了。昨天晚上没有做完的科学课作业，我很快就能做好。

10 月 4 日　星期四

糟糕的一天。虽然我还没有摆脱昨天的烦恼，但是，校长的询问说明事情已经暴露了。我认为我不是第一个被他识破的人。当我把他的信交给妈妈时，她哭了。爸爸大声叫喊着说我是一个不可信赖的人。幸亏校长没有提到假造的签字，否则，妈妈会打碎我的脑袋。

现在，你已经读过了这些不同的开头，你会看出故事叙述人必须做出一些决策。例如，采取什么视点？用什么形式？在你阅读下面的故事和短篇小说时，我们将帮助你找出他们的决策。你一定要精读小说的开端，很快你就可能进入消遣性的阅读。不精细地阅读小说的细节，就不可能分享小说的乐趣。讨论小说细节的目的是：第一，引起你对小说所采用的主要表述方式的兴趣（这可能有助于你写自己的作品）；第二，在开始读一本书的时候帮助你，你也许想要放弃它。最后，小说或故事的开端是最重要和最困难的部分。挑选一本书要花费多少时间？在读进去之前，你要拿起、放下多少遍？一旦选好，就不要停止阅读！

　　做下面的两个练习。它们将告诉你故事叙述人能以不同的方式讲述同一个故事，这些方式是怎样影响读者对情节和人物的看法的：

注意表中列出的选文（1）的细节，然后记住那些在选文（2）（3）（4）也用过的细节和它们出现的次序。

选文（1）　　　　选文（2）（3）（4）
——十月初
——简·哈利斯逃学
——看电视里慈善机构的演奏
——学校慈善募捐的牵连
——没做科学课程的作业
——穿过小桥直达公园
——水让她想起了作业
——生活好像不大公平：
第三世界和家庭作业的比较
——教师有不同的观点
——密集的叶子覆盖
——半小时的危险
——整天的自由阅读
——包装好的午饭
——可能有的问题：
缺课的笔记
父母的愤怒
露西的电话
——罗格夫人的点名册：
看上去简很好
简做了笔记
简上过桥吗？
儿子的离开
露西的回答

再读一遍选文（1）和（2），然后在下面的空白里写出选文（2）里面有，而在选文（1）里没有出现的细节。

　　选文（1）里的这些细节使你对简增加了什么印象？简要地写出你对她的看法。

2. 故事叙述人的决策：视点

故事叙述人最重要的决策之一就是必须确定视点：如何呈现和叙述故事。回顾选文（1）和（2）。你能发现它们之间最主要的不同吗？

选文（1）是由一个知道所有事情的叙述人写的，他既了解简，也了解罗格夫人；她们二人的思想和活动都被表述和描写出来。选文（2）却不能提供有关罗格夫人的任何想法，因为它是从简的视点来写的。

如果故事叙述人的视点是通晓所有的事情，如同选文（1）那样，那么，他的叙述就呈现出跳跃状态：可以从巴黎一个十几岁的女孩，跳到新加坡的一个老人；从一个大城市里正在逛街的顽童，跳到沿着城市的小路，用学步车推着幼儿的母亲。因此，我们经常用"无所不知"（omniscient）来称呼这样的作者。

> 你知道吗？以 omni 开头的词语有"全部"的意思。scient 是一个拉丁词，意思是"知道"。因此，omniscient 的意思就是"无所不知"。
>
> （以下从略）

当作者决定以故事中的一个角色的身份来叙述，如同选文（2），那么他能讲述的事情就有一定的限制了。他只能直接写出一个角色的思想、感情、行动、记忆等，其中每一件事情都得来自与这个角色有关的会话、书信、电话。我们把这类故事叫作"第一人称叙事"。

选文（1）（2）是最普通的叙述方式。选文（3）（4）显示了两种更深层的叙述方式，其中选文（3）用书信形式，现在有些小说已经全部用书信的形式。

> 活动
> 思考用书信的方式来继续简的故事。
> 简的父母如何给校长肖先生回信？简的妈妈如何给简的姑母写信？简怎样给奶奶写信？

肖先生的信和选文（1）（2）相比，是不是提供了很不相同的关于简的观点？选文（4）中，简的日记也是叙述故事的另外一种方式。

> 活动
> 　　写简进入 10 月 5 日的日记
> 　　10 月 5 日
> 　　10 月 6 日

3. 实践练习

阅读下面的故事，发现作者选择的视点。

挖空了的土地

简·珈达姆（Jane Gardam）

（略）

从《挖空了的土地》的开头，你能想到这个故事要说什么吗？你能找到什么线索？去找这本书阅读，证实你已有的某些合理的猜想。

夏洛蒂家的韦伯

E. B. 怀特（E. B. White）

（略）

《夏洛蒂家的韦伯》是一个非常流行的故事，你以前可能已经知道了。你是否想过：弗恩和她父亲的对话，最合理的结果是什么？

> 现在你应该练习应用这些选文。从你的书架上或图书馆里找三四本你最喜欢的小说，注意看开头的几页，思考每一本书的作者决定采用什么视点。在下面的空白处写出你的答案。
> 　　书名
> 　　作者的视点
> 　　书名
> 　　作者的视点

4. 故事叙述人的其他决策

视点仅仅是故事叙述人的一个决策，此外还有：

> 其他决策
> 　　人物以谁的形式出现？
> 　　故事要发生在哪里？
> 　　将要发生什么事情？
> 　　这个故事要说明什么观点？
> 　　故事将要从哪里开始——是否遵循时间线索？
> 　　是否要倒叙？

下面是一篇完整的短篇小说。读完之后思考作者所采取的多种决策，写在空白处，并为每一个决定提供你认识到的作者的回答，然后检查是否正确。

女巫的面包

欧·亨利（O. Henry）

（略）

决定：作者的视点是什么？

作者是无所不知的。他观察马莎和她的顾客，特别了解马莎的思想和感情。

决定：小说有几个人物？

三个，主要人物是马莎，通过细节我们可以看到她的感情发展过程。还有被马莎称为"艺术家"的布卢姆勃格；还有他的同事。在小说中，这个同事的作用是提供一个出人意料的结局，并对这个结局进行解释。

决定：马莎是哪一种类型的人？

从下列词语中选择你认为准确地描写了马莎性格的词：亲切的、狡猾的、愚笨的、虚荣的、害羞的、天真的、小心谨慎的、急躁鲁莽的。

有些词语似乎表示了相反的、矛盾的意思。你是否选出了一些意义相反的词？你能否从小说的特定部分找到足以支持你选出的词语的语录？你是否了解小说里人物的个性特征？有三个明显的方法可以帮助你发现人物的个性特征：

（1）听他自己如何评价自己（如简说自己"守规矩，很认真"）。

（2）看其他人如何评价这个人。

（3）最令人信服和可靠的材料来源于人物的活动和行为。

当然，在我们听取人物的自我评价和他人评论时，必须仔细地思考他们说的是什么。例如，如果校长肖先生仅限于说明简已经逃学了，那么"守规矩，很认真"等词语就不能用来描述简了。

决定：故事发生在什么地方？

作者把故事安置在马莎的面包店，以使事件完整地聚集在一个地方，并且把读者的注意力集中在马莎身上。假如读者被引至布卢姆勃格的办公室，那么，读者就会对马莎感到惊异了。故事的焦点如此多地集中在马莎身上是十分重要的。

决定：将要发生什么事情？

欧·亨利细致地构建小说的情节，他让马莎不断提高对"艺术家"的兴趣。她采取了吸引他的步骤：在面包店柜台后的架子挂上图画；关心自己的穿着和外貌。我们第一次读小说，往往容易忽略布卢姆勃格不是艺术家这个线索，因为他评论了马莎挂出来的画不是好作品。

救火车使布卢姆勃格分了神，致使马莎可以在面包里塞进黄油；这是她一时冲动、不假思索做出的决定。她不可能预先知道有救火车来，正如小说里写的，她是"突然灵机一动"。由此可知，十分钟前，牛奶房的男工留下黄油，也是令人信服的。

在布卢姆勃格离开面包店之后，作者展示了马莎的思想：他或许生气，扔了画板和调色板；他或许高兴，惊讶他居然有了面包切片。作者在不断地提升着读者的兴趣，直到出现了巨大的吵闹声——愤怒的艺术家高声喊道："笨蛋！千雷轰顶的！"他的同事才解释了事情的原委。

决定：小说想说明什么观念？

透过小说故事的表面，我们能看出作者的意图在于告诉读者：应当仔细地做出对人的假想。如果马莎不是只在自己的心中构建有关她的"艺术家"的形象，而是在采取行动之前了解与他有关的多种情况，或许她能有幸和他建立亲密的关系；但是，现在我们不能想象她有什么好运气了！或者你认为布卢姆勃格将来能原谅她吗？

决定：小说故事从哪里开始？

小说故事的结构很简明：作者掌握的是时间线索。

> Chronological 是由两个希腊词组成的。Chronos 的意思是"时间"，logos 的意思是"理由"。在你的词典里找出 chronicle 和 chronometer。

我们在前面已经说过：精读短篇小说应该寻找作者已经做出的若干决策；这样做有助于理解和享受故事叙述人的创作乐趣。

5. 实践练习

再阅读一篇小说，读完后，思考作者的决定。

他们昔日的乐趣

艾萨克·阿西莫夫（Isaac Asimov）

（略）

下面是特利·琼斯（Terry Jones）的一篇童话故事，你认为作者要说明什么观念？

三个雨点

（略）

6. 学写读书笔记

你是否给自己读过的书列出一个表格？你是否简单地写过一些读书评论？建议你最好写读书笔记。回顾以往的岁月，回顾你当时的想法，这是一件很迷人的事情。

> 你已经读了许多故事和短篇小说。你可以在图书馆和书店里去选择书籍。如果你还不够熟练，就去请教老师、图书管理员，或者是你喜欢的有思想的人。要坚持读书，无论什么时候，你都会有余暇，你都能进入另外一个世界！阅读朋友介绍给你的书，也把自己读过的书推荐给别人。

（读书笔记样例从略）

写读书笔记时，可以从下列项目中选择，也可以从多方面说明你对一本书的看法：

（1）人物以及你对他们的看法。

（2）故事发生的地点。

（3）作者对什么事情产生了兴趣。

（4）书籍的优秀片段。

这一教科书单元典型地体现了"例文"的呈现方式，从教科书编撰的角度，可以看出以下几个要点：

（1）知识统帅选文，选文则主要起知识的例证作用。

（2）例文只用"文"的某个部分或某些点的某些方面。"例文"多用片段，并不是因为这一片段"精彩"，而是因为该片段足以说明问题，且又能避免篇章其他部分可能引起的注意会导致学生精力的涣散，

· 228 ·

因而干扰了所"例"的主题。① 例如该单元首先出示的四个故事，编撰者就只关注开头和结尾两部分，而关注的角度也限定在"视点"和"故事讲述方式"两个方面。

（3）为使学生有效地掌握知识，需要集中使用相当数量的例文。该单元共编选了11篇选文（包括片段和全篇），使知识得以充分地展现。

（4）讲知识与读文选往往穿插进行。

（5）相关的数项知识纵横联络，形成群体，以防造成知识的孤立和割裂。本单元讲述了"视点""故事讲述方式"和"说故事人的其他决策"数项知识，有分有合，连贯而下。

（6）教材设计的所有活动都必须围绕着知识学习，体现出知识学习这一宗旨。该单元安排了"续写"和"读书笔记"两项教材内容，但其意图与作用是通过写作这一形式的活动促进学生深入理解和领悟本单元所讲述的知识，并不是在既定的课程内容之外，又插进什么日记、读书笔记的"写作训练"。在本单元，续写日记、写读书笔记只是"语文活动"而不是"语文学习"，它们只是本单元的"教材内容"而不是"课程内容"。换句话说，目的不是学"写"日记、笔记，事实上，单凭这样的一次写的活动，也达不到学会"写"的效果。安排"写"的教材内容的目的是掌握"视点""故事讲述方式""说故事人的其他决策"这些作为"课程内容"的知识。

（7）编者为师生提供和组织了丰富的教学资源。从内容上说，有知识话题，有选文范例，有学生课内外实践活动；从形式上看，有文字材料，有插图，有留白。

---

① "文"不等于"篇"，也就是说，"定篇"固然必须是篇（包括书或长文的章节），但"例文"却不一定非要全文完篇，它有时可以是三言两语的片段。我国语文教科书一概以"篇"为"例"所产生的弊病，即篇章中其他部分可能引起的注意会导致学生精力的涣散，从而干扰了所"例"的主题。对"选文"的合适处置法是，该用篇的时候，必得用完篇；该用段的时候，就得用段。比如朱自清的《荷塘月色》，如果作为"定篇"的话，则决不应该删去"正如刚出浴的美人"以及作者当时联想到的《采莲曲》等，而如果决意将此文当作"描写"的"例文"，那似乎又没有必要非得刊印出全文而诱发师生对"这几天心里颇不宁静"这一"文眼"的穷追细究。

（三）"样本"类选文的呈现

"样本"类型的"选文"有其独特的功能，有其独特的功能发挥方式，因而也要求在教科书的处置上，采用与"定篇""例文"不同的方式。一方面，课程内容主要来源于具体的学生在与特定的文本交往的过程中，因而不能像"定篇"（名篇的篇目和关于名篇的权威阐释）和"例文"（诗文和读写的知识）那样在课程标准里事先指定；另一方面，教学又必须有所控制，教科书的编订必须以事先确定的课程内容为前提。这是样本编撰的难题。

从教材编撰的角度看，中外语文教科书为解决"现场"产生与事先设定的难题，已开发出多种编撰策略和技术：比如，一是将通过教科书展现的课程内容设计为开放式。只印选文，以全开放的形式供教师选教。以"读读、议议、讲讲、练练"的段力佩教学模式，曾用《水浒传》作为语文课程的主教材，实际上也是课程内容全开放的例子。二是将由教材控制的课程内容，设计为候选式。在内容设计上，对学习重点及语文知识的讨论，均不避重复，使学生不会因选读而遗漏某些重点或基本知识。在"样本"类文选型语文教材中，那些详详细细涉及选文方方面面的教材内容，并不是都要讲，都要学的，从原理上讲，它们只是供教师在教学中依据学生的情况而自主选用的。三是将由教材展示的课程内容设计为提示式。这不同于我们的"思考与练习"，我们的"思考与练习"掺和着许多来路不明的庞杂的东西，真正着力解决"样本"难题的，自觉地将"思考"定位于学生在读写中可能（或应该）遇到的问题的，好像并不常见。四是将由教材展示的课程内容设计为演示式。如分为"初涉课文、课文分析、结论"三个方面，又如叶圣陶的《文章例话》等。五是将教材所展示的课程内容设计为搀扶式。其样式与我国以旁批评点面目出现的语文教材相似。这种设计只讲学生读写当中可能（或应该）遇到的问题，让知识自然地渗透其中。

这里我们重点介绍搀扶式呈现。

德国北威州《现代德语》（第七册）收录了盖特·罗施茨小说《分币痣》选段"小丑的喊叫"。该课文讲述的是一个特别的马戏团的故事，教材版面的右栏是原文，段落前标有序号，左栏则是教材编者设计的教材内容——导读和练习，每一条款与原文段落的序号相对应，这种形式与我国采用旁注评点样式的语文教材有点相似。该选文旁列的"导读和练习"① 如下：

1. 故事开头就是一个名字：Tom Courtey（汤姆·考尔特）。你会正确读出来吗？看到这个名字能联想到什么？请给这个人物画一幅肖像和勾勒一幅侧面画像。画好之后就对他进行人物描写。然后相互介绍练习结果，并讨论一下，什么样的人物形象更符合原著精神。

2.（右栏原文是"每天都有演员向汤姆提问求教，诸如：空中斤斗如何做得更精彩，是伸腿还是屈腿？高空钢丝倒立怎样做得既惊险又潇洒？怎样才能让飞刀在空中画弧但又能命中目标？"）也许汤姆是个很风趣的人，爱卖关子，比如他会请前来求教的人首先描述一下自己的设想。他可能会说："好啊，亲爱的倒立先生，您能不能先讲一讲，正常的情况下高空钢丝倒立是怎样做的，然后我才能助您一臂之力，当然，我是说提供咨询……"请你与团长汤姆直接对话，和他讨论空中斤斗、高空钢丝倒立和飞刀等表演项目。

3.（略）

4.（右栏原文是"演出那天晚上，汤姆正在做准备，饲养员忽然跑来，说马群出现异常不安现象，请他速去查看。……"）发挥你的想象力，把故事继续讲下去。请把间接引语、人物感情用直接引语表达出来，可以采用对话、独白、批评和反驳等语言。

5.（右栏原文是"汤姆蹬上黑马后，便催马从隔离栏旁边进入跑马场，全场观众顿时人头涌动，齐声呼喊，并报以热烈掌声。"）研究一下，这段故事是从哪个角度叙述的，怎样看得出是从这个角度叙述的，请从小丑（一个在演出场用手指着汤姆喊了一声"他脸上有一颗痣"，而莫名其妙地造成汤姆一蹶不振的人物）的角度叙述这段故事。确定一下，角度的改变对故事情节和叙述方式会有什

---

① 柳士镇、洪宗礼：《中外母语教材选粹》，江苏教育出版社 2000 年版，第 342—347 页。

么影响。

6. （6—10 略）

上面共列举、抄录了四条。

第1条是让学生注意到小说中的人物命名。我们知道，人物取什么名字，是小说创作中颇为费心的环节。在小说中，名字也往往体现着人物的性格，预示着人物的遭遇。而这一环节又是学生容易忽视的，所以有必要让学生在此处停下来，以感受作者命名人物的用意。同时，在一开场便提出人物的名字，也是小说的一种技巧，体会这一技巧无疑也是阅读的题中之意。

第2条涉及小说的艺术，在文本中留有"空白"是小说的艺术技巧。同时也关乎阅读的重要方法，小说的阅读要求读者动用自己的人生经验去填补、充实文本的"空白点"，从而重新"创作"出属于自己的"作品"。

第4条是关于小说对话语言的。小说中的言语，除了叙述人的叙述外，便是人物的话语（对话、独白以及心理活动），可以说，对话语言是小说的半壁江山，是小说艺术的驰骋场所。指引学生进行间接引语向直接引语转换的活动，便是搀扶学生体会小说这种"被覆盖了的"间接引语的艺术魅力。

第5条是关于小说的叙述角度的，让学生停下来感受角度的改变对故事情节和叙述方式的影响，等于让学生学习鉴赏小说的入门之道，其重要性自不待言。

应该说，德国教材的这一节圆熟地展示了"样本"类选文的教材编撰策略和技术，是高水平的范例。

从教科书编撰的形式看，样本设计为搀扶式与我国以旁批评点面目出现的语文教科书相似。搀扶式的设计要点大致如下：

第一，问题应该导源于选文，应该直接产生于选文的理解活动。

第二，这些问题是学生在自主阅读的情况下可能提出，或按一般的估计应该提出的。

第三，提出这些问题的目的，是促使学生从这一角度去把握诗文，而不是为了得出"标准答案"。

第四，知识"自然而然地渗透其中"。

第五，旁注评点的搀扶是按阅读的进程逐步展开的。或者说，它是有意识地打断学生的自然阅读进程，在诗文的关键处，让学生停下来，按旁批评点的指引进入相关的活动，由教材搀扶着，学习更为有效的读写方法。

让学生在此处停下来，意味着教材编撰者事先估计到学生原来在阅读此处时可能出现了问题，尽管学生往往不能自觉地意识到自己有问题。搀扶，意味着要学生改变原来的读法而学习一种新的读法，而新的读法则能使学生看到在作品中蕴涵的——他们过去从来没有看到的、如果不学习的话以后也往往不会看到的——深意。

相比较而言，我国以旁批评点面目出现的语文教材，存在两个严重的问题。第一，陈述的内容和表述方式，都从教材编者这一"发出方"着想，而不是上述德国教材那样主要是从学生——"接收的一方"来考虑的。以"发出方"的姿态来择取内容即在哪里生发评点、选用表述的语体风格，是我国古代评点文的传统。我国古代的诗文评点，多是评点者自身感受的外溢，也就是"以鉴赏始，以鉴赏终"[1]，多数的评点与其说是指导读者的辅助文字，毋宁说是自身感受的笔录，几乎等同于评点式的读书笔记，记的多是评点者自认为值得笔录的内容，而其表述方式则倾向于专供自己阅读的笔记备忘录体，多是些短词断句。对"以发文人而非受文人为写作对象"的表述取向，张继沛在《改善香港应用文教学素质所需面对的问题》一文中作为严重的问题提出过，[2] 但在内地尚无人注意到——语文教材中的旁注评点文字其实也是一种应用文，更没有人从语文教材编撰技术的角度对此作过盘查。由于偏向于"发文人"，这便产生了第二个问题，评点的内容更多地依赖教材编者个人的"趣味"，因而评点的项目单调，条款之间散乱而缺乏联络，未形成统一的评点主题。

"样本"类选文，依照旁批评点的形式将教材所展示的课程内容设

---

[1]　刘衍文：《古典文学鉴赏论》，上海教育出版社1991年版，第2页。
[2]　张继沛：《改善香港应用文教学素质所需面对的问题》，李学铭等主编：《语文教与学素质的维持与达成》，香港教育署1991年版，第232页。

计为搀扶式，我国语文教科书在编撰的策略和技术上，也有改进的必要。

（四）"用件"类选文的呈现

我国过去的语文教材很多没有"用件"的概念，一些本来应该是"用件"的选文，往往混合在"说明文""议论文""应用文"之中，做面面俱到的处置。① 从国外语文教材和我国语文教学实践两方面归纳，语文教材里的"用件"大致有"语文知识文""引起议题文"和"提供资料文"等类型。

1. 语文知识文

语文知识文如《打开知识宝库的钥匙——书目》（陈宏天）、《怎样写总结》（张志公）、《语言的演变》（吕叔湘）、《咬文嚼字》（朱光潜）等。过去，语文教科书以及语文教学往往将上述选文处理成"说明文"——既想使学生获得"书目知识"等东西（用件），又要使学生学习"说明方法"和"说明顺序"（例文），还要解决学生阅读中所遇到的困难（样本），另外还要让学生"掌握"这篇的"说明文"（定篇），其结果是几败俱伤。

现在情况有所改变，比如有部教材在《打开知识宝库的钥匙——书目》的后面只出了两道题：②

（1）为什么说目录学是一门重要的学问？请用课文材料加以说明。

（2）以小组为单位，统计一下初中阶段读过的课外书籍，然后将它们分类，编制一个图书目录。

可以看出，这里的要点在"语文知识"，而不在"文"。换句话说，如果学生对"文"里所讲的知识有难解之处，教材或教师就应该"讲解"这些（知识的）难点，或者改用其他的文章、其他的媒介，以使知识传递更为清晰、易懂和有效。事实上，也正是因为能清晰、易懂、有效地传递知识，才能把"语文知识文"编进教科书。

---

① 王荣生：《语文科课程论基础》，上海教育出版社2003年版，第359页。

② 倪文锦：《中等职业教育国家规划教材语文（基础版）》，高等教育出版社2001年版，第31页。

2. 引起议题文

引起议题文的"议题"，既可以是语文方面的，如果必要的话，也可以是社会、政治、人生的重大问题以及其他的问题。比如《讲究语言的文明和健康》（人民日报社论）、《继续为祖国语言的纯洁健康而斗争》（许嘉璐）就宜处理为引起语文方面议题的选文类型；《个人与集体》（刘少奇）、《讲讲实事求是》（邓小平）等文章，如果有必要的话，也较宜处理为重大问题方面的引起议题文。

引起议题的关键也不在"文"，而在于文中的观点和理据。换句话说，如果学生因文字的原因而对文中的观点和理据认识含糊，教材就应该阐释那些含糊点，或者改用其他的文章、其他的媒介；如果学生对文中的观点和理据持有不同的认识，教材或教师就应该商议那些不同的认识。

当然，引起这方面的议题带有语文训练的目的，如阅读训练、写作训练、说话训练等。也就是说，对议题的讨论被规范在语文课程与教学格局里，学生不仅仅是围绕议题展开听说读写"活动"，它还必须同时发生语文"学习"，在活动中有意识地使学生形成听说读写的新知识、新技能，构建新的语文能力。

请看《羚羊木雕》的设计①：

一　导读：你在悄悄地长大，对许多事情已有了主见。有时候，对某些问题，你可能不得不面对与父母的分歧，它也许让你无奈、伤心甚至落泪。下面就是这样一个故事。

二　课文及注解。

三　研讨与练习。

（一）分角色朗读课文。朗读前，先默读几遍，遇到生字、多音字，要查字典。朗读中，注意体会文中的思想感情。

（二）你如果遇到"我"那样的伤心事，会怎么处理？说出来让大家听听。

---

① 《义务教育课程标准实验教科书·语文》（七年级上册），人民教育出版社2001年版，第119—124页。

（三）分甲、乙、丙三个小组，甲方代表父母，乙方代表"我"，丙方代表万芳，就这一场家庭矛盾冲突的是非展开讨论。要注意摆事实讲道理，并根据自己所代表的人物身份，掌握好说话的分寸。

四　读一读，写一写（字词略）。

这个设计的要点是由文中的观点和理据引发学生的讨论。学生在讨论议题的同时，也进行了说话训练。应该说，这种处理方式是比较恰当的。

3. 提供资料文

这种类型的运用在我国以往的语文教科书里是缺失的，而国外的教材使用较频繁，不但是义，还有许多画。

《现代德语》第九册专题板块的第一部分主题是"同一个话题在不同媒介中的反映"①，教科书涉及的"话题"是关于第二次世界大战期间德国反法西斯宣传小组"白玫瑰"的斗争故事，教科书先让学生调查、收集反映这一史实的大量资料，从史料汇编、有关故事片到1943年的德国报纸、"白玫瑰"小组当时的传单等，接着指导学生按一定要求分类整理所搜集到的资料，同时提供丰富的材料选粹，其提供的材料文计有：

（1）摘自史料汇编的关于"白玫瑰"的文章一篇。

（2）1993年回顾这一事件的报纸文章一篇。

（3）美国故事片《不安的良知》（1992年）剧本选段一篇。

（4）德国电影"白玫瑰"部分成员的剧照。

（5）德国电影"白玫瑰"（1982年）剧本剪辑一篇。

（6）电影《白玫瑰》故事梗概一篇。

（7）1943年"白玫瑰"的一张传单打字复印件。

（8）介绍"白玫瑰"成员的辞书说明文字一篇。

---

① 柳士镇、洪宗礼：《外语文教材评介》，江苏教育出版社2000年版，第404—407页。

正是在搜集和提供大量材料的基础上，学生才能对不同媒介在"材料的客观程度""介绍信息的角度""材料表现形式""可读性和通俗性"等方面进行研究。

在综合性学习理念的感召下，我国新课标语文实验教科书在"提供资料文"方面已有所觉悟①，这主要反映在人教版、江苏版等实验教科书的"专题"设计中。例如，人教版教科书在"写作·口语交际·综合性学习"中有意识地选入了一批"提供资料文"。

例如，人教版七年级上册第四单元"写作·口语交际·综合性学习"的专题是"探索月球奥秘"，教材围绕专题设计了五项活动。在活动后面集中附了七项有关月球的"参考资料"：

（1）月球的几大谜团。

（2）不少文献记载，月亮并非自古就有。

（3）与月亮有关的神话传说。

（4）我国古代关于月亮的富有幻想色彩的诗歌。

（5）赏月佳对。

（6）月亮的美称与雅号。

（7）月球外星文明的传说。

这些"参考资料"就是"提供资料文"。这些"提供资料文"为学生从事相关的语文学习活动提供了很大的便利。人教版教科书中像这样在"写作·口语交际·综合性学习"中提供的"参考资料"情况见表5-3所示。

在新课标实验教科书的编撰方面，人们逐渐认识到将教学资源的开发和利用完全甩给教师甚至学生，有很多现实的困难越是趋向于"用教材教"，就越需要教科书提供大量的资料文。

总体而言，不同的选文在呈现方式上应该有不同特点。如果是定篇，就要尽可能翔实地呈现作家其人、其文、写作背景、文学地位，作品影响等知识来帮助学生更全面地理解作品、作家；如果是"例文"，

---

① 汪海龙：《新教材新在哪里》，《语文建设》2002年第2期。

就要把重点放在"例"的局部，扎扎实实地落实语文知识；如果是"样本"，就应该以学生的学习体验为基础，在助读系统中应注重方法策略的指导，在练习系统中则要注重知识的应用和实践；如果是"用件"，语文知识的呈现就不需要面面俱到，关键是指导学生运用选文中的知识来指导语文学习。

表5-3　　　人教版"写作·口语交际·综合性学习"中的
"提供资料文"分布表

七年级上册	第二单元：漫游语文世界；第四单元：探索月球奥秘；第六单元：追寻人类起源
七年级下册	第二单元：黄河，母亲河；第四单元：戏曲大舞台；第六单元：马的世界
八年级上册	第一单元：世界何时铸剑为犁；第三单元：说不尽的桥；第五单元：莲文化的魅力
八年级下册	第一单元：献给母亲的歌；第三单元：科海泛舟；第四单元：到民间采风去
九年级上册	第三单元：青春随想；第四单元：好读书，读好书
九年级下册	第六单元：岁月如歌——我的初中生活

三　活动的呈现

这里，我们主要从语文学习活动的基本构成要素来探讨语文教科书实践活动的呈现特点。

（一）体现能力导向的活动目标

听说读写的言语活动均以语文能力的培养和发展为旨归。因而，以能力为线索是活动呈现的第一要素。

国外母语教科书中学习活动的设计注重对学生言语实践能力、思维能力、操作能力和合作精神的培养。美国从实用出发，把读写听说训练放在了特定的文化环境之中，使语言能力在各种有意义的经历和活动中真实化、实用化。如《美国语文》最具特色的地方恰恰在于范文之后"问题指南"里的"文学和生活""阅读理解""思考""文学聚焦"，以及"点子库""微型写作课"等，这些设计在紧贴现代生活方面确实创意非凡，着眼于培养、提升学生在面对实际生活时所需的各种应用与应变能力，重视指导学生的生活实践。法国教科书中学完关于谚语的课文后，布置了搜集几个反映天气的谚语并仿谚语样式尝试创作谚语的作业。澳大利亚教科书中有制作广告的专题训练。俄罗斯教科书中有根据课本内容制作广播剧、排演戏剧的练习。英国教科书中有直接把学生推向社会去锻炼提高语文能力的练习。

日本新颁布的学习指导要领将"恰当地表达和准确地理解国语""丰富的言语感觉""思考能力和想象能力""尊重对方的立场和观点""交流能力""自己的观点""合乎逻辑地叙述""应变能力""爱好读书""关心尊重国语"作为日本新时期言语教育立场的关键词。日本国语教科书中的听说训练、写作训练和语言知识教学都是独立成单元的，或者是在阅读单元中独立成课的。光村国语教科书第一册中共有四个阅读单元，每个单元除了一篇阅读课文外，还编写了一些其他内容。有关课文中所包含的汉字和新词的学习，结合课文的说话和写话练习等，都是独立安排的；即便是课文的学习，也较多地采取言语实践活动的方式。[①]

（二）提供切实的言语活动情境

这里的情境是言语活动赖以发生和进行的前提条件，适当的情境为语言学习者提供了现实的话题，话题使学习者的言语活动具有了共同的依傍。同时，一个语境就是一次完整的言语活动，而一次完整的言语活动可以体现言语的多种功能。因此，在语文实践活动设计中，给学生提供切实的言语活动情境，是活动开展必不可少的。

情境就是一种情形，一种氛围，还曾被称为是"一组刺激"。"有意识地模拟设计一些实际生活中常常存在的情境，以便有目的地训练某些技能和心理适应能力，这是心理学中经常应用的一种方法。"[②] 生

---

① 洪宗礼：《外国语文教材译介》，江苏教育出版社 2007 年版，第 264—272 页。

② 骆奇：《英国小学言语实践练习特色——以〈在岛上〉为例》，《现代教学》2008 年第 3 期。

活情境为学生提供了现实的话题，使学生的言语活动具有了共同的依傍，从而解决了"说什么"的问题。它强调生活即语文，要求言语教学生活化，在言语活动中学母语，用母语。因此，教科书有不少内容是现实生活场景的再现，是生活实践镜头的回放。训练学生掌握适应特定语言环境和交际任务的言语技能，是各国母语课程和母语教学的首要任务。

著名语文教育家朱绍禹认为：一部好的语文教材应该做到价值观和情趣的统一，成为既有思想内涵又有情趣魅力的教材。[①] 重视言语实践教学的李海林也指出：语文教材关于言语活动的设计，最主要的内容就是言语活动情境的设计。[②] 为了展现言语活动的实践情境，他主张利用电视、录像、投影、电话、录音、多媒体电脑甚至网络将言语环境电子化，用电子模拟逼真的言语交际环境。但是我国的语文教材历来形式较为单一，缺乏生活情趣和逼真的言语环境。活动的安排仍然数量少而缺乏情趣，忽略了学生喜欢在游戏、活动中学习语言和体验生活、激发情感的特点，无法满足学生语文学习和个性发展的需要，无法唤起学生参与言语实践和完成练习的兴趣。

国外一些教科书如英国《牛津英语教程》重视情境的设置，设计新颖灵活，给学生带来了无穷的学习乐趣。比如，第一册第四单元的标题是"探索自然"。这一单元安排的专题性活动是"在岛上"。这篇材料以一份简短的贺词开始："海岛生存演习。你和你的伙伴组成一个小组。你们将要在一个人迹罕至的海岛上生活一个月。你们要经历冒险，要显示出自己的勇敢、机智、决断和合作精神。最后还要把你们所经历的事情写出来。"这个专题分为五个分题：《在我的岛上》《旅行伙伴》《装备》《岛上生活》《问题》。[③] 这个专题设计、提供了奇特新颖的虚拟情境，这些情境由25幅彩图和别出心裁的语言描绘组成。当学生随教材内容投入到选择岛屿和旅伴的虚拟生活情境里，再随着多彩连环画去想

---

① 洪宗礼：《外国语文课程教材综合评介》，江苏教育出版社2007年版，第101页。

② 江苏母语课程教材研究所：《当代外国语文课程教材评介》，江苏教育出版社2004年版，第582页。

③ 江苏母语课程教材研究所：《外语文教材评介》，江苏教育出版社2004年版，第42—44页。

象、感受岛上的神秘生活时，活动中的体验就会消除学生与写作的距离感，激发的兴趣与热情使学生迫不及待地想说明和描述并写出富有冒险和探究意味的岛上生活日记。再如德国北威州完全中学《现代德语》第七册说写综合训练中的描写：预备性练习目的是让学生学会"描写"设计的内容，但没有直接提出"学习描写"的要求，而是依次设计了六项游戏和活动：物描述游戏、触摸游戏、摄影游戏、观察、猜猜看、感知，引导学生全身心地投入生动有趣的游戏中，在游戏和活动中描述所见、所闻、所触、所想。

上述这些活动情境的设计可以给我们提供一些启示，帮助我们妥善地对情境加以优化。诸如，尝试把学生放在具体的情境中去，使活动尽可能对他们具有意义；将活动多样化：练习、探究、游戏、访谈、调查、观察、计划等；参照学生年龄、水平与学习难度、阶段等使活动频率多样化；让活动与目标相适合；提出一些需要以小组学习形式进行的活动；避免把练习简化为机械性的简单重复。

通过活动情境的创设，让学生体验现实的社会生活，或体验某个典型角色，或体验某种社会情感，通过身临其境来获得对于实际的真实感受，获取知识。激发学习者语文学习的内趋力，激发学生语文学习的兴趣和热情。促使学生参与语文学习，主动学习，让学生在情境中体验，在情境中求知。

（三）保障学生的主体参与地位

以学生为主体，是指语文实践活动的设计与呈现是以学生的主体参与为前提的。这在国外母语教科书的活动设计中也充分体现出来。

国外教科书为了鼓励个性发展，教科书不仅有必修与选修之分，即使在必修教科书中也充分考虑学习主体的差异性与兴趣旨归而设计必做题与选做题。在学习方式上，有个别学习、双人学习、小组活动等多种形式。练习设计从独立思考到专题活动、报告和讲座等应有尽有，为满足不同个性学习主体的学习提供相应空间。教科书广阔的弹性空间，为学生的自我发展创造了有利条件。

国外母语教科书中常见"小组讨论""交换看法""相互批评""座谈"等学习形式。这种有效合作不但有助于学生思维的碰撞，而且可以培养学生人际交往的能力。在学习语言的过程中强调合作性，正是语言本质属性的体现。情境性、思维性、合作性是国外先进教科书编者共同追求的特点，教科书也越来越走向"参与—活动式"，比如，比利时的德可利德教学法，美国师生教学合同制，日本的体验性学习法等都是教科书为教师教学、学生学习提供的新的教学模式。这些新的模式，一是注重方法的启示，让学生在教师的指导和可操作性方法的启示下，独立完成指定的学习任务。比如，学生搜集所有可能的材料，一个故事、一封信、一次讨论、一盘录像带或磁带或学生亲身的经历，让学生寻找答案，等等。教科书只给学生提供一个框架，在这一框架中让他们自由发挥。学生可以采用不同的方式，或多人独立完成相同的任务，或每个学生完成不同的任务，或选择居家完成，或选择在校完成。二是鼓励动手，让学生边做边学。教科书给出任务由学生自己拓展主题，要求学生找出解决的方法，并用选择的方法完成任务。以上无论哪一种方法，体现的都是学生主体的思想。

各国教科书通过设计多样化的练习和设计尽量多的学科门类的方式起到一石三鸟的作用。学生通过各种活动，在实践中既运用了语言，又拓宽了知识面，还使学生认识到语言技能是学习其他学科必不可少的基础。在活动中完成学习对象与自我的双向建构，实现可持续发展。

（四）利用丰富多元的生活资源

对实际的言语实践活动以及现实和日常生活的重视，使得母语教学活动和实际的语言环境产生紧密联系，使得母语教学实践有了应有的灵性，赋予教科书以更强的生命力。例如，浙江师大版《初中语文课本（实验本）》（王尚文等编）的编辑思想非常重视这一点，教科书编者在设计作业题时突破了书本的局限，将视角延伸到各学科和社会生活的各方面，这不仅体现出语文学科与其他学科知识的沟通、融合，让学生体验到语文的功能无所不在，还为学生提供了更多接触各种新鲜事物的机会，从而使学生的学习视野得到不断的扩展。

表 5 - 4　　**浙江师大版初中语文课本（实验本）语文实践活动主题**

册数	语文实践活动
第一册	自选（拟）座右铭并交流；写一封信给新班主任作自我介绍；教师节，你想对老师说些什么 向同学作自我介绍，听同学作自我介绍；说明从学校到你家的路；写日记 给班委写建议信并作自我推荐；作课堂笔记；向家人或亲友夸自己的学校；我的一位新朋友 做读书卡片；写便条；模拟电话交谈；写读后感；向医生说明病情；对对子 关于不规范用字问题给相关单位写信；安慰病人的艺术；制作贺卡；给爸爸妈妈的生日祝福 学期活动：读书卡片展评
第二册	说说写写新学期的心愿；设计《中学生台历》并作说明；写语感随笔；介绍你的房间 抄录本地名胜古迹的诗词对联；就刷牙的好处和方法给表弟写一封信；写写我们的班集体 搜集并比较广告词；用文字说明一项数学公式；编节目台词表演小品 观察一组漫画，进行说写实践；收集并汇编民间谚语；与爸爸妈妈共读并交流文章 就班干部问题谈看法；合编中学生生活"辞典"；看连环画，编故事 读《儿子的研究报告——我看到的美国小学教育》，和同学讨论并作文 仿照《写给小朋友的话》介绍"寓言"这位朋友；当一回"一字师" 为爸爸（妈妈）写个小传 学期活动：优秀语感随笔展评
第三册	我自豪（烦恼），我是女（男）孩；说服别人的艺术（什么是人类历史上最了不起的发明） 成语接龙；说说试试紧急避险的途径和方法；向同学介绍推荐你喜欢的作品；谈你对吸烟的看法 传话游戏；向全校同学发出保护水环境的倡议；写一堂实验课的过程和结果 以"某某，请听我说"为题写作，以消除同学间的误会；替运动员写一个发言稿 介绍一个你认为最美的地方；听录音故事，想想说说；描写你对你喜欢的一个季节的感受 模拟体育比赛现场解说；作词语解释游戏；给老师和家长写晚会邀请书，做主持人说开场白 猜、编谜语；以"我的金点子"为题，写写你的"异想天开" 看一看"分粥"这段文字，想一想：根子在哪里？再想想：怎样分更合理？ 学期活动：分组轮流负责，每周出一期八开电脑小报（或手抄报、黑板报），每周小评，期末总评

续表

册数	语文实践活动
第四册	说说你最欣赏的一则名人"读书经";故事接龙 说说你做校园广播节目主持人的节目方案,写一段与听众的见面致辞 就对电视的看法举行一次讨论会;读同龄人写的《逮老鼠》,谈谈你的观点 如果穿越时间隧道,重返原始社会,你将如何生活?拟一则你认为最理想的校训并说明理由 拟好一份谈话提纲,访问一位老人,写一篇访问记;听一篇议论性文章,说出这篇文章的观点及其理由;我的英雄观;如果你得到一朵童话中的"七色花",说一说你最想实现的七个心愿 想象一下,你遇见"外星人"会是怎样的情形,你将怎么办?搜集并研究流行词汇 编选个人作文集,起名设计封面并写一篇序文;倾吐你生活中的快乐或烦恼 "愚公"与"智叟"的第二次会面;写一个人名调查报告并讨论;编一期班级学习简报 写你到图书馆借书的过程和方法,拟两个暑假生活作文题,选出你认为最好的一个并说明理由 学期活动:作文展览
第五册	即席发言;就"清明节"的改诗发表你的评论;看一段舞蹈,说说它表现了什么?谈谈自己的感受;为电视台拟一则公益广告;劝转相信算命测字求签的亲友;选择几种你最熟悉的东西写写"物语" 收集整理当地民歌、民谚、传说等,选择其中一则,就其内容和形式作点评 读诗、写诗、猜谜、编谜;比较原来的作文,说说你在作文水平方面的进步 分析一首歌的艺术特色;选择一则寓言,写一篇复杂的记叙文;从"贝壳"中发现哲理 选择一篇情节生动的课文,将其改写成剧本并表演;就语文考试的形式、内容及评估各抒己见 准备一次"人类只有一个地球"的演说;文章不厌百回改;想想我们的未来会是什么样 说说读书的好处,写一篇书评;就土地和人口问题开一次专题报告会 选择一个成语或习见的说法,演绎出一种新意来 学期活动:举办班级"语言艺术周"
第六册	你最喜欢中央电视台哪个栏目?谈谈你对这个栏目的看法 欣赏一段名曲,说说你感受到的形象和情绪 如果出国旅游,首选哪个国家?说说为什么?想象一下会有什么经历 给腐败分子写一封公开信;评点一篇文章;就初中阶段记忆和感受最深的一件事写一篇作文 假如时间倒转,让你再从初一读起,你将怎样学习和生活 看一些有关战争的文艺作品,谈谈你对战争的看法 搜集整理生活中戏剧性的材料,编个小品合作表演 初中三年,谁给你的印象最深刻?写一写他;观赏一件艺术品,写一篇作文 就初中毕业生的升学就业做社会调查,谈初中毕业后的打算并与家长沟通 写毕业赠言并作辑录;在毕业联欢会上作演讲;比一比,看谁译得最好 学期活动:整理个人作文集,编辑班级作文选

资料来源:王尚文等《初中语文课本(实验本)》,浙江教育出版社 1998 年版。

这套教科书共设计了 115 个活动，活动内容和形式丰富充实，将语文学习充分地融入活动中。活动的设计以学生的实际生活为线索编排，并很好地将课外乃至社会生活中的活动纳入课堂，使得课堂的学习活动不只局限于学校这样的狭窄范围里。如"入校初的自我介绍""自我推荐"到"临近毕业时的升学与就业问题"；再如"向家人或亲友夸自己的学校""替运动员写一个发言稿""关于不规范用字问题向相关单位写信""就土地和人口问题开一次专题报告会"等。紧密联系学生的学习生活，让学生在语文学习中体验生活，在真实生活中学会学习。

这种理念在国外母语教科书中也受到重视。20 世纪中叶，日本语文教育界开展了"生活作文运动"。日本以丰富学生有价值的言语经验为目标，在设计个性化学习活动时，把丰富学生的生活经验、学生的学习与学生的个体生活背景相结合，提高学生对学习课题的理解水平，使学生的生活经验真正成为学生学习的底蕴。

（五）呈现以实践为主的活动过程

1. 呈现活动过程

国外母语教科书编撰者借助活动设计的学习指导，不是空洞的说教，而是化繁为简，化难为易，分阶段、分步骤地对学生进行指导。这种做法有效地增强了学生完成作业的兴趣和信心。学生要过"河"，这种指导就给他准备了"船"，架了"桥"，且引导他一步一步向前走。

美国母语教科书编者把活动过程和方法的引导有计划地融入课后问题与练习中，从读写听说、综合性学习和社会实践等方面围绕重点知识和技巧安排练习，使学生多角度多层次地感受、接触，集中而有梯度地实现学习目标。《美国语文》从"问题指南"到"作品累积"，从"文学和生活"到"阅读理解"再到"思考"，从"解释""评价"到"应用"再到"拓展"，从"点子库"到"微型写作课"，项与项之间，同一级内与不同级别之间，眉目清楚，体现出编者设计思路的清晰与严谨。"教科书就是关于做什么、怎么做、要达到的目的的说明和为此要准备的言语材料。这是一种全新的教科书形式，它的新，就在于它是关于言语活动的操作程序的说明。"① 国外母语教科书的编者对学习活动的设计能明确地呈现出语文学习的内容和目标,不仅告诉学生要学什么,而且告诉学生应该怎么学。

2. 提供活动策略

各种言语活动的顺利开展需要有正确的、合乎言语客观规则的活动方式和行为习惯。训练学生掌握一套科学的、高效的言语技能是母语教学义不容辞的职责。但是,技能和习惯的形成不应靠学生暗中的、不自觉的摸索和试误,而应该充分发挥相关程序性知识对言语技能的定向作用。

这一点在国外语文教科书的编辑中得到了明显的印证。例如,美国的麦克多戈·里特尔公司出版的供十一年级使用的《英语》教科书的第十二章,题目是"图书馆和查询技能",其中详尽地规定了"复习书籍分类法""查找资料""获得最好的资料""一般参考书和专业参考书""发展查询技能"五个方面。② 又如法国的《初中法语》规定了作文的步骤:分析标题、花时间考虑和收集思想内容、整理思想、打草稿、誊抄、仔细检查、最后订正。《活跃的文字》第五册对"如何阅读诗歌"规定了四个步骤:读前准备、研究诗句与节奏、声音效果、研究形象。再如,德国的《现代德语》第九册,为了训练学生阅读文学作品的技能,以一篇文学作品为例设计了以下几个问题:"读者如何接近一篇作品?""读者如何进入一篇作品?""如何找出作品所涉及的矛盾和问题?"每一个问题之下又分别安排了若干步骤。在指导学生练习过一篇课文之后,又总结出几条阅读经验:联想、时间、地点、情节、人物、联系自我、作品题目、语篇类型,等等(每条经验内部的细目,从略)。《现代德语》第十册,为了指导学生编写"专题性报告",规定了九个步骤:选题、素材、提纲、准备报告内容、为报告者做准备、为听报告者做准备、报告、讨论、反馈。《现代德语》的编者精心安排学习德语的技巧系统是该教科书的一大特色。专题性报告这一学习技巧既是

---

① 李维鼎:《语文教材别论》,浙江教育出版社 2004 年版,第 14 页。
② 江苏母语课程教材研究所:《当代外国语文课程教材评介》,江苏教育出版社 2004 年版,第 196—197 页。

低年级小型口头报告的发展，又是高年级更高要求的专题报告和小型论文的必要前提。训练的九个步骤，显得由浅入深，颇有章法，具有可操作性。语文教科书编者精心安排的"步骤性设计"，体现了"过程式教学"，具有以言语策略导引言语技能训练的编辑意识。

作为学生的学习工具，教科书"不仅力图向学生展示知识的内容，还逐步地向学生展示如何获得知识的过程和学习方法，让学生逐步体会到如何从实践中发现和提出问题、认识和解决问题，逐步从模仿发展到独立思考，从接受发展到创新"。①

3. 规划评价步骤

设计合宜的活动评价不仅可以激励学生接近要获得的行为（目标），而且可以让学生测试自己的学业获得，感知自己的进步，亦可以让教师证实学生语文学习的实际发生状况。

国外母语教科书编写都力求和标准保持一致，编出专门单元，从要求、范例、过程指导和评价，予以具体落实。我们以英国莱兹教育出版公司 2004 年版第三学段教科书《成功英语》中第六单元"莎士比亚"专题为例。单元之始，编者既开列出未来三年国家考试可能要考核的莎士比亚剧目，又开列出在这个考试专题中成绩达标的不同等级水平，这就给学生树立起学习的近期目标。这个目标形成了学生的学习期待。这种对于学习结果的心理期待作为一种先行因素，可以极大地激发学生的求知欲望和学习积极性。对莎士比亚专题的模拟试题是在教科书的最后一页，列出 5—7 级不同成绩水平的标准。不论是对戏剧文学知识的学习，还是对读解剧本的技能实练，抑或是对剧作意义的读解，编者只是提出要学什么，应做什么，却没有提出统一的、标准式的答案。学生自练、自测、自评。我们从中可以看到：英国教科书开始引进国家课程考试和评价的目标与方式，把学习和考试密切结合起来，使教、学、考连成一体，使教科书充分发挥"知识—技能—能力"一体化的教学功能。只要课程目标制定得合理、具体，再把这个目标转化为具体的、可评价的指标体系，这就成为评价教育活动成功与否的现实依据。

---

① 钟启泉等：《为了中华民族的复兴　为了每位学生的发展——基础教育课程改革纲要（试行）解读》，华东师范大学出版社 2001 年版，第 32 页。

通常来说，完整地呈现出语文实践活动，要对活动的目标、活动的情景、活动的素材与活动的过程进行整体设计。

上面我们分别从"知识""选文""活动"三个方面对语文教科书内容的表层要素进行了梳理，这种梳理旨在从语文教科书层面分门别类地回答语文"用什么教"的问题。这三类要素在语文教科书单元中并不是孤立存在的，而是彼此关联，你中有我，我中有你，互为一体。根据不同要素间的组合关系，可以形成这样三种基本的组合类型：

- "选文"与"选文"的组合。
- "选文"与知识的组合。
- "选文"与活动的组合。

在这三种基本组合类型基础上，还可进一步形成两种拓展组合类型：

- "选文"与知识、活动的组合。
- "选文"与选文、知识、活动的组合。

在这些基本组合类型之下，每一种还可以作进一步细分。这些基本组合类型和拓展组合类型形成了丰富多样的教科书呈现模式。

四 话语的呈现

在教科书内容呈现的表达系统中，教科书话语属于文字系统。如果说，语文教科书中各项丰富的内容要素和各种醒目的选文好似一颗颗闪烁着光芒的珍珠的话，那么编者的话语就是串联起这些珍珠的一条丝线。在语文教科书中，由于内容要素和选文成分更为繁复，这根丝线就更为令人瞩目。优秀的教科书话语可以使知识具有召唤力，可以使知识与学生产生亲和力，可以再现知识的情景性能，可以诱发学生与原创文本对话的积极性和智慧，可以诱导学生对知识、对选文产生批判的意识和创意性的理解。因此，教科书话语是呈现语文教科书内容的主要途径之一。

在语文教科书中，除作者的原创文本之外，其他皆为教科书的话语。语文教科书话语的形态有指导语、注释、旁批和补白、思考练习题等。对语文教科书的话语分析，传统上还是从语言风格或语言文字规范性角度来考虑的，诸如"编写语言亲切活泼、简洁明快""语言文字规范"等。当然，这是语文教科书话语要求上不可缺少的基本要求，但严格来讲，这些大多是技术层面的问题。本书所说的教科书话语试图从表述方式、叙述视角及话语方式上作更深层次的思考。

（一）表述方式

一般而言，语文教科书的表述方式主要有这样三种：陈述式、讨论式和问题式。[①]

1. 陈述式

陈述式是语文教科书编写最常见，也是使用最多的一种呈现方式。这种方式多采用陈述的语言来交代知识，陈述概念、语法规则、学习策略，提出学习要求。就我国的语文教科书来看，纵观几十年编写的各版本教科书，陈述式的表述方式基本上还占据着主导地位。特别是我国文选型教科书多采用陈述式来叙述。下面，我们来看一看人教社 1999 年版初中语文第一册《寓言三则》的陈述方式：

自读提示：

寓言，以比喻性的故事寄予意味深长的道理，言在此而意在彼，给人以生活的启示。寓言故事一般是简短的、比喻性的，故事的主人公可以是人，也可以是拟人化的动植物或其他事物。阅读寓言，要透过简短的故事情节发现所包含的深刻哲理。

课文（略）

练习：

（1）讲一个与《赫尔墨斯和雕像者》寓意相似的小故事。用一个成语概括《蚊子和狮子》的思想内容。在《浓烟和烟囱》的结尾加一段话，点出中心意思。

（2）发挥想象力，给《蚊子和狮子》安排一个与课文不同的结局。

（3）同学们在第六单元学过评论华君武漫画《转败为胜》的文

---

① 韩艳梅：《语文教科书编制研究》，博士学位论文，华东师范大学，2001 年。

章。兔赢了龟，龟不甘心。它们又赛了第二次，还不行，又赛了第三次。这才算完。根据上述内容展开想象，写一则寓言，题目自拟。

上面的例子是典型的"陈述式"表述方式。无论是对"寓言"概念的解说，还是课后三道练习题的设计，都是陈述式的，这种表述方式是以编者为本，由编者决定学习内容，而非以学生为本。从根本上来讲，这还是受传统的传授式学习的影响。而且，我们从中也可以感觉到，由于叙述语言是陈述性的，编者在叙述时似乎关注的还是语言的准确性，往往很少顾及语言的可读性、趣味性，这不利于调动学生学习的积极性。从语言的表现力来看，用语也过于拘谨，容易让学生产生乏味之感。与其他国家语文教科书陈述方式不同的是，我国的语文教科书基本上是从教科书编者自身的视角来叙述的，很少从他者视角叙述教科书的内容，并且多为权威性的定论。而国外的语文教科书则不同，除了从编者视角来叙述外，还经常直接引述某些人的看法或摘录书、报、杂志的文章或片段来反映不同的观点。这样就给学生提供了分析和思考的空间，并有助于培养学生的自我判断力。这一点是我们需要学习并改进的。

2. 讨论式

讨论式是一种开放的语文教科书表述方式。这种方式是将具体材料和问题展现给学生，供他们讨论，让其自己寻找答案。讨论式的表述方式基于学习者为主体、为中心的思想。内容的呈现和安排具有点拨和诱导的特征，即使较难的问题也要求学习者通过自己的参与、观察、分析和感悟来得出。这种开放式的讨论设计，目的不在于得出结论，而重在参与，重在学习过程。下面这个例子就是采用"讨论式"的表述方式。

围绕一个主题举行座谈

（1）如《晚霞》一课一样，相互介绍自己的经验和别人的经验。

● 设法向别人介绍自己经历过和未能经历过的事。

● "作为自己并非受害者"的经历。

● 把别人的辛酸当作自己的辛酸一样的经历。

（2）《语言的力量》一课所说的"细微的语言的细微性所具有的巨大意义"，请从自己的经历中找出类似催人深思的语句的例子，谈谈自己的理解。

（3）在《创造自我》一课中，有"一切都有可说的故事，一切事物的伤痕中都存在故事"的叙述。可找出感受到的相同经历（包括见闻和读书）作相互介绍。

谈谈人际关系方面的问题。例如，改变对他人的看法，自己受别人影响，等等。

上面这个案例围绕一个主题，采用讨论式的叙述方式设计了三个活动，都是开放式的思考题，没有统一答案，但提供了广阔的学习空间。随着学生的心理机制不断成熟，对问题探讨的兴趣逐渐增强，采用讨论式叙述方式来安排学习任务，如阐释作品、专题活动、小组活动等，会比较符合中学生的心理特征，而且有助于提升学生的思维品质。

3. 问题式

一般来说，采用问题式叙述方式的教科书都加入了引导学生寻求"自己对探索问题与认知内容的意义、产生这样的意义之原因以及自己产生的意义在社会或世界整体的运作里有何意义"之相关问题。我们以《现代德语》第九册训练如何读懂一篇文学作品（课文略）的练习设计为例[1]：

读者如何接近一篇作品？

（1）故事的开端有什么特别之处？

（2）谁在叙述故事？

（3）这一段的故事情节是什么？

读者如何进入一篇作品？

（1）课文有几处打几个星号，并在课文旁边标有小云朵。星号所标的地方是一种内容"空白"，要由读者思考填补。请问：这几

---

① 柳士镇、洪宗礼：《外语文教材评介》，江苏教育出版社2000年版，第397—399页。

朵云彩里"藏"的什么内容？

（2）（略。以下为复述故事、表演故事）

如何找出作品所涉及的矛盾或问题？

（1）这篇作品涉及什么问题？

（2）情节如何发展？

（3）出现哪些人物？他们有什么性格？人物相互关系如何？

（4）这篇文学作品属于什么文学形式？对这种形式如何定义？它呈现出什么典型特征？

小结：如何读懂一篇文学作品？

从以上练习里可以得出几条阅读经验。以下问题可能对你的阅读理解有帮助：

● 联想：

（1）你对作品的第一印象是什么？

（2）能勾起你什么联想？

（3）有哪些难懂的地方？

● 时间：

（1）故事发生在什么时间/年代？

（2）由哪些事与当今类似？哪些不同？

● 地点：

（1）故事发生在什么地方？

（2）人物来自何方？居住何处？迁往何处？

● 情节：

（1）发生什么事情？情节由哪些内容构成？

（2）是否有几个情节穿插在一起？

（3）你能否提供解决问题或矛盾的其他方法？

● 人物：

（1）有哪些人物？他们是何种关系？

（2）他们如何交往？如何感受？

（3）有哪些情景？你觉得哪一个情景最重要？

● 联系自我：

（1）故事人物有没有共同的性格？

（2）这篇文章对你意味着什么？是否具有一定的现实意义？

● 作品题目：

（1）文章的题目是否在故事中出现？

（2）标题与作品内容有无关联之处？

● 语篇类型：

（1）这篇文章属于哪一种语篇类型（文学形式）？

（2）这篇文章体现了这类语篇的哪些典型特征？

　　这个设计采用的是"问题式"的设计思路。通过提问启发学生思考，诸如"读者如何接近一篇作品？""读者如何进入一篇作品？""如何找出作品所涉及的矛盾或问题？"等问题，旨在引导学习者参与和解释作品阅读和阐释的几个方面，这种在学习过程中的一系列提问，拓展了学生思维的深度，经由这样的学习过程，学习者获得的知识和技能会比较扎实。

　　当然，对一些有难度的问题，可配以协助学生探求答案的相关资料的指南，比如，（1）资料搜寻媒体的介绍，例如，各类图书馆、网络搜寻引擎、社会团体、资源目录、访谈、问卷、测量，等等；（2）资料搜寻方法的介绍，例如，使用图书馆与网络的方式、访谈准备和技巧、如何设计简单问卷，如何进行小型研究的方法，等等；（3）相关资料的提供，例如，与问题相关的书籍、新闻报道、社论、期刊、录像带、录音带、图片、相片，等等。

　　此外，还有一点值得关注的是，语文教科书的设计问题，并非都能找到正确答案。语文教科书中除了提出目前有定论的问题之外，也应该对未有定论的、具有争议性的，甚或通常视为理所当然的现象提出探索的需求，也以"问题"形式呈现。对这类问题的思考，目的不在于找出"标准化"的答案，而是让师生一起享受脑力激荡、有自己的判断、了解不同观点的乐趣。由于每个人的经验阅历、知识积累不同，对一部作品的理解会有不同。一千个读者，就有一千个哈姆雷特。因此我们要"尊重学生在学习过程中的独特体验""要珍视学生独特的感受、体验和理解""对学生独特的感受和体验应加以鼓励"①。

杜威认为，教育不仅仅是要让学生学习大量的知识，更重要的是学习研究的过程或方法。教育家施瓦布也主张，学习要通过积极地投入探究的过程中才能学得更好。为此，施瓦布对教科书的编写提出了三种建议：一是教学材料只提出问题和描述研究问题的方法而不告诉学生结果，这样能够让学生发现他们事先不知道的东西。二是教学材料可以提出问题，但是研究方法和结论可以是开放的，让学生根据自己的思考和探究做出判断。三是最为开放的设计，学生可以不限于教科书中所指定的问题，而是自己提出要研究的问题，收集论据，做出解释。这些建议，对于教科书设计"问题"，展现语文学习历程，均有启示。

（二）叙述视角

从上面对陈述式、讨论式与问题式表述方式的分析中，我们还看到了三者在叙述视角上的一些区别，下面简要加以对比（见表5-5）。

表5-5 语文教科书话语的不同叙述视角比较

"陈述式"叙述视角	"讨论式"叙述视角	"问题式"叙述视角	
《赫耳墨斯和雕像者》这个故事，告诉我们不应该爱慕虚荣。我们把这种通过比喻等方式寄予意味深长的道理的故事，称为寓言。寓言一般言在此而意在彼，给人以生活的启示……	发挥想象力，给《蚊子和狮子》安排一个与课文不同的结局。就"蚊子撞到蜘蛛网上后"想象一段话，与同学比较、讨论，看谁安排得更好。在这个故事中，作者把哪些动物选为自己寓言中的主人公？你认为这样选择有可能发生吗？	蚊子打败了狮子，却被蜘蛛网粘住了。这个故事的主人公是拟人化的动物，透过发生在它们身上的故事，你发现了什么？这个故事蕴含着深刻的哲理，它告诉我们做人不能骄傲自大，我们常把这种寄予意味深长道理的比喻性故事称作寓言。	赫耳墨斯先问雕像者："宙斯和赫拉的雕像值多少钱？"心想，我身为神使，人们一定会更尊重我。于是就指着自己的雕像问道："这个值多少钱？"雕像者回答说："假如你买了那两个，这个算添头，白送。"赫耳墨斯惊呆了，心想："怎么会这样呢？"
☆语文教科书是报道者，或者说是陈述者，不提出问题，直接给出资料或答案。	☆语文教科书是陈述者或提问者，跳出故事之外，提出讨论问题，但不给定答案。	☆语文教科书是说故事者兼报道者，对叙述的故事中出现的问题，给予答案。	☆语文教科书是说故事者兼提问者，故事里借着其中的角色提出思考的问题，不给定答案。

① 中华人民共和国教育部：《义务教育语文课程标准》，北京师范大学出版社2012年版，第2、17、20页。

从表5-5中，我们看到在"陈述式"的设计中，一般教科书承担的是报道者或陈述者的角色，在叙述中并不提出思考的问题，而是把本应让学生思考的问题隐藏在教科书背后，直接给出问题的答案。"讨论式"的设计视角，教科书是陈述者，也可以是提问者，但均跳出故事之外，提出讨论要求或问题。问题的答案也是开放式的，不给定答案。"问题式"的设计有两种情况：其一，教科书是说故事者兼报道者，提出问题，然后给出答案；其二，教科书是说故事者兼提问者，提出问题，答案让学习者自己去寻找。显然，问题式的表述方式，给学生提供了思考的空间，尤其是后一种提问，更具探究性。

从叙述人称的变化来看，教科书话语在叙述人称上逐渐由第三人称（侧重从编者、专家或教师的角度）提出具体的内容要求，转向第一、二人称（凸显学生主体），叙述人称多样化，体现对话性质。无论是单元的导语、课文中的思考题，还是课后的练习都十分注意从学生、学生群体、师生共同体的第一人称我、我们和第二人称你、你们出发，使学生深切地感受到教科书是为他们而写的，叙述的是他们自己的故事，是教室中的另一个可与之进行对话的伙伴，从而使得教材去掉了原来生硬和冷冰冰的面孔，真正成为学生的"学材"。

当然，从语文教科书的实际编写中所运用的表述方式来看，上述方式并不是各自独立、非此即彼的，而是根据学习需要，往往综合运用陈述式、问题式和讨论式及第一、二、三人称。应注意的是，所有表述方式都是围绕所要解决的问题，按照探究的思路来展开的，要既能展示探究的方法过程，又能配合探究的需要向学生介绍相关的知识。

（三）话语方式

话语方式在教科书中具有举足轻重的作用。编者是以训诫式的语言对学生说话，还是以平等的态度与学生娓娓交谈，或是以亲切的语调鼓励和激发学生的学习积极性和自信心，都会使教科书产生不同的教育作用。这样的"语言"可以为语文教科书提供"支援"。

各国教科书的编者十分注意用语方式，或使教科书充满了人性化的温馨气息，或从编者的导语到课题的提出，再到情景的设计、术语的选择，为学生走入语言运用的"真实语境"提供支援。例如编者的导语。

2001 年莱兹教育公司出版的《成功英语》，编者在导言中给学生总结了 10 条易于复习和获取考试成功的建议。在导言结束时写道："我们希望你发现这本书，并在你准备考试时用上它。祝你好运！"在第二学段写作单元接近结束的时候，编者选用了这样的标题："你是一个诗人！"和"当一名作家！"这些饱蘸情感的话语，对于十几岁的少年，该有怎样的鼓动作用！编者导言的理念是：教科书首先是学生的学习用书，是学生与他们所处的世界进行对话的文本。美国加州的导语通常有 4—5 句话，前一两句高屋建瓴地统览全单元，概述主要内容，后面的两句提出本单元的思考和行动任务。如六年级第一单元"找到归属"的主题导语：在本单元里你会遇到一些面临着新情景的人们，他们为找到合适的位置而奋力挣扎、拼搏，读这些文章会帮助你处理生活中的困境，选择一篇文章来分析人们如何摆脱困境，找到归属。① 它的起点主要是寻找生活世界和课文世界的切入点，以此为契机联系学生已有的知识经验，它通常以假设和虚拟的形式，架设生活世界和课文世界的桥梁，唤起学生已有的认知结构，激发学生的想象，在想象中走进课文世界。同样在"找到归属"的单元主题下创设了两个情境：第一个情景是有一些很滑稽的卡通画，人们在上面可以找到自己的思想和情感。假设你是一个新来者，画一个鱼缸，中间写上自己的名字，然后假设这幅图代表了现实生活中的某个细节，你感觉缸中的其他人会怎么样，你猜测其他人会如何看你。在这段话后呈现出一个精美的鱼缸，图下还配有文字："看那个新来的家伙，我不相信他。"第二个情景是自己的归属：思考一个你感觉像家的地方，是什么使你有这种感觉，小组成员一起分享一幅图片，指出重要的人或物。②

2001 年首版的第二学段《成功英语》"写作"单元，讲了一些英语语法知识。编者在设置课题时写道："容易出错的复数""令人头疼的代词""耐住性子别紧张""令人兴奋的头脑风暴"，等等。学生从这些题目上就可以感受到编者对自己在面对有难度、易出错的课题时心理状

---

① Jfeerey D. Wilhelm, J. D., Fisher, D. & Avalos, M. A. （2007），*Glencoe Literature Coursel，Grade 6：The Reader's Choice*，McGram-Hill Companies Press，p. 2.

② Ibid.，p. 3.

态的理解和体谅，也会感受到编者和教师所给予他们的极大期望和鼓励。在第三学段《成功英语》的"莎士比亚"单元里，编者在提出"理解莎士比亚的语言"这个课题之前，写了这样一段话："有关莎士比亚的论文是国家考试的一部分，这引发了学生的极大担心。另外，莎士比亚诗剧虽然简洁，但是人们对它并不熟悉，而且看上去它与当今事物似乎也没有什么联系。其实，莎士比亚剧作与今天的文学作品涵盖着同样的主题：爱情、猜忌、野心、谋杀、家族冲突、阴谋诡计，等等。我们一旦突破了它的语言屏障，它就显得十分容易了。"显然，这一段话也是从学生对于莎士比亚剧作既有的心理状态出发的，编者十分准确地把握了十几岁的学生学习莎士比亚戏剧的畏难心理，有针对性地给予疏导，让他们抱有跃跃欲试的心情，及时地把他们引向新课题的学习。

以阅读教材为例，为学生提供的语言支援体现在三个方面：一是提供"作品生成的情景语境和社会文化语境"。[①] 二是架设文本世界和生活世界的桥梁，唤起学生的阅读心向和阅读期待；三是扫清阅读课文过程中的障碍。读前准备涵盖了阅读的一些知识技能，这种知识和技巧的介入，作为阅读过程的语言知识支撑，"让学生在阅读中'亲历'，指导他们展开'过程'，在过程中感受、体验、思考、领悟""以充分调动和发挥阅读主体的主动性和创造性，并由此而学会阅读，使阅读真正成为读的'实践活动'"。[②]

再如情境语言的设计。我们以《牛津英语教程》中的一个专题《在岛上》为例，来看看编者的具体设计。这个专题活动以一份题为"海岛生存演习"的贺词开始，编者在贺词中写道："你和你的伙伴将要在一个无人居住的海岛上生活一个月。你们要经历冒险，要显示出自己的机智、勇敢、决断和合作精神；还要把你们所经历的事情写出来。"以"贺词"的形式与学生对话，这本身就极大地激励了十一二岁的少年去追求富有冒险精神的活动。编者还具体规定了在这个虚拟活动中丰富的言语实践活动。比如编者规定的前两篇日记：第一篇是在动身的前一天，要求学生写出在准备离家赴岛时的感觉；第二篇是登上岛屿后，

---

① 黄文贵：《语文学习参考书的编辑设想》，《中学语文教学》2004 年第 11 期。
② 李维鼎：《语文课程初论》，浙江教育出版社 2004 年版，第 334 页。

站在岸边，眼看着送你们的船只在返回途中逐渐从你的视线中消失了，写出你当时的心情。我们可以想象出编者在编拟这些作业时，已经和学生融为一体了。他们完全是以学生的身份来设想学生在彼时彼地可能的和应有的心绪了。否则，编者是很难编拟出这么细致入微的人性化的作业的。

还有术语的选择。教科书中的一些专用术语，也往往体现着编者对学生的人性化关怀。比如，我们往往说惯了"知识点""知识项目"这些成人化的术语，但是莱兹教育出版公司的《成功英语》，却用了"弹着靶点"（Bullet Points）这样一个新鲜的词语来表示准确迅速地掌握最主要的知识和规则。又如，平时我们也习惯说"图示"，但《成功英语》的编者却用了"蜘蛛网状描绘"（Spidergrams）这样一个形象的词语来表示信息之间的各种联结关系。这些与学生年龄特征相吻合的专用术语，一下子就能激起少年学生向往新奇、跃跃欲试的积极的学习心态。《现代德语》第七册"说写综合训练"对很多活动都冠以"游戏"的名称，如人物描述游戏、触摸游戏、摄影游戏等，让"游戏"所承载的丰富意义和情思，随着相关的语词无形地潜入了学生的体验，成为言语智慧的养料。

教科书中编者语言的重点就是"支援"。教科书中的"语言支援"在内容和时机上都需要"定位"于"言语实践"（理解和运用）：能引起言语实践发生、推动言语实践达成目标且对言语实践过程产生影响等。

语文教科书需要骨架（整体设计）、血肉（学习材料与学习活动），更需要许许多多"细胞"使之充实并且鲜活起来，这样的"语言支援"成为语文教科书不可或缺的"细胞"。

（四）话语理念

教科书话语体现着教科书的设计理念和内容意图。总体来说，应该遵循如下原则。

1. 营造学习情境

教科书话语要激发并维持学生的学习动机。有效的学习基于持久的学习内驱力。可以通过教科书的指导语、练习、活动等综合发挥这种功能。

例如苏教版九年级上册"致同学"：

> 读这一册语文课本，你会随中外散文家一起去鼎湖山听美妙的泉水，到俄罗斯的丛林中与小溪同行；你可以上渡到唐宋八大家的散文名篇，走进不同社会、不同时代，结识一些让你难忘的新朋友；有几位学者将和你谈谈人生哲理；听听散文家论散文。小说家谈小说，诗人说诗，一定会别有情趣；绿的世界在等你去漫游……读完这些作品，你一定会感到，学语文真是一件快乐的事。

这种营造对话情境的指导语富有感染力，易唤起学生的情感体验，激发学习动机。

教科书要召唤学生的阅读期待。阅读期待是学生在原有经验的基础上对文本产生的预测和期待，这种期待可能包含着丰富的内容，也可能仅仅是一点阅读兴味。教科书编者以具有启发性和感染力的话语，促使学生产生阅读文本和与文本对话的欲望，并从不同的角度向学生提出带有思考性的问题，启迪思维，激发探究兴趣。

如苏教版八年级下册"小说之林"的单元导语：

> 能最广泛地反映生活的文学体裁是什么？是小说。读者最多、对生活影响最大的文学体裁是什么？是小说。小说的内容最为丰富，讴歌美好、神圣、庄严，鞭挞丑陋、污秽、邪恶……生活中的一切，都可以成为小说表现的对象。小说的表现力极强，三言两语，便能写活一个人物，短短几百字，便能折射一个时代。

又如人教版实验教材《绿色蝈蝈》的课前阅读提示：

> 你听过知了唱歌、蟋蟀鸣叫了吧？你看过蜘蛛辛勤织网、蚂蚁满载而归吧？也许还玩过贪食的花金龟、挂着灯笼的萤火虫吧？这些自然界大家庭的成员，是人类亲密的朋友。听，蝈蝈又开始唱歌了。

知了唱歌，蟋蟀鸣叫，蜘蛛织网，蚂蚁负重，以及那贪吃的花金龟，夏夜星空下自由飘荡的萤火虫，这些极富童年气息，极具原野情调的自然尤物的组合，再加上娓娓亲和的询问的语调，仿佛是摆放在学生面前一把精心设计的阅读学习的金钥匙，开启着一篇篇内容与形式迥然不同的文章的门户。

2. 提供方法扶梯

语文教科书的编者话语要通过提示单元或选文的内容重点，指出理解课文的基本线索，有利于学生掌握学习的重点。通过提示语、圈点批注的示范，为学生指点读书方法。通过提供与作者或课文有关的资料，有关的语言、文学、文化等类的知识，扩大小说的知识视野。概言之，对学什么，怎样学，大致经历什么样的学习过程等予以指导。

以德国北威州编写的供完全中学五至十三年级使用的新编中学语文教材《现代德语》为例，它在选文的注释方面颇有特色，试举其第七册"说写综合训练"的选文《分币痣》及其注释中的两例。教材版面的右栏是原文，段落前标有序号，左侧则是教材编撰者设计的导读内容。

《分币痣》选段："小丑的喊叫"。

汤姆·考尔特拥有世界上最大的马戏团。他演出的足迹遍及大西洋两岸。著名杂技演员们纷纷加盟登场。汤姆本人无疑是他们中的佼佼者。

导读和练习

故事开头就是一个名字：Tom Courtey（汤姆·考尔特）。你会正确读出来吗？看到这个名字能联想到什么？请给这个人物画一幅肖像或勾勒一幅侧面像。画好后就对他进行人物描写（注意不要让别人听见）。然后相互介绍练习结果，并讨论一下，什么样的人物形象（包括语言）更符合原著精神。

汤姆蹬上黑马后，便催马从隔离栏旁边进入跑马场，全场观众顿时人头攒动，齐声呼喊，并报以热烈掌声。一切如同往常，但又不同于往常。入场时，汤姆从负责拉幕的小丑身旁经过，当时发现小丑表情同往常不一样，但不知出了什么事，心想，今天也许埃及国王来看演出（中午才与他共进午餐呢），所以观众觉得场面比较隆重，坐在位置上有些拘谨。

　　导读和练习

　　研究一下，这段故事是从哪个角度叙述的，怎样看得出是从这个角度叙述的。请从小丑的角度叙述这段故事。确定一下，角度的改变对故事情节和叙述方式会产生什么影响。

通过这样巧妙地搀扶式导读设计，让学生在阅读小说时感受作者命名人物的用意，感受角度的改变对故事情节和叙述发生的影响，等于让学生学习鉴赏小说的入门之道，体会小说的技巧，其重要性自不待言。

3. 创设创新空间

以往的教科书在内容编排上注重知识的详尽性、系统性和严谨性。它呈现给学生的是不需要补充、完善、无可置疑的完美知识。这极易造成学生墨守成规的心理，无形中助长了学生崇尚权威的意识，对创新意识的培养是不利的，也极易造成学生被动的学习。而基于学的教科书在呈现上体现出完满与不完满的和谐结合。不完满是相对于绝对完整呈现而言的，它不仅指文本形式上的不完整，还指文本主题向度的不确定。"不完满"并不等于随心所欲和支离破碎，而是针对文本中最富有意义处的有意设计。[①]"留白"就是体现教科书不完满性的一种方式。

　　例如，编制缺结论的"不完满"的阅读对话文本。文章的结论或主旨的完整呈现也容易使学生一览无余，难以产生多元的体验和意义的建构。对于观点性强的文本，则可以编写缺结论的"不完满"文本。如在编写《骆驼和羊》一文时，可以把老牛在文章结尾处说的话从文本中删去，留下一个空白——"不完满的形"，在作业系统中围绕它进行

---

　　① 杨元建：《试论"不完满"阅读对话文本的编制——谈小学语文教材的呈现模式创新》，《课程·教材·教法》2003 年第 11 期。

设计，可设计个人思考、小组讨论、情境体验、个人完形、文本表演等内容。"完形"的过程，就是学生探究的过程、建构的过程、创生的过程。

再如，编制无结尾的"不完满"对话文本。对于那些含蓄或故事性强的内容，可以把结尾删去让学生对结尾进行"完形"，这种方法叫无结尾的"不完满"的对话文本。比如，实验教科书《春雨的色彩》一课就体现了这一创意。春雨到底是什么颜色呢？这一问题的解答是多元的、不确定的，这对培养学生的想象力和创新精神很有帮助。对于这种无结尾的文本，在呈现时还可以在作业系统中设计编演课本剧或续写文本等练习题。如果设计续写文本，就可以在文本中留出足够的空格，意在实现学生对该文本的主动思考和再创作。

"留白"是中国绘画的一个用语，是中国艺术审美的一个重要观点。简言之，"留白"就是说画面不能画得太满，要留有空白。教科书的"留白""空白"不仅无损于教学内容的完整性，还会帮衬和烘托教学主题，有利于学生对主题、重点、难点的深入理解和掌握，使教材编制过程本身延伸到课堂和学生的学习之中，可以培养学生的主体意识、创新意识，有利于张扬学生的个性。因此，留白是教材中的空灵部分，较之教材中的实体部分更具有价值。我们可以通过叙述结构上一定程度的不完满性，凸显空白效果。

五　插图的呈现

"知识的开端永远必须来自感官（因为所有的悟性都是先从感官得来的，没有别的）。所以，智慧的开端当然不仅在于学习事物的名目，而在于真正知觉事物的本身！要到事物被感官领会到了的时候，文字才可能实现它的功用，给它以进一步的解释。"夸美纽斯的这段话有助于我们深刻理解教科书插图的重要意义。

教科书插图是教科书表达系统中的另一种重要呈现形式。

教科书是通过文字和非文字符号来呈现教学内容的。文字之外的符号属于非文字符号，包括各类插图和由各种平面构成的形式。非文字符号具有直观形象、寓意丰富、整体传达、一目了然、审美感人、强化认知的传播优势。语文教科书的非文字符号主要体现为插图，包括图画、照片、图示、历史资料、符号标识等。

那么，插图在语文教科书中扮演着怎样的角色？插图对语文学习造成了哪些影响？目前的教科书插图存在哪些问题？语文教科书在设计插图时需要考虑哪些影响因素才能更好地发挥其功效？这些问题将是我们接下来所要讨论的。

（一）教科书插图对语文学习影响的实证研究

教科书设计的最重要目的在于使学习者在阅读教科书时，其学习更为有效。由此而言，插图的设计恰当与否，主要是看其能否产生特殊的作用，使学习者获得更好的学习效益。下面，笔者将结合心理学有关教科书插图的实证研究，说明插图对语文学习所产生的相关影响。

1. 插图性教科书与纯文字性教科书使用效果的比较

这类研究通常采用信息分析方法，分析教科书中文字信息内容与插图的相关度。一般信息的呈现有三种形式：纯文字、插图、文图结合。研究者通过控制实验条件来统计、描述有关教科书插图的效果。研究成果不胜枚举。其中较具代表性的是美国学者 W. H. Levie 和 R. Lentz 总结 3155 项实验而得出的结论：插图性教科书与纯文字性教科书相比，使用效果前者优于后者。[1] 我国学者利用眼动仪对学生阅读插图课文的理解特点进行研究，结果表明：在学生阅读不同呈现方式课文的成绩和时间，以及注视次数、注视点持续时间和回视次数方面，插图课文显著优于无图课文。插图对课文的阅读理解具有明显的促进作用。[2] 相关研究还表明，纯文字性教科书和纯插图性教科书的阅读效果都不太好，并且两者之间没有显著性差异，而文图结合的课文阅读效果最好。对其原因，相关研究也趋于一致：教科书的插图通过提高学习者的学习兴趣和阅读速度，激发其学习动机；通过调动多种感觉器官参与学习活动，影响了学习者的阅读成绩。

---

[1] Levie, W. H. and Lentz, R. (1982), "Effects of Text Illustration: A Review of Research," *Education Communication and Technology Journal*, No. 4.

[2] 陶云、申继亮：《高二学生阅读插图课文的即时加工研究》，《心理发展与教育》2003 年第 2 期。

2. 插图对不同类型学生阅读成绩的影响

相关研究一般把学生按学校、年级、阅读或学习成绩分类，来探讨插图对阅读成绩的影响。早期的研究表明，插图对于差生的有效性为44%，而对于优秀生的有效性只有23%。Wardle 发现，插图对于低阅读能力的学习者有益而对高水平的学习者几乎没有多大的影响。Willow 发现，这种差别在使用彩色插图时更加明显。Rusted 在观察中发现，差生频繁地将其视线从字里行间移向插图，并且不时地在阅读文字时对照图片，而学习优秀者却很少对插图加以注意。在一项完形程序测验中，图例的呈现有益于学习困难的学习者，而对学习优秀者却帮助不大。[①] 我国研究者曾选取小学三、五年级学生，通过运用眼动仪以每秒 50 次的速度记录被试阅读时眼睛注视的位置、注视时间、注视频率和瞳孔直径等数据，研究不同类型学生的阅读特征并测试其阅读成绩。[②] 结果表明，就读者水平、材料难度以及阅读策略对插图效应的影响看，在整个实验过程中，中等阅读水平者始终未显示出插图效应，而高、低两种阅读水平者均表现出插图效应。

3. 插图与课文内在关系对学生阅读成绩的影响

就插图性课文和文字性课文所传达的信息量而言，实验表明，学习文图之间存在有机联系的插图课文的被试，较学习纯文字课文的被试要多获得 25% 的信息。[③] 在关于学习材料性质的分组实验中，Levin 和 Berry 等人的实验表明，图片对于儿童学习口语散文有帮助，其学习效果要优于书面散文。图片还有助于学习由新闻改编而成的说明性散文。Small 发现，图片会促进学习图例散文的信息，但并不能促进无图例散文信息的学习，当然也不会有阻碍作用。这些实验证实：有图故事比无图故事的优越性是随着图文相关度的提高而提高的。[④]

4. 插图对学生阅读理解及记忆的影响

插图对不同文体的阅读存在影响。例如，在说明文的阅读中，插图

---

① 曾天山：《国外关于教科书插图研究的述评》，《外国教育研究》1999 年第 3 期。

② 张红香、张必隐：《小学三、五年级学生阅读理解中插图效应的研究》，《心理科学》1997 年第 5 期。

③ 同上。

④ 曾天山：《国外关于教科书插图研究的述评》，《外国教育研究》1999 年第 3 期。

可以改进对说明文的阅读理解，提高阅读速度；可以帮助读者建立文章所描述物体的参照表征，在建立参照表征的过程中，插图有利于重要概念的理解和有关参照表征信息的整合；插图有助于空间想象能力低的读者理解重要概念以及整合有关信息。[①]

另有研究者以二、三年级为被试对象，探讨了插图对儿童阅读理解和记忆的影响。实验结果表明，在独立阅读情景下，对二年级被试对象来说，有无插图对理解的影响很小，而在三年级被试中，这种差异较为显著。在独立阅读情景下，插图对三年级儿童的即时回忆有一定的提示作用，二年级的延时回忆表现出对插图的依赖，即他们的回忆是围绕插图内容进行的。好的阅读者和差的阅读者在插图的依赖方面存在差异，好的阅读者受插图影响不显著，而差的阅读者的延时回忆明显受插图左右，有图组的回忆成绩优于无图组。[②]

（二）语文教科书插图存在的主要问题

目前我国语文教科书中课文插图现状不容乐观。

关于教科书插图的使用情况，卢杨[③]的问卷调查结果显示，教科书插图还不能令大多数学生满意，插图的功能未得到充分发挥：尽管97%的学生喜欢带有插图的课本，但喜欢课文中插图的仅占29%，而且57%的学生还认为插图对理解课文无帮助。在实际的教学中，有一部分教师完全忽视或不够重视插图：对教师的问卷显示，68%的教师认为，插图对学生理解课文没有帮助，30%的教师不提示学生利用插图，50%的教师据情况而定，有时提示，有时不提示。可见，教师对课文中插图还缺乏足够的认识，另外也说明大多数教师对插图评价不高。出现这种情况说明了我国中小学教科书插图存在一定的问题。具体有以下几个方面：

一是插图功能的固定化。插图与文字之间呈严格的一一对应关系，

---

① 刘宝霞、张厚粲、舒华：《插图在说明文阅读中的作用》，《心理学报》1996 年第 2 期。

② 刘春玲：《插图对儿童的阅读理解和记忆的影响》，《华东师范大学学报》（教育科学版）1990 年第 27 期。

③ 卢杨：《初中语文教科书的形象助读系统》，《北京教育学院学报》2000 年第 4 期。

文字是主角，插图充当配角。课文插图的功能过于固定化。[①] 插图作为文字材料的形象补充，本无可厚非，但是，插图始终是以服务于文字材料的工具而存在，换言之，没有文字材料，插图亦不存在，这显然是不合理的。

二是插图内容单一化。表现为插图内容追求写真的效果，把"像"与"不像"作为标准。这就使插图的内容受到局限，过于单一，导致所反映内容的唯一化、想象空间的局限化，颇受青少年喜爱的以简单的线条勾勒成的卡通形象、漫画作品等未对教材插图产生任何影响。

三是插图与文本不符。在一些语文教科书中，有些插图与原作内容配合得不够贴切，有些插图对课文的阅读还会产生误导。这些错误要么是细节有遗漏，一部分插图未能详尽描绘所要表现的内容，要么是画面极不完整，要么是画蛇添足，插图中多出了课文所没有的内容以及画面与原文细节不符。总之，图文内容不相符是许多课文插图存在的弊病。[②]

四是插图形式的单调化。语文插图皆为直观图象，极少插图采用图式形式。另外，从编排的形式看，语文教科书插图要么集中放在教科书的前几页，图文相隔遥远，要么在课文当中，也是图文分离的形式；从插图类型上看，过于单一；从插图性质上看，缺乏动态。

（三）教科书插图设计需考虑的因素

如何设计插图以增进其功能，必须考虑在设计教科书插图时的相关影响因素，这是探讨教科书插图设计的关键。依照黄显华和霍秉坤对教科书图表设计的探讨，[③] 我们提出如下要素。

1. 与学习者特性有关的因素

学习者的年龄。Evan，Watson，Willow 研究发现，学生年级越高，教科书中插图的篇幅逐渐变小，数目也逐渐减少，因为儿童着重看图学习。然而，学生多在 12 岁后开始能完整地辨认图画中的图像，并

---

① 高水红：《教材插图初探》，《教育研究与实验》2000 年第 3 期。
② 赵光飞：《语文插图应注意细节真实》，《语文教学之友》1995 年第 9 期。
③ 黄显华、霍秉坤：《寻找课程论和教科书设计的理论基础》，人民教育出版社 2005 年版，第 149—153 页。

能了解图像符号所代表的意义。反之，成人学习者能够用较系统和有顺序的方法检视插图中各个部分，并推论出图的意义，这是儿童无法办到的。[①]

阅读能力的高低。学习者若对阅读的内容比较熟悉，他理解教科书的能力自然较高，且不需要插图的可视化辅助即可完全了解所学的内容，达到教学目标。反之，若学习者对阅读的内容全然陌生或理解力较低，他阅读教科书的能力自然较低，对图的依赖性也会相对提高。Rusted，Coltheart 的研究显示，阅读能力低的读者在阅读文章时，非常留意图表的内容，并会反复对照图表和文字。所以，在教科书呈现时，需事先详尽了解、分析学习者的背景及学习特点与需求。

2. 与课文内容有关的因素

（1）插图的位置

常见的插图位置有文前页、图文同页和文后页。插图在学习内容中排列的位置会影响学习的效果。

文前页插图。文前页插图具有刺激原有知识经验、提供理解范式、引导和控制认知焦点的功能。在阅读活动开始之前，对文前页插图所描绘的场景进行视觉感知，可以刺激学生将插图表象与原有知识经验发生联系，主动在头脑中搜寻与插图相对应的图式信息，将其激活并转换成理解课文内容的背景信息。在阅读中，学生也会在文前页插图提供的背景信息的基础上，多次不间断地提取、整合图式信息，加深对课文的理解。文前页插图还能引导和影响学生的阅读心向。阅读心向是读者的阅读愿望、阅读动机、阅读兴趣的意向准备状态。积极的阅读心向能促使读者在阅读前进入"主动接受"的心理状态，引导读者在阅读中迅速融入材料、感悟课文情境、升华阅读感受。这是因为学生对插图表象的视觉加工不仅会同他原有的知识经验发生关联，还会使他产生从插图表象推断课文内容的欲望，产生阅读期待；同时，不同的插图表达了不同的特定情境，这些单一或多个特定情境影响了学生的阅读情感倾向，促使学生事先营造同课文内容相匹配的情感氛围，且影响、伴随着学生的

---

① 黄显华、霍秉坤：《寻找课程论和教科书设计的理论基础》，人民教育出版社 2005 年版，第 145 页。

整个阅读过程。

图文同页插图。相互作用模式认为，阅读理解是自下而上和自上而下的信息加工相互作用的过程，自下而上进行文字的识别与认知，自上而下进行内容的预测与推理，经过信息的多方汇总完成阅读材料各部分之间、材料与读者经验之间的意义构建。其中包含了读者对阅读材料的视觉加工和认知加工：视觉加工以文字、图画或其他符号为基础；认知加工则以读者的背景知识为基础，它是阅读理解的关键。学生的阅读就是在已有的背景知识和语言知识的基础上，不断搜集、筛选和认同输入的信息，并通过分析对各种假设加以肯定或否定，从而完成由低级到高级的认知过程。而插图在这一过程中，恰恰能及时激活学生头脑中已有的背景信息或提供学生尚不具备的背景知识。当学生遇到阅读难度大、抽象性强的课文时，难以或不能发现文章中句与句、段与段之间的内在联系，它们之间的连贯组合就会出现"缺口"。而图文同页插图在这时就能够及时补充背景知识信息，在一定程度上弥补这些"缺口"，整合课文各部分间的内在联系，使学生能够相对容易地建立整体表征。图文同页插图还可以再现课文情境，将课文内容具体化、形象化，这能更好地调动学生的抽象思维和形象思维。

文后页插图。研究表明，文后页插图对阅读活动有利有弊。其利在于：若插图同大脑中所形成的表象大致相符，便能帮助学生加深对阅读内容的记忆；若插图与大脑中所形成的表象产生差距，学生可以借助插图再次审视阅读内容。其弊在于：当学生加工信息时，文后页插图有时不能及时为阅读理解提供帮助，若要参照插图就需要翻页，而翻页容易干扰学生的注意力，打断学习思路。

（2）插图与正文的关系

陈红香、张必隐、杨震、Halbert、Peek 等国内外研究者对插图的相关效应进行了多方研究，结果发现，插图对课文理解的促进作用会随着图文相关程度的提高而提高，而与课文内容无关的插图则会对阅读理解产生干扰。图文相关从内容上可分为与作者相关、与人物相关、与风景相关、与物象相关、与故事情节相关以及与意境相关。插图若安放于课文内容难以理解或者没有插图就不能立刻理解的位置上，其功效会更好；或者，当学生不熟悉课文所描写的情景或对象，而运用插图能使情景形象化时，插图的功效会更好。

3. 与插图自身设计有关的因素

（1）插图的性质

一般而言，愈接近真实生活的视觉教材，就愈能够刺激学习。然而 Pettersson 和 Dwyer 认为，具体写实或抽象的视觉教材皆可能妨碍学习，关键在于视觉教材的写实性所传达的信息是否恰如其分。Dwyer 的研究发现，简单的线条画也可以是最有效的视觉教材，重点在于是否适合于达成教学目标；与教学目标相关的插图，其高度写实的表达方式反而会分散学习者的注意力，影响知识的传授。[1]

对于图形的真实性及真实程度的问题，除了要考虑图形本身如何呈现之外，更应考虑学习者的特性。Alessi 和 Trollip 提出一个有关图形使用真实性的模式图（参考图 5 - 1）。

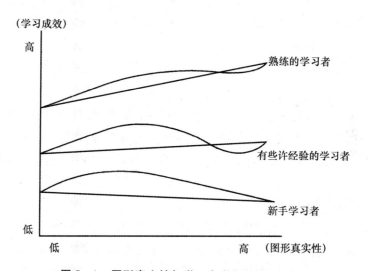

图 5 - 1　图形真实性与学习者学习效能的关系

资料来源：Alessi, S. M. & Trollip, S. R., *Computer-based Instruction Methods and Development*, Englewood Cliffs, N. J.: Prentice Hall, 1988.

---

① 引自黄显华、霍秉坤《寻找课程论和教科书设计的理论基础》，人民教育出版社 2005 年版，第 151 页。

（2）插图的形式

不同类型的插图会对不同的学生产生不同的效应。语文教科书插图的类型很多，主要有国画、油画、水彩画、版画、宣传画、漫画、照片等。不同类型的插图具有不同的特点，适用于不同的学生群体。此外，按完整与否为标准，插图还可分为完整插图和不完整插图。不完整插图就是只给出部分插图，其余部分留出空间让学生自己补充完整。

不同类型的插图适用于不同的学生群体。小学生以形象思维为主，逻辑思维为辅，且这种逻辑思维在很大程度上直接与感性经验相连，具有很大成分的形象性。照片、工笔画、水彩画等注重写实、色彩丰富的插图较为适合小学生。初中学生抽象思维日益占据主要地位，但形象思维仍然起着相当重要的作用。因此，各种插图对他们都适合，但具有抽象意味的插图应该占一半以上的比重，尤其是写意国画、白描国画、油画、漫画等。同时，不完整插图也适合他们。高中学生的思维具有较高的抽象性，且逐步向辩证思维过渡，因而抽象意味强的各种插图更为适合高中学生，如写意国画、漫画等。

（3）插图的解说

插图的说明能使学生正确地理解插图，把学生的注意力引导到相关的部分上去；反过来说，亦可使学生忽略重要信息。适宜的插图解说对插图的使用至关重要。复杂的插图可能会因为学习者找不到重点所在而妨碍学习，借助箭头、色彩等暗示技巧，可以吸引学习者注意插图内容的重点。

（4）插图的篇幅

插图篇幅大致包括整页插图、1/2页插图、1/3页插图、1/4页插图以及更小篇幅的插图。整页和1/2页插图可以看作大篇幅的插图，1/3页插图、1/4页插图以及更小篇幅的插图可以看作小篇幅的插图。插图篇幅不同，所包含的信息密集度也不尽相同。一般而言，小篇幅插图的信息密集度要大于大篇幅插图，随着插图单位面积所包含的信息量的增大，区分主要信息和次要信息的难度也随之增大，对插图信息的观察及与课文内容整合的要求也随之增高。从教育实践来看，大篇幅的插图更适合低年级的学生群体，小篇幅的插图更适合高年级的学生群体。

（5）插图的数量

同一篇课文中插图的数量对学生阅读理解会有影响。不同的课文可以有不同数量的插图。插图的数量包括一幅和多幅。当只有一幅插图时，这幅插图应该能够对阅读理解起重要的作用：或为阅读提供背景信息，或为理解文章内容、人物形象提供帮助，或是展示抽象概念、感性形象，或是协助读者融入文章意境等。总之，它的呈现将促进学生更快更好地学习文章。当有多幅插图时，这些插图应该能够从文章的背景、内容、意境、中心、补充知识和练习等几个方面协同促进学生的阅读理解。此外，有的插图还可以是连环画的形式，主要应用于故事性较强、情节完整的课文中。连环画能较形象地表现出课文情节的发展，有利于学生把握课文的完整性。

（6）插图的色彩

在现今教学及应用上，色彩已不仅仅具有吸引注意及装饰的陪衬功能，我们不能忽视色彩在教学中的实际效果。色彩功能甚多，诸如增强悦目性、吸引注意力、标示信息、表达逻辑结构及采取的步骤、区别与联结信息、辅助记忆与回忆、使物体呈现得更为真实及具体等。当然，我们还必须注意，运用色彩也会有负面影响。如强烈的色彩会造成视觉疲劳及残像，复杂的颜色容易造成错觉。若不适当地在插图中使用颜色，非但无法达到色彩在教学中的功效，反而会干扰、误导学习者。

Pett 在论及视觉设计时指出，色彩可提升学习者对于教科书产生正面的看法，但必须留意如何有效地运用色彩，并提出一些可供参考的原则。[①]

●采用与实物相同的色彩和容易辨认的颜色，以协助学习者学习。

●虽然学习者对颜色的喜好有很大的差异，但是，一般建议是饱和色彩用于年龄较小的学习者，较不饱和的冷色系统可用于高年级学习者。

●色彩饱和度或明度差异较大者，可吸引更多的注意。因此，欲强调空间差异，可使用明度或饱和度极端的色彩。

---

① 转引自黄显华、霍秉坤《寻找课程论和教科书设计的理论基础》，人民教育出版社2005 年版，第 153 页。

●色彩和文字与背景有高明度对比时，锐度最佳。而要维持高明度对比，则应避免在红、蓝色背景上配以暗色文字。

4. 与教学目标相对应

插图不仅具有一种吸引力，它还应该被整合到教学行为之中，我们可以按照两个标准把插图安置在一个二维核查表中：

●插图与教学目标相对应。

●插图带来独特的信息（我们在课文中找不到的信息）。

这样的安排有助于表现插图在四个水平上的教学价值（见表5-6）。

表5-6　　　　　　　　教科书插图教学价值核查表

	插图与主要的学习目标相对应	插图与主要的学习目标不相对应
插图带来独特的信息（我们在课文中找不到的信息）	水平1 特征： ●取消插图会影响对课文内容的理解。 ●学习的时候必须利用插图。 比如： ●课文内容发展所赖以存在的照片。	水平3 特征： ●它为主要学习活动带来一种与主要信息相平行的信息。 ●"如果有时间"或者学生个体在学习的时候，它可以被利用。 比如： ●在一本阅读课文中表现某一物体名称的图画。 ●替代某一教学命令要求的符号标志。
插图并没有真正带来课文之外的独特信息	水平2 特征： ●它带来课文中没有包含的某些信息。 ●取消插图会限制对课文内容的理解。 ●学习的时候对它加以利用更好。	水平4 特征： ●它纯粹是说明性的。 ●一般来说，学习的时候或者需要激发学生动机的时候不会对它加以利用。 比如： ●说明某一阅读课文的展示图案；某一教学命令要求所配的符号标志。

资料来源：［比］弗朗索瓦—玛丽热拉尔、［比］伊克萨维耶罗日叶《为了学习的教科书》，汪凌等译，华东师范大学出版社2009年版，第241—242页。

以上提及的诸多因素，包括与学习者的特性、与课文的内容、与插图自身设计有关的要素及与教学目标的对应，虽然只是一些列举，并未全部罗列，但所强调的是如何呈现插图，使学习者的学习更有效益，这是我们关注的焦点所在。

第六章　回归文体特征的语文教科书阅读内容建构

一　教科书设计中文体认识偏误批判

我们都知道文体教学在现代语文教学中处于非常重要的位置，在很长一段时间内，语文教科书就是根据"记叙文""议论文""说明文"和"应用文"来编排的，称之为"文体结构"。但问题也就出在这四种文体的划分上。所谓记叙文，实际上是对新闻、通讯、报告文学、参观记、游记、访问记、回忆录、故事、童话等以记叙为主要表达方式的文章的概括。在我们的生活中，我们写的文章也好，读的文章也罢，要么是新闻，要么是通讯，要么是报告文学，要么是参观记叙，等等，总之是这些具体文体的文章，而不会作一篇抽象的"记叙文"，议论文、说明文也是如此。也就是说，"议论文""说明文""记叙文"不是真实的文体分类，而只是文体的"教学分类"，是"练习性文体"，是学生在将来的写作中根本用不上的文体。"无用"是它的最大弊端。

（一）文类混同于文体，疏离了语文课程目标

我们以记叙文为例来分析。记叙文是从表达方式演变而来的一种文章类型。20世纪初，梁启超提出了"文章教学分类学"，按内容和功能，把古今文章分为记叙文（记载文）、论辩文、情感文。由此开端，经过百年变异和演化，逐渐形成了现今仍通用的所谓三大教学文体：记叙文、说明文和议论文。按通常的理解，表达方式有记叙、描写、说明、议论、抒情五种，如果以说明为主就称说明文，以议论为主就称议论文，那么现今人们常用的记叙文概念实际包含了以记叙为主的记叙

文，以描写为主的描写文和以抒情为主的抒情文，这使其外延无限放大，成为一个无所不包的"大箩筐"。

有研究者曾把人教版新课标初中语文教科书里面的文章按"写人叙事"这个标准来归类，下面这些文章都可归入记叙文①：

回忆往事类：如莫顿·亨特《走一步，再走一步》，鲁迅《从百草园到三味书屋》《风筝》《阿长与〈山海经〉》《藤野先生》，胡适《我的母亲》，朱自清《背影》，林海音《爸爸的花儿落了》，于漪《往事依依》，牛汉《我的第一本书》，海伦·凯勒《再塑生命》，阿累《一面》，魏巍《我的老师》等。

事件记叙类：如朱长超《月亮上的足迹》，茨威格《伟大的悲剧》，郭超人《登上地球之巅》，聂华苓《亲爱的爸爸妈妈》等。

人物写真类：如杨振宁《邓稼先》，莫泊桑《福楼拜家的星期天》，茨威格《列夫·托尔斯泰》，铁凝《生命与和平相爱》等。

世相写生类：杨绛《老王》，余秋雨《信客》，萧乾《吆喝》，琦君《春酒》，冯骥才《俗世奇人》等。

新闻报道类：毛泽东《人民解放军百万大军横渡长江》，新华社《中英香港政权交接仪式在港隆重举行》，廖文根《"神舟"五号飞船航天员出征记》等。

这里面有我们通常意义上作为文学作品的散文，如朱自清的《背影》，鲁迅的《从百草园到三味书屋》《藤野先生》《风筝》（也有的作散文诗看）；有小说，如林海音《爸爸的花儿落了》；有人物传记，如杨振宁《邓稼先》，茨威格《列夫·托尔斯泰》等；有科普小品，如朱长超《月亮上的足迹》；有新闻报道，如《人民解放军百万大军横渡长江》《中英香港政权交接仪式在港隆重举行》等。1983年选编，经过两次修订，一直沿用近20年的人教版教科书，其高中第二册有两个记叙文单元，第一单元选了夏衍《包身工》，唐弢《琐忆》，孙犁《荷花淀》和魏巍《依依惜别时的深情》，第二单元选了吴伯箫《猎户》，秦牧《土地》，徐迟《黄山记》，于是之《幼学记事》；高中第三册有鲁迅

---

① 余映潮：《从新的视角来研究记叙文教学》，《语文教学通讯·初中刊》2005年第1期。

《为了忘却的记念》，翦伯赞《内蒙访古》，峻青《雄关赋》；高中第六册有朱自清《威尼斯》，周立波《娘子关前》和柯岩《汉堡港的变奏》。这里的记叙文除了小说、散文外，还有游记如《黄山记》《威尼斯》，访问记如《内蒙访古》，报告文学如《包身工》《汉堡港的变奏》等。

对于记叙文，用穷尽法显然还是不能显示它的外延。在新课标教科书普遍按主题组单元的今天，同一主题单元中安排各种不同的文体，如小小说、童话等，它们虽没有被称为记叙文，但编者实际上就是按记叙文的路子在编，所以它们仍在记叙文范围内。我们既然不能直接指出记叙文的外延，不妨先指出不是记叙文的范围，然后反推。据我们对历年教科书文体的考察，可以明确属于"非记叙文"范围的似乎只有诗歌、戏剧、狭义的应用文（如通知、请假条等日常事务文书和公文等）、部分说明文、议论文和虽不按文体区分但独立成类的文言文。之所以称为"部分说明文"，是因为实际上也有把科普说明文当作记叙文的。以此看来，记叙文实际上并不是一种文体，而是一种文类，是一个集合概念。用一种无所不包的文类的视角去看小说、散文，看到的自然不是小说、散文的文体个性，而是其文体共性。

将文类混同于文体，在阅读教学中自然完全混淆了文学与文章的区别，把文学中的诗歌、小说、散文、戏剧都往记叙文、说明文和议论文上靠，实际上也同时混淆了文学作品中不同文体的区别。这样，在整个阅读教学中，尽管有所谓记叙文、说明文和议论文的"文体"区分，但由于它们是杂合的"类"的概念，比如记叙文，指的是小说、人物传记、叙事散文、通讯、报告文学等一些文体，因而这种区分并没有多少实际内容，不能培养真正的"文体意识"；相反，这种高度抽象的、生活中本不具有的所谓记叙文、说明文和议论文的文类形式介入语文教学，使得百年语文教育在文体上呈现出一种迷离莫辨、混乱不堪的面貌。学生尽管学习了大量作品和文体知识，但所学的都是抽象意义上的所谓"记叙的详略""写人记事的一般要求"的知识，因而，学是学了，学到的都是一些"垃圾知识"①，并不能支持他（她）对某一具体作品的阅读。

---

① 徐江：《中学语文"无效教学"批判》，《人民教育》2005 年第 9 期。

中小学阅读教学很重要的一项目标是培养学生的文体意识，这在我国历年的课程标准（教学大纲）和国外的课程标准中都有相关表述（见表6-1）。

表6-1　　　我国历年课程标准（或教学大纲）和国外课程标准
中文体教学表述情况列举

我国历年课程标准（或教学大纲）中的相关表述	国外课程标准中的相关表述
1929年初中"文法与修辞"项：学习"文体的分类""并就精读的选文中采取例证和实习的材料"	英国："标准英语和语言学习"项：应向学生介绍不同类型文章的组织、结构和表达特点
1932年初中"精读"项：教员对于选文应抽绎其作法要项指示学生，使学生领悟文字之体式与其作法	美国（俄亥俄州克利夫兰市市立学区6—9年级）"阅读"项：查阅、识别及确定文学作品中的各种结构、文体和体裁
1936年初中"教材大纲"项："文章法则于略读时间内讲授之"，其中"包括文章体裁（即表中各项体裁之性质、取材及结构）"	法国"阅读前景"项：学习文学作品的形式与体裁；"教学方法"项：各种文章类型不同，其阅读方法也不同，要避免恣意发挥
1956年初中文学教学大纲"文学理论常识"项：了解文学作品的体裁——寓言、童话、诗歌、小说、戏剧、散文（传记、随笔、杂文、报告、游记、书信、富有文学风趣的论文）等	日本"阅读"项：从各种体裁的文章中，收集必要的信息，学会阅读的方法
1963年中学"教学内容安排"项：逐步理解和掌握记叙、说明、议论等主要的表达方式和常用的几种体裁的文章写法	德国（巴符州）"文学、其他文章和媒体"项："文体与作品所反映现实之关系""观察文学的种类及其修辞特征"
1986年中学"教材内容"项：初中简略介绍各种文学体裁	加拿大"对体裁与风格的理解"项： ——分辨出不同的写作体裁，描述其特征（如科幻小说、传记文学、侦察故事） ——运用不同体裁作品的特征方面的知识，帮助他们为了某个具体科目的选择合适的阅读材料（如短篇小说、参考书中的文章）
2000年初中"语文常识"项：了解散文、诗歌、小说、戏剧文学的基本常识	
2001年"高中必修课程"项："能阅读理论类、实用类、文学类等多种文本。根据不同的阅读目的，针对不同的阅读材料，灵活运用精读、略读、浏览、速读等阅读方法，提高阅读效率""在阅读鉴赏中，了解诗歌、散文、小说、戏剧等文学体裁的基本特征及主要表现手法"	

从表 6-1 中我们看到，不管是国内还是国外，不管是过去还是现在，都很注重"文体意识"培养。但我国的现实情况是"文体意识"贫困。① 为什么会出现目的与效果背离的情况呢？我们分析，其中很重要的一点是：我们向来采用的是文选型教材，但所选之篇目统统归于"大文章"概念之下，缺少"文学"与"文章"的区分意识。真正意义上的"文体意识"不是传统"大文章"概念所能孕育产生的，它建立的基础是文学与文章的分野。文学作品与文章作品是两种具有不同性质的文本形态，只有意识到这一点，下位的文体区分才有意义，才具有"文体意识"萌芽的土壤。

（二）文学和文章误认，偏离了文本特性

在阅读教学领域，当前突出的问题表现为文学教育和文章教育模糊一团。将文章误当作文学，将文学错认为文章来教与学。进一步说就是，教说明文、记叙文、议论文讲解的是作者、解题、段落大意、中心思想、写作特点；教散文、小说讲解的也是作者、解题、段落大意、中心思想、写作特点；甚至教诗歌、戏剧讲解的是还是作者、解题、段落大意、中心思想、写作特点。其具体表现为文体误认、内容误解、方法误用，将文学文体错认为文章文体，将多元解读错认为一元解读，将形式品味错认为内容理解。这种阅读教学在语文教育史上屡见不鲜，在当前语文课堂上也普遍存在，已经成了阅读教学的痼疾，造成文学阅读和文章阅读的"两败俱伤"，之所以会产生这样的问题，与我们语文教科书不无关系。

付宜红在比较中日语文教学时批评道："在我国小学语文阅读教材中，'记叙文'占相当的地位。一些儿童文学作品、名家名著经教材编者的删添更改，变为浅显易懂、中心明确的'记叙文'。在学习'记叙文'时，强调划分段落、归纳段意、概括主题、中心思想，学习作者表现手法等，这些教学内容和活动使得学生在与文学作品接触时，始终需要与作品保持一定的距离（即站在第三者的立场），把注意力放在对情

---

① 陈雪虎：《所谓"文体不限"：当代语文教育文体意识的贫困》，《文艺争鸣》2005 年第 1 期。

节发展、人物行为等的分析和主题挖掘以及概括中心思想等上。"① 一方面，这种阅读方式更像对作品的评判，或者仅仅是为了获取课后练习的标准答案，本质上是"非文学"的。另一方面，即使是"说明文""议论文"乃至一些"应用文"的阅读教学，也仿拟"记叙文"的套路，格外地强调其开头是如何的精彩，过渡是如何的圆润，结尾是如何的巧妙以及诸如句式丰富、比喻贴切、语言生动等。这种方式阻隔了学生对文章理解力的发展，本质上又是"非文章"的。这种混淆给阅读教学带来的弊端也是显而易见的。

（三） 阅读教学等同于知识教学，偏离了语文课程的性质

沿着文类的视角继续往下探究，我们看到，长期以来，语文阅读教学逐渐演化为一种纯粹的知识教学。这个演化过程有三个阶段比较突出：第一是汉语、文学分科时期。1956 年的汉语、文学分科实验，虽然时间短暂，但确立了汉语知识和文学知识的基本样态，这些样态在以后的综合性教材中得以保留，只是程度大为降低。第二是 20 世纪 60 年代。那时提出了著名的"双基论"，尤其强调"基础知识"。这一观点在以后的语文教学中得到贯彻，"八字宪法"（字、词、句、篇、语、修、逻、文）就是其表现。第三是 1992 年。这一年颁布的《九年义务教育全日制初级中学语文教学大纲（试用)》提出了汉语知识、文体知识和文学知识组成的三大知识板块，形成了以此为基础的"听说读写"48 个能力训练点。正是基于这种知识教学的背景，记叙文、说明文、议论文三大实用文体的文章作法知识形成完整的体系，其"知识点"在教材中是这样体现的②：

记叙文：

1. 写景状物的一般要求；观察和认识。

2. 写人记事的一般要求；根据材料提炼中心；修改文章：中

---

① 付宜红：《日本语文教育研究》，北京师范大学出版社 2001 年版，第 189 页。
② 人民教育出版社语文二室：《高级中学课本第一册（必修)》，人民教育出版社 1991 年版，第 6—11 页。

心的深化。

3. 记叙文的材料；联想和想象；修改文章：材料的选择和裁剪。

4. 记叙文的构思；安排好结构。

5. 夹叙夹议；把握文章的思路；安排好段内层次。

6. 记叙文阅读、写作综合训练。

说明文：

1. 抓住特征说明事物。

2. 按合理的顺序说明事物；速读。

3. 说明文的语言；说明文阅读、写作综合训练；修改文章：综合修改。

议论文：

1. 把握观点和材料的关系；精读和略读。

2. 围绕中心论点展开论述；理解文章的句子。

3. 论证的思路和结构；修改文章：结构的调整。

4. 论证方法。

5. 辩证的分析；写作：修饰词句；修改文章：段内层次的调整。

6. 议论文的语言。

7. 思想评论、文学评论的特点；专题阅读；写作：综合运用表达方法。

8. 杂文的特点；议论文阅读、写作综合训练。

站在知识的立场上，文学教学和文章教学并没有本质上的差异。文学作品既可以为文学常识提供印证的"例子"，也可以为上述文章读写知识提供辨析的材料。也就是说，它们既可以独立成类，也可以并入记叙文、说明文、议论文单元之中。事实上，它们是否独立成类并不重要，因为不管独立与否，都不会改变其基本的知识教学模式。而且，从知识教学的角度来看，提供给学生的知识"概括程度越高，包容范围越大，迁移的能力越强"，教学的效率也就越高。这就不难理解为什么长期以来我们教的最多的文体知识都是记叙文、议论文、说明文最"一般的要求"，如上述记叙文"写景状物的一般要求""写人记事的一般要求"等，因为这些知识概括程度高，包容范围大，一旦为学生所掌握，有利于固定后继知识，使新旧知识相互联系，并能充分解释新学到知识的事实细节，使之具有潜在意义。

这是就知识教学立场而言的。但现在人们已经认识到：语文学科并非知识学科，而是应用性、实践性学科。言语性是语文课程所独具的学习"个人在特定语境中的具体的语言运用和表现"的特殊属性。以"言语性"定位，就是表明在语文课程中应以学生言语能力的发展为本位。这种静态的陈述性知识与能力也没有必然的联系，知道阅读的规律不一定自然有阅读的能力，知识教学没有独立的目的性，也不是实现语文能力的充分的、必要的和前提性的条件，而只是能力的辅助条件。纯粹的静态知识教学并不能培养真正的语义能力。

（四）固化教学模式，降低课堂效率

教学是需要模式的。正如冯克诚先生主编的《最新教学模式全书》所指出的：模式和模式化是一项工作成熟、规范集中的和形式化的体现。教学模式既是进行教学工作设计的基本思路框架和技术方法与范式，是长期的实践经验和理论实验研究的总结和概念化，也是课堂教学取得最佳效果的技术保障。[①]

但是，任何教学模式都有其特定的对象和适用范围，一旦对象和范围泛化，它就容易固化成教学套路，反过来束缚教师的创造性教学活动。长期以来，中小学阅读教学缺乏较为明确的文体意识，往往教学抽象的阅读方法，不管是诗歌、小说、童话，还是戏剧，基本上都是一种读法，在内容上大多作单向度的理解，概括回答"写了什么内容""表达了怎样的情感"等类型化问题，呈现出无限泛化的特点，任何篇目，不论是文学还是文章，不论是记叙文、说明文还是议论文，其教学内容一致，教法一致，套路相当固定呆板。以小说教学为例，传统的教学套路就是抓住人物、故事情节和环境三要素，分析人物形象，总结人物性格，学习刻画人物的方法；了解故事的开端、发展、高潮、结局，认识

---

① 冯克诚：《最新教学模式全书》，北京国际文化出版社1997年版，第1页。

作品的结构特点；认识环境描写的作用等。最后还要从中总结出作品的主题思想或作者的思想感情。概括起来，就是故事情节＋人物形象＋创作手法＋主题思想。这一套路在文学教学中沿袭已久，至今风行不止。试看人教社《高级中学语文教学参考》（第三册）中为小说《项链》所提供的"教学参考"：①

　　课文说明：

　　1. 情节结构

　　全篇以"失项链"为转折，前后形成了鲜明的对比，前面写女主人对奢华的追求，后面写她由此造成的悲剧……

　　2. 人物形象

　　路瓦栽夫人……备受资产阶级风气的熏陶，对资产阶级上流社会的荣华富贵有无限羡慕之情……是一个艳羡虚荣、追求奢华的庸俗的小资产阶级妇女。……

　　3. 精巧构思

　　《项链》的构思十分精巧。项链原是赝制品直到最后才通过路瓦栽的女友道破，不仅使女主人公大吃一惊，而且让读者也感到意外。其实仔细想想，看来似在意料之外的事情，却也在情理之中，十分可信。……

　　4. 心理描写

　　……这种虚荣心正是资本主义社会把女性当作玩物的要求造成的，它预示了路瓦栽夫人悲剧的必然性。

　　这里的"课文说明"有结构、人物、构思和心理描写四个组成部分，它们都指向一个共同的主题：批判资产阶级腐朽的虚荣心。上述教参出版于1987年，距今20余年。但20年前的教学是这样，20年后的教学依然是这样。这里举2003年《祝福》一课的一个教学设计：②

---

　　① 人民教育出版社语文二室：《高级中学课本第一册（必修）》，人民教育出版社1991年版，第6—11页。

　　② http：//www.zfzz.com.cn.

教学要求：

1. 准确把握祥林嫂的形象特征，理解造成人物悲剧的社会根源，从而认识旧社会封建礼教的罪恶本质。

2. 学习本文综合运用肖像描写、动作描写、语言描写等塑造人物的方法。

3. 体会并理解本文环境描写的作用，理解本文倒叙手法的作用。

教学安排：

第一教时重点理清小说的情节结构，了解倒叙的作用。

第二教时重点分析祥林嫂形象。

第三教时重点分析鲁四老爷和"我"的形象。

第四教时重点分析写作特点。

这一教学设计中的教学内容安排和上述教参一脉相承，如出一辙，同样是故事情节＋人物形象＋创作手法＋主题思想。所不同的是故事主要情节由路瓦栽夫人借项链丢项链变成祥林嫂的悲剧遭遇，主要人物由路瓦栽夫人换成了祥林嫂，创作手法由心理描写改成了倒叙手法，主题由抨击资产阶级腐朽的虚荣心转为抨击封建礼教的毒害。这说明在很长一段时间里，小说教学一直陷于这种套路之中，并没有多大改变。

小说教学这种"怪模怪样"的套路，直接从记叙文教学中承袭而来。人们阅读记叙文一般遵循这样的过程，那就是，第一，看到作者写了什么，即文章的内容；第二，研究作者是怎样写的，即文章的创作手法；第三，研究作者为什么要这样写即文章的主题。用简图表示为：写了什么？（文章内容）——怎样写的？（创作手法）——为什么这样写？（主题思想）。这也是多年来记叙文传统的教学模式。记叙文写人记事，"事"和"人"是其基本构件，因此，所谓文章内容主要就是对"事"对"人"的理解与分析，抓住记叙文"六要素"来分析"事"，抓住"五描写"（外貌描写、语言描写、动作描写、心理描写、细节描写）来分析"人"就构成其套路的两个主要环节。这两个环节到了小说教学中，一者改为故事情节，一者改为人物形象分析，但其基本内容不变。

再如，一看到科普类文章，就套用说明文"说明的顺序、说明的方法"等内容，一读到议论性文章，一定离不开"论点、论据、论证"或"提出问题、分析问题、解决问题"等模式化的内容。这种套路化的阅读教学，使文学教学沦为文章教学的附庸，相应的文章教学成为类文学教学，严重制约了课堂教学的效率，这也是语文教育长期为人诟病的重要原因。

二　文学阅读内容探索

我们可以把中小学课堂教学框架下的阅读内容分成对象性知识与主体性知识。对象性知识的立足点是文本自身，核心是文体知识；主体性知识围绕学生这一阅读主体，主要是解读方法。这一理解与近来有学者从作品的读法角度提出"着眼于对象的阅读图式"和"着眼于主体的阅读图式"[①] 的分类有暗合之处。

小说、诗歌、散文、戏剧等文学体裁，从"着眼于对象的阅读图式"来看，所需要的核心知识则应侧重于其相应的文体知识。

（一）小说：领略"叙述"的艺术

"小说是虚构的"，这是小说作者与读者的"默识"，也是小说进入阅读时的特定情形。这种特定情形决定了作者创作小说的基本价值取向和创作追求，决定了读者对待小说的基本态度，也决定了小说阅读的基本方式：读者阅读小说，不仅关心小说写了什么，而且关心小说是怎么写的。如果我们把"小说写了什么"称为"故事"的话，那么"小说是怎么写的"则可以称为"叙述"。小说教学不仅要教"故事"，更要教"叙述"。

1. 教"故事"：小说教学的"内容要素"

迄今为止，小说大致上可以分为传统小说和现代小说两大类。传统小说以人物、情节、环境三要素为主要构件，教这类小说，抓住了人

---

① 倪文尖：《"想象与移情"单元样章》（上），《语文学习》2007 年第 3 期。

物、情节、环境，就抓住了根本。当然主题也很重要，但主题是我们从小说中的人物、情节、环境中探究出来的。

（1）情节

在强调戏剧性的传统小说中，情节的运行整体上遵循着一个基本模式：发生—发展—高潮—结局。如同一个抛物线的轨迹，在整个模式中，一切都为奔向高潮和最后的结局。到了现代小说形态里，为了在讲故事中获得更大的自由，有些作家干脆取消故事的高潮，甚至不再遵循"发生—发展—高潮—结局"这一历时性、线性化的情节模式，转而创造出新的方式连缀小说的诸多事件，例如《追忆似水年华》《喧嚣与骚动》的散点往复式，在记忆的碎片中随意跳动；《弗兰德公路》的全景共时式，各个场景都是同时发生的，等等。

"摇摆"是小说运行的动力之一。小说的运行过程常常是摇摆的过程。通过语言、情节、性格以及主题的摇摆，小说才得以如河流一般不住地奔流向前。细小的摇摆，如陀思妥耶夫斯基的《罪与罚》，写拉斯科尔尼科夫要杀房东老太太时，其内心的犹豫与彷徨就是细小的摇摆，使得情节线索更加丰满，而在悲剧和审美上的深度，也大为增加。全篇的摇摆，如《项链》《我的叔叔于勒》《炮兽》《丹柯》《炼金术士》等，作家在故事开头和结尾之间，通过一个个细节左冲右突，摇摆到底，将小说写得简约又丰厚，摇曳而生姿。极端的摇摆，就是通过"否定之否定"，在每一次摇摆中走向原来的反面，摇摆的过程是不断自我否定的过程。通过不断的否定，情节得以巧妙地展开。此时，它的效果不仅针对情节本身，对小说所能达到的深度也有很大的影响。在茨威格的小说《一个女人一生中的二十四个小时》中，其结尾就是一个巨大的否定之否定：那个女人以及我们这些读者都认定那个男人在受到如此感化且又做出那样一番忏悔之后，一定会离开赌场而去他应该去的地方时，我们却随着这女人无意识的最后一眼，看到那个男人又坐在了赌桌前。对那个女人来说，一切的努力都等于零，而对作品而言，这个"零"使得作品的意味骤然放大。变线，这是小说极端摇摆的另一种方式。这其中又有两种形式，一种是有联系的变线，如不遵循上下文的逻辑，但是在整个小说情节的语境里却不是很突兀，变线只是相对局部而言的，在大的情节框架里遵循内在的逻辑。如《九三年》《战争与和平》，小说经常从一个场景跳脱到另一个场景，开始另一条线索的叙述。另一种是没有联系的变线，这种变线既不符合上下文的逻辑，也不遵循整个小说情节的内在逻辑，而是另辟蹊径，展开情节。如在《墙上的斑点》里，存在不少这样的例子。这样的变线是对传统小说结构模式的解构。

（2）人物

在西方的文学理论概念中，有人把性格单一化的人物称为扁形人物，而把具有复杂性格的人物称为圆形人物。扁平人物的性格是类型化、固定化的，性格结构只有一级。例如《变色龙》中的奥出蔑洛夫就是这种戏剧化的典型，增强了作品的讽刺效果。《一个小公务员之死》中的小公务员，就是一个"扁平人物"，他谨小慎微、患得患失、自卑媚上的性格贯穿故事的始终。它的命运被它的性格这条单一的线索牵引，坚定地走向终点。这类人物性格稳定，既容易被辨认又容易被记忆。"扁平人物"性格虽单调而乏味，但在讽刺小说中却常常能产生戏剧效果，有入木三分的作用。例如《唐·吉诃德》中的唐·吉诃德和桑丘，都是"扁平人物"，尽显滑稽之能事，很好地体现了作者批判骑士的用意。

圆形人物有着复杂性和变化性：具体有向心性模式（各种不同的性格特征不是相互对抗，而是构成一种合力，围绕着核心性格转）；层递型模式（情节的发展过程也是性格变化的过程）；对立型模式（性格呈现出两种对立的因素，彼此不断冲突激荡）。

扁形人物往往是孤立性格的寓言式的抽象品，圆形人物则是"完满的有生气的人"。在一部内容丰富的作品中，圆形人物与扁形人物可以同时并存。

（3）环境

环境作为小说的内容要素之一，主要涉及环境类型、环境与人物、时代及生活的关系；场景及功能：给全篇定调、营造意境与渲染气氛、导引人物出场、揭示人物性格、作为象征；风景的意义（衬托、作为幕间音乐）；现代小说的场景观（古典小说的场景：细致、确切；现代小说的场景：模糊、虚幻）等。

传统观点认为，情节发展源自性格的推动，性格又取决于环境，个性是特殊的，但大抵在环境中都能找到根源，这就是典型的环境决定论。但现代派小说对于环境并不看重，很多小说写人类的意识本能、审视人物的内心奥秘，环境已不再是决定性的因素。

2. 教"叙述"：小说教学的"形式要素"

在现代小说中，人物、情节、环境这些要素退居次要位置，作者的认识、观念和情感凸显在最重要的位置上。在传统小说中，作者的认识、观念和情感是我们从"故事"中分析出来的，是由小说的人物、情节、环境本身显现出来的，我们通过对小说的人物、情节、环境的分析获得对作者的理解，可能与作者的想法一致，也可能不一致。但现代小说直接就是表现作者的认识、观念和情感的，并且是作者写作之前就已确定了的，小说的一切，包括里面碎片化、模糊化的人物、情节、环境，都是这个确定了的内容的阐释或象征。对这一类小说，"叙述"是教学的重点。

（1）叙述者

我们读小说，总是要读到一些人和事，这些人和事总是由一个具体的人说给我们听的。这个叙述者不是作者，作者是创造、虚构叙述者的人。例如鲁迅是《孔乙己》的作者，《孔乙己》里的"我"（即咸亨酒店里的那个小伙计）才是叙述者。不同的人，叙述的内容是不一样的。会因为每一个人的角度、立场、情感、认识不一样而关注不同的方面，会以不同的方式来说，会对所说的东西有不同的态度。会说成不同的样式，一句话，不同的叙述者会给我们不同的叙述，也让我们遭遇到不同的文学世界。我们读小说，确定这个叙述者，从而获得叙述者的角度、立场、情感、认识是首要的，也是最重要的一步。有了这一步，我们就可以构建一个被叙述者（人物）、叙述者、看叙述者（读者）和创造叙述者（作者）之间的张力性结构，从而打开小说的内部隐喻系统，走进小说的内部世界。

有了叙述及虚构的意识，才会在我们的阅读视野里，有《孔乙己》的小说叙述者问题：这个故事是由谁来讲的？我们才不会像以前读这篇小说那样，要么仅仅把小伙计"我"当作一个次要人物打发掉，要么简单地以为设置这个"我"只是为了在形式上有新意。我们才能如梦初醒地意识到，只有发现了"小伙计"这样的一个叙述者，才能看到

《孔乙己》这篇小说的另外一大片风景，才能勘探到作家鲁迅蕴藏在《孔乙己》里更多、更大的秘密（这秘密，甚至连鲁迅本人也未必充分地意识到）。孔乙己的故事是由小伙计叙述的，小说的叙述者为什么要选中他？为什么不选酒店掌柜，或者酒客中的某一个？抑或由孔乙己自己来讲述？显然，这是非常重要的"有意味的形式"，是小说虚构的关键所在。像有学者已经研究指出的，"小伙计"作为叙述者的独特性在于，他既是一个在场者，又是一个旁观者；他既直接面对了孔乙己，又见证了酒客们及掌柜对孔乙己的调笑戏弄；他在小说前后的微妙变化，又考验、提醒着读者的良知。由叙述者对孔乙己的态度作为阅读的切入口，我们可以打开多层面的"看与被看"的关系。从而把小说人物、叙述者、作者、读者都囊括进来，形成"读者看—小伙计看—酒客和酒店老板看—孔乙己"的复杂结构，最终读出鲁迅深刻的用意。如果我们联系到鲁迅在《（呐喊）自序》《藤野先生》等作品中不断讲述的"幻灯片事件"——正是"幻灯片事件"最终触动了鲁迅先生弃医从文，联系到"幻灯片事件"中鲁迅所处的那个"看与被看"（日本同学、鲁迅、幻灯片里的看客以及被杀头的人，等等）结构中的独特位置，联系到"看与被看"正是鲁迅小说中的一大原型（最典型的如《示众》），我们真应该说，由《孔乙己》所开启的阅读和阐释还的确未完成，而所有这一切又都拜"叙述与虚构"的意识和视野所赐。

再如《林黛玉进贾府》在《红楼梦》中具有很特殊的叙事功能。这种叙事功能体现在三个方面：第一，通过林黛玉进贾府，写出整个贾府的布局和气派；第二，通过林黛玉进贾府，介绍贾府复杂的人际关系；第三，介绍宝黛的第一次相会。作为一个独立的文本，《林黛玉进贾府》运用了三种叙事手法：第一，"移步换形"。就是读者随着林黛玉一步一步地走进贾府，不断地发现新奇的人物、场景，整个过程如行云流水，非常自然，凸显了故事的"动态性"和"现场感"。第二，人物有限叙述视角的巧妙运用（即从林黛玉视角写人写事写环境）——这是本文最突出的叙事特点。第三，"不写之写"。作者通过林黛玉的视角让我们看到了一个热闹喧哗的贾府，让我们看到了一个个栩栩如生的人物形象，也让我们看到了隐藏在环境背后的东西，听到了人物发自内心的声音，但同时，主人公林黛玉的性情容貌也在叙述过程中一览无余地展现出来。这种写法在我国古代文论中叫"不写之写"。

（2）叙述方式

这里所说的叙述方式，不是指具体的叙事方法，比如语言描写、肖像描写这一类，而是指叙述者在述说人物和事件时的基本立足点和整体风格。小说叙述方式使用比较多的有写实、写意、心理、荒诞、象征、反讽等。[①]

传统的写实主义小说偏向于营造一种逼真的幻觉，其艺术魅力重在对小说本身的"虚构"性的掩饰之中，而许多现代小说则可以说是反其道而行之。在"叙述与虚构"方面，它们要比传统写实小说走得远了许多。太多的现代小说并不拘泥于"真实"的人物和"完满"的情节，很多时候甚至对之作刻意的"反动"：有的小说并不致力于"反映"现实的世界，或者追求与现实世界的一致性，反而回避这种"反映"式的关系，以扭曲的、变形的乃至反讽的方式来对待、处理现实；有的小说故意露出不能自圆其说的"马脚"，显示出"虚构"的痕迹；也有的小说又极端地重视客观的效果——但又不同于传统写实小说以人物和情节"模仿"现实活动，而是诉诸一种冷漠的描写、不介入的叙述……所有这些小说的作者往往都对"叙述与虚构"极端自觉，充分利用了"叙述"这一小说的本质性特征来建构独具一己特色的文本世界，既传达了别样的意念，又不断拓展了小说的艺术空间，取得了很高的成就。

但我们发现，长期以来，进入语文教科书的小说选文都属于传统的写实主义作品，语文课上所传授的小说知识也主要围绕"情节""人物""环境"之类来展开，所以，普遍地形成了以"故事"和"人物"为基本解读图式来阅读小说的惯性；当我们面对现代小说时，大家还是自然而然地读情节、读人物。这样，有的时候能读懂，但读不出什么特别的意思，也有的时候，就读不懂因而无所适从了。这意味着我们过去所学的知识、脑海里既有的解读图式在阅读和处理现代小说时，反而会起到干扰的作用，既加重了"读不懂"的抱怨，也带来了"不想读"的危险。面对丰富多样的现代小说，我们需要有针对性地形成一些新的

---

① 倪文尖、朱羽：《重塑小说观 建构新图式》，《语文学习》2005 年第 3 期。

阅读图式,去讲读那些现代小说过程中的主体性课程内容。

- 心理

我们知道,现代小说的一个重要特征就是所谓的"向内转"。不同于传统小说以心理活动辅助人物行动和情节发展的处理方法,现代小说把人类心理世界本身作为研究的对象,极其重视内心世界的展示,有时更是以内心的意识流动来结构整个小说。特别是随着19世纪末以来心理分析等思潮的兴起,现代小说在开掘人类内心图景的道路上越走越远。既有对自我意识的展示,也有对潜意识的探究。英国女作家弗吉尼亚·伍尔夫的作品《墙上的斑点》展示的就不是一个外部事件,而是感情、联想和想象的世界。小说没有什么连贯的情节,只是围绕主人公看到一个墙上的斑点来展开意识流动,而且,此一意识和彼一意识之间没有太多的理性逻辑联系,却到处充斥着瞬间的印象和个性化的感受。又比如施蛰存的《梅雨之夕》,通篇是一个男子在雨中陪伴一位少女时的心路历程。小说没有什么复杂的情节,结构也比较松散,处处是"我"的独白与欲望幻念。这一类小说当然不能用读情节和人物的方法来读,而是需要我们深深地沉浸到作品的思绪中去,格外仔细地体味小说里微妙甚至离奇的心理波动、欲念的浮现以及意识的滑行,在充分感受的基础上努力关注其间的连接逻辑,从而逐步建构相应的读"心理"的图式。

- 荒诞

"荒诞"也是阅读现代小说的一个重要图式。因为传统写实小说的荒诞因素不显著,所以"荒诞"的小说一开始是比较难进入的。比如残雪的《山上的小屋》的开头:"我每天都在家里清理抽屉"就让人觉得奇怪,"每天"所指示出的频繁性的确让人觉得十分不可思议,或者,可以将其看作写得较夸张;但是,随着"所有的人的耳朵都出了毛病","鼾声"震得瓶瓶罐罐在碗橱里跳跃起来"等场景的出现,我们会发觉,要以日常生活的逻辑来还原小说文本世界真是越来越困难;特别是当我们读到"每次她盯着我的后脑勺,我头皮上被她盯着的那块地方就发麻,而且肿起来"之类极其怪异的内容时,我们多半会意识到,这小说不仅仅是一个"夸张"所能解释的了,而几乎是不可理喻的荒唐且荒诞了。这时候,如果旧有的阅读图式,特别是那种"反映论"式的读法起了作用，那么，我们可能会失去继续阅读的兴趣。我们需要在阅读这类小说的过程里，建立起一种新的读"荒诞"的图式：原来，不是小说荒诞，而是世界是荒诞的；正因为这世界太荒诞，以致作者要以这样荒诞的方式来表达自己对世界的认知。

• 象征

还有的现代小说，如果不抓住小说中的象征，并破解其象征意义，我们会发觉，读是读了，却仅仅读了个故事而已，总感觉没有读透，这是因为"象征"也是非常重要的阅读图式。比如余华的《十八岁出门远行》，只有抓住了"十八岁""出门远行"这一行为的象征意味，以及"旅店""外面的世界"等因素的象征性，我们才能比较深刻地把握小说所关注的"天真与经验"命题的意义。又比如瑞士作家迪伦马特的《隧道》，讲述了一列火车莫名其妙地行驶在一条通往"地心"的隧道中，如果不从"象征"的阅读图式来入手——将"堕落"于隧道之中看作一种人类普遍处境的象征，恐怕也是很难读懂这部作品的。

• 反讽

阅读现代小说，"反讽"的图式也相当重要。可以毫不夸张地说，现代的小说多少都带有一些反讽的因素。因为现代的小说家普遍地对现存世界不满，而反讽就是一种特别的表达方式。反讽不同于直接的攻击，它的基本特征是字面意义和深层意义的不一致。所以，有的小说"反讽"隐藏得很深，如果我们的阅读视野里没有读"反讽"的图式，那我们就很可能把小说所要表达的爱憎情感之类给理解反了，"颠倒"了，最起码也无法通透地读懂小说。比如说契诃夫的《摘自脾气暴躁的人的札记》，我们要从字里行间看出主人公"我"对于贵族小姐"娜坚卡们"的反讽不难，可是，要读出作者对于叙述者的反讽则不易，这还需要一种关注更大的反讽结构的视野：从叙述者"言"和"行"之间构成的矛盾来推知反讽意味。

• 写意

这是一类中国化的小说，不妨以沈从文、汪曾祺的作品为代表。这类小说人物性格单一、类型化。情节上也无新奇可言，却有大量的风物描写，而且粗看还与人物、情节关系不大。倘使没有读"写意"的图式，我们很可能觉得这些描写多余，使小说"拖沓"、散漫、缺乏统一的"中心"。这些小说受中国古典文学，特别是诗歌的影响最大。会读"写意"了，我们就不仅读得懂，而且会读得好，才能细细地欣赏，其实"风物"和"意境"才是写意小说最有魅力的部分。比如沈从文的《边城》，由风物描写开头，在适当的时候引出一两个人物，然后接着描绘风物，再引出一些人物；而且，作者的观点和情感也是含蓄内敛的，蕴涵于风土人情的描绘之中。建构了"写意"的阅读图式，还能够让我们注意到，这类小说中的人物往往不存在性格的发展变化，可以也应该读作一种类的缩影，一种意象和象征。

（二）诗歌：走进"变形"的世界

文学作品，由"世界""作者""文本""读者"四要素构成。所谓世界，即文学作品中所描述的生活。在文学领域，并非生活是什么样的，作者就写成什么样。作者在创作过程中，对生活有加工改造，有一个"变形"。同样，以文本形式存在的文学形象，与作者的创作意图也不完全一样。文学形象一旦生成，就有它自己的规定性，有它自己的生命力，文学形象自身的规定性对作者的创作意图也有超越，即所谓"形象大于思想"。这是文学领域的第二次"变形"。在文学最后一个要素"读者"这里，还有一次"变形"：并非文本是什么样的，读者就一定能看到那样的。读者会从自己的生活经验、认知经验、阅读经验出发，对文本加以补充、改造。所谓"有一千个读者，就有一千个哈姆雷特"。

文学领域的这种"变形"，在诗歌中表现得最为突出。在诗歌中，"世界"在作者的创作过程中有较大的"变形"，有时甚至基本看不到，或者只看到一些碎片，而这些碎片与诗歌内容又没有直接关系。即使是叙事诗，"世界"也不是以原生态进入诗歌的。诗歌创作与鉴赏的基本过程是："世界"本身的规定性被诗人的主观性所打破或重组，在这个过程中，诗人的主观意志起着支配作用；诗人把自己对生活的感受转换成诗歌文本形式，在这个过程中，诗歌文本固有的规律和要求对诗人的主观意志有制约性；读者的生活经验、阅读经验、认知经验参与到文本解读中，在这个过程中，读者的经验系统发挥了不可或缺的作用。其中，"诗人把自己对生活的感受转换成诗歌文本形式"是最关键的一个环节，对于诗歌创作来说，它使诗人的主观意志找到了承载和表现的媒介，对于诗歌阅读来说，它使读者找到了激发自己固有经验系统的媒介。这既是诗人主观意志的承载和表现，又是激发读者固有经验系统媒介的"诗歌文本形式"，即"节奏""韵律""意象""意境"。诗歌的魅力，诗歌与其他文学形式最大的不同，即在于此。同样，诗歌阅读的魅力，阅读诗歌与阅读其他文学作品的最大不同，也在于此。诗歌阅读教学，就是以节奏、韵律、意象、意境为基点，一方面由此往前追溯诗人的主观投射，另一方面由此向内调动自己的经验参与，从而实现想象、移情和认知的目的。

（三）散文：以"贴近作者"为纲

要回答"散文教什么"的问题，就必须明确"散文是什么"。

诚然，散文是真实的人与事的抒写，不联系被写的人与事，自然谈不上对散文的理解。但是，散文更是作者真情实感的流露，离开了写作的这个人，就谈不上对散文的理解。散文所抒写的人与事，和新闻通讯中的"人"与"事"不同，和小说、剧本中的人物形象、故事情节更加不同。郁达夫在《中国新文学大系·散文二集导言》中说："现代散文之最大特征，是每一个作家的每一篇散文里所表现的个性，比以前的任何散文都来得强……现代的散文，更带有自叙传的色彩。"

与其他问题相比较，小说是旁叙体，作者可以直接叙述人物和事件。戏剧文学是代言体，靠作品中人物自身的语言塑造人物、描绘环境、展开情节。诗歌是韵体，文本自身的形式因素本身就是内容性存在。散文也要写到一些人物和事件，也有人物语言描写，散文自身的形式因素也非常重要，但散文之所以是散文，是因为散文是对自我的叙述，散文是自述性文体。在文学四要素中，"作者"这一要素凸显在散文其他要素之前。小说、戏剧文学很少有作者的自述，诗歌是表达作者的思想感情的，但这种思想感情往往隐藏在节奏、韵律、意象、意境等文本要素中。唯有散文，直接是作者内心的独白。散文阅读，就是直接聆听作者的心声，就是与作者的直接对话。散文阅读教学以"贴近作者"为纲组织起"世界""文本""读者"的教学。

从现在散文教学的实际情况来看，散文教学的关键是从文本中分剥出作者的存在。在散文中，作者以两种方式存在：一是直接呈现，或直接述说自己的经历，或直接抒发自己的思想感情；二是把自己隐藏在这些述说中，隐藏在字里行间，隐藏在语言的细节中。

具体到一篇特定的散文，可以从以下几个方面确定"教什么"：

其一，作者个性化的言语表达、语句章法。散文的语言自由随意，风格多样。既有最本色的如话家常、娓娓道来的语言，也有最优美的经过精心锤炼，讲究文辞的语言。因此，散文语言非常值得也最适合学生的揣摩与学习。陈隆升老师的教学案例把《故都的秋》一文中"雅语"与"俗语"并用这一个性化的表达作为教学内容，就十分合理。这是语文的思路，更是散文的思路。

其二，作者的所见所闻及其个人化的言说对象。散文是抒发作者的情感的，而不是解说文本中所涉及的对象的。散文确实有现实所指，有外在的言说对象；但散文是文学作品，它是作者个人化的言说产物，是作者眼中心中特殊情境中独特的感觉，客观的外在对象不在散文阅读视野中。每个人心中眼中都有自己的"秋天"，但是，阅读《故都的秋》一文，却需要感受郁达夫心中的"故都的秋"，这个典型的文人眼中的"秋"有其极为独到别致之处。

其三，作者的所思所想，他独特的情感认知。根据散文理论研究成果，目前多数学者都强调散文的艺术理性成分，强调散文中的"情思"和"理趣"。散文重思想，但是，散文中的思想，是充满情感浸染的思想，而不是纯粹的理性的思考与论证。散文教学必须重视散文的这一鲜明的特征。

散文教学必须符合散文的文体特征，而一些研究者或散文作者关于散文的研究及体会在进入散文教学研究视野后，将会有利于散文教学水平的提升。例如张晓风认为，读者在阅读散文时，希望读到如下东西：

- 希望读到好的文笔，好的修辞。
- 希望读到对人生的观察和体悟。
- 希望隐隐如对作者，想知道作者的生活、见识和心境。
- 希望收获到"感性的感动"，也希望读到"知性的深度"。

类似的意见将有助于我们确定散文"教什么"。

（四）戏剧：舞台性与语文性的交融

戏剧是古老而年轻的艺术。说它古老，是因为自古希腊悲喜剧产生至今，戏剧已有 2500 多年的历史；说它年轻，是因为戏剧艺术在漫长的历史变迁中产生了众多的新形式，在每个历史时代都充满活力，对人们的生活产生了重要影响。戏剧艺术具有双重的魅力，这种魅力的展现一是在舞台上，二是在文字上。戏剧同时具有了表演性与文学性的特征，丰富了人类的精神文化生活。语文教学中戏剧文学作品的选入，对学生认识戏剧艺术、学习戏剧文学、提高文学与艺术修养，接受艺术美的熏陶有着积极而重要的作用。

戏剧文学即剧本作为舞台演出的文学依据和记录，是随着戏剧艺术和其他文学样式的发展而逐步成熟起来的。欧洲早在古希腊时期就出现了悲剧家埃斯库罗斯、欧里庇得斯、索福克勒斯和戏剧家阿里斯蒂芬的著名剧作。我国古典剧本创作在元代才成熟，出现了关汉卿、王实甫等的《窦娥冤》《西厢记》等。

戏剧是一种由文学、音乐、美术、舞蹈等多种因素构成的综合艺术。中学语文中的戏剧教学是从学习、了解、欣赏剧本这一文学样式的角度来谈的，这里所论及的戏剧教学，其实是戏剧的剧本教学。

剧本的特点是鲜明的。它是"戏"，却是未经演出的"戏"——"案头戏"，它的全部声音、动作、色彩、节奏都在纸上，抽象而无生命。它没有小说浓墨重彩的渲染描绘，也没有诗歌行行字字明丽的意象，然而，它却蕴含着无尽的秘密。"剧本原本就不是用来阅读的——而是要演出的。"从这个意义上说，剧本是一个未完成的作品；剧本的最后完成是在舞台的表演上，剧本只是为戏剧提供文学底本及舞台演出的记录，所以也被称为"台本"。

戏剧是"演给人看"的，戏剧生成于"看与被看"的关系中，"有人演，有人看"是戏剧存在的基本条件和基本方式。戏剧文学就是指剧本，它是戏剧的文学设计。首先，它是人物角色的文学设计。剧本对人物角色的文学设计与小说等叙事性文学并没有本质的不同，只不过因为剧本是要演出的，受演出方式和场地的限制，情节更集中。另外，戏剧不是第三者的叙述，戏剧只能通过人物自身的语言和行动来表现自身，在表现手法上也受到限制。但在"叙事性"这一点上是一致的。剧本同时还是演员的文学设计。在戏剧中，人物的命运、性格和内涵是通过演员的表演传递给观众的，演员在表演人物时，重要的不是呈现人物的语言和动作，而是人物语言和动作背后的"动机"，即人物内心的冲突，所谓"欲代此一人立言，先宜代此一人立心"。剧本一方面设计人物的语言和动作，另一方面也设计人物内心的冲突，演员根据剧本对人物内心的冲突的设计来确定表演"形体、动作、语言、服饰"的具体内容与方式。这是剧本与小说、诗歌、散文最大不同之所在：它既包含人物的设计，也包含演员的设计，二者统一在演员的表演性上。读剧本，既读角色的命运、性格和内涵，也读演员的表演。

戏剧文学的这一二重性特点，决定了剧本阅读的基本方式，这就是所谓"场面思维"。一方面，我们要像演员那样读剧本，将剧本还原成舞台上的表演；另一方面，我们又要把自己想象成观众，切身体验剧场的气氛。戏剧文学阅读教学的关键，是要教给学生将剧本还原为"剧场"的"表演"的知识与能力。具体地说，戏剧文学阅读教学的着力点是：

第一，使学生获得"进入演出"的感觉，所谓"演员感""舞台感"的获得。其实质是在学生心中建构起人物与演员之间的表演关系。演员的表演与人物之间，是有"戏剧性变形"的，我们要依从"戏剧性变形"的规律来观看与理解演员和人物。例如在教《等待戈多》时，如果单纯从人物的语言和动作本身来读剧本，学生将一无所获。但如果从演员的角度来理解人物的台词和动作，让学生通过理解演员对人物的"戏剧性变形"，建构起演员的表演与人物的内心之间的内涵性关联，学生就能找到理解戏剧的通道。

第二，使学生确立"看者"的视角，所谓"观众感""剧场感"的获得。在观众与舞台之间，是有一段距离的，这既是物理的距离，也是心理的距离。这段距离造成了观众与舞台上的演员及演员表演的人物之间的分离，从而在观众心中建构起人物、演员与自己之间的"观看"关系。一方面，"别人给我看"，另一方面，"我在看别人"；一方面，"别人是有意把这些给我看的"，另一方面，"我知道他是有意给我看的"。在学生心中建构起这样一种"戏剧性契约"意识，是正确理解剧本一切要素的心理前提。例如教《过客》时，如果没有"剧场意识"，没有"观众意识"，没有"作者把这些呈现在剧场里是加过工的；作者把这些有意给我看，是想把这些话、这些动作背后的东西给我看""我来看这些，是要看这些话、这些动作背后的东西"的意识，学生是无法理解《过客》的深层含义的。在阅读《过客》的时候，如果学生把自己当作观众，他会不停地追问：作者（当然也包括演员）想让"我"看什么？他特意让"我"看这些话、这些动作是想干什么？这些话、这些动作有什么特点？它们代表了什么？"我"会在这里看到什么？"我"实际上看到了什么？在剧场里，"我"看到这些，"我"会有什么感觉？当学生这样追问的时候，才能读懂《过客》，或者说，就开始读懂《过客》了。

第三，使学生建立"精神共享"意识，所谓"参与感""一致感"的获得。剧场一方面造成观众与演员之间的心理距离，另一方面造成了观众与观众心理上的"一致性"，即"我们大家一起看他们"的心理。在剧场里，人被分成两类：一类是演员，一类是观众。观众在现实生活中有各种身份，但在剧场里，他们只有一个身份，即观众。看戏是一种集体体验。"集体体验"是看戏得以实现的心理前提。看《长亭送别》，就是要体验这种与他人（包括与演员和其他观众）的"精神共享和参与"的过程。而《长亭送别》的教学，就是要在阅读过程中，通过"假想"剧场气氛来实现这种"精神共享与参与"。

戏剧文学阅读教学的目的，就是对"戏剧模式"的获取。说得更准确点，就是这种"基于戏剧模式的阅读模式的获取"，包括演员感、舞台感、观众感、剧场感等的获得。这是戏剧文学教学的精要。如何通过语言阅读来获取只有戏剧工作者才能获取的演员感、舞台感、观众感、剧场感，正是戏剧文学教学的艰难性之所在。

三　文章阅读内容探索

文章阅读包括对说明文、科普文、传记、报告、评论、杂文、科技论著等的阅读。文章阅读的目的主要是获取信息、获得知识、发展思维等。

对于文章阅读教学内容的探讨，我们侧重于从主体性知识，即围绕学生不同阅读方式来探索相关内容。

（一）文章阅读方式与阅读教学内容

1. 理解性阅读

理解性阅读，也称文章的原型阅读，是以接受文本的内容为取向的阅读方式，目的是读懂文章说了什么，教学内容主要是"如何理解文本的表层结构和深层结构"。

理解文章的关键是抓住要点；而抓住要点要通过对重要语句的把握。什么是重要语句？哪些是重要语句？不能一概而论，然而也不是毫无规律的。文章是有体式的，把握重要语句的前提是认识文章体式的特性。按照体式的特性来阅读，往往就能比较合适地判断重要语句的所在。例如，对于学术随笔、文艺随笔、杂文和学术演讲词等，不同体式的文章有不同的特性，因而重要语句以及把握的方式有不同的讲究，要求有不同的读法。

把握文章的重要语句，需要注意的是：首先，找出重要的词语。这些重要的词语，是作者表达观点、陈述见解的关键词语，同时，对阅读者来说，在阅读时感到困惑的词语，也是重要的词语，尽管对作者来说可能并不认为重要。其次，按作者赋予它们的含义去理解这些词语。一个词语通常有很多的含义，重要的词语尤其如此。在一些社科类文章中，这些重要词语通常是用常用词来表达的，这就要求读者在阅读时特别用心，要按作者赋予它们的含义去理解这些词语。假如作者使用一个词语的某一含义，而读者却以另一种含义来理解它，那么彼此的对话就会出现障碍。最后，进行参读、修正和补充。在前两个步骤的基础上，利用其他相关资料，围绕文章的观点和见解，对照评价，看对那些重要词语的理解是否需要修正或补充。

这里，需要补充说明一个阅读特例——新闻阅读。

新闻道报向来是语文教科书文章阅读必不可少的选文类型，落实到教学内容上，则主要是获取事实信息、学习新闻结构、揣摩语句内涵、学习表达技巧。我们认为，这其实是需要斟酌的。提高可读性是新闻报道自身的追求。在长期的实践中，新闻在结构、语句表达以及排版形式等方面，形成了一系列特有的规范，这些规范为读者获取信息提供了最大的便利。新闻"力求用所有人都能理解的语言和形式表达出来"，甚至要求"不带一个让 14 岁智力的人感到迷惑的句子"。从这个意义上说，获取新闻报道的事实——关于什么人在什么地方发生什么事情的信息，是不需要语文课特意教的。语文课需要教的，是把学生提升为理性而具有批判意识的阅读者。也就是说，在新闻阅读教学中，所谓获取信息，主要不是指报道的事实信息，而是指在报道的叙述中乃至报道的背后所隐蔽的信息。因此，新闻阅读教学的要点是分清新闻事实与新闻背景，辨析客观叙述与主观评价。

对这一特例的解释，还是回应了前面我们关于阅读的基本观点，阅读思维是一种文体思维，不同的文章体式，需要不同的阅读方式，相应地，也就决定了不同的阅读教学内容。

2. 批判性阅读

批判性阅读是以阅读主体对文本的比较、判断、分析与评价为主的阅读方式，教学内容主要是"依据何种标准、运用何种方式对文本展开比较、判断、分析、评价等活动"。

在批判性阅读中，我们需要对文章提问，要点在评判观点和论述能不能成立上。因此，务必分清是自己在理解上有问题，还是文章在论述上有问题；务必分清是文章本身的问题，还是自己对文章所论述的主题有不同的看法。

欧美有关阅读教学的大部分教材都包含着一系列批判性阅读技能的培养。西方学者认为，批判性阅读包括内部和外部的批判性评估，"有迹象表明，批判性阅读中存在一些专门的技巧"。[①] 他们提出，发展下列技能，将有助于人们依据逻辑推理来评估书面材料：

"批判性阅读的专门技巧"
● 区别因果关系和相关关系。
● 找出错误的比喻，这种错误是由比较项目之间缺乏可比性造

---

① 《心理学百科全书》编辑委员会：《心理学百科全书》（第一卷），浙江教育出版社
1995 年版，第 350—351 页。

成的。

- 找出因没有考虑各种可能性而导致的错误的两分法。
- 找出没有充分证据的结论。
- 判断前提的准确性，如确定是否应作出结论。
- 识别自相矛盾的地方。
- 识别不相干的问题。
- 识别过分强调事物的共性，而忽视个性的做法。

批判性阅读的要点之一是通过分析文章的内部特征，"识别阅读材料的宣传技巧"。[①] 目前，这方面的研究集中在以下问题上：

令人痛苦的名称——带有不愉快含义的术语，通常使人对问题产生否定性情感。

令人高兴的名称——带有愉快含义的术语，通常使人对问题产生肯定性情感。

证明书——推荐一个人、一项建议、一种信仰、一种学说或一个成果的认可性陈述。

迁移——某个领域的权威或机构对不属于某专业范围的理论、建议、个性或成果表示赞同。

普通人——强调自己的老百姓身份。

成堆的明信片——只介绍对问题有利的信息。

潮流——把信息的主题当作令人满意的标准，以人人都渴慕的形式介绍出来。

批判性阅读的外部标准，按《心理学百科全书》的划分，主要有：区别事实和观点；识别作者的假设；鉴定作者的资格；确定出版物的可信性；确定信息的传播；辨别原始资料和二手资料；找出作者的偏见。

---

① 朱明慧：《美国俄亥俄州克利夫兰市市立学区：英语语言艺术课程说明（6—9 年级）》，中外母语课程标准译编，江苏教育出版社 2000 年版，第 314 页。

莫蒂默·阿德勒在《怎样阅读一本书》中，建议用以下四条作为判断一部（篇）论著的观点和陈述不能成立或不能完全成立的专用标准：

- 指出作者（论著）在哪些方面缺乏知识。
- 指出作者（论著）在哪些方面的知识是错误的。
- 指出作者（论著）在哪些地方不合逻辑。
- 指出作者（论著）的分析或叙述在哪些方面不完整。

如果你使用前三个标准中的一个，论著的观点和论述就不能成立，那么你应该明确表示不同意；如果使用第四个标准，论著的观点和论述则能够成立，虽然不够全面。在这种情况下，阿德勒建议读者对论著"暂不评价"。可以这样说，怎么读的问题，就是在具体的文本中读什么地方，在这些地方读出什么问题。

以上所列举的，仅仅是西方有关"批判性阅读"知识之一斑，这方面已形成了厚实的知识基础。正是依靠这些知识，批判性阅读才可能成为语文课程实用文阅读目标的构成要素。

3. 操作性阅读

操作性阅读是通过阅读以解决做事方法问题的一种阅读方式，教学内容主要是"如何搜集有用的信息，如何将语言信息转化为行为指南"。

操作性阅读的对象，是讲述做事方法和行为方式的文章，其重点在"怎么做"，或直接说明操作方法、行为规则，或通过对做事原理、行为机制的阐述，指导人们合理地进行实践活动。

从阅读主题这方面看，操作性阅读有两种情形：第一种情形是阅读中有操作。我们边阅读边操作，并努力把自己的阅读理解转化为具体操作，比如阅读电器使用说明书。第二种情形是阅读后有行动。我们抱着实践的目的去阅读，并努力把自己的阅读理解落实到实践的行为中，比如阅读"如何鉴赏中国文学"这类文章。

总之，操作性阅读不仅是求"知"，而且要"做"；不仅要知道别人说了什么，而且要把别人说的与自己的实践联系起来。

4. 研究性阅读

研究性阅读是指利用文本重新创建一个新的意义系统的阅读方式。

教学内容主要是"利用文本中的什么信息，如何利用文本中的信息与读者已有的知识与经验相结合，文本的信息与读者已有的知识和经验如何结构起来"。

研究性阅读大致包括两个方面：一是综合运用"理解性阅读"和"批判性阅读"，理解和评估别人的研究；二是在接受性阅读的基础上，进行"创造性阅读"，或在别人研究的基础上对问题作进一步研究，或应用别人的研究成果探究相关问题，或受别人研究的启发提出新问题并进行研究。

创造性阅读是"双线"并进的阅读：一条是我们对"作者的问题"的理解线路，另一条是我们对"自己的问题"的思考线路。创造性阅读的过程，是作者与我们共同探讨我们"自己的问题"的过程。研究"自己的问题"，是创造性（研究性阅读）的最终目的。

（二）开拓实用类选文的疆界

在语文教学中，对实用文阅读的忽视，其中一个理由是较难有合适的选文。从过去教材极少量的选文看，要么是政治思想教育方面的"浅显议论文"，将"道理"简单化；要么是《人民大会堂》《苏州园林》《赵州桥》这类"简单说明文"，教学内容则放在说明方法上，而不能与学生认识社会、思考能力紧密结合起来。新时期涌现的读本（如广西教育出版社的《新语文读本》等），对拓展实用文的选文空间做了一些努力，但议论文方面往往与散文乃至童话、小说混编，没有凸显实用文与文学作品在阅读方式上的本质性差别，说明文方面则偏向于科普小品一类，内容涉及太空人、月球、虫草花鸟之类。

之所以出现选文的稀缺和单调，是因为过去我们对"适合于学生阅读"乃至对"贴近学生生活"存有片面的认识。所谓适合于学生阅读，过去我们往往理解为篇幅短小、文字平易，因而只能在专门为学生写的文章里打圈圈。而专门为学生写的文章，较难找出值得放在语文教材里去学、去教的篇目。所谓贴近学生生活，事实上却远离学生的日常生活和内心世界，选文时反而把眼光转向人生之外乃至地球之外。

由王荣生、方为平合编的《新课标小学语文学本（3—6年级）》对实用文阅读的编制,① 让我们看到，能够进入语文教科书的实用文，其天地还是很宽广的。现列举其四个系列单元：

1. "实用文阅读"单元，有些文章着重于"知"，促使学生思考自己的生活；有些则是要求"做"的，目的是引导学生改善自己的生活状态。共编有"孩子的世界""童年的经历""游戏与幽默""燃起好奇心""健康的心态""获得成功的力量""权利与责任""生活万象"八个单元，每单元四篇课文，多数从"正式"的论著里选出。比如"童年的经历"单元，《我的傻瓜生涯》选自斯腾伯格《成功智力》，《我与鲁迅的第一次相遇》节选自钱理群北大讲演录《与鲁迅相遇》，《思考是关键》节选自杨叔子院士的报告，《读大学的功课》节选自克利夫顿·法迪曼的文章。其他单元的篇目如"孩子的世界"单元的《幼童的困惑》，节选自马修斯《幼童与哲学》；"游戏与幽默"单元的《像中国一样古老的中国故事》，节选自让·诺安《笑的历史》；"燃起好奇心"单元的《人们为何要创造》，节选自斯塔科《创造能力教与学》；"健康的心态"单元的《欢乐的笑》，节选自普罗普的美学著作《滑稽与笑的问题》；"获得成功的力量"单元的《有效性是可以学会的》，节选自杜拉克《有效的管理者》；"权利与责任"单元的《对公布分数说"不"》，节选自马克斯·范梅南等《儿童的秘密》；"生活万象"单元的《合作与团体生活》，节选自郑也夫的社会学著作《代价论》，等等。

2. "思维开拓与语文实践"系列单元。正如该系列单元的导语所说："这里所选的文章，不是为了'读'的，而是读了以后要求'做'的。你不仅需要知道文章所讲述的道理，而且要把道理化为自己的行为，并一直保持下去。"篇目介绍如下：

三年级上下：《感觉意象》《"不定型"腿的造型》《阅读的视觉辅助技巧》《抓住文章的主题》；《过于缩小问题范围的倾向》《如何讲故事》《阅读的乐趣》《我们能从书上获得什么》。

四年级上下：《兴趣促进记忆》《海绵与淘金》《如何使阅读化难为易》；《演绎性思维》《角色扮演》《没学过"葛郎玛"的人是怎么读懂

① 王荣生、方为平：《新课标小学语文学本（3—6年级）》，华东师范大学出版社2005年版。

文言文的》。

五年级上下：《PMI 思考法》《如何阅读抒情诗》《诗歌鉴赏中的两个角度》；《看待事物的方式》《理解他人的参照系统》《阅读时的标记和批注》。

六年级上下：《出声思维》《方言》《十二个写作的理由》；《文学观察》《普通而又独特的语言》《如何阅读小说》。

3. "汉字趣谈"和"成语故事"两个系列单元既是语文知识的学习，又是民族文化的熏陶。"汉字趣谈"由"人自身"到农业社会、由个体的字到群体的字，课文在众多材料中精选，其中较多的篇目选择国外学者林西莉的著作。成语的选文也力求体现某种系统性，或以其内容分类，如神话故事、关于学习的成语等；或以其形式分类，如两字成语（斧正、借光等）、三字成语（想当然、东道主等）、四字以上成语（燕雀安知鸿鹄之志等）。

4. "读大人的书"系列单元。从四年级开始，这是一个综合单元，前两篇是实用文，后面 2—3 篇是散文和小说。编入的文章，多数与"实用文阅读"单元有联系但难度稍高：

四年级上下有《撒谎的技巧》《用孩子的眼光观察世界》《艺术在小学教室中的两种功效》。

五年级上下有《沉默的学生》《人际吸引》《你的营养观正确吗》《购买食物时省钱的方法》。

六年级上下有《无知的不宽容》《认真对待人权》《团体纠纷及其解决办法》《论低级牢骚、高级牢骚和超级牢骚》。

早在 1930 年，朱自清就指出，中小学生的阅读材料，文学要以"纯文学"为主，即以诗歌、小说、戏剧为主，文章当读"正式的论"，也就是要读"大人的书（包括文章）"。要认识朱自清的这一语文教育思想的当代价值，就需要了解文学和文章在读物分布上的差异，积极开拓文章的选文疆域，为文章阅读提供丰富的课程与教学资源。

四　文言文阅读内容探索

文言文教学是语文教育中长期以来备受关注的问题，文言文究竟应该教什么、怎么教等问题一直以来也是争论不休、悬而未决的。从现在的教科书编写、考试取向以及教师的普遍教法来看，文言文课程的教学目标还停留在传授文言文知识、使学生读懂文言文的字面意思上。一般教师都把"字字落实、句句翻译"当作文言文教学的"八字宪法"，文言文教学的主要内容就是逐次解释字词句的意思。那么文言文究竟是什么？读文言文的目的是什么？这是决定文言文教学的两大关键问题。

何谓文言文？——很简单，自然是"用文言写的文章"。那么，何谓文言？不少人有这样的错觉：文言就是古人的语言，古人的语言自然就是文言。此说大谬。真正意义上的"文言"，"是与白话相对而言的，指的是以先秦汉语为基础形成的一种古代书面语"。"文言"起初是汉民族共同语的书面形式，后来它越来越与口语脱节。这种书面语固定下来之后，在近两千年的历史中，一直处于与各时代的口头（交际）语言相脱离的状态中。文言文，从字面意思看，是以"文言"写成的文章。既然是文章，则明显地区别于古诗词。文言和白话是相对的两个名词，没有白话，也就无所谓文言。当白话文出现以后，文言文才有了确切所指。著名语言教育家吕叔湘是这样界定文言和白话的[①]："白话是唐宋以来的语体文，此外都是文言；其中有在唐以前可称为语体文的，也有含有近代以至现代还通用的成分的，但这些都不足以改变它的地位。白话是现代人可以用听觉去了解的，较早的白话也许需要一点特殊的学习；文言是现代人必须用视觉去了解的。"据此，我们可以对文言文做出如下界定：文言文是指以先秦两汉作品为样本，使用相对独立的一套语法词汇系统，和唐宋之后的口语有显著差别的，以文章式样呈现的中华民族的文化经典。这里所讨论的文言文不包括古诗词、戏曲和古代小说。

（一）再谈学习文言文的必要性

语言发展是渐变的，具有相对的稳定性。但是，汉语已经有相当长的历史，渐变到一定的程度，便会产生较大的差异。以先秦口语为基础的文言文和现代白话文，不过是同一民族不同历史阶段的语言，但给人

---

① 吕叔湘：《吕叔湘语文论集》，商务印书馆1983年版，第75页。

差异的感觉已很突出。自新文化运动以来，我国在语言的使用上实现了言文的统一，不再用文言文来写作了。但是在语文教材中，还保留了一部分文言文。对于这部分文言文要不要保留、为什么要保留、保留以后怎样教，语文教育界历来有不同的看法。

有人认为文言文没有必要教，也有人认为，学了反而有害，一些不通顺的作文，即由此而来。大多数人主张文言文还是要教。他们认为，把作文不通顺归咎为学习文言文，与事实不符。而中国文化史上大量的经、史、子、集是用文言写成的，虽不用文言写作，阅读却是必不可少的。增强继承祖国古代文化遗产的意识和能力，是全民素质提高的一种需要，也是培养专门人才的基础，所以，在语文教学上，需要文言和白话双轨进行。这种看法，现在已经成为大多数人的共识。

然而，即使是主张学习文言的人对学习文言在培养现代语言能力上有什么积极作用，还是存在疑虑的，至多认为白话与文言是"双轨"，学习文言会增加较多的学习负担。形成这种看法是有历史根源的。自五四新文化运动以来，在人们的观念上，白话与文言是对立的，对它们的关系，很少有人探讨。而自20世纪60年代高校开古代汉语课以来，强调的都是古今汉语的差异，对二者的相关性则谈得不多。所以，这里要着重讲讲古今汉语沟通的问题。

先谈语法，古汉语和现代汉语有差异的那几条，其实在现代汉语里都有所保留。下面只举两个例子。

1. 名词、动词作状语，现代汉语不用其造句了，但在构词法里出现的频率还很高：

口服　笔谈　雷鸣　袋装
油滑　天大　雪亮　漆黑
绕行　跃进　渴望　飞奔
飞快　滚圆　流畅　流利

2. 名词、形容词活用作使动词，不但修辞里经常用，例如大家熟悉的，鲁迅《社戏》里说的"胖开了他的大半身"。而且，很多兼类词往往由此而来。例如：

　　热（形容词，兼动词）——热菜、热饭

　　松（形容词，兼动词）——松绑、松松皮带

还有的保留在构词法里：轻装、干杯、爽身、爽口……使动还有一部分后来发展为补语：纠正——纠而正之；救生——救而生之。

发掘这些现象，不但有利于从现代汉语出发理解古汉语，而且对现代汉语的理解、认识也会加深。比如，只有了解了使动式，才能明白为什么"救生"和"救死"意思相同，"纠正"和"纠偏"意思相同。

古汉语和现代汉语在词汇上的沟通更是无处不在。例如"爽约"的"爽"，意义难以理解。联系它的古今义："爽"的本义是"疏朗"，也就是"有空隙"，因而引申为"清爽""爽快""凉爽""豪爽"。由"有空隙"又引申为"不一致""有差异"，这个意义古代就有，《诗经·氓》："女也不爽，士贰其行"，孔颖达疏以"差贰"解"爽"。意思是"有贰心""有异心"。"爽约"的意思是与原来的约定有差异，正好与"女也不爽"是同一个义项，由此可以看出古今汉语发展的衔接。可以说，在常用词里，古义很少完全死亡，相当一部分单音词的古义，只是不再自由运用，而是保留在现代汉语双音词的不自由语素里。例如：

　　天——古义有"人的额顶"的意义，现代汉语保留在"天庭（饱满）""天灵盖"等词语里，古义又引申为"高处"，现代汉语"天车""天窗"，还保留着这个意思。

　　除——古义有"更替"之义，是由它的本义"台阶"引申的。现代汉语保留在"除岁""除夕"等词里。

　　的——古义为白色的靶心，引申有"鲜亮""清晰""明白"义，在"的确"一词里还保留。

　　徒——古义为"不坐车行走"，引申为"无所凭借"，现代汉语"徒步"保留本义，"徒劳""徒手"保留引申义。

　　"穷"——古义有"路途不通畅"义，"穷途末路"保留本义。引申为"终极"，"穷尽""技穷""词穷""无穷"都保留了引申义。

如果把现代汉语词汇教学与古代汉语结合在一起，既能从现代汉语的"已知"出发来认识古代汉语的"未知"，又能用获得的历史语言文化知识来加深对现代汉语词汇的理解。

所以，文言的学习和现代汉语的学习不是"双轨"，而应当尽量做到"同轨"；学文言，不但不是在培养现代汉语能力之外增加的负担，而且是培养现代汉语能力不能缺少的一个重要方面。

（二）文言文教学：沟通古今语言、文本与文化

文言文可以析出三个要素：从语言来说，它是古代汉语；从形式上说，它是古代特有的文体；从内容上说，它是传统文化的结晶。相应地，文言文对应着三个层面的教学内容：文字、文章（也有人加进文学的）、文化。我们认为，传统的教材、教法、考法注重的文字层面的内容，这种教法不是不重要，而是太过强调和追求。作为古代文化经典，我们应该传承的还是其中的文化精髓；作为当代中学生，要弘扬的还是中华民族的传统精神。[①] 将文言文课程的教学目标从单一的字词句理解扩展到文字、文章（包括文学）、文化三个层次，这样可以将文言文教学引向更广阔的前景。

1. 植根古代汉语沃土

必备的古代汉语基础知识是解读文言文本的先决条件。从古代汉语角度确定文言文教材的具体要求是：正音读、识文字、通义训、明文法、察语气、断句读等。

正音读。学习文言文的重要方法是诵读。诵读首先要读准字音。文言的读音应注意两个要点：一是对不常见的字，要认准字形、读准字音，也不可误以声旁的音作字音，不可误以形近字的音作字音，如"锲而不舍"中的"锲"字读 qiè，不读"契"；"桓"读 huán，不读"恒"等。二是对一个有数音的字，要辨明词义、词性，才能读准字音。这是因为不同的读音代表不同的词性（如"王"字，读 wáng 是名词，读

---

① 褚树荣：《文言文单元样章》，《语文学习》2006 年第 12 期。

wàng 是动词）；不同读音代表不同的词义（如"说"字，读 shuō 义为述说，读 yuè 义为喜悦）。

识文字。掌握古代汉语文字知识，对于研读文言文本也至关重要。古代汉字学知识重在造字法和字体变迁两个方面。从造字法方面来说，汉字属于表意体系的文字。汉字的字形和字义之间有着密切联系。东汉许慎把汉字造字方法概括为"六书"，即象形、指事、会意、形声、转注、假借。辨识字形就要正确地分析字形的结构，此外，还要辨识古今字、异体字和繁简字等。在汉字字体的变迁过程中，隶书（楷书的前身）的产生是一次重大的改革，这一改革直接影响到汉字的构造，改变了篆书和篆书以前的古文字的面貌。象形字没有象形的意味了，会意字和形声字有很多也不容分析了。因此，我们还应该以历史主义观点，注意到隶变对汉字构造的影响。

通义训。义，就是词义。训，就是解释。文言词汇知识的重点是那些古今异义的文言实词和少数常用的文言虚词。具体说来是四个问题：一是一词多义，比如"将"，读 jiāng，作名词（将军）、动词（"出郭相扶将"）、副词（"皮之不存，毛将安附?"）、将信将疑；读 jiàng，作名词（将领）、动词（"上使外将兵"）；读 qiāng，作动词（"将进酒"）等。二是古今异义，比如"走"字，在古代汉语中是"跑"的意思，与现代汉语中"步行、走路"的含义差别很大，如果不了解这种古今词义的变化，就难以理解《韩非子·五蠹》"守株待兔"寓言中的"兔走触株，折颈而死"的描述。古代表示现代"走"的意义的字，则是"行"。三是词类活用，比如名词用作动词（"左右欲刃相如""范增数目项王"）；名词用作状语（"人立而啼""船以载人"）；使动用法（"项伯杀人，臣活之"）；意动用法（"登泰山而小天下"）；为动用法（"等死。死国可乎?"），等等。四是词序颠倒，比如，宾语前置（"大王来何操?""时人莫之许也"），定语后置（"马之千里者"），介词结构作补语（"天将降大任于斯人"），等等。总之，通义训不仅有助于通晓文义，而且可以学习做注者在通义训上所用的方法，一举两得。

明文法。明文法就是指导学生了解古代文言和现代汉语在用词造句上的差异。这些差异主要表现在用词的灵活性、词序和省略三个方面。用词的灵活性主要表现为词性的变换，如名词用作动词、名词用作副词、形容词用作动词、不及物动词用作及物动词等。古今词序的差异主要有：把修饰动词的介词结构放在动词的后面（如"躬耕于南阳"）；在文言疑问句中，如果代词作宾语则放在动词前面（如"肉食者谋之，又何间焉"）；在文言否定句中，如果宾语是代词则放在动词前面（如"古之人不余欺也"）；在文言文句中常常在动宾结构后面又加上介宾结构的补语（如"得双石于潭上"），等等。文言文句又往往存省略主语、谓语、宾语、定语、介词等现象。除此之外，还应逐步指导积累一些特殊句式，如倒装句、被动句和"如……何""奈……何""何……之有"等习惯句式。

察语气。语气是一种语法范畴、语法形式，但它实质上表示了说话人和写作者的情感与态度，因此，文言也总是带着语气的。在文言文本中，句子的构造、用词的感情色彩、文体的特征、修辞的手法都和语气的表达相关。在文言文本中，虚词对语气的表达起着重要的作用。因此，阅读文言文本首先要分清实词与虚词；其次，由于虚词大都是多义的，还要根据它在句中的作用来确定它的意义。此外，还要与现代汉语做比较，以了解它的变化。文言文本中常有肯定句与否定句、叙述句、判断句与疑问句等句型，因此，与之相应的就有表示否定的语气词（如不、无、弗、勿、毋、非、莫等），表示疑问的语气词（如谁、孰、何、乎、诸欤、邪、哉等），表示叙述语气的"矣""焉"等，表示判断语气的"也"等，以及这些语词的连用和其他表示相应语气的固定语词结构。此外，还有用于句首或句中的"夫、其、唯"等表示语气的词语，居于词头或词尾的"乎、然、有"等。明察文言文本的语气及其用词，对于理解文意和正确诵读是极其有益的。

断句读。句读，也叫"句逗"。正确地断句读，大致要注意五个方面：正确地理解词义；分析句子结构，正确地理解句义；辨明引文的起止；运用文化知识辨析句义；要通观上下文来理解句义。今天我们阅读的文言文本，虽然已经加上了标点符号，但也要十分注意训练学生圈点、断句和正确诵读的能力。

在语文课程中，古代汉语知识是分散在各篇中学习的，为使古汉语知识更加条理化和系统化，还要做好相应的知识归纳和整理工作，以便于学生举一反三，触类旁通，提高学生自学文言文本的能力。具体的方法主要有虚词用法归类、近义实词对照、一词多义归纳、古今词义比较、不同句型条例、通假古今字汇编六种。

2. 遵循古代文体特征

文体是在具体的历史文化背景中产生并应用的构筑文本的方式。古代文论家曾对文体特征做过深入、广泛的探讨，如曹丕的《典论·论文》，刘勰的《文心雕龙》，陆机的《文赋》等。但是，历来对文体的分类甚为繁杂，其中又多有重复与交叉。因此，梳理文言文体，识别文言文体特征，辨识文言文本的语辞色彩，做到别文体、辨辞采①，必将有利于提高读解文言文本的能力。

（1）论辩类

论辩是剖析事理、判断是非、正面阐述观点的论说文。主要有以下几类：

论。即针对某种现象或是某种事物正面表达或阐述个人评判或见地的文体。刘勰在《文心雕龙》"论说"篇中指出："圣哲彝训曰经，述经叙理曰论。论者，伦也；伦理不爽，则圣意不坠。昔仲尼微言，门人追记，故仰其经目，称为论语；盖群论立名，始于兹矣。"

辩与订。辩，即判明是非。订，即评议，在比较中辨别正误。这种文体主要是针对某种观念意识、见解倾向做出辨析，并提出自己的观点，如东汉王充著《订鬼》。"辩"与"辨"字在古代通用，唐代以后，多以"辩"为题，如韩愈的《讳辩》、柳宗元的《桐叶封弟辨》等。

解与释。"解"与"释"这两种文体，都是对某种事物或事理予以解说、阐发进而引发出某种道理和识见。如韩愈作《获麟解》《进学解》，蔡邕作《释诲》等。

说。"说"是古代用于述说解释的文体样式，或用于解说经义，或用于阐发事理。如韩愈作《师说》。

原。"原"是推究事物本原或现象变迁的文体，通过辨析源流，评判得失，抒发己见，但以辨析源流为重心，刘勰《文心雕龙》有"原道"篇，韩愈有《原道》《原性》等篇，明末黄宗羲作《原君》篇。

---

① 人民教育出版社中语室：《文言读本》（上、下册），人民教育出版社 1985 年版，第116 页。

（2）叙事类

叙事体是古代文章中最为丰富的文体之一，主要包括史传、个人传记、逸事、游记等。

人物传记、史传。"传"本有"传注""解释"的意思，最早见于解释《春秋》的"公羊传""穀梁传"和"左氏春秋传"，皆为解释鲁国史书《春秋》的著述。司马迁著《史记》，创"列传"一体，后来史学著述中设人物传记，即由此开端。与《史记》并称为"前四史"的《汉书》《后汉书》《三国志》，都在历史记述中运用了人物列传的形式。

其他传记形式。在古代社会，史传需由史官来写，主要是为褒扬某种典范或是宣扬某种道德立场而作，一般人物传记，则多以"行状""行实""逸事""轶事"等文体记述。

另有一些独特的传记，借写某个人物为依托，用以抒发情怀或是表达某种观念。这种传记可视为传记的别体，如陶渊明作《五柳先生传》、韩愈作《毛颖传》、白居易作《大人先生传》等。

（3）记述类

这类文本以记述事件和描摹景观或外物特征为主，如碑记、游记，描述和介绍某种物品的杂文，都可归于这一类。

碑记。"碑"最早是古代宫室庭院中，用以观测日影计时，后来演化为在碑上刻文以记功德。如韩愈作《柳州罗池庙碑》、柳宗元作《永州韦使君新堂记》、范仲淹作《严先生祠堂记》等。后世的亭台记当由此衍化而成为独立的文体，如宋代王禹偁的《黄冈新建小竹楼记》、苏舜钦的《沧浪亭记》、苏轼的《喜雨亭记》等。碑记中另一类型是"墓碑"，立于墓前以明死者的作为与功德。

游记。在文言文本中，游记占有相当大的比重。游记是在游赏过程中对景色景观内心感受的记述。一般来说，在游记中，所游之处、游历经过都必不可少，但主体部分则是对景物的独特领略和感受。如柳宗元的《永州八记》、欧阳修的《醉翁亭记》、王安石的《游褒禅山记》、苏轼的《石钟山记》、清代姚鼐的《登泰山记》等，都是传世的游记名篇。

笔记和小品。笔记和小品是古代文言文本中数量繁复的文本形式，一般形式短小，可依兴之所至，随手记述，也可针对某种现象各抒己见，精心结撰。如沈括《梦溪笔谈》、陆游《老学庵笔记》、苏轼《东坡志林》等，明清时期的笔记则更为繁复，记述的范围更为广阔，行文方式更为灵活，其中的优秀作品，读来情韵悠长。

（4）应用性文体

从某种意义上讲，应用性文体是切近现实生活的文体形式，承担着在实际生活中陈述见解、表达见闻、倾吐心声、交流思考、沟通情感和订立契约与规范等多种多样的功能。由于社会历史变迁，有些文体样式已不再适用于当今社会了，如"表""令"等。但优秀之作体现出的胆略识见、胸襟气度和精当巧妙的表达方式，则有着永恒的借鉴价值。

• 一般应用类

书信。书信多为亲友个人之间的信息传递，大都具有私人性和隐秘性。有些书信则因作者的识见、抱负和人生体验给他人以心灵震撼和人生启迪而流传后世，如司马迁的《报任安书》、吴均的《与宋元思书》、王维的《山中与裴秀才迪书》、白居易的《与元九书》等，都是书信中的名篇佳作。在书信体文本中，还有一种与重大社会事件直接相关的书信。这类书信，或是陈述政见，表达立场，或是出于现实事功而作，大多带有论辩或是规讽性质。如嵇康的《与山巨源绝交书》、丘迟的《与陈伯之书》、王安石的《答司马谏议书》等。与书信相类的还有"简"和"牍"，简即是书信，因古人用竹简书写而得名。牍即书版，后亦指书信。

序和跋。序分为书序和赠序两种形式，书序是写在著述或是文章前面的介绍文字。书序最早附于书籍之后，如《史记》中的《太史公自序》；后来的序都置于正文之前。序最初为作者自作，后来更多的是他人所作。如王羲之的《兰亭集序》、柳宗元的《愚溪诗序》、钟嗣成的《录鬼簿序》等，都是书序中的佳作。跋是写于著述或文章之后的言论，多是对序中言犹未尽之处做补充性说明或交代。跋一般较序为短，行文更为活泼自如。赠序一般用于离别时表达惜别之情或是劝慰祝愿之意，如李白的《金陵与诸贤送权十一序》，韩愈的《送孟东野序》《送李愿归盘谷序》，明代宋濂的《送东阳马生序》等都是赠序中的名篇。

吊与祭文。吊有"凭吊"之意，用于追怀前人以寄托自身意绪情志。这种文体始于汉代贾谊的《吊屈原赋》。陆机的《吊魏武帝文》，唐代李华的《吊古战场文》是这类文体的名作。祭文是祭奠亡故亲友的辞章。最初的祭文需要在祭祀时诵读，后来应用范围越来越宽，成为独立地表达追怀思念的文体了。韩愈的《祭十二郎文》、欧阳修的《祭石曼卿文》、袁枚的《祭妹文》，都是祭文中感人至深的名篇。与祭文相似的文体还有"诔"和"哀辞"。

●正规性应用类

正规性应用文体指的是在正式庄重的社会往来中应用的文体。古代严格的等级制度也体现在文体应用上。上级对下级的文体称为告语，其中分为"诏""策""谕""制""诰""命""令"等；下级对上级的文体则有"疏""表""奏""议""札子"等。

命与令。上古时期，凡王言皆称"命"，用于封爵或传遗嘱等。"令"的内涵与"命"基本相同，王侯对臣下发表的演说或是训令都可称为"命"或"令"。

疏。疏是臣下写给帝王的建议书，用于对朝政状况某些方面的得失发表看法、意见或有所匡谏。如汉代贾谊作《陈政事疏》《论积贮疏》，晁错作《论贵粟疏》，魏徵作《谏太宗十思疏》等，都是"疏"体名篇。

表。表即"明"的意思，作为下对上的文体样式，主要是臣下对帝王的陈情，倾吐原委，表白心迹。"表"中最著名的代表作如诸葛亮的《前出师表》《后出师表》，李密的《陈情表》等。

（5）赋体

赋体文章是讲究对仗和韵律的文体样式，可以说是用韵的散文。有时"赋"与"辞"合称"辞赋"。"辞"是以屈原的创作为代表的"楚辞"，"赋"则是在"辞"的基础上衍化出来的新文体。汉大赋以铺陈扬厉为特征。到魏晋时期，王粲的《登楼赋》开启了抒情小赋的先声。后世如杜牧的《阿房宫赋》、苏轼的《前赤壁赋》《后赤壁赋》等，其中尤以《前赤壁赋》最为著名。在赋体的影响下，出现了骈文形式。骈文更多地追求对仗、韵律和用典，大多形式华丽，但内涵较为单薄。如果单从用韵的角度看，还有颂赞、箴铭、碑志、哀祭等类韵文。此外，在杂记等散文中也存在着部分韵语，成为一种自由式韵文。

在文言文本中，经常存在稽古引经、称名代用、措辞委婉、词语的缩减和变换，以及隐喻、夸饰等修辞手段，至于句式的排比、对仗和对偶，在古代诗文中更是屡见不鲜。文体的差异在言语修辞上也呈现出不同的色彩。比如，在书信、疏、表等文本中经常会出现谦辞、敬辞等委婉修辞。在辞赋和骈体文中，由于对仗、平仄和押韵的要求，往往会出现倒置、迂回等修辞手段。了解这些修辞方式，有助于提高阅读理解文言文本的能力。

从广义的文体概念上说，诗歌也是一种文体，诗歌与文章可以相提并论。而且中国古代的诗歌源远流长，门类繁多，流派纷呈，蔚为大观，是中华民族文化的宝贵财富。

3. 汲取古代文化精华

各种体式的文言文本，汇聚、包蕴着丰富、深厚的历史文化信息。解读文言文本的过程，实际上就是理解和传承民族文化精华的过程。文言文本既为后世回顾和思考历史文化的变迁铺设了深厚的历史文献根基，同时，也为后人与前人的对话构筑了坚实宽广的桥梁。因此，我们可以从文言文本中了解古代有关天文、历法、乐律、地理、官职、科举、典籍、姓名、岁时、节日、礼俗、宗教、宗法、科学、技术、宫室、车马、饮食、衣饰、什物等方方面面的古代文化常识。我们还可以从文言文中感受古人的心路历程、理解古人的人生渴望与价值追求，体验前人厚重深挚的情感、机智锐敏的智慧和积极空灵的意趣。如诸葛亮《出师表》的忠贞情怀和统一天下的抱负，范仲淹《岳阳楼记》中所抒发的"先天下之忧而忧，后天下之乐而乐"的高尚情操，苏轼在《前赤壁赋》由感悟"变"与"不变"的审美意趣中寄寓的洒脱自适的情怀，韩愈的《祭十二郎文》、归有光的《项脊轩志》、袁枚的《祭妹文》等名篇中的人伦至情，对于今人丰富精神世界、陶冶德行情操都有积极的熏陶作用。此外，文言文中还保留着丰富的民族语言财富。许多富有故事性和哲理性的名言名句、典故用事，都已成为固定的成语和传世的格言。因此，从汲取古代文化精华的高度看文言文教学，我们还应该重视引导学生探求主旨、评论得失。探求主旨主要是汲取文言文本的文化意义，评论得失主要是了解古代文化的现实意义和价值。

近年来，从传承文化的高度编选文言文教材已经成为教材编者的共识。有编者先确定中国传统文化的主题，再根据主题来选择经典作品。

在确定和选择文言文本时，一方面考虑这个主题在中国传统文化中有没有代表性，对现代中学生有没有课程价值；另一方面考虑这个主题在文化经典中有没有相应的文本，是否适合中学生阅读。这样，就从春秋战国到明清时期的文化经典中选择了 20 多个篇（段），组成了如表 6 - 2 所示的五个主题文化单元。①

表 6 - 2　　　　　以文化组元的文言文单元教科书内容例表

文化主题	主题内容	选文篇目
智慧源头、思想星空	先秦诸子的思想、观点、学术，以孔孟、庄子文为主	1. 季氏将伐颛臾 2. 庄暴见孟子 3. 庄子寓言一组 4. 荀子、韩非子和墨子一组
英雄背影、战争风云	中国传统英雄（如诚信、侠义、机谋、忠勇等）的精神，中国特色的战争风云，以史传散文为主	1. 宫之奇谏假道 2. 荆轲刺秦王 3. 鸿门宴 4. 赤壁之战
淑世情怀、治国方略	士大夫的入世情怀，政治的、社会的、经世济民的见识和智慧，选杂文体	1. 邹忌讽齐王纳谏、召公谏厉王弭谤 2. 过秦论 3. 种树郭橐驼传 4. 指南录后序
文人性情、名士雅趣	文人名士的审美情趣、处世方式以及世界观和价值观，选儒道释结合的、修身的、自我完善的山水小品或者赋体文章	1. 兰亭集序 2. 赤壁赋 3. 秋声赋 4. 西湖七月半
人间亲情、传统人伦	人际关系的真情告白，宗法社会的传统伦理，选杂文体	1. 陈情表 2. 祭十二郎文 3. 与元微之书 4. 项脊轩志

对于每一个主题和每一篇选文的文化教学项目，编者都进一步加以细化和深化，使其具有可操作性。这样就可以避免任课教师在准备教学时重构教学内容的艰苦性、模糊性和随意性。于是，就又出现了下列例表②：

①　褚树荣：《文言文单元样章》，《语文学习》2006 年第 12 期。

②　同上。

表6-3 "智慧源头、思想星空"文言文单元教科书内容例表

季氏将伐颛臾	一场关于"仁政"的师生对话:梳理对话过程;探究仁政的内涵;理会仁政的影响等
庄暴见孟子	与百姓同苦乐:理解礼乐的教化功能;探究与民同乐的含义;大致了解民本思想
庄子寓言一组	解读庄子的智慧:百川灌河(相对)、濠梁之辩(齐物)、钓于濮水(无为、无名)
荀子、韩非子和墨子一组	天论:对人定胜天的反思(自然观);五蠹:一切从实际出发、因地制宜(政治观);非攻:和平与博爱(战争观)

表6-4 "英雄背影、战争风云"文言文单元教科书内容例表

宫之奇谏假道	中国谋士的智慧,谋略的作用与影响
荆轲刺秦王	侠客形象和中国传统的英雄主义
鸿门宴	英雄性格与英雄的命运之关系
赤壁之战	英雄与战争胜负、历史转折之关系

表6-5 "文人性情、名士雅趣"文言文单元教科书内容例表

兰亭集序	纵情山水,超乎生死:对自然和生命的哲学观照
赤壁赋	感悟苏东坡:中国古代知识分子的宇宙观(自然观)、人生观(英雄观)、处世态度和情怀
秋声赋	境由心生:探释古代文人"悲秋"的文化母题
西湖七月半	对俗世的疏离,对自然的亲近:古代文人的清高品格和隐逸情怀,认识古代文人的归隐情结

汲取古代文化精华是为了继承民族文化传统,故为今用,在现实生活中发扬光大。因此,引导学生在充分理顺文言文文本意义的基础上,以历史唯物主义的观点评论得失,是文言文教学的应有之义。以上述第二单元样章为例,这个单元的导语写道:"本单元四篇课文都与战争有关,文中的人物充分体现了传统的英雄精神。《宫之奇谏假道》描述了幕后英雄的智慧,《荆轲刺秦王》展示了失败英雄的豪情,《鸿门宴》让我们感受英雄的性格与命运,《赤壁之战》引发我们思考英雄对历史的影响。英雄,是中华民族挥之不去的情结,循着英雄们远去的背影,

我们走进历史的深处。"

　　这个单元的末尾安排了三则"研究性学习提示"，其内容如下：

　　　　研究性课题一："我之英雄观"
　　　　什么样的人方称得上"英雄"？项羽力能拔山，勇武盖世，可谓英雄，但最终败在平民出身的刘邦手里，抑或刘邦此时真正的英雄？荆轲重然诺，践秦廷，视死如归，可谓英雄，然也有人认为他只是一个暴力狂徒，不能称作英雄。诸葛亮神机妙算，但也有借了荆州不还的"污点"。周瑜指挥若定，却失之狭隘，他们能称得上英雄吗？请以历史的眼光看待"英雄"，以"我之英雄观"为题写一篇研究性文章。
　　　　研究性课题二："春秋战国十士排行榜"
　　　　"士"是中国历史上一个特殊的阶层，是封建社会知识分子的旧称，它形成于春秋战国时期。宫之奇、范增、张良是"士"，周瑜、鲁肃、诸葛亮等也是"士"。他们拥有相对独立的人格和自由的思想，活跃在社会的各个领域，对社会的发展和文化的创造起到过不可忽略的积极作用。除了本单元出现的"士"以外，你还知道春秋战国时代其他的"士"吗？请以"春秋战国十士排行榜"为题写一篇研究性文章，描述并简评春秋战国时期十个杰出之士的事迹和功绩。
　　　　研究性课题三："以弱胜强的前提、原则和途径"
　　　　"赤壁之战"是以弱胜强的典范战例，告诉我们弱小的力量联合起来，可以战胜强大的敌人。虞军因为认识不到这一点，抱着侥幸心理，最终成为阶下囚。刘邦的力量起初明显弱于项羽，但最终转弱为强，夺得天下。燕国势单力薄，太子丹以"刺秦"为对付强大敌人的手段，最终身死国灭。弱小的如何对付强大的，这是值得我们深思的话题，历史给我们提供了很多正面和反面的鲜活事例，请以"以弱胜强的前提、原则和途径"为题，多方阅读，认真研究，写一篇研究性文章。

　　文言文是中国传统文化的重要载体，文言文教学不能忽视"文化"。除了继承丰富的语言文化，这里所说的"文化"，一方面指文化常识，另一方面指文化传统。古代文化常识包括人物称谓、官吏任免、科举制度、古代地理、风俗礼仪等多个方面。了解这些常识，既有助于学生更好地理解文章内容，也有助于文化传承。如《鸿门宴》写的是刘邦、项羽两个军事集团的一次重要的政治斗争，其中有"项王、项伯东向坐；亚父南向坐——亚父者，范增也；沛公北向坐；张良西向侍"等几句。作者之所以不惜笔墨，一一写出每个人的座次，就是想通过项羽对此次宴会的座次安排，揭示他藐视敌手、骄傲自大的性格，从而为项羽的失败结局埋下伏笔。学生如果不懂得有关古代座次的常识，就很难理解作者的写作意图。在教学时，可以向学生简要介绍古人的座次体现着尊卑等级差别，在一般情况下，座次的尊卑是通过方向来表示的，而以哪方为尊位，在堂和室两种场所中又各有不同。在堂上，最尊的位置是坐北朝南，因此有"南面称君，北面称臣"的说法。在室中，最尊的位置是东向坐，即坐西面东，其次是坐北面南，再其次是坐南面北，最卑的是东边面朝西的位置。明白居室以东向为尊的道理后，就知晓项羽为什么要东向坐了。项伯是他的叔父，自然也在尊位，其次是范增，再其次是刘邦，最卑的是张良。进而可再谈一谈并立时，古人尊右，以右为上。这样就容易理解《廉颇蔺相如列传》中，赵王"以相如功大，拜为上卿，位在廉颇之右"，使廉颇不满的原因了。文化常识是中国传统文化的一部分，适时、简要地向学生介绍古代文化常识，丰富传统文化积淀，有利于学生理解文章内容，也符合课程标准的明确要求。

中华文化传统是中华民族的历史积淀，包含的内容极为丰富。这些丰富的内容，很多蕴涵在课本的文言文之中。比如，《寡人之于国也》传递着"民贵君轻"的民本思想；《五人墓碑记》表达着"刚健奋进，自强不息"的民族精神；《孟子·梁惠王》传达出"老吾老以及人之老，幼吾幼以及人之幼"的"博爱"美德……学习文言文，了解中华文化传统，对提高学生的文化底蕴和道德素养具有重要作用，对汲取民族智慧，发扬民族精神，形成高尚情操和健全人格等有着重要意义。中华民族的传统文化，是民族传统的积淀和民族意识的精华，承载着中华民族的精神品质，我们有责任通过文言文的教学将它们发扬光大。

至此，我们对阅读教材"一般应该教什么"进行了初步梳理，我们以上所讲的还只是一些基本的、基础的阅读知识。所谓基础和基本，既意味着必需、不可让渡，同时也意味着远远不够。因为从根本上讲，阅读是个人的事情，阅读的过程，既是拿脑海里的阅读图式与文本碰撞、交融的过程，也是将鲜活的人生经验与文本世界进行个性化对话、联结的过程；而且，大量的阅读实践是不可替代的。阅读没有、也不欢迎"标准答案"，阅读的知识没有、也不欢迎终点。

五　阅读内容呈现方式

面对教科书阅读内容的一篇篇选文，一方面要依据不同选文功能的类型决定其呈现方式，另一方面，对于文本客体与学生主体、人文与语文、感性体验与理性提升等阅读教学的几个基本关系又该如何处理呢？下面，我们就同一篇小说——余华的《十八岁出门远行》，对三种不同版本的语文教科书编制状况进行比较，来探讨语文阅读内容呈现的上述基本问题。①

（一）阅读内容呈现方式比较

"人教版"（高中必修第三册，2004 年 5 月第 1 版）编者把这篇小说置于第一单元"学习中外小说"里。在单元前言中，编者除强调"人物、情节、环境是传统小说的基本要素"外，还特别指出"现代小说则注重人物内心世界的剖析，有淡化情节的倾向"。"学习这个单元，要着重欣赏人物形象，品味小说语言。"编者在选文后面设置的"研讨与练习"是：

> 1. 这篇小说记叙了一个什么样的故事？你能用自己的话说说其中的寓意吗？

---

① 韩雪屏：《让语文教科书促进课程建设与深化教学改革——语文教科书编辑理念的不同及其新尝试》，《课程·教材·教法》2011 年第 8 期。

2. 品味下列句子，说说它们的表达效果和独特风格。（例句从略）

3. 写一段话，想象你十八岁出门远行的情景。

"语文社版"（高中必修第一册，2006 年 7 月第 3 版）编者把这篇小说置于第三单元"成长如蜕"这一人文主题内。编者在选文之后设置了如下三类五项作业：

【理解·鉴赏】

1. 小说最后写到"我"和汽车在遭到抢劫后都"遍体鳞伤"，但当"我"躺在汽车里时却感到一丝温暖。接下来有一句话"我一直在寻找旅店，没想到旅店你竟在这里"。结合上下文，你对这句话怎样理解？在本文中，旅店有什么象征意义？

2. 这篇小说与我们以前读过的小说有所不同，主要表现在一些描写似乎"不合情理"，给人一种荒诞感，比如那个汽车司机在老乡抢苹果时竟在一旁慢慢地散步，老乡们抢苹果也很突然，毫无缘由。课文中还有一些这样的例子，找出几个来，分析作者这样写能达到什么样的效果。

3. 小说前边很大篇幅是写少年出门远行碰到的悲惨事件，最后才回头写走出家门时欢快的情景。这样倒叙能起到什么作用？

4. 这篇小说的叙述语言很有新意，以一个少年的感知和口吻来讲述出门远行的遭遇，比如小说的第一句"柏油马路起伏不止，马路像是贴在海浪上。我走在这条山区公路上，我像一条船。"把走路比作航海，恰到好处地表现了"我"出门时内心的激动喜悦和几分不安。读一读下面的句子，体会其中描写的新奇之处以及"我"当时的心理感受。（例句从略）

【拓展·应用】

5. 课文写了一个十八岁男孩第一次出门远行的遭遇。其实，每个人都有自己记忆犹新的第一次：第一次遭受挫折，第一次品味孤独，第一次感受人生的责任，第一次体会社会的复杂……无数的第一次，组成了我们成长的轨迹。你印象最深刻的"第一次"是怎

样的，从中得到什么启示，请把它写下来。600字左右。（提示从略）

【相关链接】顾城的《一代人》、舒婷的《这也是一切——答一位青年朋友的〈一切〉》。

"上教版"（高中必修第一册，2007年8月第1版）编者把这篇小说置于第一单元中。该单元前言指出："想象与移情是文学阅读的起点。高明的读者在阅读作品时，总是全身心地投入，移注自己的情感，创造性地还原并领会作品文字所编织的世界。培养这样的意识、能力与习惯，是本单元的学习目标。"进而提出"想象与移情要真正做到既充分又适度，须调动自身的知识经验，须关注并推敲文本，还须在语文学习中不断地摸索与反思。"编者呈现的选文带有学生的同龄人初次阅读这篇小说时写下的七条旁批。编者还在选文前后设置了如下三类15项作业：

【准备与预习】

1. 你喜欢读小说吗？提起"小说"你想到什么？请记下你最先想到的五个词语。

2. 向年长一些的亲友请教：提起"小说"他们最先想到的是哪些词语？他们年轻时读过哪些小说作品？

3. 你是否有过读不懂，却坚持读下去的阅读经历？如果有，请写出篇目名称。

4. 在课前不必阅读课文，先猜猜它会写些什么内容。

【初读小说】

一　初读小说，关注自己的阅读感受：

1. 看到这篇小说的题目，你产生了哪些联想？简单说说你阅读这篇小说的心理期待。

2. 初次接触这篇小说，你是否觉得它"太奇怪了"，难以理解？

3. 请带着你的阅读期待，和自己对"十八岁"的想象，不看旁批，通读小说。

【学习旁批】

二 学习旁批，促进想象与移情：

1. 说说你对旁批的理解。课文中的旁批是你的同龄人在初次阅读时写下的，它们有什么特点？

2. 这些旁批，是针对小说中哪些语句有感而发的？试着分别找出来。

3. 旁批的文字，在情绪上有一个从轻松自信到疑惑不解，最后略带反讽的过程。试着体会这其中的情绪变化。

4. 揣摩下列语句及其批语（例句从略）。在这项作业下，编者还提出如下要求：

（1）这些批语与课文上的旁批有何异同？

（2）这些批语体现了这位高中生读者的阅读期待和阅读图式不断受到挑战的过程。你在阅读时有过类似的经验吗？请回想一下，你的阅读是从哪里开始"受挫"的？你又是如何调整的？

（3）在小说中，你还能找到类似"旅店"这样反复出现的文本关键点吗？讨论它们的象征意义。

【旁批实践】

三 在旁批的实践中提升想象与移情能力：

1. 自己动手写旁批：（1）细读小说，写5—10则旁批，及时记录下你的阅读反应。（2）与同桌交流各自的批语。

2. 检查并提升：（1）课文旁批所说的"奇怪的比喻"，是这篇小说重要的语言特色之一。查查你的旁批有没有涉及这一方面的内容。（2）结合上下文，品评下列语句，体会它们对小说的整体表达效果所起的作用（例句从略）。（3）参照下面的文字，请你也写一段"总评"，总结自己的阅读活动和学习收获（总评例文从略）。

【应用与拓展】

1. 再次阅读课文，请特别留意这类小说的语言。

2. 查阅资料，了解20世纪80年代的中国文坛上有哪些现代主义风格的小说作品；有兴趣的话，选择其中一篇，开展班级读书活动。（注意：在阅读过程中，应激活个人的生活经验，调整自己的阅读姿态，而不必依赖过多的背景材料和专家解读。）

　　以上三个版本的语文教科书编者研制编撰同一篇小说，所呈现的内容和方式可以说是小同而大异。他们对这篇小说的共同理解主要有：第一，这篇小说不同于传统小说的表达方式，当属现代小说流派，具有荒诞风格。第二，小说有明显的象征意义。第三，小说的叙述方式和叙述语言有新奇之处，因此，品味或品评小说精彩语句成为三个版本教科书设计的共同作业，而且，编者列举的例句也大体相同。但是，教科书所呈现的差异又十分明显，其主要表现是：

　　"客体"与"主体"：编者研究选文的角度是放在文本客体上，还是放在学生读者主体上，这是编撰阅读教材的一个带有原则性的问题。一个简单的事实是：教科书的第一读者首先是广大学生，因为教科书是学生学习知识、练习技能、汲取精神滋养的主要源泉。因此，研制编撰教科书，就需要兼顾学科知识客体与学生读者主体这两个方面，而且要偏重于学生主体如何使用教科书去学习与建构新知识这一方面；因为如果没有了学生，教科书也就在一定程度上失去了存在的必要。显然，"人教版"和"语文社版"的研究重点置于对文本客体的理解与阐释上；而"上教版"则把研究重点置于学生主体如何读解这一小说文本上。前者体现的是传统的"教教材（选文）"的立场；而后者体现的则是"用教材（选文）教"的立场。

　　"教读法"与"教选文"："人教版"与"语文社版"显然主要是让学生了解这篇现代派小说具有荒诞性、象征性以及语言的新奇性；于是编者就在告知学生现代派小说的特征"是什么"这些陈述性知识门槛前停住了脚步。而"上教版"编者却从学生阅读这篇新小说的视角出发，关注学生的阅读全程；并把这一过程集中在引导学生展开"想象与移情"的内部心理活动上。为了让这一内隐的、简缩的、观念性的心智活动外显化，就必然要求学生学习"旁批"与"总评"，以期用旁批和总评外显的文字来展现、交流、检测和提升学生自己的理解与反应。这样，读法教学就自然跟进；"教读法"与"教选文"就出现了自然的区别和联系。看得出：让学生在阅读实践中学习一系列阅读新小说的程序性知识，让他们在自行操作中学得知识与技能，已经成为"上教版"编者的刻意追求。

　　而且，为了有效地教给学生学写旁批和总评，有效地形成学生想象与移情的心理活动，编者事先搜集或编拟了同龄人阅读这篇小说时写下的两组批语（一组是选文的旁批，一组在"整合与建构"第二大项4个题中），还有一例总评。让学生先阅读揣摩他人的批语，而后自己再写5—10条旁批；先参照他人的总评，而后自己再写总评。这些教学设想不仅符合学生学习活动的基本规律，而且体现着编者对学生学习新知识、掌握新技能时，应该和可能经历的过程与方法，做过设身处地的、细致入微的思考与揣摩。

　　"学人文"与"学语文"：这是关系到如何落实语文课程与教学根本目的的问题。语文教科书中的选文，大都是文化经典和优秀时文；其中饱含着人类智慧、人文精神，是一代又一代青少年学生健康成长不可或缺的精神食粮。学习语文课程想要避开这些人文精华，无疑是揪住自己的头发想要离开地球。但是，培养青少年学生的人文素养是学校所有课程共同担负的任务；除此之外，语文课程教学的专责还必须落实在培育学生理解与运用祖国语言文字的能力上。换言之，语文课程与教学不仅让学生理解文本所表达的内容观点、情感态度，还要让学生理解文本作者是怎样表达这些内容观点、思想情感的。理解这些表达经验，积累这些表达经验，以至在应用中模仿和创新这些表达经验，才是语文课程与教学真正的落脚点。因此，衡量选文阅读的标尺，还必须看选文教学的最终落脚点置放在哪里。似上述"人教版"与"语文社版"对这篇小说的教学设计，显然是把落脚点置于学生从少年到成人的成长体验上；置于一个18岁的大孩子对复杂的、光怪陆离的社会现象的观察、思索和理解上。"语文社版"虽有【相关链接】，但也是从内容着眼选择新诗作的。而"上教版"却始终抓住现代派小说的语言与风格这一主线不放；把学生学写旁批和总评、有效的想象和移情这些阅读文学作品的基本技能坚持到底。

　　"感性体验"与"理性提升"：前面我们指出过，这三个版本的编者都着意引导学生品味或品评小说的精彩语句。但"人教版""语文社版"是对学生直接提出了这项要求，而"上教版"却为提出这项要求做了多番铺垫：先读他人的旁批，找出与这些旁批相对应的语句；发现旁批从自信到怀疑，再到反讽的情绪过程；再以他人的又一批语为例，体会同龄人在读这篇新小说过程中所受到的阅读挑战，并反思自己在阅读过程中出现的阅读挫折；比较自己写的旁批与示例旁批的异同，等等。在做了这些学习准备之后，学生对小说语言的理解和品评，就比没有经过这些铺垫的泛泛之谈高出一等。

更为重要的是：为了支持学生的有效阅读，编者用学生可以理解的简明语言，对"阅读期待""阅读图式""阅读反应""阅读姿态"这些学生主体应有的阅读思维和阅读心理，对"文本关键点""反讽"等这些文本客体已具有的特征，做出了"术语解释"。这样，学生对小说精彩语句的理解和品评，就从感性体验提升到了理性的原理与规则层面。这些术语必然会成为学生自己阅读品评的扶手，成为提升自己阅读质量的台阶，成为师与生、生与生展开课堂对话的坚实平台。

为了使学生从品评语句的泛泛之谈，提升到理性概念，并且能够顺利地把学得的新知识迁移到同类小说的阅读实践中去，编者始终注意引导学生不断地反观自己的阅读过程：在【准备与预习】阶段，让学生用五个词语调动出自己已有的阅读小说的经验，回忆自己阅读小说时可能遇到过的挫折，借鉴年长亲友阅读小说的经验，并猜测小说的内容。在【初读小说】阶段，提醒学生密切注意自己对这篇小说的阅读初感，预想自己 18 岁成人时的状况，形成积极的阅读期待心态。在【学习旁批】阶段，引导学生研读他人的示例批语，并指导学生不断地回想"你的阅读是从哪里开始'受挫'的？你又是如何调整的？"在【旁批实践】阶段，要求学生和同桌伙伴交流，并检查自己写的旁批，提升自己想象和移情的能力。可以说，编者引领学生反思自己学习的活动，贯穿于整个阅读教学过程之中。在【应用与拓展】阶段，编者则适时地把学生引向重读这篇小说、扩读现代派新小说的实践中，让学生重新领会和体验自己学得的新知识与新技能，并且在阅读其他同类小说的实践中应用这些新的知识与技能。

综上所述，我们可以清晰地看出："上教版"的编辑理念十分重视教科书的呈现方式。在以选文为主要体例的语文阅读教材中，这种呈现方式主要表现在编者为选文所设计的种种作业之中。这些作业出现在选文之前，就是阅读准备，预习提示等；出现在选文之后往往是"思考与练习"等样式。

（二）阅读内容呈现的基本路向

比较这些不同版本教科书为同一篇选文所做的教学设计，可以看出以"上教版"为代表的语文教科书在阅读内容的呈现设计上，起码在以下四个方面正在做出新的尝试。

1. 基于阅读学原理呈现阅读内容

如果单从阅读角度看，一本语文教科书不啻为一部阅读学理论和阅读实践经验的微缩本；其中蕴含着无以数计的关于实用文章与文学作品的理论与技术；寄寓着读者在阅读活动中的知识经验、方法技能；饱含着编者对青少年学生在阅读教科书实践中获得精神启蒙和智慧发展的期盼。因此，阅读学原理研究始终坚持由阅读客体、阅读主体和阅读本体构成的"三体结构"。阅读客体主要是指读物、阅读时空环境与阅读工具等。阅读主体主要是指读者在现实阅读中的心理状态、智力活动与生理机制等。阅读本体主要是指读者与读物相互作用的过程、技法与策略等。[①] 由是观之，"上教版"为这一篇小说所做的教学设计，实际上已经涉及如下一些阅读知识与技能：阅读客体知识——现代派小说的反讽、荒诞、语言新奇、文本关键点；传统小说的知识要素；一篇小说与一个小说流派的文本间性等；阅读主体知识——阅读姿态、阅读期待、阅读图式、阅读反应、阅读挫折、联想、想象与移情，不同时空中的读者间性等；阅读本体知识——多次阅读过程以及旁批、总评、反思、调整等。因此，我们可以从编者对这一篇小说的编制中，看出教科书对研制和开发课程内容的重要作用。作为课程内容首要传播渠道的教科书（教材），其研制与编撰就要实现"课程内容教材化"，即教科书要明示教师"教什么"，学生"学什么"。

2. 基于教学资源呈现阅读内容

从教科书呈现内容的数量上说，"上教版"已经远远超过了仅仅针对理解一篇选文的助读性提问，正在朝着编撰"资源单元"的方向发展。所谓"资源单元"，美国的拉尔夫·泰勒（Ralph W. Tyler）在他著名的《课程与教学的基本原理》中早就指出："一个典型的资源单元，

---

① 曾祥芹、韩雪屏：《阅读学原理·导论》，河南教育出版社1992年版，第12页。

包括对期望通过那些学习经验（此处‘学习经验’大体与需要学习的知识与技能同义。——笔者注）所要达到的主要目标的论述；对达到这些目标所要使用的各种学习经验的描述；详细勾勒可用来帮助学生在学完一个单元时，把他从这个单元中学到的内容整合或组织起来的终结性经验；列出有助于编制这个单元的资源材料，包括书籍和其它参考资料、幻灯片、广播节目、图片和录音带等等；指出在这个单元中起组织要素作用的一些主要要素的预期发展水平。"① 当然，泰勒在这里是针对一门课程的资源单元而言的，它所涉及的范围要远远大于一个单元的学习资源。但是，"上教版"为这一单元所编制的材料，已经具备了"资源单元"的雏形，因为它明确地指示了"用什么去教"。这无疑为语文教科书的研制编撰理念和策略，提供了一个十分有价值的参照系，而且为广大教育资源不足或匮乏的地区、学校和教师提供了有利的条件性支持。

3. 基于教学结构呈现阅读内容

教科书是教师和学生双方展开教与学活动的依据，因此，教科书编者不能不为营造利学便教的教学结构而煞费苦心。先从学生的阅读活动上看，"上教版"教材编者为这篇小说所做的教学设计，已经涉及相关的学习情境、学习伙伴、学习活动指导、学生作业要求等；已经清晰地展示出编者期望学生沿着初感、探究、思考、反观、提升、拓展、应用这样一条活动路线去学习这篇新小说。这就让我们越发体会到美国著名的体验学习理论创始人大卫·库伯（David A. Kolb）所指出的：学习"包含着个体全部功能的整合——思维、感受、理解和行为"。"学习者要进行有效的学习，必须具备四种不同的能力——具体经验、反思观察、抽象概括和行动应用。也就是说，学习者必须能充分地、开放地以及没有偏见地参与到新的经验中去，必须能从多种角度反思观察他们的体验；必须能形成概念，能结合他们的观察而形成逻辑语言理论；必须能使用这些理论来做出决定并解决问题。"②

---

① ［美］拉尔夫·泰勒：《课程与教学的基本原理》，施良方译，人民教育出版社1994年版，第82页。

② ［美］D. A. 库伯：《体验学习——让体验成为学习和发展的源泉》，王灿明、朱水萍译，华东师范大学出版社2008年版，第26—27页。

再从教师教语文的过程看，编者努力以心理学理论、学习理论和教学理论为依据，指示教师引领学生先做什么、后做什么；指导教师有步骤地教会学生学习。可以说，"上教版"教科书正在探索为教科书教学方案做细致的规划与设计。因此，编者为教科书编撰所做的设计，作为一种最基本的教学资源，提供了大量可能取得的材料供教师选择，用于最适合的某一班级学生的教学；作为一种教学方案，它又"有很大的灵活性，听任教师根据任何一组学生的需要、兴趣和能力加以修改"①。编者为教科书进行的教学方案设计，进一步实现了"教材内容教学化"的理想。而且，还应指出的是，这一设计对具有中等以上学养水平和教学能力的教师具有普遍的可操作性能。这样就不仅可以确保这套教科书不论在哪个地区、学校、班级使用，选文阅读的教学内容都具有了相对的确定性，也可以避免由于教师水平和能力的差异所形成的教学内容的随意、混乱。

4. 基于助读系统呈现阅读内容②

作为阅读教材主体的选文具有极大的不确定性。文本在进入语文教科书之后，已不同于一般的社会读物，而且成为具有教学意义的教学文本，这些选文在语文教科书中又以其多元的内涵呈现出不确定的特殊性质。首先，每一篇选文都是一个"言—意"综合体，对于这种完整的样品，应该确定什么样的教（学）内容，可以说是见仁见智的。其次，每一篇选文都是作者在他所处的特定语境中，为了表达特定的思想和情感，为了达到特定的交际目的，而采用的特定的言语形式，这些选文所传达的言语经验都带有鲜明的情景性和个人风格，因此，言语经验的个人色彩以及读解言语意义和方法的个人体验性，使得教（学）的内容和结果具有许多不确定性。再次，选文是作者彼时彼地对世界的反映，它们在时间、地点、内容、形式、风格等方面各不相同，毫无干系，但它们在进入教科书后，要按照一定的原则组织起来，形成分学段、分年级、分单元的连续体，选文自身的无序和掌握语文学习能力的循序要

---

① ［美］拉尔夫·泰勒：《课程与教学的基本原理》，施良方译，人民教育出版社1994年版，第82页。

② 李金云：《论语文教科书内容的确定性》，《教育研究与实验》2011年第3期。

求，形成难以调和的矛盾，增加了教科书的不确定性。最后，尤为突出的是，语文教科书中的选文，除了一部分大家公认的古今中外经典名篇名著外，大部分选文并不是非此不可的，选文具有相当的可替代性。鉴于上述选文的这种特性，就必须依靠助读系统来提高教学"内容"的确定性。助读系统作为一个"展示"或"生产"教学"内容"的系统，它起到了提高教学"内容"确定性的作用，因此，它的编撰是教材中不可小觑的部分。

香港教育图书公司2005年出版的《高中中国语文新编》[1]，其助读系统的设计，对我们如何提高阅读教材内容的确定性颇有启示。

下面以其阅读部分的助读系统为研究对象，针对组成助读系统的五大板块——编辑说明、单元导语、选文注释、教材插图、作者简介，围绕各板块编写的内容、形式及作用，从中探究该教科书助读系统编辑的理念与策略。

表6-6　　　　香港《高中中国语文新编》助读系统结构表

组成部分	主要内容	主要呈现位置及方式	功能作用
单元概说	以简明扼要的文字解说每单元的学习重心，以及单元与单元之间的联系、课次与课次之间的关系	单元前页，以背景图加文字表述的方式呈现；表述上基本用说明的表达方式。在表述时，称学生为"我们""学生"或"同学"	让学生对单元学习的内容有总体的认识，对全书的架构能有通透的理解
单元学习重点表	分项列明单元内各个范畴及语文基础知识的学习重点	单元概说的后页，以表格配插图的形式呈现	使学生对整个单元的学习目标及学习目标间的关系有个系统的认识
学习重点	以表格形式列出本课次的学习重点	以表格形式列出每一课学习重点及具体目标	使学生对课次的学习重点一目了然

---

① 林洁明、广锐强：《高中中国语文新编》（四上—五下），香港教育图书公司2005年版。

续表

组成部分		主要内容	主要呈现位置及方式	功能作用
选文助读组成部分	作者简介	简单介绍作者的生平概况、著名作品及文字风格	以图文形式呈现作者简介	使学生对作者的情况有简单的了解
	课前热身	针对课文内容及学习重点拟出轻松活泼、多元化之题	以概念图或图文的形式呈现在讲读课文前；有填空、问答、填图、填字游戏等多种题型	引导学生初步解读选文
	讲（导）读提要	简介课文的文题、文章体裁、写作背景、内容提要及作法特色	以图文形式呈现；多用说明与议论的表达方式	补充相关文学常识及背景资料以帮助学生阅读选文
	选文注释	在易误读或错读的文字上方标出粤音声母、韵母，或完整的注音；在页脚注释难解字词的意思或普通话注音	粤音标注文字上方，其他页脚注，义前音后，以文字注解为主，但也用插图或图表释义	帮助学生疏通文字，词的音与义
	教材插图	1. 作者像 2. 选文内容插图 3. 课前热身题中用图	出现在助读的各个组成部分中，插图的形式与数量相当丰富	插图旨在辅助学生理解内容重点，并美化版面，诱发学生的学习兴趣
	旁批 · 学习重点	于选文旁标出文中的相关重点	用简要的文字陈述学习的重点及要求	使学生随文关注学习重点，增加学习的目的性
	旁批 · 课文解读	针对课文的基本内容设引导式问题	用填空、设疑等方式引导学生学习	引导学生在自学过程中把握选文的基本内容，增加课堂交流的针对性与时效性
	旁批 · 语文知识	于选文旁标出文中的相关语文基础知识点	用简要的文字注明语文基础知识点	使学生在阅读中关注语文知识点
单元自我评估		针对单元的每个学习重点拟出相应的评价标次，让学生做出自我评估，以检验学习效果	用表格的形式呈现，把每一课次的学习重点作为评估重点。在每项评估后从"未能掌握"到"充分掌握"设置五个等级	有助于学生做自我检测与评价

从香港版助读系统编制来看，助读系统作为一个"展示"或"生

产"教学"内容"的系统，对提高教学"内容"的确定性起到了重要作用，其特点分析如下。

（1）注重"目标导向"

早在 20 世纪 30 年代，叶圣陶就说过："我们以为杂乱地把文章选给学生读，不论目的何在，是从来国文科教学的大毛病。文章是读不完的，与其漫然的瞎读究不如定了目标来读。"① 语文教材要有效助学，制定合宜的学习目标，设计必要的"先行组织者"，还是十分必要的。

本套教材助读系统的编辑，"目标导向"的特点非常显著。从"编辑说明""单元概说""单元学习重点""课次学习重点""旁批"到"单元评估表"等部分，个个紧扣学习目标，且不是简单的重复，而是从概括到具体，从总体目标到分项目标显示出清晰的层次性。如"中五"册教材第一单元"单元概说"中学习目标的概述：

> 着重培养综合与比较的能力，而有关游说的技巧，亦为本单元的一个学习要点。

而后，在"单元学习重点"中将学习目标具体为：

> 掌握游说成功的关键——了解对方心理；分析游说言辞的作用；掌握游说的方法，动之以情，说之以理、从旁入手，因势利导等等。

接着于课文的"旁批"中将这些学习目标分项标出；最后还在"单元评估表"中引导学生根据分项目标来检测自己的学习效果。

美国 Scott G. Paris，Linda R. Ayres 指出：在学习过程中，学习者加工信息的深度和广度、学习和记忆的内容和程度，受到若干因素的影响，其中之一就是"目标的清晰和显著程度"。② 我国的教育专家钟为

---

① 中央教育科学研究所：《叶圣陶语文教育论集》（上册），教育科学出版社 1980 年版，第 177 页。

② Scott G. Paris，Linda R. Ayres：《培养反思力》，袁坤译，中国轻工业出版社 2001 年版，第 204 页。

永经过实验也证明有明确阅读目的的阅读要比无目的的阅读理解与识记的效果显著得多。[①] 助读系统的作用之一是提高学生自主学习的有效性，教材中层层目标导向的设计有益于学生的自主阅读。

（2）讲究"纵横关联"

若把整套书中的同一助读板块作为纵线，把不同助读板块作为横线，可以发现，纵线有纵线的勾连，横线有横线的贯通。纵线讲究某一能力范畴的纵向发展，使学生对同一知识板块的学习目标及内容能层层叠加。如"中五"册教材第四单元的"单元概说"首段：

> 我们通过中四第五单元质疑与辨析的学习，对如何反驳他人的观点已有初步的认识；本单元将进一步训练同学分析驳论文字的能力，并着重培养评价文章观点的能力。

虽然只有短短的一句话，但它却搭建起了学生新旧知识间的桥梁，激活了学生的长时记忆来学习新知。横线讲究同一阶段总分目标间的横向联系。在单元中，"单元概说"分解编辑说明中的总目标；"单元学习重点"将单元教学目标具体到每个课次；"讲（导）读提要"再将每个课次的目标细化；"旁批"又把细化了的分目标分解到选文的段落中，这样各助读板块就构成了一个科学、富有逻辑性的助读系统。

（3）规范"陈述目标"

语文教材中助读系统的编辑也应该为学生构建一个科学的学习目标系统，用具体的学习目标指引学生的语文学习。这里说的具体目标是指表述清晰的目标。如"对于记忆层次的目标，宜采用'叙述'、'陈述'、'说出'、'回忆'、'背诵'等动词陈述；对于理解层次的目标，宜采用'解释'、'举例说明'等动词陈述；对于分析层次的目标，宜采用'区分'、'比较'、'对比'、'分类'等动词陈述；对于应用层次的目标，宜采用'应用'、'绘制'、'制作'、'解决'、'设计'等动词陈述；对于态度和情感目标，宜采用'评判'、'辨析'、'同意'、'愿

---

① 钟为永：《语文教育心理学》，浙江教育出版社1998年版，第48页。

意'、'认同'等动词陈述。"① 只有这样清晰陈述的学习目标才会"生产"出确切的学习"内容",才能发挥有效的引导作用。

最后还应当指出的是:从比较不同版本教科书的研制编撰状况中,我们可以清醒地意识到:不同的教科书编者,从同一篇选文中所开掘出来的语文课程知识的数量与质量、广度与深度有着明显的不同。他们为研制一篇选文所付出的智力劳动强度,也存在着极大的差异;因为成功的语文教科书的研制和编撰,必然要求编者面对每篇选文,在开掘作者原创智慧、研究学生读解智慧,启发教师教学智慧的过程中,灌注自己的研制编撰智慧。

---

① 庞维国:《学与教的原理和策略》,华东师范大学出版社 2003 年版,第 239—240 页。

第七章 语文教科书写作知识整合及其呈现方式

写作是以书面形式表达自己的思想情感，进行社会交际的重要手段，也是语文教学的重要组成部分。但学校的语文课程与教学因受时间限制、应试观念以及写作教材等因素的影响，学生写作能力的形成与发展很慢，写作教学收效不大。为此，加强对写作教材的研究，提高写作教学的质量是十分必要和迫切的。

一 从写作教学的主要问题看写作内容选择

在中小学语文教学中，写作教学处于十分尴尬的地位。一方面，它备受重视，因为"作文"是中考、高考分值最大的一道题；另一方面，在课堂里又很少有正儿八经的写作教学，学生"作文"能力的形成和提高，基本上处于一种自然生长的状态——作文好的学生普遍认为，自己的"作文"能力与语文的课堂教学没有什么直接的关系。

有研究者对我国 1979—2009 年 30 年间全国各地的中小学生作文问卷调查研究发现，我国中小学写作教学存在着三个主要问题：①

1. 绝大多数（62.74%）学生对作文不感兴趣。

2. 学生作文遇到的主要困难是没内容、没素材、没有东西可写。

3. 不会写，不会表达，没有词句等。

这三个问题一是写作的"兴趣、动机、态度"问题即"为何写"的问题；二是"写什么"即写作内容的问题；三是"怎么写"即写作

---

① 荣维东：《写作教学的有效策略》，《中学语文教学》2010 年第 7 期。

的技能、策略问题。这三个问题构成了我国写作教学的核心。

"这早已不是秘密，在我国中小学的语文课里，几乎没有写作教学。"① 当前的中小学"作文教学"主要在两个阶段：一是在写之前，主要的工作是指导学生审题，或使学生进入写作的情景，或构思的激发乃至"训练"。这一阶段主要解决"写什么"的问题，对"怎么写"只有原则性的引导或要求。二是在写之后，教师对学生的作文进行讲评，或展示好的作文，或做提升作文档次的修缮，有时是教师介绍批卷的观感，或解释本次作文打分的标准。这一阶段主要解决"写得怎么样"的问题。而对学生是怎么写的，则很少涉及。中小学有"当堂作文"一说，但所谓"当堂作文"，只是给学生写作的时间罢了，具体的写作过程，教师很少顾及，更缺乏有效的指导。

语文课没有实质意义上的写作教学，这与我们的语文教科书有没有关系呢？语文教师普遍反映，语文教材的写作部分"不好用、没法用"。语文教科书的写作部分，包括独立成册的写作教材和专门的写作教辅材料。目前主要有四种路子：第一种是题目加范文——你看人家把这个题目写得多么好，你学吧！第二种是情景的创设——你现在该有东西写了，你写吧！第三种是静态的章法知识的讲解——你明白了"好文章"的技法，你去用吧！第四种是有待进一步开拓的，包括章熊倡导的言语技能训练及高原、刘朏朏开发的作文三级训练体系等。目前，在中小学流行的写作知识，一方面是章法知识，通过把"表达方式"改造为"基础文体"，形成了记叙文、议论文、说明文的章法知识。实际上是关于"闪光点的记叙文""程式化的议论文""生动的说明文"知识。另一方面是文体写作技法。比如提炼主题、巧妙构思、文采表达等，实际上是"文学性的散文"写作技法。"闪光点的记叙文""程式化的议论文""生动的说明文"，也就是"文学性的散文"，或者叫作"带有文学意味的普通文章"，刘锡庆把它称作"登不上文学殿堂的散文"②，我们可以统称之为"小文人语篇"③。章法知识对付的是较低级的"小文

① 王荣生：《我国的语文课为什么几乎没有写作教学》，《语文教学通讯》2007 年第 12B 期。

② 刘锡庆：《基础写作学》，中央广播电视大学出版社 1985 年版，第 156 页。

③ 王荣生：《语文科课程论基础》，上海教育出版社 2005 年版，第 130 页。

人语篇";文体写作知识对付的是较高级的"小文人语篇"。

在写作课程教材内容类型单一、模糊笼统、知识不对路又各行其道的状况下，教师或者根据自己的想法随意决定写作教学的内容和进程，或者除了布置写作任务、提写作要求、简单批阅之外，几乎处于"不作为"状态。写作课程具有比阅读课程更大的随意性和无序性。这也是我国作文教学出现"没的教""没法教"尴尬状况的主要原因之一。

如何摆脱写作教学的这种尴尬处境，更有效地解决中小学作文"为何写""写什么"与"怎么写"这三个核心问题，写作教材内容的重构刻不容缓。

二 写作知识与教学的三种范式述评

国内外对写作的认识大致有三种：一是从结果上，把写作看作"写文章"；二是从过程上，把写作看作"认知过程和问题解决"；三是从功能上，把写作看作"自我表达和社会交流"。①

与此相对应的是，国内外写作教学实践也大致存在着三个时期或范式传统的以关注写作结果为主的"结果—文本"取向的写作教学；20世纪60年代以来以关注写作过程为重心的"过程—作者"取向的写作教学；以及20世纪八九十年代倡导的基于具体语境的"交流—读者"取向的写作教学。如果说"结果—文本"取向的写作教学关注的是写作结果即"写成的文章是什么样子的"，那么"过程—作者"取向的写作教学关注的是"文章是如何写出来的"即"怎么写"；而"交流—读者"取向的写作教学则重点关注"为什么写"的问题。这三个阶段大致展现了人类对于写作以及写作教学有效性认识的逐步深化过程。②

（一）"结果—文本"范式

这种范式的"写作"概念，遵从了"写作"最原初和广泛的意义，

---

① 约翰逊主编：《应用语言学百科辞典：语言教学手册》，外语教学与研究出版社2001年版，第342—347页。

② 荣维东：《谈写作课程的三大范式》，《课程·教材·教法》2010年第5期。

即指"写文章"。中国古代的八股文写作,欧美 19 世纪至 20 世纪 60 年代的写作教学以及当前我国学校教学中的写作教学,其实质都是以训练学生"写"或"制作"出"好文章"为目的。

这种写作教学依据的是语言学、文章学知识体系。如从语言学角度,评判文章是否"文从句顺、合乎语法";从修辞学角度,分析文章的艺术技巧;从文章学角度,分析文章的"内容、中心、结构、语言",等等。这种以"写作结果"为关注重心的写作范式,目前在我国依然是主流。

这种写作教学的一般步骤是:教师布置写作题目或学习课文(范文)——分析讲解写作知识和方法——学生进行模仿写作——最后批改评分。整个写作过程就是要制作一篇合格的"文章"。

在这样的思路下,教材里的写作内容以所谓的"八大块"知识为主,这种写作课程传授的是"写文章"的技巧,诸如"审题""立意""谋篇""布局""选材""详略""表达"等,学生们潜心演练"应制本领(应试技能)"。其缺陷表现在:一是严格控制,没有自由。这种写作多采用命题的形式,讲究"审题立意""按要求作文""思想积极健康",不考虑学生的心理和生活的实际需要。作文的整个过程是在教师的直接或间接控制下完成的。二是只重形式,不重内容。写出来的作文,往往内容空洞,结构套用,表达平淡,千人一面,万口一词,缺乏个性和创造活力。三是只看结果,不问过程。这种写作教学,教师除了布置题目外,对具体写作环节基本撒手不管。学生写作时得不到及时、具体、有效的指导。四是只看文本,不问情境。这种写作只关心是否写出了"好产品"。衡量产品"好"的标准也往往是通用文章指标。至于文章是写给谁的,达到什么目的,有何用,就较少考虑了。

(二)"过程—作者"范式

从 20 世纪 60 年代起,一些学者开始运用"信息加工心理学"的成果研究写作的发生机制和心理过程,纷纷将写作看作一个"认知和思维"过程,一种"信息处理"和"问题解决"过程。其代表人物 Flower & Hayes(1980,1981),Gould(1980),Hume(1983),Bereiter & Seardamalia(1987)等人相继提出了一些写作模型。"写作即过程"的理念在西方开始流行并进入各国的写作标准、教材、教学之中。

过程写作法最典型的是将写作过程分为"预习—起草—修改—编辑—出版"五个环节。从表面上看，"过程写作"似乎就是"写作过程"即"写作环节"。其实这是一种误解。真正的写作过程理论关注的应该是"写作主体"，即作者的认知心理过程和特征。他们认为，写作在把思想转化为书面语的过程中，包含一系列的问题解决策略、认知活动参与以及具体的写作策略。格雷夫斯认为，写作过程是"导向问题解决的一系列操作"[①]。写作既然本质上是一种问题解决，那么，学生只要具备了相应的知识、程序和技能就可以顺利地进行写作活动了。

"过程写作"由关注"写作结果"转向关注"写作过程"，由关注"写作产品"到关注"写作主体"，由关注"外在结果"到关注"内在心理"，这是写作范式的重大转换。即实现了由静态研究到动态研究的转变，但所有的研究基本上以写作者为研究主体，局限于写作者本身，视写作为写作者个人"独语"或"完成私自作业"的一种研究。过程写作尽管提供了一个根据"作者的活动"而不是根据"最后的产品"开展写作教学的途径，但从根本上还是为了那个"文本的制作"。学生仍然缺乏对写作目的、功能和写作内在意义的真实体认，学生写作的自我效能感和内在动机仍难以真正调动起来。过程写作仍属于脱离具体交流语境和现实需要的写作。这种单纯从写作者认知角度进行的写作能力研究固然是必要的，但却脱离了真实情境下的写作活动行为，它虽然也揭示了写作活动的一些规律，但真实、鲜活、情境性、交互性的写作活动却消弭了。因此，在从静态研究转向动态研究的基础上，写作课程还应实现个体视角向社会视角的突破。写作不仅是个人的作业行为，而且是主体间的交流行为这一视角的转化，不仅带来了写作能力结构要素的整体变化，也对写作教学体系提出了新的要求。

为了克服这种缺陷，一种崭新的面向"以读者为中心""以交流为目的"，倡导在真实交流语境中写作的模式——"交流语境写作"，提上研究日程。

---

① 倪文锦、欧阳汝颖：《语文教育展望》，华东师范大学出版社2002年版，第318页。

（三）"交流—读者"范式

"写作即交流"的理念源于20世纪70年代兴起的功能语言学。功能语言学认为，语言是一个意义系统；语言课程的内容不是语言结构，而是意念和交流功能；语言学习的目的不在于语言知识而在于交流能力；语言教学应遵循"语言交流"的原则，语言学习的最终目的是让学生在某种真实或模拟的"交流"场景中，通过听说读写行为获得实际运用语言的能力。基于这种功能语言学的教学法叫作"交流教学法"。它已经超越了教学法的含义，进入课程论领域。"交流语境写作"理论的产生，与当今建构主义理论、功能语言学、社会认知理论、情景认知以及交际学、传播学等多学科理论密切相关。建构主义写作观认为：写作是作者和读者之间的互动对话交流，是作者和读者基于知识、信息、情感的交流语境的意义生成和共享。这就超越了"文章写作"范式的文章制作，以及"过程写作"机械的认知思维和信息加工，使写作走向"基于社会生活情境和文化语境的主体间性的对话交流"。

同样在论及写作的功能时，叶圣陶说过下面的话——

现在我要告诉读者，文章不是吃饱了没事做，写来作为消遣的。也不是恐怕被别人认作呆子痴汉，不得不找几句话来说说，然后勉强动笔的。凡是好的文章必然有不得不写的缘故。自己有一种经验，一个意思，觉得他跟寻常的经验和意思有些不同……必须把经验和意思向他们倾诉，为了这个缘故，作者就提起笔来写文章。前者为的是自己，后者为的是他人，总之都不是笔墨的游戏。[1]

写东西，全都有所为。如果无所为，就不会有写东西这回事。[2]

叶圣陶提出的写作"有所为"的思想是对交流写作的通俗注脚。

---

[1]　叶圣陶：《章例话》，辽宁教育出版社2005年版，"前言"。
[2]　中央教育科学研究所：《和教师谈写作》，《叶圣陶语文教育论集》，教育科学出版社1980年版，第466—472页。

"交流—读者"写作，就是以写作的"目的和对象（读者）"作为关注中心的写作范式。它主要解决"为什么写""写给谁看""写什么样的合适""写了有什么用"等问题。它主要关注写作的交流语境、意图功能以及写作过程中的社会、文化因素。将写作看作社会交流和达成意图的工具。它是一种将写作看作面向读者、具有很强目的性的意义建构和交流行为的写作范式。基于"交流取向"的写作要素，包括话题、角色、读者、目的等。一旦话题（写什么）、角色（我是谁）、读者（写给谁）、目的（为什么写）这些问题，即"交流语境"确定下来之后，写作就变得相对轻松起来。写作时，之所以容易出现障碍，在很大程度上是"写之前"这些潜在问题没有得到解决。

交流语境写作由单纯关注"产品"和"心理认知过程"，转到关注"社会交流语境中的真实意义建构"上，实现了写作活动的交流目的和应用功能。这种真实有效的写作是课程范式的重大嬗变。它倡导在"真实世界中写作""在真实学习中写作""跨课程写作""探究写作""创造写作""生活写作""基于内容的写作"。这种以"读者中心""意义建构"为目的的写作，因为作者有了直接的或潜在的对象，明确或者潜在的目的，而成为一种主体间广泛的心灵对话，也正是这种"对话"，依托交流语境选择和创生出无尽的写作素材和内容。写作的体裁、结构、语言因这种"选择和对话"而被孕育、规范和塑造。这样的写作对学生来说，是有动力的、有意义的、真实的写作。这样的写作教学要尽可能还原或者营造真实的、生动的、情境化、情趣化的交际语境。

三　基于三种范式的写作知识整合

（一）三种写作范式知识列举

写作课程的发展离不开知识。从发展看，世界写作课程经历了由"文章写作"到"过程写作"再到"交际语境写作"的三大范式转换。上述三种写作范式，由于关注点不同、理论依据不同、解决问题的路径不同，写作内容和知识要素也不一样（见表7-1）：

表 7 - 1 　　　　　　　 **三种写作范式的多维度比较**

类型特征	"结果—文本"范式	"过程—作者"范式	"交流—读者"范式
写作观	写作作为结果 即文本	写作作为信息处理和 问题解决的过程	写作作为社会交流的 手段和方式
关注点	以作品为中心	以作者为中心	以读者为中心
心理学	行为主义心理学	信息加工心理学	社会认知和建构主义
知识要素	中心、材料、 结构、语言等	构思、立意、选材、 组材、行文、修改等	话题、角色、读者、 目的、话题等
知识类型	以陈述性知识为主	以程序性知识为主	以策略性知识（元认知）为主

　　研究上述三种写作课程范式会发现，三者之间只是思考问题角度的不同，三种范式在课程和教学上各有其利，也各具其弊，孤立的某种范式不能全面解决写作课程中所存在的问题。它们三者应该是一个问题的三种不同的维度，而绝非对立排斥关系。相应地，应择取每个范式最核心的知识要素。试列举如下：

　　从"结果—文本"的视角进行写作知识开发，写作知识的核心要素主要是中心（主题）、内容（材料）、结构、语言等，具体如：

　　● 基本概念：主题（中心、想法）、材料、内容、结构、构思、语言等。

　　● 写作原理知识：围绕中心选择材料，详略得当、首尾呼应、突出重点、细节等。

　　● 语用知识：常用字词句、词语的选择、遣词造句、句式选择与变化、修辞知识、语体知识、表达技巧和方法知识等。

　　● 文体知识：要突破三大文体，发展广泛适用的多种功能性文体，学生需要具有依据读者和目的，选择一个适当的形式，形成、组织和表达自己观念的能力。学生需要拥有广泛的关于文章体式的知识和经验，比如个人经历或经验叙述、自传、传记、小说中的叙述（例如，短篇小说和中篇小说）、日记、流水账目、学习日志、诗（例如，古典诗词、自由体诗、歌词以及其他民谣、儿歌等）、散文、研究报告、评论新闻报道、社论和意见、广告、信函（例如，邀请信、感谢信、投诉信、申请书、查询、抗议书、贺信、道歉的信）、剧本（短剧、戏剧、广播剧、电视剧）、故事、颂词、发言、备忘录和信息、指导和咨询、规则和条例、便签、小册子、简历和求职信。

- 篇章知识：段落知识、结构知识、逻辑知识、布局谋篇知识。
- 范例知识：经典范文、作文、名篇佳作等。

从"过程—作者"维度看，写作知识的核心要素是"构思、立意、选材、组材、行文、修改"或"预写（构思）、起草、修改、修订、发布"等，具体如：

- 过程知识：构思立意策略、创生内容策略、行文策略、修改策略、发布策略。
- 思维知识：形象直观、意象提取、总分、概括、前后统一、求异、联想等；写作赋形思维（重复思维、对比思维）操作模型的建构训练；写作路径思维（因果分析、构成分析、过程分析、程度分析）操作模型的建构训练；写作相似思维（自相似与他相似）操作模型的建构训练；写作策略思维（协调、对抗）操作模型的建构训练。[①]

从"交流—读者"的视角，写作知识的要素是"话题、角色、读者、目的、体式"等，诸如：

- 读者知识：关于读者的特点、类型、爱好、需求、禁忌等社会知识。
- 目的知识：关于写作的传达、分享、记述、描写、劝说、审美、娱乐等。
- 体式知识：关于各种实用文体、文学文体、日常应用文体及媒体文本等。
- 发布意识：写作规范、发表常识、多媒体应用以及信息传媒知识。

其他方面的知识，比如：

- 动力知识：关于想写、爱写、认真写的知识。
- 工具知识：笔墨纸砚、电脑手机等。
- 内容知识：关于社会、人生、自然、家庭、艺术、科学、读书、

---

① 马正平：《高等写作思维训练教程》，中国人民大学出版社 2002 年版。

思考等的知识。

●反省知识：对文章主题、材料、结构、语言、标点、文面、技法的计划、评估、选择、调整和修改等的元认知策略。

上述文章学的知识术语，已经是语文教师、专家学者以及一般公众的既有"常识"和"工作概念"，一概抛弃是不可能，也是不明智的。但如果仅仅囿于文章写作，也是行不通的。而如果仅仅采用"过程写作法"和"交流写作法"开展写作教学实践，也是片面的。解决途径只有通过三种写作课程知识融合统构的方式进行，而且只有这样才是最完善的写作知识系统。

如果我们将"文章写作"看作写作的中心环节的话，那么"过程写作"可以看作"文章写作"的"过程"实施。而交流写作又是文章写作过程的动力系统和保障系统。上述过程和机制从外在到内里，即交流语境要素（包括作者、读者、话题、目的等）驱动了"写作过程"（构思、行文、修改、发布）的发生，写作过程的运行，导致"语篇作品"的诞生。这三个系统之间是一个前后包孕、互动运行的关系。上述三个维度的写作知识，在三个层面上发挥着各自的效用：文章写作关注写的结果，解决"好文章是什么样的"问题；"过程写作"关注"写的方法"，解决"如何写的问题"；"交流写作"则重点关注"为何写""为谁写""写了有什么用"等更深层次的问题。

在这三个范式的结合中有可能产生一些新的写作知识形态甚至术语，比如"主题"可以变成"立意"；"材料（内容）"可以说成"选材"；"篇章布局结构"可以成为"计划"（构思），等等；可以开发出相应的写作策略，比如自我提问、读者分析表、问题图式导引策略等。在新的写作课程范式中，传统的文章写作知识，也由静态的陈述性概念，变成了程序性、行动化的过程术语，进而变成复杂的写作元认知策略性知识。

（二）基于三种范式整合的美国加州写作内容标准评介

从一些国外母语课程标准来看，在写作教学内容方面，也呈现出"交流语境写作""过程写作""文章写作"三方面的内容。

例如，美国加州六年级写作内容标准中的写作内容①如下：

1. 写作策略

学生写的文章要明白流畅、条理清楚、中心突出。论说文包括序言、论证、证据和结论。学生通过写作所需的不同步骤获得进步。

（1）选择最适合写作目的的写作形式（如信件、评论、诗歌、报告、记叙文）

（2）写多段落的说明文：

第一，满足读者的兴趣并表达清楚的目的。

第二，用支持性的细节表现主题，用准确的动词、名词和形容词在读者心中描绘一个直观的形象；结尾联系中心，进行详细的总结。

（3）用多种有效的、有条理的结构模式，包括比较和对比，按分类的结构，根据篇幅要求、重要性或高潮安排。

探究和技术

（4）按电子文本的结构特点（如公告板、数据库、关键词搜索、电子邮件地址）寻找信息。

（5）用适当的格式和设计规则（如边框、标签、间距、专栏、页码）。

评价和修改

（6）修改初稿，改进结构，贯通段内、段与段之间的观点。

2. 写作应用（类型和特征）

学生写记叙性、说明性、劝说性、描述性的语篇，每篇篇幅至少500—700字。学生作品表现出标准美国英语的规范。有关探究、结构和起草的策略见上述写作标准。

（1）写记叙文：

第一，设置环境、推进情节时和故事的观点要一致。

---

① 本译文依据美国加利福尼亚州《阅读和语言艺术课程标准》2007年最新修订版进行翻译。译文参考了董蓓菲依据2003年加州课程标准写作内容译稿，课程标准中一个不可或缺的要素——以美国母语《写作内容标准》为例，《语文教学通讯》（小学刊）2007年第4期。

第二，包括感性的描写，运用具体生动的语言发展情节，塑造人物性格。

第三，运用一系列的记叙文手段（如对话、悬念）。

（2）写说明文（如描写、解释、比较和对比、问题和解决问题的方法）：

第一，陈述主题或目的。

第二，解释情况。

第三，按照与此类文章适合的结构模式写。

第四，尽可能提供可信的证据以证实观点和结论。

（3）写调查报告：

第一，在一定范围内提出问题并统领全文。

第二，从多种可靠的资源（讲话、杂志、在线信息搜索）中提取事实、细节、例子和解释支持主要的观点或思想。

（4）写文学反应：

第一，阐释时展示出学生细致的阅读、洞察和理解能力。

第二，围绕几个清晰的观点、假设和想象进行阐释。

第三，通过支持性的例子和文本证据进行阐释证明。

（5）写劝导性的文章：

第一，陈述一个清晰的主张或建议。

第二，用有条理的相关证据支持观点。

第三，预测并回应读者的疑惑或不同的观点。

美国加利福尼亚州语文课程标准中关于写作内容分"写作策略"和"写作应用：体裁及其特点"两部分，其中"写作策略"包含了我们提出的"三维写作内容框架"中的"交流写作"的内容，比如，"选择最适合写作目的的写作形式""满足读者的兴趣并表达清楚的目的"；包括"过程写作"知识，比如"修改初稿，改进结构，贯通段内、段与段之间的观点"；还有更多语篇方面的具体指标，比如，5年级学生应能够运用流畅标准的英语写作记叙、说明、说服性、描述性的语篇（text），每篇至少500—700字。另外，还要求学生写记叙文、文学反应、劝说性的信件或作品以及关于重要想法、问题或事件的研究报告。

8 年级学生应继续写出长度为 500—700 字的语篇，类别包括小说或自传体的叙述、文学反应、研究报告和有说服力的作品。8 年级学生的作文应该体现出更多复杂的因素和要求。例如，学生在 7 年级的记叙文中要求掌握和运用故事情节（例如，开始、冲突、发展），但 8 年级学生的作品需要高于这些结构要素（比如，还要揭示出作者对这个问题的态度）。

（三）基于三种范式整合的写作任务设计列举

运用基于"三种范式整合"的写作知识，还可以为设计和布置写作作业（任务）提供一个基本的知识框架。

比如，下面的例子：

1. 为到费城旅游的旅客制作一张旅游指南。集中表现富兰克林的成就，并包含一些有关历史古迹的照片。[①]

2. 尝试运用例证和对比的方法，面向本社区，写一篇关于"穿睡衣上街"的短论，写后提交学校评比并择优在校报发表。短论要鲜明地表达出自己的观点，并且要达到劝说的目的。

3. 美国加州 8 年级教材《文学》短篇小说单元《写一件有趣的往事》这样设计写作的交流语境："你在电话上和朋友说话时，感觉到你妈妈，或者弟弟、妹妹可能在偷听，你有过这样的经历吗？这种在电话里和朋友谈事情时不舒服的感觉，在通过写信和朋友的交流中就不会存在了。写信时你有时间慢慢讨论属于你和朋友的私事。假如你最好的朋友刚搬到另一个城市，感到很孤独，而且想家，那么写封信给他，讲讲你的有趣经历，难道还有比这更好的办法吗？在信中，生动地描绘一件好笑的经历，就像这个单元中的作家描写小说中人物的有趣的恶作剧一样。"教材在"写作前"有这样一段文字："勾画情景。记住，你的朋友也许并不指望你回答事情是如何发生的这类问题，他也可能只要你简单地按时间顺序描

---

① 洪宗礼、柳士镇、倪文锦：《外国语文课程标准译介》，江苏教育出版社 2007 年版，第 410 页。

述当时的情景。"还专门用方框标出："任务：写一段有趣的往事。目的：娱乐。读者：生活在另一个城市的朋友。"①

上述"写作任务"中既有文章指标（短论、观点鲜明），也有过程写作的指标（发表），还有交流语境的内容（社区居民、劝说）。较之过去简单地写一篇500—600字的"一事一议"的短文之类，这样的任务设计更有利于激发学生的写作欲望，开发写作资源，练习写作方法与技能。教科书在呈现写作任务时，应当有意识地确定好学生的交流写作要素（主题、目的、读者和形式），过程写作策略以及具体的文本指标和写作规范，这样的写作内容才会对学生的写作形成科学有效的指导。

综上所述，任何单一的对于写作的理解和基于不同理解的教学法，都不可能独立地解决写作中的问题，写作教学的实际状态应该是上述各种要素的协同作用。那么，在进行"清晰、流畅、有效的思想交流"理念下，对上述三种写作范式的写作知识体系进行整合重构，将是从根本上解决写作教学问题的一个比较可行的方案。

四　写作知识呈现方式

在百年语文教科书演进过程中，研究者对于写作知识内部框架的重视要远甚于对这些知识呈现方式的关注。我们认为，仅仅依靠写作知识内部框架的研究，可能还不足于解决当前写作教学的困境。为了使语文教科书为师生提供更优质高效的服务，语文教科书写作内容的开发研究必须伴随着写作知识呈现方式的研究。

（一）现代语文教科书写作内容呈现方式反思

现代语文写作教科书的编制经历了三次改革浪潮。

第一次是20世纪二三十年代，五四白话文运动最终使白话文进入教科书并取代文言文的统治地位。在语文教科书面临白话文教科书的知识重建、百废待兴的时代背景下，产生了第一波现代语文教科书建设热

---

① 柳士镇、洪宗礼：《外语文教材评价》，江苏教育出版社2000年版，第167页。

潮，以语文知识的学科化为中心。"语文知识学科化"的成果之一，是系统的"习作"教科书插入了选文中间，形成了"选文—注解—文章作法—作文练习"的教科书编写构架，开创了语文教科书读写混编、以"文章作法"的语文知识形式系统呈现写作知识的新体例。当时傅东华编的"复兴初、高级中学国文教科书"即是代表。此后，夏丏尊和叶圣陶合编的《国文百八课》，以108篇"文话"（以文体知识为主）在写作知识"学科化"上作了开拓性的努力，构建了现代学科层面上的写作知识体系。在《国文百八课》中，编者用知识短文——"文话"的形式，呈现出系统、明晰的写作知识，并配例文对知识作具体运用的"演示"，再跟进练习，使知识、例文、练习三者紧密配合，学生学习选文有知识的引领，学习知识有选文的例说，读写相辅相成，互相促进，堪称读写混编型教科书的典范。

第二次是20世纪八九十年代，"文化大革命"结束，吕叔湘先生对语文教学效率"少、慢、差、费"的批评，引发了第二波语文教科书改革浪潮，以语文学科知识的科学化为中心。在第二波浪潮中，应对社会各界对语文教学效率的质疑，"读写混编"一度被当成了写作教学科学化的绊脚石，是读写"两败俱伤"的祸根。似乎只有在教科书层面分别理出阅读与写作两条"知识"线索来，才会有阅读和写作教学真正的"独立"。遂掀起了语文教科书读写分编的浪潮，追求写作知识独立的科学系统。

第三次是21纪初，课程改革及语文新课程标准的颁布，引发了系列"新课标"教科书的编写热潮，学科知识教育的未来效能成为关注重点之一。

在20世纪两次教科书改革浪潮中，无论是写作知识的学科化还是写作学科知识的科学化，改革的共同点都聚焦在写作知识的内部构架上（如"写作知识要素是什么""写作知识在教科书中应该如何组织"），而一成不变的"知识短文"的呈现方式连同知识教学的可操作性与有效性，并没有进入教科书编写者的视野。再者，20世纪八九十年代的教科书分编浪潮，并没有带来写作教科书突破性的改革。主要原因是写作知识仍囿于"记叙文、说明文、议论文和应用文"的分类框架内作有限的整理而非实质性的突破，因此，标举"语文学科知识科学化、系统化"的教科书改革，并没有带动语文教育效能的根本改观。正是出于对本次教科书改革效能的质疑，特别是对"点点相连"式语文知识点教学效能的质疑，从 20 世纪 90 年代以来，在语文学科知识教学上，语文界出现了一股"淡化知识"的思潮，主张无论是语文教科书还是课堂教学，都要淡化知识，甚至出现了一股贬低知识教学的暗流，把知识教学和能力培养对立起来，提出写作教学要实现从知识传授向能力培养"转移"的说法。在此背景下，语文课程标准提出"不宜刻意追求语文知识的系统和完整"。但这绝不意味着可以轻视或放逐语文知识，也绝不意味着语文教学不需要系统和完整的知识体系。有效、规范的教学离不开系统、完整的学科知识的开发、建构与完善。"不宜刻意追求语文知识的系统和完整"，对于语文教科书来说，恰恰应该针对以往片面关注知识的正确性而忽视知识教学的有效性这一根本性问题，在整合"交流写作""过程写作""文章写作"三方面内容的基础上，在写作教科书"教学化"和"学材化"上下功夫。

在历史语境中把握该理念的内涵，语文教科书写作内容"教学化""学材化"应该成为第三次教科书改革的中心。写作知识的开发既要重视内容的科学性，也要重视呈现方式的有效性，以求文质兼美，而要真正有效地呈现科学的写作知识，使教师易教，学生乐学，其中，"写作知识的呈现方式"应当被提到与"呈现什么样的知识"一样重要的地位来审视与研究。

（二）写作知识在写作练习中的呈现

1. 以支架形式显性呈现

在《美国语文》中，几乎每一课的写作练习都穿插着"写作技巧重点"的知识介绍，多属策略性知识，比如"为读者考虑"的写作策略，就包括"措辞""必要的环境/背景知识""适合媒体的风格"等；当然也有必要的陈述性知识，如对一些重要概念的解释，包括什么是格言、起源神话、记叙文，常常是用一两句话带过，要言不烦。比如，介绍"劝说文"，用了两句话：

　　　　劝说文就是说服读者用某种方式去思考或行动的写作。有说服力的作者会利用读者的感情或理智，提出自己的观点，并促使读者采取行动。

练习中有一部分是程序性知识，比如介绍"记叙文之间的比较"，其写作技巧重点是"清楚的组织结构"，编者就把知识变成了写作的操作性建议，呈现出"怎么比较"的程序性知识——

> 写作技巧重点：清楚的组织结构。
>
> 当你进行比较和对比时，使用清楚的组织结构——这能帮助你确定你的比较对象之间的相似点和不同点。两种比较和对比的基本组织结构是逐点比较和逐个比较：在逐点比较的组织结构中，按顺序讨论你的对象的每个方面。例如，讨论史密斯语气中的一个方面，然后马上将其与布拉德福特语气中的一个方面相对比。
>
> 在逐个比较的组织结构中，讨论一个对象的所有特征——例如，史密斯的记叙文的语气和内容——然后再讨论另一个对象的所有特征。

这类片言只语式的写作技巧性知识点拨，言简意赅，好懂管用，并且在写作任务提出后呈现，具有很强的针对性与指导性。

2. 以问题形式变式呈现

以下是国外某写作教科书关于"论辩文"写作练习最后环节"修改"的设计，编者提出下面 9 个问题供学生思考。①

> 当你修改你的论辩文时，应思考下列问题：
>
> 1. 话题是否具有争议性？我是否考虑到问题的两面？是否已经估计到对手的强有力反驳并作了回击？
>
> 2. 我的文章是否已经瞄准我预设的读者？是否为读者量身定做？
>
> 3. 如果我做的是归纳推理，我是否运用了充足的例证来证明

---

① 柳士镇、洪宗礼：《中外母语教材选粹》，江苏教育出版社 2000 年版，第 236 页。

我的结论？如果我做的是演绎推理，我的演绎是否可靠？如果不可靠，我是使用了错误的前提还是弄错了小前提或结论？如果我使用了类比推理，我的类比是否恰当？我是否已经注意到比较项目之间显著的差异？

4. 如果我使用了理性的或情感的诉求，这些诉求是否聚焦那些最能感染读者的情感？

5. 我是否尽力避免个人主观倾向性？

6. 我的证据是否可靠、充实和合适？我所援引的权威是否可信？他们有没有偏见？我的读者会不会认可他们的权威性？我的统计是否能充分支持我的立场？我是否对统计结果作了过度引申？

7. 我的提议是否清楚明了？是否可以归入适当的类型，比如一个事实、一个行动或者一个价值观？

8. 我是否有效地组织了论据？我是否有充分的理由驳斥反对意见？

9. 我的论证有无谬论？

这些问题所起的实际作用，是让学生复习关于论辩文写作的知识。但是，以知识的变式——问题来呈现，避免了与前述知识的完全重复，同时，以问题探究代替知识的归纳总结，更有利于学生自觉主动地展开言语实践，这样，"知识"就具有操作性和行动性，这些"问题"类的写作知识所呈现的"变式"，在我国写作教科书中较为罕见。

3. 以图形方式直观呈现

美国语文教科书经常运用表格、图形或符号等活泼直观的形式呈现知识，比如，在某教科书的"个人写作"单元，编者用图7-1为学生构思提供了程序性知识：

在上述的构思簇形图里，编者把个人叙事类写作常见的四类选材范围以形象直观的图形呈现在练习中，帮助学生打开思路。

类似的构思簇形图在《美国语文》中随处可见，比如，第二册有一节微型写作课是让学生讲述一个"幽默轶事"，编者让学生以图7-2作为构思的工具。"变相"呈现了记叙文写作的要素知识。

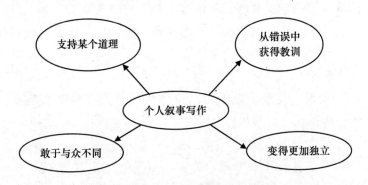

图 7 - 1　探寻写作素材的构思簇形图

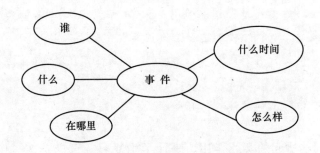

图 7 - 2　"幽默轶事"的构思示意图

4. 其他多样的呈现形式

知识的呈现除了上述几种常见的形式外，还有其他一些呈现形态。如隐藏在教学步骤的设计或写作任务的描述中，或以提示、旁白、链接等各种形式灵活地出现在教科书的空白处，包括书眉、边白等。教科书通常不以系统完整的篇章呈现知识，而是在知识系统中仔细筛选其中具有针对性、实践性的部分，根据不同的专题，灵活地呈现，它可以是片断，可以是几个句子，甚至仅仅是留在题干中的几个概念，短小精悍，生动有趣，画龙点睛，突出知识的可用性和有效性。

精要、好懂、管用，是国外优秀的语文教科书中写作知识呈现的总体特征。我国现行写作教科书中的知识及其呈现方式，应朝教科书知识"教学化""学材化"方向发展，练习设计是关键。

（三）生活化写作活动的设计

写作是生命的律动，是生活的需要，而且它本身就是生活的一部分。要写好文章，就必须引导学生全方位地关注生活、投入和充实生活，并把积蓄的生活经验顺畅地诉诸文字以满足各种实际需要。美国母语课程标准和教科书设计早已充分认识并落实了作文生活化的思想，教科书编者注重全方位实现作文与生活的联系，使学生获得适应现实生活需要的各种写作实践。这里主要选取四种有代表性的教科书试作探讨，它们分别是：2004 年由同心出版社推出的《美国语文》，加利福尼亚初中综合母语教科书《语言》，高中综合性语言教科书《普能提斯汀文学教程》以及亚利桑那州高中写作教科书。其所设计的生活化写作活动可以对我国母语教科书写作课程教科书内容的呈现提供借鉴。

1. 关注广泛的写作活动范围

我国新课标虽有意加强"作文与生活"的联系，但在教科书中仅是宏观性地涉及人与自我、自然、社会和人生的关系。而美国教科书中写作活动所触及的时空领域异常广泛，从日常家庭、学校生活到社会生活的各方面，诸如人类历史、语言变迁、社会关系、商业贸易、科学技术、人体生理、天文地理、生态环境、文学艺术、大众传媒等，无所不包。写作思维的视角从弘扬民族文化、个性与生活，到强调发展多元文化，尊重种族、宗教和性别的差异，关心世界和平与环境保护、研究高科技发展等，无所不及。写作训练的体裁适应学生人格形成和生活发展的需要，有自传、诗歌、散文、小说、剧本等文学写作形式；也有现代生活广泛需要的日志、书信、报告、建议、电报、科幻故事以至于新闻消息、广告词、用法说明等。以《美国语文》为例，其每一课都设计了时空极其广泛的一系列写作练习，让学生获得多种多样写自己生活的机会。这些写作活动都集中安排在阅读后的"作品积累"栏目里，由"点子库"和"微型写作课"组成。写作栏目中的"写作技巧重点""构思"等均从生活和阅读中提炼而出，练习纵横交错，把文明的传承与写作能力的培养和发展放在广阔的生活场景中认识、体验、应用，以课文内容、写作技巧、写作语言与风格为原点，辐射到现实社会的方方面面，而"媒体连线""社会/健康连线""艺术连线""数学连线"等更是有益于让学生体验到作文活动范围的无限宽广。我们来看一下《富兰克林自传》一课里"点子库"所设计的生活化写作活动。

◇点子库

写作

●广告：为富兰克林的书写一条广告，登在费城的报纸上或出现在富兰克林的时代。

●个人改进计划：考虑几个你想要有所改进的方面，然后考虑你能做什么以便在这些方面取得改进。把你的想法写在一份书面计划中。（健康连线）

●报告《自传》对世人展示了富兰克林生活的一个侧面。将你从《自传》中所了解的内容与富兰克林作为一名政治家的事业进行比较。将你的发现写成一篇短论文。（社会研究连线）

项目

●海报：了解更多富兰克林在科学领域的成就。制作一张集中表现他的一些成就的海报。（社会连线）

●旅游指南：为到费城旅游的游客制作一本旅游指南。集中表现富兰克林的成就，并包含一些相关历史古迹的照片。

2. 重视写作情境的创设

美国教科书编者竭力使学生的写作活动富有趣味性，给学生展示一个个具体情境，刺激他们强烈的好奇心。《美国语文》所安排的每一次写作活动都在读者与生活、作品、时代之间建立了联系，调动学生的原始感受，拉近学生与作品、生活的距离，让学生投入写作情境中去联想、想象、描述、评价。下面所选是《独立宣言》一课中"作品累积"的部分设计。

◇点子库

写作

●信件：在1776年12月的一封信中，乔治·华盛顿写道："我疲倦得快要死了。我想这场游戏快要结束了。"给华盛顿写一封信，表达你听到潘恩的散文之后的想法。

●摘要大纲：摘要大纲就是对于主要观点的简练总结。为杰弗逊的《独立宣言》写一份摘要大纲。（社会研究连线）

●报纸故事：作为一名殖民地时期的记者，写一篇文章记录《独立宣言》的签署情况。然后写一个故事，在宣言发布之后，这个故事可能出现在一份伦敦的报纸上。

项目

●招贴海报：根据潘恩的观点设计一份革命战争的征兵海报。像潘恩一样你也可以嘲笑"夏天般的士兵和阳光般的爱国者"。（艺术连线）

●关于潘恩的课堂讨论：对潘恩的早期生活进行研究。准备一些笔记小条，以便在主持一次关于潘恩在引发美国革命中的贡献的讨论时使用。（社会研究连线）

◇微型写作课

给校长的建议

和一组同学一起选择一个你们认为应该改变的学校里的问题或情况。然后写一份给校长的建议，解释为什么这种情况需要关注，以及你们认为这种情况需要改正的原因。①

生活是写作之源，"真实的生活可提供有意义的写作情境，像是列一张烤饼干时所需的材料清单、留便条给朋友、记录自然实验的观察结果等。学生应该有多样性的机会，写出他们生活中具特殊意义的个人经历，例如一只新宠物、一趟家庭旅游，或是一个秘密愿望"②。教科书要善于选取生活中的写作情境，使学生有机会抒写个人生活经验和有意义的事件。这样，就不是笼统机械地让学生感悟生活，而是把文学阅读、现实生活与写作实践三者结合起来，以生动活泼的形式让学生去想象、参与，与同学一起关注、思考周围的生活，成为生活中的某一角

---

① 马浩岚：《美国语文》，同心出版社2004年版，第166—167页。
② ［美］丹尼斯·沃克拉迪：《美国教学创意手册》，陕西师范大学出版社2001年版，第61页。

色，再以生活中常用的表达方式写出真实体验，这样，作文自然水到渠成而富有情趣。

3. 鼓励写作中的对话与合作

语言产生于日常生活人际交往的过程中，是社会成员之间彼此交际、交流的工具。语文教科书设计突出合作与对话，正是语言本质属性的体现。美国课程标准规定："作文写完后，如何让其他人分享你的成果，你可以大声朗读给同学听：读作文前，请同学们仔细听，并让他们预测结局。你还可以把你和其他同学的作文一起装订成班级作文册。"①根据课标精神，加利福尼亚初中综合母语教科书《语言》中的"人物描写"案例就全面体现了师生合作与生生对话的情景：在修改时要求把草稿大声读给伙伴听，与伙伴讨论。写好后，要将作文读给同学听，并听一听其他同学写的人物描写。然后，告诉同学是从哪儿找到这本书的。听其他同学朗读时，要将感兴趣的书目记下，以后可以读一读。让学生运用学到的编辑技巧修改、编辑一篇草稿，并分成小组讨论草稿。亚利桑那州高中写作教科书《HIGH POINT 通讯》更是把写作者与家人、亲友、社区成员以及同学、老师的对话、合作与分享贯穿每次写作活动的始终。

• 请看下表（略）。在第一栏中，叙述你所知道的某个冲突。写出一种可能解决冲突的方案。然后，请教家人，看他们是否还有其他解决方法，并把他们的意见加上去。

• 接下来请家人叙述他们所知道的某个冲突，在第二栏中加以说明，列出双方均可接受的解决方案。

• 把你制的表带到学校，与大家分享。②

4. 注重写作的元认知策略指导

全方位实现作文与生活的联系解决了学生"想不想写"和"写什

---

① 柳士镇、洪宗礼：《中外母语教材选粹》，江苏教育出版社2000年版，第134页。

② 江苏母语课程教材研究所：《当代外国语文课程教材评介》，江苏教育出版社2004年版，第117页。

么"的问题，而注重元认知指导策略则是解决"怎样写"和"写得好不好"的关键。认知心理学研究者 Hayes & Flower 把写作分解为计划、转化和回顾三个主要过程。[①] 其中计划包括构思、组织和目标设定；转化是将构思转换成可接受的符号表征，也即"表达"；回顾包括阅读、评估和修改。受认知写作理论的影响，美国把写作作为思考和表达的过程来研究，十分注重对学生写作的认知指导。美国母语课程标准要求学生能够在写作中运用写作过程策略，具体表现为选择恰当的写作前技巧发展和组织思路；在草稿中考虑结构形式；修改草稿，注重写作目的和读者；编辑草稿；针对特定读者发表完成稿。在这一编写方针的指引下，美国母语教科书非常注重按写作前的构思、写作、修改等环节来指导学生完成写作练习，并且对每一个环节都有详尽而操作性强的步骤。具体来说，对元认知指导策略的重视尤其体现在以下三个方面。

（1）呈现支架式写作策略

美国母语教科书对知识的设计和处理方式与我国不同，不是淡化知识或一味传授章法知识，而是把知识融入写作实践过程中，使知识直接指导具体写作活动。《美国语文》在每一课的"微型写作课"都安排了"写作技巧重点"，介绍简洁实用的写作知识和技巧。如《家里的作家》一课中的"写作技巧重点：用详细说明来支持观点"，提供了三种技巧："为你的每个论点给出连贯的有逻辑性的理由；用事实和数据来支持你的理由；如果合适的话，还可以加入专家的观点。"[②] 总共三句话，内容简洁，要点鲜明，可操作性强。《普能提斯厅文学教程》集作品选读与写作方法指导、写作实践活动于一体，便于学生获得并运用知识。为了使学生掌握"悬念"这一写作手法，教科书以短篇小说《一个男孩和一个男人的故事》作为写作前的阅读基础，先后设计了解释"悬念"—理解"悬念"—写"悬念"，没有长篇的论述，只对"悬念"作精要概括，让学生抓住"既不确定又危险"这一关键特征，一步步学会运用"悬念"。

---

① Hayes, J. R. & Flower, L. S. （1980）, *Identifying the Organization of Writing Processes*. In L. W. Gregg & E. R. Steinberg （eds.）, *Cognitive Processes in Writing*, Hillsdale, NJ: Lawrence Erlbaum. 11.

② 《美国语文》，马浩岚译，同心出版社 2004 年版，第 888 页。

导读《一个男孩和一个男人的故事》（略）

悬念

悬念是故事本身的力量，这种力量驱使你想继续把故事读下去，直到知晓事情的最后结果。英语"悬念"一词来自拉丁语，意为"悬着的"或"不确定的"，所以，"不确定性"是悬念的重要部分，因为整个故事就像一个饶有兴趣的谜团，直到最后结尾才真相大白，所以吸引你想一直读下去。危险是创造悬念的另一关键成分。在许多悬念故事中，结局都是事关生死的大事。当然，悬念故事中的危险并不一定就是指对生命的威胁，它也涉及比如失去朋友或是考试失利这样的可能性。

理解悬念

作者通过描写既不确定而又危险的场景创造悬念。危险既可以是身体上的，又可以是情感上的。许多人喜欢有悬念的故事，他们想知道最终发生了什么，故事主人公是否避免了他们面临的危险。《一个男孩和一个男人的故事》是个充满悬念的短篇小说。

- 登山队长文特的处境在故事开始时是如何的不确定和危险？
- 鲁迪几次三番地尝试挽救文特队长的描写是如何加强悬念的？
- 鲁迪和队长的对话暗示了哪些未来的危险？

写悬念

设想一家青少年杂志计划出一期悬念故事特刊。想一想你读过的故事，哪些可以让读者惊魂不定。选择其中最好的一篇，然后写一封信给杂志编辑，推荐他们选用你的故事。当你修改你的信件时，记住你要向他们解释你的故事包含了悬念故事的两个关键部分：不确定性和危险性。①

（2）选取多角度多形式的范例

学生写作是一个从模仿到创新的渐进过程，需要有适宜的范例作为

---

① 江苏母语课程教材研究所：《当代外国语文课程教材评介》，江苏教育出版社 2004 年版，第 95、105 页。

写作借鉴。选取适当的范例给学生参考，远比传授一大堆枯燥乏味的知识要有用得多。我国虽一直主张读写结合，把课文当作学生写作的范例，但语文教科书和教学都习惯于只把课文看成阅读分析的对象，难以实现读写迁移；而且，在写作时也没有提供构思、行文、修改、评价等方面的详尽示范，学生靠盲目摸索，难以顺利成文。与我国明显不同的是，美国母语教科书善于为学生设计出写作过程中各种各样的范例。《美国语文》每一课都设计了充满现代意识和创新意义的"微型写作课"，每次在简介知识后就相应安排了一个写作范例。加利福尼亚初中综合母语教科书《语言》更是从多个方面多个角度为学习者给出范例，第四课《描写人物》仅"写作前的构思"就列出了三个具体例子：故事背景和情节的示范、人物外貌和性格的示范、描述故事和人物的词汇库示范，接下来还有写作时的草稿格式示范、修改草稿和编辑草稿的示范等。每一个写作步骤都有一个范例，对照这些范例，学生就能轻松写作了。这里列出"写作前的构思"，从中便可见一斑。

　　写作前的构思①

　　选择主题：你最近读过什么小说？其中有些什么人物？选择你写起来有把握的人物。

　　发展思路：浏览一下你选好的书。做一些关于故事发生的背景及故事情节的笔记。下面是一位作者写的《威莉·比在火星人着陆的日子里》的笔记。

背景：1938 年，俄亥俄州
事件：
1. 威莉·比躺在门廊下
2. 她制作化妆服
3. 威莉·比玩"不请吃就捣蛋"的游戏
4. 她认为火星人着陆了——被捉弄
5. 掉下来碰破了头
6. 泰勒医生给她看病
7. 姨妈安慰她

---

　　① 倪文锦、欧阳汝颖：《语文教育展望》，华东师范大学出版社 2002 年版，第 170—171 页。

　　然后做人物相貌和性格的笔记。在做笔记时，请使用形象化的思维方法。下面是一位作者做的关于泰勒医生的笔记。注意这些笔记中包括医生说话和做事的具体例子，这些例子反映了他的性格特征。做笔记时，你也要写一些这样的例子：

人物外貌	人物性格
像摩西一样老	幽默——和病人开玩笑
红润的脸庞	敏捷——知道威莉得什么病
白发	
个子高	温和——抚摸威莉的额头
穿过时的衣服	效率高——立即给威莉看病
薄荷药味	
炯炯有神的蓝眼睛	

词汇库

　　做一个"词汇库"帮你准备写作。把你读这篇故事及人物时想到的词列出来。下面是描写泰勒医生的作者列出的词汇表。

过时	热情
特殊	赢得
安详	鼓舞
有吸引力	

（3）设计详尽的修改评价步骤

　　写作是一个复杂的智力、心理、社会和技术的过程，修改、评价是这个过程的重要步骤，贯穿于写作的整个过程。美国《英语语言艺术课程说明》对作文修改、评价提出了各种要求。在结构方面，学生将利用各种资料找出并改正用法、拼写、语法和大小写、标点符号等方面的错误。在释义方面，学生利用评分指南和在同学、教师帮助下理清表达思路，提出评估作文的标准；针对别人提出的文章修改建议做出思考和反应；评价自己的作文，使意思更加清楚，识别并改正冗长句和破句。仍以加利福尼亚初中综合母语教科书《语言》第23单元《描写人物》一课为例来说明。

修改

阅读和讨论：对照笔记把草稿阅读一遍，确信没有遗漏什么内容。找个讨论伙伴，把你的草稿大声读给他/她听。讨论时参照下面问题，并记下讨论结果。

> 讨论问题
> - 第一段有没有写明书名和作者？有没有告诉读者故事的背景与情节？
> - 中间部分有没有写人物的相貌和性格？
> - 读者能在心里勾画出该人物形象吗？
> - 文章作者有没有引用对话、行为方面的例子来表现人物性格？需要补充例子吗？
> - 最后一段有没有写作者对人物的感想及原因？

做修改：根据讨论意见，修改草稿。下面介绍一个特别的技巧，帮助你修改中间部分。

检查一下，确信你已经引用了对话、行为或反应的例子来表现你提到的每一个人物特征。

校对和编辑：现在检查一下拼写、大小写和标点错误。参考下列问题，注意使用校对符号。

校对问题和编辑符号（略）

最后定稿：字迹工整地将草稿重新誊写一遍。注意修改的部分。

评价你的写作

浏览一遍你在本单元描写的人物及其他书面作业。在运用名词所有格方面有没有问题？有没有将所有格和名词的复数形式混淆？运用逗号方面你有困难吗？接下来的几课将帮助你解决这方面的问题。[①]

　　凭借这些具体可行的步骤和方法，有助于学生掌握修改、评价作文的钥匙。

---

① 倪文锦、欧阳汝颖：《语文教育展望》，华东师范大学出版社2002年版，第172—176页。

参考文献

崔峦等：《义务教育语文课程标准实验教科书〈语文〉》1—6 册，人民
　　教育出版社 2001 年版。

丁帆等：《普通高中课程标准实验教科书·语文》，江苏教育出版社
　　2004 年版。

董小英：《叙述学》，社会科学文献出版社 1999 年版。

［英］丹尼斯·劳顿：《课程研究的理论与实践》，张渭城等译，北京人
　　民教育出版社 1985 年版。

［美］丹尼斯·沃克拉迪：《美国教学创意手册》，北京励志翻译社译，
　　陕西师范大学出版社 2001 年版。

［美］小威廉姆·E. 多尔：《后现代课程观》，王红宇译，教育科学出
　　版社 2000 年版。

［英］S. 皮特·科德：《应用语言学导论》，上海外语教育出版社 1983
　　年版。

《课程·教材·教法》编辑部：《中学语文教材和教法》，人民教育出版
　　社 1986 年版。

约翰逊主编：《应用语言学百科辞典：语言教学手册》，外语教学与研
　　究出版社 2001 年版。

［美］W. 考夫曼、陈鼓应：《存在主义》，商务印书馆 1987 年版。

艾伟：《阅读心理·国语问题》，中华书局 1948 年版。

博尔诺夫：《教育人类学》，华东师范大学出版社 1999 年版。

蔡富清：《朱自清选集》第 2 卷，河北教育出版社 1980 年版。

曹南燕：《认知学习理论》，河南教育出版社 1991 年版。

巢宗祺等：《全日制义务教育语文课程标准》，湖北教育出版社 2002

年版。

鲁迅：《鲁迅译文集》（第3卷），人民文学出版社1958年版。

崔峦：《我国小学语文教材编制的研究》，江苏教育出版社2007年版。

但武刚：《教育学案例教程》，华中师范大学出版社2007年版。

范錡：《教育哲学》，世界书局1973年版。

冯克诚：《最新教学模式全书》，国际文化出版社1997年版。

冯志伟：《现代汉字和计算机》，北京大学出版社1989年版。

冯忠良：《结构化与定向化教学心理学原理》，北京师范大学出版社1998年版。

付宜红：《日本语文教育研究》，北京师范大学出版社2001年版。

范印哲：《教材设计导论》，高等教育出版社2003年版。

顾黄初、顾振彪：《语文课程与语文教材》，社会科学文献出版社2001年版。

顾黄初、顾振彪：《语文教材的编制与使用》，江苏教育出版社1996年版。

顾黄初、顾黄初：《语文教育文集》，人民教育出版社2002年版。

顾明远：《教育大辞典》，上海教育出版社1990年版。

顾黄初、李杏保：《二十世纪后期中国语文教育论集》，成都教育出版社2000年版。

顾振彪：《义务教育语文课程标准实验教科书〈语文〉》（七上—九下），人民教育出版社2001年版。

郭晓明：《课程知识与个体精神自由——课程知识问题的哲学审思》，教育科学出版社2005年版。

韩雪屏：《语文课程教学资源》，高等教育出版社2007年版。

韩雪屏：《中国当代阅读理论与阅读教学》，四川教育出版社2000年版。

韩雪屏：《语文教育的心理学原理》，上海教育出版社2001年版。

杭间、何洁、靳栋强：《岁寒三友——中国传统图形与现代视觉设计》，山东画报出版社2000年版。

洪宗礼：《义务教育语文课程标准实验教科书〈语文〉》（七上—九下），江苏教育出版社2001年版。

洪宗礼、柳士镇、倪文锦：《外国语文教材译介》，江苏教育出版社
　　2007 年版。

洪宗礼、柳士镇、倪文锦：《外国语文课程标准译介》，江苏教育出版
　　社 2007 年版。

洪宗礼、柳士镇、倪文锦：《外国语文课程教材综合评介》，江苏教育
　　出版社 2007 年版。

洪宗礼、柳士镇、倪文锦：《中外比较视野中的语文教材模式研究》，
　　江苏教育出版社 2007 年版。

胡适：《胡适文存》，北京大学出版社 1998 年版。

胡壮麟、朱永生、张德禄、李战子：《系统功能语言学概论》，北京出
　　版社 2008 年版。

黄甫全：《现代课程与教学论学程》，人民教育出版社 2006 年版。

黄显华、霍秉坤：《寻找课程论和教科书设计的理论基础》，人民教育
　　出版社 2005 年版。

何文胜：《从能力训练角度论中国语文课程教材教法基础》，香港文化教
　　育出版社 1999 年版。

季广茂：《隐喻视野中的诗性传统》，高等教育出版社 1998 年版。

江明：《语文教材建设与思考》，语文出版社 1998 年版。

江山野：《简明国际教育百科全书·课程》，教育科学出版社 1991
　　年版。

江苏母语课程教材研究所：《当代外国语文课程教材评介》，江苏教育
　　出版社 2004 年版。

靳健：《语文课程研究》，中国档案出版社 2002 年版。

靳健：《后现代文化视界的语文课程与教学论》，甘肃教育出版社 2006
　　年版。

金生鈜：《理解与教育——走向哲学解释学的教育哲学导论》，教育科
　　学出版社 1997 年版。

金生鈜：《教育：思想与对话》，教育科学出版社 2005 年版。

课程教材研究所：《课程教材研究 15 年》，人民教育出版社 1998 年版。

课程教材研究所：《20 世纪中国中小学课程标准·教学大纲汇编（语文
　　卷)》，人民教育出版社 2001 年版。

孔凡哲：《教科书质量研究方法的探索》，人民教育出版社 2008 年版。

李海林：《言语教学论》，上海教育出版社 2006 年版。

李维鼎：《语文教材别论》，浙江教育出版社 2004 年版。

李维鼎：《语文课程初论》，浙江教育出版社 2004 年版。

李杏保、顾黄初：《中国现代语文教育史》，四川教育出版社 2000 年版。

李学铭：《语文教与学素质的维持与达成》，香港教育署 1991 年版。

廖哲勋、田慧生：《课程新论》，教育科学出版社 2003 年版。

廖哲勋：《课程学》，华中师范大学出版社 1992 年版。

林洁明、广锐强：《高中中国语文新编》（四上—五下），香港教育图书
  公司 2005 年版。

刘衍文：《古典文学鉴赏论》，上海教育出版社 1991 年版。

刘占泉：《汉语文教材概论》，北京大学出版社 2004 年版。

柳士镇、洪宗礼：《中外母语课程标准译编》，江苏教育出版社 2000
  年版。

柳士镇、洪宗礼：《中外母语教材比较研究论集》，江苏教育出版社
  2000 年版。

柳士镇、洪宗礼：《汉语文教材评介》，江苏教育出版社 2000 年版。

柳士镇、洪宗礼：《中外母语教材选粹》，江苏教育出版社 2000 年版。

柳士镇、洪宗礼：《外语文教材评介》，江苏教育出版社 2000 年版。

鲁迅：《鲁迅全集》，人民文学出版社 2005 年版。

吕叔湘：《吕叔湘语文论集》，商务印书馆 1983 年版。

马浩岚编：《美国语文》，同心出版社 2004 年版。

马正平：《中学写作教学新思维》，中国人民大学出版社 2003 年版。

马正平：《高等写作思维训练教程》，中国人民大学出版社 2002 年版。

马新国等：《义务教育语文课程标准实验教科书〈语文〉》（1—6 册），
  北京师范大学出版社 2001 年版。

［美］莫提默·J. 艾德勒、查尔斯·范多伦：《如何阅读一本书》，商务
  印书馆 2004 年版。

倪文锦、何文胜：《祖国大陆与香港、台湾语文教育初探》，高等教育
  出版社 2001 年版。

倪文锦、欧阳汝颖：《语文教育展望》，华东师范大学出版社 2002 年版。

倪文锦：《中等职业教育国家规划教材语文（基础版）》，高等教育出版社 2001 年版。

欧用生：《课程发展的基本原理》，复文图书出版社 1984 年版。

潘新和：《语文：表现与存在》，福建人民出版社 2005 年版。

庞维国：《学与教的原理和策略》，华东师范大学出版社 2003 年版。

皮连生：《智育心理学》，人民教育出版社 1996 年版。

《启思中国语文》，启思出版社 2002 年版。

祁寿华：《西方写作理论、教学与实践》，上海外语教育出版社 2000 年版。

区培民：《语文课程与教学论》，浙江教育出版社 2003 年版。

瞿葆奎等：《教育学文集·课程与教材》（上册），人民教育出版社 1988 年版。

瞿葆奎等：《教育学文集·课程与教材》（下册），人民教育出版社 1993 年版。

人民教育出版社语文二室：《高级中学课本（必修）》，人民教育出版社 1991 年版。

人民教育出版社中学语文室：《文言读本》（上、下册），人民教育出版社 1985 年版。

人民教育出版社中学语文室：《六年制重点中学高中语文·写作》，人民教育出版社 1986 年版。

人民教育出版社中学语文室：《全日制普通高级中学·语文读本》，人民教育出版社 2003 年版。

人民教育出版社中学语文室：《全日制普通高级中学教科书（试验修订本）·必修·语文》，人民教育出版社 2001 年版。

施良方：《课程理论：课程的基础、原理与问题》，教育科学出版社 1996 年版。

石欧：《百年中国教科书图说》，湖南教育出版社 2009 年版。

石中英：《教育哲学导论》，北京师范大学出版社 2007 年版。

石中英：《知识转型与教育改革》，教育科学出版社 2002 年版。

史习江：《义务教育语文课程标准实验教科书〈语文〉》（七上—九下），人民教育出版社 2001 年版。

史习江等：《普通高中课程标准实验教科书·必修·语文》，江苏教育
　　出版社 2004 年版。

叔本华：《作为意志和表象的世界》，商务印书馆 1982 年版。

舒新城：《中国近代教育史资料》，人民教育出版社 1981 年版。

孙正聿：《哲学通论》，辽宁人民出版社 1998 年版。

孙绍振：《直谏中学语文教学》，南方日报出版社 2003 年版。

索绪尔：《普通语言学教程》，商务印书馆 1999 年版。

苏培成：《现代汉字学参考资料》，北京大学出版社 2001 年版。

《课程教材教法通论》，正中书局 1991 年版。

邰启扬、金盛华：《语文教育新思维》，社会科学文献出版社 2001 年版。

王策三：《教学论稿》，人民教育出版社 1985 年版。

王道俊、王汉澜：《教育学》，人民教育出版社 1988 年版。

温立三：《语文课程的当代视野》，中国社会科学出版社 2007 年版。

王纪人：《文艺学与语文教育》，上海教育出版社 1995 年版。

王嘉毅：《课程与教学设计》，高等教育出版社 2007 年版。

王先霈、王耀辉：《文学欣赏导引》，高等教育出版社 2005 年版。

王先霈、孙文宪：《文学理论导引》，高等教育出版社 2005 年版。

王荣生、方为平：《课标小学语文学本》，华东师范大学出版社 2005
　　年版。

王荣生：《语文科课程论基础》，上海教育出版社 2003 年版。

王荣生：《新课标与"语文教学内容"》，广西教育出版社 2004 年版。

王荣生、倪文尖：《国家课程标准高中实验课本（试编本）〈语文〉》
　　（必修 1—5 册），上海教育出版社 2007 年版。

王森然：《中学国文教学概要》，商务印书馆 1922 年版。

王尚文等：《初中语文课本（实验本)》，浙江教育出版社 1998 年版。

王尚文：《语感论》，上海教育出版社 2000 年版。

王尚文：《走进语文教学之门》，上海教育出版社 2007 年版。

王尚文：《语文教学对话论》，浙江教育出版社 2004 年版。

王先、王又平：《文学批评术语词典》，上海文艺出版社 1999 年版。

王相文、韩雪屏、佟士凡：《中学语文教材研究导论》，东北师范大学
　　出版社 1997 年版。

王柏勋：《中学语文教材分类研究》，海南出版社 1998 年版。

王一川：《意义的瞬间生成》，山东文艺出版社 1988 年版。

王丽：《中国语文教育忧思录》，教育科学出版社 1998 年版。

吴康宁：《教育社会学》，人民教育出版社 1998 年版。

吴永军：《课程社会学》，南京师范大学出版社 1999 年版。

沃·伊瑟尔：《阅读行为》，湖南文艺出版社 1991 年版。

夏丏尊、叶圣陶：《阅读与写作》，开明书店 1948 年版。

夏丏尊、叶绍均：《国文百八课》（1—4 册），开明书店 1935—1938 年
  版，人民教育出版社 1985 年重印。

肖前：《马克思主义哲学原理》，中国人民大学出版社 1995 年版。

心理学百科全书编制委员会：《心理学百科全书》（第一卷），浙江教育
  出版社 1995 年版。

徐友渔等：《语言与哲学》，三联书店 1986 年版。

叶立群：《课程教材改革探索》，人民教育出版社 1997 年版。

叶瑞祥：《学习概论》，广东高等教育出版社 1997 年版。

叶圣陶：《文章例话》，辽宁教育出版社 2005 年版。

叶至善：《叶圣陶文集》，江苏教育出版社 1992 年版。

闫广林等：《戏剧的奥秘》，上海教育出版社 1992 年版。

杨树亚：《思辨·行走——我的语文生活》，语文出版社 2009 年版。

袁行霈：《普通高中课程标准实验教科书·语文》，人民教育出版社
  2004 年版。

郁达夫：《中国新文学大系·散文二集》，上海文艺出版社 2003 年版。

曾天山：《教材论》，江西教育出版社 1997 年版。

曾祥芹、韩雪屏：《阅读学原理》，河南教育出版社 1992 年版。

曾祥芹：《文章学与语文教育》，上海教育出版社 1995 年版。

中国台湾比较教育学会：《各国教科书比较》，台湾书局 1989 年版。

赵志军：《文学文本理论》，中国社会科学出版社 2001 年版。

张毕来：《初级中学课本·文学》（1—6 册），人民教育出版社 1955—
  1957 年版。

张德禄：《功能文体学》，山东教育出版社 1998 年版。

张华：《课程与教学论》，上海教育出版社 2000 年版。

张声怡、刘九州：《中国古代写作理论》，华中工学院出版社1985年版。

张志公等：《初级中学课本·汉语》（1—6册），人民教育出版社 1955—1957年版。

张志公：《传统语文教育教材论》，上海教育出版社1992年版。

张鸿苓：《新中国中学语文教育大典》，语文出版社2001年版。

张隆华：《中国语文教育史纲》，湖南师范大学出版社1991年版。

张隆华、曾仲珊：《中国古代语文教育史》，四川教育出版社2000年版。

张庆等：《义务教育语文课程标准实验教科书〈语文〉》（1—6册），江 苏教育出版社2001年版。

郑国民：《从文言文教学到白话文教学》，北京师范大学出版社2000 年版。

郑国民：《新世纪语文课程改革研究》，北京师范大学出版社2003 年版。

中国台湾比较教育学会：《各国教科书比较》，台湾书局1989年版。

《中国大百科全书（教育卷）》，中国大百科全书出版社1985年版。

中华人民共和国教育部：《全日制义务教育语文课程标准》，北京师范 大学出版社2012年版。

中华人民共和国教育部：《普通高中语文课程标准（实验稿）》，人民教 育出版社2003年版。

中央教育科学研究所：《叶圣陶语文教育论集》，教育科学出版社1980 年版。

钟启泉：《现代课程论》，上海教育出版社1989年版。

钟启泉：《现代学科教育学论析》，陕西人民教育出版社1993年版。

钟启泉等：《为了中华民族的复兴为了每位学生的发展——基础教育课 程改革纲要（试行）解读》，华东师范大学出版社2001年版。

钟为永：《语文教育心理学》，浙江教育出版社1998年版。

周庆元：《语文教育研究概论》，湖南人民出版社2005年版。

周庆元：《中学语文教材概论》，湖南出版社1994年版。

朱自清等：《文言读本》，上海教育出版社1980年版。

朱光潜：《朱光潜美学文集》，上海文艺出版社1982年版。

朱广贤：《中国文章分类学研究》，民族出版社2000年版。

朱慕菊：《走进新课程——与课程实施者的对话》，北京师范大学出版
  社2002年版。

朱绍禹：《中学语文教学法》，高等教育出版社1988年版。

朱绍禹：《中学语文教科书概观》，人民教育出版社1998年版。

朱绍禹、庄文中：《国际中小学课程教材比较研究丛书·本国语文卷》，
  人民教育出版社1999年版。

朱绍禹：《中学语文课程与教学论》，高等教育出版社2005年版。

朱云汉：《中国儿童眼中的政治》，桂冠图书公司1981年版。

邹进：《现代德国文化教育》，山西教育出版社1992年版。

邹贤敏等：《近20年语文教改理论与新课程标准》，湖北教育出版社
  2004年版。

［比］弗朗索瓦—玛丽热拉尔、［比］伊克萨维耶罗日叶：《为了学习的
  教科书》，汪凌等译，华东师范大学出版社2009年版。

［美］Scott G. Paris，Linda R. Ayres：《培养反思力》，袁坤译，中国轻工
  业出版社2001年版。

［美］阿普尔：《意识形态与课程》，黄忠敬译，华东师范大学出版社
  2001年版。

［美］拉尔夫·泰勒：《课程与教学的基本原理》，施良方译，人民教育
  出版社1994年版。

［苏］克拉耶夫斯基（Кразвский，В. В.）等：《普通中等教育内容的理
  论基础》，金世柏等译，人民教育出版社1989年版。

［美］D. A. 库伯、王灿明：《体验学习——让体验成为学习和发展的源
  泉》，朱水萍译，华东师范大学出版社2008年版。

［美］拉尔夫·泰勒：《课程与教学的基本原理》，施良方译，人民教育
  出版社1994年版。

别林斯基：《别林斯基选集》（第2卷），辛未艾译，上海译文出版社
  2006年版。

杜威：《民主主义与教育》，王承绪译，人民教育出版社1990年版。

［美］萨默瓦、［美］波特：《跨文化传播》，闵惠泉等译，中国人民大
  学出版社2003年版。

［日］佐藤学：《课程与教师》，钟启泉译，教育科学出版社2003年版。

"汉字应用水平测试研究"课题组孙曼均执笔：《汉字应用水平测试用字的统计与分级》，《语文文字应用》2004年第3期。

蔡莱莉：《文言文教学的目标定位和方法选择》，《教育评论》2007年第6期。

蔡忠平：《浅谈中学语文教材选文标准》，《太原教育学院学报》2002年第2期。

曹明海、赵宏亮：《教材文本资源与教学内容的确定》，《语文建设》2008年第10期。

陈斌、何世英：《试论当代语文教育的现状及其对策》，《河北师范大学学报》（教育科学版）2001年第5期。

陈军：《"课文"试说》，《语文教学通讯》1996年第3期。

陈雪虎：《所谓"文体不限"：当代语文教育文体意识的贫困》，《文艺争鸣》2005年第1期。

褚树荣：《文言文单元样章》，《语文学习》2006年第12期。

丹尼斯·莱：《课程的两大类理论》，吴棠译，《外国教育资料》1982年第4期。

邓彤：《选修课十病》，《中学语文教学》2004年第5期。

丁朝蓬：《教材评价的本质标准及过程》，《课程·教材·教法》2000年第9期。

丁朝蓬：《教科书结构分析与内容质量评价》，《教育理论与实践》2001年第8期。

董水龙：《教不懂的，不教已懂的——〈背影〉教学案例》，《语文学习》2006年第2期。

付义红：《日本小学语文教科书研究——教材内容倾向及编排特点》，《学科教育》2003年第1期。

傅惠钧：《略论语文教科书的评点》，《浙江师范大学学报》（社会科学版）1997年第6期。

傅建明：《我国小学语文教科书价值取向研究》，博士学位论文，华东师范大学，1999年。

方武：《课本对语文课程知识的建构》，《课程·教材·教法》2004年第4期。

方相成：《语文知识体系的除旧纳新》，《教育评论》2005 年第 2 期。

高水红：《教材插图初探》，《教育研究与实验》2000 年第 3 期。

耿法禹：《建设序列化语文教材体系的实践》，《教育研究》1989 年第 4 期。

顾黄初：《新编课本怎样才有竞争力》，《语文学习》1989 年第 4 期。

顾黄初：《语文教材研究的又一个新视角》，《课程·教材·教法》2004 年第 1 期。

顾之川：《中学语文课程教材专家研讨会综述》，《课程·教材·教法》1999 年第 8 期。

郭晓明、蒋红斌：《论知识在教材中的存在方式》，《课程·教材·教法》2004 年第 4 期。

郭晓明：《让知识与人的心灵展开"对话"——一种新的课程观和课程设计观》，《中国教育报》2004 年 2 月 2 日。

韩雪屏、朱凤英：《英国莱兹版〈英语〉教科书章节译评》，《语文建设》2006 年第 3 期。

韩雪屏：《审视语文课程的基础知识》，《语文建设》2002 年第 5 期。

韩雪屏：《再说"范文"》，《语文教学通讯》1998 年第 9 期。

韩雪屏：《语文课程的知识内容》，《语文建设》2003 年第 3 期。

韩雪屏：《语文课程的知识性质》，《语文学习》2003 年第 5 期。

韩雪屏：《语文课程内容建构刍议》，《课程·教材·教法》2008 年第 4 期。

韩艳梅：《语文教科书编制研究》，博士学位论文，华东师范大学，2001 年。

韩艳梅：《特色·问题·建议——语文新课程实验教科书透视》，《全球教育展望》2003 年第 9 期。

何文胜：《大陆两套教科书编选体系的评议》，《全球教育展望》2005 年第 2 期。

何文胜：《对四套新课标初中语文教科书编写体系的再思考》，《语文建设》2005 年第 9 期。

洪宗礼：《构建面向 21 世纪中国语文教材创新体系的尝试》，《中学语文教学参考》2002 年第 1 期。

洪宗礼：《母语教材研究总论》，《全球教育展望》2007 年第 7 期。

黄清：《美国人本学派教学改革的设想与评价》，《外国教育资料》1992 年第 5 期。

黄文贵：《语文学习参考书的编辑设想》，《中学语文教学》2004 年第 11 期。

靳健：《现代课程理论的发展对中国语文课程观念的影响》，《西北师范大学学报》（社会科学版）2001 年第 2 期。

靳健：《我国小学、初中语文课程标准的百年变迁》，《甘肃联合大学学报》（社会科学版）2008 年第 1 期。

靳健：《高中语文课程标准的百年变迁》，《人大复印资料》（中学语文教与学）2007 年第 5 期。

金传富：《关于建设语用学教科书体系的思考》，《学科教育》1999 年第 4 期。

雷实：《国外高中母语课程标准的基本理念》，《语文建设》2003 年第 7 期。

李宇明：《语文现代化与语文教育》，《语言文字应用》2002 年第 1 期。

李海林：《"语文知识"，不能再回避的理论问题》，《人民教育》2006 年第 5 期。

李海林：《教学设计与教学实施的区别与联系》，《中学语文教学》2008 年第 8 期。

李海林：《谈谈语文教材的语文性》，《语文教学通讯》（初中刊）2005 年第 11 期。

李山林：《"语文课程内容"略论》，《语文学习》2005 年第 2 期。

李寰英：《语文教材要成为制约语文教学过程的动态系统》，《教育研究》1999 年第 3 期。

李健海：《典型现象·常用概念·基本原理——对中学语言知识教学的再思考》，《学科教育》1995 年第 10 期。

李金云：《论语文教科书内容的确定性》，《教育研究与实验》2011 年第 3 期。

李金云：《语文教科书内容的不确定性及其理解》，《河北师范大学学报》（教育科学版）2011 年第 12 期。

李金云：《语文教科书文体编制的再认识》，《当代教育与文化》2012
　　年第 10 期。

李金云：《教科书使用的研究热点与发展趋势》，《课程·教材·教法》
　　2015 年第 12 期。

李金云：《对写作教学的再理解》，《语文教学通讯》（初中刊）2016 年
　　第 9 期。

李金云：《认知心理学视角的写作过程指导》，《语文教学通讯》（初中
　　刊）2017 年第 5 期。

刘半农：《我之文学改良观》，《新青年》第 3 卷第 3 号。

刘宝莲：《未来中学语文教材整体改革构想》，《云梦学刊》2000 年第
　　6 期。

刘宝霞、张厚粲、舒华：《插图在说明文阅读中的作用》，《心理学报》
　　1996 年第 2 期。

刘春玲：《插图对儿童的阅读理解和记忆的影响》，《华东师范大学学
　　报》（教育科学版）1990 年第 27 期。

刘大为：《语言知识、语言能力与语文教学》，《全球教育展望》2003
　　年第 9 期。

刘仁增：《建构"语用型"小学语文教材的思考与设想》，《课程·教
　　材·教法》2007 年第 11 期。

刘云彬：《视域的分歧》，《教育研究与实验》1997 年第 4 期。

卢杨：《初中语文教科书的形象助读系统》，《北京教育学院学报》2000
　　年第 4 期。

陆俭明、李镗：《关于中学语文教学中语言知识的分布与教学问题》，
　　《语言文字应用》2002 年第 1 期。

吕叔湘：《试谈语文现代化》，《语文建设》1992 年第 7 期。

吕叔湘：《语言作为一种社会现象》，《读书》1980 年第 4 期。

骆奇：《英国小学言语实践练习特色——以〈在岛上〉为例》，《现代教
　　学》2008 年第 3 期。

倪文尖、朱羽：《重塑小说观建构新图式》，《语文学习》2005 年第
　　3 期。

倪文尖：《"想象与移情"单元样章》，《语文学习》2007 年第 3 期。

潘新和：《教材体例：从文选到指向言语表现》，《中学语文教学》2001
年第 6 期。

潘涌、陈玉佳：《论外国母语教材的体系、结构和编印艺术》，《中学语
文》2009 年第 7 期。.

裴娣娜：《多元文化与基础教育课程文化建设的几点思考》，《教育发展
研究》2002 年第 4 期。

钱吕明：《文选型教材的反思与设想》，《人大复印资料》（中学语文教
与学）2005 年第 4 期。

钱梦龙：《文言文教学改革刍议》，《中学语文教学》1997 年第 4 期。

任丹凤：《中小学教科书编制设计的理论与实践研究》，博士学位论文，
华东师范大学，2003 年。

任丹凤：《论教材的知识结构》，《课程·教材·教法》2003 年第 2 期。

石鸥：《最不该忽视的研究——关于教科书研究的几点思考》，《湖南师
范大学教育科学学报》2007 年第 9 期。

宋振韶：《教科书插图的认知心理学研究》，《北京师范大学学报》（社
会科学版）2005 年第 6 期。

苏鸿：《论中小学教材结构的建构》，《课程·教材·教法》2003 年第
2 期。

孙绍振：《改革力度很大，编写水平太惨——初评新版初中、高中（语
文课本)》（第 1 册），《北京文学》2001 年第 3 期。

孙素英：《论语文教材的单元组织》，《首都师范大学学报》1998 年第
1 期。

陶云、申继亮：《高二学生阅读插图课文的即时加工研究》，《心理发展
与教育》2003 年第 2 期。

童庆炳：《语文教学改革的哲学思考》，《语文建设》2003 年第 8 期。

汪大昌：《语法分析和文学欣赏》，《语文建设》2007 年第 10 期。

汪海龙：《新教材新在哪里》，《语文建设》2002 年第 2 期。

汪凌：《法国 90 年代中小学课程改革》，《外国教育资料》2000 年第
1 期。

王富仁：《经典性与可感性的统一：中学语文教科书的基本要求》，《中
国教育报》2001 年第 10 期。

王君：《教材"用错"策略例谈》，《语文建设》2011 年第 12 期。

李蕾等：《"同课异构"与"异课同构"》，《中学语文教学》2009 年第 9 期。

王荣生、李海林：《"搞活动"是语文课堂的基本教学形态》，《中学语文教学》2009 年第 5 期。

王荣生、许志先：《语文教师教学内容选择的现状调查及分析》，《语文学习》2005 年第 1 期。

王荣生：《从知识状况的角度看语文课程》，《教学月刊》2001 年第 6 期。

王荣生：《对语文教科书评价的几点建议——兼谈语文教科书的功用》，《中国教育学刊》2007 年第 11 期。

王荣生：《根据学情安排教学内容》，《语文学习》2009 年第 12 期。

王荣生：《建设确定性程度较高的语文教材》，《语文建设》2007 年第 4 期。

王荣生：《解读"语文实践"》，《课程·教材·教法》2006 年第 4 期。

王荣生：《评我国近百年来对语文教材问题的思考路向》，《教育研究》2002 年第 3 期。

王荣生：《语文教材中的"例文"及其编撰策略》，《阴山学刊》2003 年第 9 期。

王荣生：《语文教材中的"样本"类型与编撰策略》，《全球教育展望》2002 年第 7 期。

王荣生：《文章体式所造成的难题》，《语文学习》2004 年第 10 期。

王尚文：《论语文课程的复合性》，《课程·教材·教法》2006 年第 12 期。

王晓霞：《试论当代我国大陆初中语文教材选文标准的历史演变》，《学科教育》2003 年第 12 期。

王有升：《我国现行九年义务教育阶段语文教科书（人教版）的文化构成分析》，《教育研究与实验》2000 年第 1 期。

王彤：《人教版高中语文课标实验教科书（必修）语文知识研究》，硕士学位论文，东北师范大学，2006 年。

王艳霞：《课程中的文化选择研究》，博士学位论文，中央民族大学，

2005 年。

王红：《小学识字教科书编写体系的研究》，硕士学位论文，首都师范大学，2006 年。

温立三：《高中语文选修课程教材改革的历史及当前存在的问题》，《语文建设》2006 年第 11 期。

吴显友：《文体学中的几个基本问题》，《重庆师院学报》（哲学社会科学版）2002 年第 2 期。

吴小鸥：《近年来中国近代中小学教科书研究综述》，《湖南师范大学教育科学学报》2008 年第 5 期。

吴小鸥：《教科书文化标准的确立》，《中国教育报》2011 年 10 月 20 日。

熊梅：《日本基础教育改革新视点：综合课程》，《课程·教材·教法》1998 年第 3 期。

徐斌彦：《德国普通高中课程纲要的特点及其发展》，《全球教育展望》2002 年第 10 期。

徐江：《论语文教育改革的哲学盲点》，《语文教学与研究（教师版）》2006 年第 6 期。

徐江：《中学语文"无效教学"批判》，《人民教育》2005 年第 9 期。

向黎：《语文教科书对课程标准的偏离研究》，硕士学位论文，湖南师范大学，2008 年。

谢东：《课文编选的趣味性标准研究》，硕士学位论文，湖南师范大学，2002 年。

阎静：《文体表达作用的四种表现》，《成都大学学报》2000 年第 1 期。

杨启亮：《教材的功能：一种超越知识观的解释》，《课程·教材·教法》2002 年第 12 期。

王敏勤：《"同课异构"教学反思例谈》，《中国教育学刊》2008 年第 6 期。

杨元建：《试论"不完满"阅读对话文本的编制——谈小学语文教材的呈现模式创新》，《课程·教材·教法》2003 年第 11 期。

余映潮：《从新的视角来研究记叙文教学》，《语文教学通讯》（初中刊）2005 年第 1 期。

曾天山：《论教材的心理化》，《西北师范大学学报》（社会科学版）1995 年第 9 期。

曾天山：《国外关于教科书插图研究的述评》，《外国教育研究》1999 年第 3 期。

张传宗：《从历次改革探索求真务实的语文教材》，《课程·教材·教法》2006 年第 1 期。

张岱年：《传统伦理道德与精神文明建设》，《光明日报》1998 年 1 月 7 日。

张红香、张必隐：《小学三、五年级学生阅读理解中插图效应的研究》，《心理科学》1997 年第 5 期。

张鹏举：《试论中学语文教材的功能与结构》，《课程·教材·教法》1997 年第 4 期。

章熊：《中学生写作能力的目标定位》，《课程·教材·教法》2000 年第 5 期。

赵光飞：《语文插图应注意细节真实》，《语文教学之友》1995 年第 18 期。

赵中建：《美国课程标准之标准研究》，《全球教育展望》2005 年第 5 期。

郑桂华、王荣生：《写作单元样章》，《语文学习》2006 年第 10 期。

郑国民：《语文课程理论的发展——后现代课程理论视野中的语文课程》，《语文学习》2002 年第 5 期。

郑国民：《课程改革视野中语文教材的发展》，《语文建设》2004 年第 1 期。

钟启泉：《开发新时代的学校课程——关于我国课程改革政策与策略的若干思考》，《全球教育展望》2001 年第 1 期。

钟和诚：《试论文章和文学的教学——兼论中学语文教学的目标》，《四川师范大学学报》（社会科学版）1996 年第 6 期。

周加仙：《加拿大"大西洋地区各省教育基地"高中课程的设计》，《全球教育展望》2002 年第 10 期。

周士林：《世界教科书概况》，《教材通讯》1985 年第 6 期。

朱丹：《"教什么"与"用什么去教"辩》，《太原大学教育学院学报》

2009 年第 3 期。

朱诵玉：《选修课教材编制的基本原则》，《语文教学通讯》2008 年第 9A 期。

朱自强：《儿童本位：小学语文教材的基石》，《中国教育报》2011 年 2 月 24 日。

张丰：《教材研究的历史观察与对象系统》，《浙江师范大学学报》（社会科学版）2000 年第 4 期。

邹花香：《从语文教材编排体例的变革看选文的作用》，《中学语文教学》2003 年第 3 期。

Alessi，S. M. and Trollip，S. R. *Computer-based Instruction Methods and Development.* NJ：Prentice-Hall，1988.

Ben-Peretz and Miriam. *The Teacher-Curriculum Encounter：Freeing Teachers from the Tyranny of Texts.* New York：State University of New York Press，1990.

Chambliss，D. J. and R. C. Calfee. *Textbook for Learning.* London：Blackwill，1999.

Chall，J. S. and Conard，S. S. *Should Textbooks Challenge Students? The Case for Easier or Harder Textbooks.* New York：Teachers College，1991.

Hayes，J. R. and Flower，L. S. *Identifying the Organization of Writing Processes*，In L. W. Gregg & E. R. Steinberg（eds.）. *Cognitive Processes in Writing*，Hill Sdale，NJ：Lawrence Erlbaum，1980.

Jfeerey D. Wilhelm and J. D. Fisher D. and Avalos，M. A. *Glencoe Literature Course*，*Grade 6：The Reader's Choice.* McGram-Hill Companies Press，2007.

Pinar，W. F. Reynolds and W. M. Slattery，P. and Taubman，P. M. *Understanding Curriculum：An Introduction to Study of Historical and Contemporary Curriculum Discourses.* New York：Peter Lang，1995.

Parker，W. C. and McDaniel，J. C. Bricolage. "Teachers Do It Daily". E. W. Ross（ed.）. *Teacher Personal Theorizing：Connecting Curriculum Practice，Theory，and Resarch.* New York：State University of New York Press，1992.

Reints, A. and Lagerweij, N. *On the Quality of Teaching Materials*, Tiburg: Zwijisen, 1989.

Kon, J. H. The Thud at the Classroom Door: Teachers Curriculum Decision-making in Response to a Mew Textbook (Unpublished doctoral dissertation). Stanford University, Stanford, California, 1993.

Alverman, D. E. "Teacher-student Mediation of Content Area Texts." *Theory into Practice*, Vol. 28, No. 2, 1989.

Duchastel, P. C. "Textbook Illustration: Research and Instruitional Design." *Educational Media Year Book*, 1980.

Freeman, D. J. and Porter, A. C. "Do Textbooks Dictate the Content of Mathematics Instruction in Elementary Schools?" *American Educational Research*, Vol. 26, No. 3, 1988.

Levie, W. H. and Lentz, R. "Effects of Text Illustration: A Review of Research." *Education Communication and Technology Journal*, 1982.

Sosniak, L. A. and Stodolsky, S. S. "Teachers and Textbooks: Materials Use in Four Fourth-grade Classrooms." *Elementary School*, 1993.

Sherin, M. G. and Drake, C. "Curriculum Strategy Framework: Investigating Patterns in Teachers' use of a Reform-based Elementary Mathematics Curriculum." *Curriculum Studies*, Vol. 41, No. 4, 2009.

Remillard, J. T. and Bryans, M. B. "Teachers' Orientation toward Mathematics Curriculum Materials: Implications for Teacher Learning." *Research in Mathematics Education*, Vol. 35, No. 5, 2004.